愛知工業大学名電高等学校

〈収録内容〉

2024 年度 ……………………… 一般（数・英・理・社・国）

2023 年度 ……………………… 一般（数・英・理・社・国）

2022 年度 ……………………… 一般（数・英・理・社・国）

2021 年度 ……………………… 一般（数・英・理・社・国）

2020 年度 ……………………… 一般（数・英・理・社・国）

2019 年度 ……………………… 一般（数・英・理・社・国）

DL 平成 30 年度 ……………………… 一般（数・英・理・社）

DL 平成 29 年度 ……………………… 一般（数・英・理・社）

便利な DL コンテンツは右の QR コードから

解答用紙　　過去年度

※データのダウンロードは 2025 年 3 月末日まで。
※データへのアクセスには、右記のパスワードの入力が必要となります。 ⇒ 183497

〈合格最低点〉

※学校からの合格最低点の発表はありません。

本書の特長

実戦力がつく入試過去問題集

- ▶ 問題 …………… 実際の入試問題を見やすく再編集。
- ▶ 解答用紙 …… 実戦対応仕様で収録。
- ▶ 解答解説 …… 詳しくわかりやすい解説には、難易度の目安がわかる「基本・重要・やや難」の分類マークつき（下記参照）。各科末尾には合格へと導く「ワンポイントアドバイス」を配置。採点に便利な配点つき。

入試に役立つ分類マーク

基本 確実な得点源！
受験生の 90％以上が正解できるような基礎的、かつ平易な問題。
何度もくり返して学習し、ケアレスミスも防げるようにしておこう。

重要 受験生なら何としても正解したい！
入試では典型的な問題で、長年にわたり、多くの学校でよく出題される問題。
各単元の内容理解を深めるのにも役立てよう。

やや難 これが解ければ合格に近づく！
受験生にとっては、かなり手ごたえのある問題。
合格者の正解率が低い場合もあるので、あきらめずにじっくりと取り組んでみよう。

合格への対策、実力錬成のための内容が充実

- ▶ 各科目の出題傾向の分析、合否を分けた問題の確認で、入試対策を強化！
- ▶ その他、学校紹介、過去問の効果的な使い方など、学習意欲を高める要素が満載！

解答用紙ダウンロード 解答用紙はプリントアウトしてご利用いただけます。弊社ＨＰの商品詳細ページよりダウンロードしてください。トビラのＱＲコードからアクセス可。

UD FONT 見やすく読みまちがえにくいユニバーサルデザインフォントを採用しています。

愛知工業大学名電高等学校

▶交通　地下鉄東山線「池下」駅下車　徒歩約15分
市バス「萱場」下車　徒歩８分
市バス「北千種三丁目」下車すぐ

〒464-8540　名古屋市千種区若水3-2-12
☎052-721-0311(代)

沿　革

1912年，名古屋電気学校を創設，1949年の学制改革により中学校・高等学校の一貫教育を図り，1959年に名古屋電気大学を創設し，翌年に愛知工業大学と改称。1983年には高校を愛知工業大学名電高等学校と改称，中学・高校・大学・大学院の一貫教育を目標にした総合学園である。

教育課程

●普通科

国公立・難関私大をめざす**特進・選抜コース**，これから進路を絞り込む人のための**普通コース**，スポーツ推薦で進学をめざす**スポーツコース**を設置。２年次より，特進・選抜コースは特進コース・選抜コースに，普通コースは理系コース・文系コースにそれぞれ分かれる。様々な進路に応じた的確な指導を実施している。

●科学技術科

最新の科学技術を学ぶ入口となる科で，3年次より，エレクトロニクス・エネルギー・AIの分野，ロボット・システムデザインの分野，環境・バイオ・マテリアルの分野，立体造形・ディジタルアーキティクトの分野に分かれる。

●情報科学科

ICT社会に必要な専門性を養う科で，コンピュータグラフィックやプログラミングを学ぶ。3年次には，デザイン実習またはシステム実習を選択する。

※「**科学技術科**」「**情報科学科**」はともに愛知工業大学との高大７ヵ年STEAM教育で，IoTやAI時代をリードするスペシャリストの育成を目指す。高校では特に，最先端科学技術への興味や関心を深めるカリキュラムとなっている。

●体育クラブ

卓球，野球，陸上競技，ゴルフ，剣道，フェンシング，バスケットボール，バドミントン，ウエイトリフティング，サッカー，相撲，バレーボール，スキー，ソフトテニス，テニス，ボウリング，チアリーディング，軟式野球，ダンス

選抜高校野球

●文化クラブ

科学，情報システム，写真，メカニカルアーツ，情報デザイン，吹奏楽，将棋，メディアコミュニケーション，英語研究，中国語研究，家庭科研究，競技かるた，生物研究

吹奏楽部

●同好会

エレクトロニクス研究，文芸，建築

年間行事

4月／遠足

6月／芸術鑑賞会

9月／文化祭，体育祭

11月／学園創立記念日（13日）

2月／修学旅行（2年生）

合唱コンクール（普通科1年生）

ロボットコンテスト（専門学科1年生）

進　路

卒業生の9割以上が進学しており，愛知工業大学へは毎年約200名が進学している。科学技術科・情報科学科は，一定の出願基準を満たすことで愛知工業大学に全員が進学でき，普通科にも独自の愛知工業大学への推薦制度がある。

●主な進学先（愛知工業大以外）

名古屋大，東京外国語大，東京藝術大，名古屋工業大，愛知教育大，名古屋市立大，愛知県立大，横浜市立大，金沢大，信州大，岐阜大，三重大，静岡大，福井大，滋賀大，大阪公立大，早稲田大，東京理科大，明治大，青山学院大，中央大，法政大，同志社大，立命館大，関西大，関西学院大，南山大，名城大，中京大，愛知大　など

●主な就職先

トヨタ自動車，三菱電機，スズキ，豊田合成，オークマ，アイシン，愛知製鋼，愛知県警，名古屋市消防局　など

愛知工業大学

◎2024年度入試状況◎

学　科	特進・選抜	普通	スポーツ	科学技術	情報科学
募集者数	387			160	
志願者数	3748			339	

※募集数には中高一貫コース（約104名）を除く。

※スポーツコースは推薦入試・Meiden トップアスリートのみ

過去問の効果的な使い方

① **はじめに**　入学試験対策に的を絞った学習をする場合に効果的に活用したいのが「過去問」です。なぜならば，志望校別の出題傾向や出題構成，出題数などを知ることによって学習計画が立てやすくなるからです。入学試験に合格するという目的を達成するためには，各教科ともに「何を」「いつまでに」やるかを決めて計画的に学習することが必要です。目標を定めて効率よく学習を進めるために過去問を大いに活用してください。また，塾に通われていたり，家庭教師のもとで学習されていたりする場合は，それぞれのカリキュラムによって，どの段階で，どのように過去問を活用するのかが異なるので，その先生方の指示にしたがって「過去問」を活用してください。

② **目的**　過去問学習の目的は，言うまでもなく，志望校に合格することです。どのような分野の問題が出題されているか，どのレベルか，出題の数は多めか，といった概要をまず把握し，それを基に学習計画を立ててください。また，近年の出題傾向を把握することによって，入学試験に対する自分なりの感触をつかむこともできます。

過去問に取り組むことで，実際の試験をイメージすることもできます。制限時間内にどの程度までできるか，今の段階でどのくらいの得点を得られるかということも確かめられます。それによって必要な学習量も見えてきますし，過去問に取り組む体験は試験当日の緊張を和らげることにも役立つでしょう。

③ **開始時期**　過去問への取り組みは，全分野の学習に目安のつく時期，つまり，9月以降に始めるのが一般的です。しかし，全体的な傾向をつかみたい場合や，学習進度が早くて，夏前におおよその学習を終えている場合には，7月，8月頃から始めてもかまいません。もちろん，受験間際に模擬テストのつもりでやってみるのもよいでしょう。ただ，どの時期に行うにせよ，取り組むときには，集中的に徹底して取り組むようにしましょう。

④ **活用法**　各年度の入試問題を全問マスターしようと思う必要はありません。できる限り多くの問題にあたって自信をつけることは必要ですが，重要なのは，志望校に合格するためには，どの問題が解けなければいけないのかを知ることです。問題を制限時間内にやってみる。解答で答え合わせをしてみる。間違えたりできなかったりしたところについては，解説をじっくり読んでみる。そうすることによって，本校の入試問題に取り組むことが今の自分にとって適当かどうかが，はっきりします。出題傾向を研究し，合否のポイントとなる重要な部分を見極めて，入学試験に必要な力を効率よく身につけてください。

数学

各都道府県の公立高校の入学試験問題は，中学数学のすべての分野から幅広く出題されます。内容的にも，基本的・典型的なものから思考力・応用力を必要とするものまでバランスよく構成されています。私立・国立高校では，中学数学のすべての分野から出題されることには変わりはありませんが，出題形式，難易度などに差があり，また，年度によっての出題分野の偏りもあります。公立高校を含め，ほとんどの学校で，前半は広い範囲からの基本的な小問群，後半はあるテーマに沿っての数問の小問を集めた大問という形での出題となっています。

まずは，単年度の問題を制限時間内にやってみてください。その後で，解答の答え合わせ，解説での研究に時間をかけて取り組んでください。前半の小問群，後半の大問の一部を合わせて50％以上の正解が得られそうなら多年度のものにも順次挑戦してみるとよいでしょう。

英語

英語の志望校対策としては，まず志望校の出題形式をしっかり把握しておくことが重要です。英語の問題は，大きく分けて，リスニング，発音・アクセント，文法，読解，英作文の5種類に分けられます。リスニング問題の有無(出題されるならば，どのような形式で出題されるか)，発音・アクセント問題の形式，文法問題の形式(語句補充，語句整序，正誤問題など)，英作文の有無(出題されるならば，和文英訳か，条件作文か，自由作文か）など，細かく具体的につかみましょう。読解問題では，物語文，エッセイ，論理的な文章，会話文などのジャンルのほかに，文章の長さも知っておきましょう。また，読解問題でも，文法を問う問題が多いか，内容を問う問題が多く出題されるか，といった傾向をおさえておくことも重要です。志望校で出題される問題の形式に慣れておけば，本番ですんなり問題に対応することができますし，読解問題で出題される文章の内容や量をつかんでおけば，読解問題対策の勉強として，どのような読解問題を多くこなせばよいかの指針になります。

最後に，英語の入試問題では，なんと言っても読解問題でどれだけ得点できるかが最大のポイントとなります。初めて見る長い文章をすらすらと読み解くのはたいへんなことですが，そのような力を身につけるには，リスニングも含めて，総合的に英語に慣れていくことが必要です。「急がば回れ」ということわざの通り，志望校対策を進める一方で，英語という言語の基本的な学習を地道に続けることも忘れないでください。

国語

国語は，出題文の種類，解答形式をまず確認しましょう。論理的な文章と文学的な文章のどちらが中心となっているか，あるいは，どちらも同じ比重で出題されているか，韻文(和歌・短歌・俳句・詩・漢詩)は出題されているか，独立問題として古文の出題はあるか，といった，文章の種類を確認し，学習の方向性を決めましょう。また，解答形式は，記号選択のみか，記述解答はどの程度あるか，記述は書き抜き程度か，要約や説明はあるか，といった点を確認し，記述力重視の傾向にある場合は，文章力に磨きをかけることを意識するとよいでしょう。さらに，知識問題はどの程度出題されているか，語句(ことわざ・慣用句など)，文法，文学史など，特に出題頻度の高い分野はないか，といったことを確認しましょう。出題頻度の高い分野については，集中的に学習することが必要です。読解問題の出題傾向については，脱語補充問題が多い，書き抜きで解答する言い換えの問題が多い，自分の言葉で説明する問題が多い，選択肢がよく練られている，といった傾向を把握したうえで，これらを意識して取り組むと解答力を高めることができます。「漢字」「語句・文法」「文学史」「現代文の読解問題」「古文」「韻文」と，出題ジャンルを分類して取り組むとよいでしょう。毎年出題されているジャンルがあるとわかった場合は，必ず正解できる力をつけられるよう意識して取り組み，得点力を高めましょう。

数学

出題傾向の分析と合格への対策

●出題傾向と内容

本年度の出題数は，大問が4題，小問数にして16題であった。毎年問題量は少なめである。

出題内容は，[1]は平方根の計算，1次方程式，2次方程式，2次関数の変化の割合，角度，平面図形，確率で全部で7問，[2]・[4]は平面図形の合同・相似，[3]は図形と関数・グラフの融合問題となっている。

例年，問題数とともに難問も少ないが，内容は多岐にわたっているので，各単元の基礎学力はしっかりと身につけておく必要がある。

また，時間の配分，問題の難易度などを考慮して，試験に臨むことを心がけておきたい。

✔学習のポイント

基礎学力の充実に力を入れ，標準レベルの問題は，どの単元に関しても解けるようにしておこう。

●2025年度の予想と対策

来年度も，問題の質・量は，ほぼ例年のような傾向が続くと思われる。

特に，例年必ずといってよいほど出題されているのは，放物線と図形の融合問題，図形の比や面積などの問題である。これらの単元に関してはしっかりと復習しておこう。

また，直線と放物線の式の求め方，三角形の相似の利用，三平方の定理の利用についても，さまざまな問題に取り組み，より柔軟な思考力を養って対応したい。なお，確率に関する問題は，教科書レベルの標準的な問題が出題されることがあるので，この機会にもう一度教科書をチェックしておこう。

▼年度別出題内容分類表 ……

出題内容			2020年	2021年	2022年	2023年	2024年
数と式		数の性質			○	○	
		数・式の計算	○	○	○	○	○
		因数分解					
		平方根		○	○	○	○
方程式・不等式		一次方程式		○		○	○
		二次方程式					○
		不等式					
		方程式・不等式の応用	○		○	○	
関数		一次関数	○	○	○	○	
		二乗に比例する関数	○		○	○	○
		比例関数			○		
		関数とグラフ	○	○	○	○	○
		グラフの作成					
図形	平面図形	角度	○			○	○
		合同・相似			○	○	○
		三平方の定理	○		○	○	
		円の性質		○	○	○	○
	空間図形	合同・相似					
		三平方の定理	○				
		切断		○			
	計量	長さ	○	○			○
		面積	○	○	○		○
		体積	○		○		
		証明					
		作図					
		動点	○				
統計		場合の数		○	○		
		確率	○	○	○	○	○
		統計・標本調査			○	○	
融合問題		図形と関数・グラフ	○	○	○	○	○
		図形と確率					
		関数・グラフと確率				○	
		その他					
その他				○			

愛知工業大学名電高等学校

英語

出題傾向の分析と合格への対策

●出題傾向と内容

本年度の出題は，読解問題3題，会話文問題1題，語句整序問題1題，語句補充問題1題の大問にして計6題という構成であった。

長文読解問題は，説明文3題。いずれも細かい内容が読み取れているかを問う問題が多かった。会話文問題が一番読みとりやすいものだった。

語句整序問題は，基本的な文法事項や慣用表現を問うものである。レベルはあまり高くないが，重要な表現を多く覚えておく必要がある。

語句補充問題は，基礎的な文法の知識を確認するものであった。

✔学習のポイント

長文読解問題への対策として，日ごろから色々なジャンルの英文を数多く読みこなす練習をしておこう。

●2025年度の予想と対策

中学校で学習する基礎的な内容を中心に，しっかりと実力をつけておこう。

来年度も長文読解問題が大問にして複数問出題されることが予想できる。長文の要旨を把握し，かつ細かい内容まで理解しながら読めるようにするために，語彙力を上げておくことが必要だ。

長文読解問題にある程度時間を要することを考えると，語句補充問題を含む文法に関する問題は効率よく確実に解答できるように対策をしておく必要がある。問題集を使って日ごろから多くの練習問題に取り組んでおくとよい。

▼年度別出題内容分類表 ……

	出題内容	2020年	2021年	2022年	2023年	2024年
話し方・聞き方	単語の発音					
	アクセント					
	くぎり・強勢・抑揚					
	聞き取り・書き取り					
語い	単語・熟語・慣用句	○				○
	同意語・反意語					
	同音異義語					
読解	英文和訳(記述・選択)					
	内容吟味	○	○	○	○	○
	要旨把握	○	○	○		
	語句解釈	○	○	○		
	語句補充・選択	○	○	○	○	○
	段落・文整序					
	指示語		○	○		
	会話文		○	○	○	○
文法・作文	和文英訳		○			
	語句補充・選択	○	○		○	○
	語句整序	○	○	○	○	○
	正誤問題					
	言い換え・書き換え	○	○			
	英問英答		○			
	自由・条件英作文			○		
文法事項	間接疑問文	○	○			○
	進行形		○		○	○
	助動詞	○			○	○
	付加疑問文					○
	感嘆文					○
	不定詞	○	○		○	○
	分詞・動名詞	○	○	○	○	○
	比較	○	○		○	○
	受動態	○	○		○	○
	現在完了			○		○
	前置詞	○	○	○	○	○
	接続詞	○	○	○		
	関係代名詞		○			

愛知工業大学名電高等学校

理科

出題傾向の分析と合格への対策

●出題傾向と内容

問題数は大題が4～5題で，小問が25題程度である。試験時間は社会と合わせて60分である。

理科の4分野から幅広く出題されているものの，第一分野からの出題が多く，第二分野からの出題は計算をともなう問題が多いことが特徴である。解答形式はマークシート式である。

おおむね標準的な内容と言えるが，やや難しい内容の問題が出題されることもある。全般的にグラフや表，図などを利用して解答する問題が多い。

計算問題の割合が多く，時間配分にも気を配ることが大切である。

学習のポイント

圧力，電力，仕事，湿度，濃度，密度などの公式をしっかり覚え，実験の結果を読み取って計算ができるように。

●2025年度の予想と対策

問題レベルは，基本をきちんとおさえたうえでの応用力が問われる出題となっている。この点の変更はないものと思われる。物理分野の計算問題にやや難しい内容のものが出題される。問題集等で演習をしておきたい。

また，図や表を使って考える問題が多いため，教科書に出ている実験や観察，グラフや表の見方などの知識をきちんと理解し，総合的に取り扱えるように練習しておきたい。このような傾向の問題の演習も行っておきたい。

マークシート方式の解答なので，マークミスなどの無いように注意することも大切な点である。

▼年度別出題内容分類表 ……

	出題内容	2020年	2021年	2022年	2023年	2024年
第一分野	物質とその変化				○	
	気体の発生とその性質					
	光と音の性質		○			
	熱と温度					
	力・圧力					
	化学変化と質量					
	原子と分子					
	電流と電圧				○	
	電力と熱	○			○	
	溶液とその性質	○				
	電気分解とイオン			○		
	酸とアルカリ・中和	○	○			○
	仕事					○
	磁界とその変化			○		
	運動とエネルギー					
	その他					
第二分野	植物の種類とその生活					
	動物の種類とその生活					
	植物の体のしくみ	○	○		○	○
	動物の体のしくみ		○			
	ヒトの体のしくみ					
	生殖と遺伝			○		
	生物の類縁関係と進化					
	生物どうしのつながり		○			
	地球と太陽系	○			○	
	天気の変化	○				○
	地層と岩石			○		
	大地の動き・地震		○			
	その他					

愛知工業大学名電高等学校

社会

出題傾向の分析と 合格への対策

●出題傾向と内容

本年度も傾向が大きく変化し，大問数は昨年よりさらに減り1で，三分野の総合問題になっている。小問は解答欄の数で18で7つ減った。解答形式では全て記号選択で1つだけ答えを2つ答えるものがある。分野別の出題割合は解答欄の数で言えば歴史が多いのは変わらず，本年度は分野別でいえばやや公民寄りで地理が薄い。やや難しめの内容の本文の理解と，それに関連するデータ類を正しく理解できるかどうかがポイントで，例年と比べると難易度は高かった。

学習のポイント

地理：ニュースで扱われる国々と都道府県の特徴をつかもう。
歴史：各時代の出来事を整理しておこう。
公民：重要事項を関連させて理解しよう。

●2025年度の予想と対策

本年度の形式が次年度以後も続くかどうかは不明だが，昨今の他校の動きからして，単純に知識があれば何とかなるという問題は減っていき，あたり前の知識を使って考えさせる問題，資料などの処理能力が問われる問題が増えてくることは考えられる。

地理的分野は，教科書の内容や重要語句をしっかりとおさえておくこと。その際，地図や統計資料にも数多くあたり理解を深めておきたい。

歴史的分野は，年表を用い，各時代の出来事を関連する法令・制度・人物などとともに整理しておくこと。重要語句や人物名は漢字で正しく書けるようにしておこう。

公民的分野は，憲法・政治・経済の仕組みを中心に教科書の内容をしっかり理解しておきたい。重要事項どうしの関連も正確に理解しておく必要がある。また，日ごろから新聞やテレビなどで世の中の動きを敏感にとらえ，時事的な問題にも備えておきたい。

▼年度別出題内容分類表……

出題内容			2020年	2021年	2022年	2023年	2024年
地理的分野	（日本）	地形図				○	○
		地形・気候・人口		○	○		
		諸地域の特色			○	○	○
		産業		○	○	○	
		交通・貿易				○	
	（世界）	人々の生活と環境	○	○	○		
		地形・気候・人口	○	○		○	
		諸地域の特色	○	○	○	○	
		産業	○			○	
		交通・貿易				○	
	地理総合						○
歴史的分野	（日本史）	各時代の特色	○	○	○		
		政治・外交史	○	○	○	○	○
		社会・経済史	○	○	○	○	○
		文化史	○	○	○	○	○
		日本史総合					
	（世界史）	政治・社会・経済史	○	○	○		
		文化史	○	○	○		
		世界史総合					
	日本史と世界史の関連		○		○	○	
	歴史総合						
公民的分野	家族と社会生活						
	経済生活		○			○	○
	日本経済		○				○
	憲法（日本）		○	○			○
	政治のしくみ		○	○	○	○	○
	国際経済						
	国際政治					○	
	その他		○			○	○
	公民総合					○	○
各分野総合問題							

愛知工業大学名電高等学校

国語

出題傾向の分析と合格への対策

●出題傾向と内容

本年度は，論理的文章の読解問題1題，古文の読解問題1題，漢文の書き下し文の大問3題構成であった。

論理的文章では，内容吟味や文脈把握，脱文・脱語補充などの内容の的確な読解が問われた。漢字や文法などの知識分野も大問に含まれる形で出題されている。

古文の読解問題では部分的に現代語訳が付されており，文脈把握を中心に動作主や内容真偽などが問われた。漢文では，書き下し文，返り点が出題された。

解答形式は，すべて記号選択式になっている。

✔学習のポイント

現代文も古文も，様々な作品を読み，読解力を高めよう。筆者の主張が述べられるような文章では，主張の理由や根拠も的確にとらえよう。

●2025年度の予想と対策

論説文の読解問題では，指示語の指示内容の把握や接続語の関係といった読解の基本をおさえ，さらに筆者の主張をとらえられるよう，問題集を活用して様々な文章に触れ，読解力を培っておこう。文学的文章も過去には出題されているため，日頃から小説や随筆など幅広い作品を読みなれておこう。語彙力をつけておくのも重要だ。

古文の読解問題では，基本的な語句や文法の知識を要する問題もある。また現代語訳が付されない年もあるため，日ごろから現代語訳の練習を積み重ねておきたい。これは読解力を高めることにもつながる。本年度のように漢文が出題されることもあるため，漢文に関しても疎かにせず基本的な知識をつけておきたい。

漢字の読み書きや知識問題は，確実に得点できるよう，教科書に掲載されている事柄はしっかりと身につけておこう。

▼年度別出題内容分類表……

出題内容			2020年	2021年	2022年	2023年	2024年
内容の分類	読解	主題・表題	○				
		大意・要旨	○		○	○	○
		情景・心情				○	
		内容吟味	○	○	○	○	○
		文脈把握	○	○	○	○	○
		段落・文章構成				○	○
		指示語の問題	○	○	○	○	○
		接続語の問題		○	○	○	
		脱文・脱語補充	○	○	○	○	○
	漢字・語句	漢字の読み書き	○	○	○	○	○
		筆順・画数・部首					
		語句の意味	○	○	○		○
		同義語・対義語					
		熟語				○	
		ことわざ・慣用句	○				
	表現	短文作成					
		作文(自由・課題)					
		その他					
	文法	文と文節			○		
		品詞・用法	○	○	○	○	○
		仮名遣い		○			
		敬語・その他					
	古文の口語訳			○		○	○
	表現技法			○			
	文学史			○	○		
問題文の種類	散文	論説文・説明文	○	○	○	○	○
		記録文・報告文					
		小説・物語・伝記					
		随筆・紀行・日記		○			
	韻文	詩					
		和歌(短歌)					
		俳句・川柳					
	古文		○	○	○	○	○
	漢文・漢詩						○

愛知工業大学名電高等学校

2024年度 合否の鍵はこの問題だ!!

数学 [4]

合同や相似の他，中点連結定理や角の二等分線の定理を使って解答する問題である。問題の仮定から適切かつ正確に定理を使うことができたかどうかがこの問題を正解できるかの分かれ道であった。

(1)　△ABFと△EBFにおいて，BF＝BF，∠ABF＝∠EBF，∠AFB＝∠EFB＝90°より，△ABF≡△EBF　よって，BE＝AB＝6，EC＝2となる。また，点Fは線分AEの中点であり，仮定より点Pは線分ACの中点であるから，△AECにおいて，中点連結定理より，$FP=\frac{1}{2}EC=1$となる。

(2)　線分BDは∠ABCを二等分するので，角の二等分線の定理より，AD：CD＝AB：CB＝3：4である。よって，$AD=9\times\frac{3}{3+4}=\frac{27}{7}$，$CD=9\times\frac{4}{3+4}=\frac{36}{7}$となる。また，点Pは線分ACの中点なので，$AP=CP=\frac{1}{2}AC=\frac{9}{2}$である。したがって，$DP=AP-AD=\frac{9}{14}$となる。$DP=CD-CP=\frac{9}{14}$としても求められる。

(3)　点F，Pはそれぞれ線分AE，ACの中点であるから，△AECにおいて，中点連結定理より，FP//EC，つまり，FP//BCである。よって，△FPQ∽△EBQとなるから，PQ：BQ＝FP：EB＝1：6　したがって，PQ：PB＝1：7である。

(4)　△DQPと△ABPにおいて，PD：PA＝1：7，PQ：PB＝1：7，∠DPQ＝∠APBより，2組の辺の比とその間の角がそれぞれ等しいので，△DQP∽△ABP　相似比は1：7であるから，面積比は△DQP：△ABP＝1：49である。また，点Pが線分ACの中点であることより，△ABP＝△CBPとなるから，△ABC＝2△ABPである。よって，△DPQ：△ABC＝△DPQ：2△ABP＝1：98となる。

英語　Ⅰ

Ⅰの長文問題は説明文なので，物語に比べて読みづらいと感じる人が多いと思われる。また，Ⅱ以降にも長文や会話文が用意されており，相当量の設問を解かねばならないので，このⅠの問題をいかに速く，正確に解けるかが合否に大きな影響を与えたと思われる。設問を見ても，このⅠのものが一番時間がかかるように思われるので，注意したい。

この長文で使われている語彙は標準よりやや高度である。単語の注も用意されているが，すべての未習語について書かれているわけではなく，設問の解答に関わりながら未習であるものなのに注が用意されていないものもあるので，気をつけたい。よって，中学校の範囲を超えて少しでも多くの語彙を身につけるよう努力すべきである。

設問を見ると長文の内容を確認するものが並んでいる。間違っても拾い読みなどはせず，長文をしっかりと読み取って，正確に解答することが求められている。選択肢の内容レベルは決して高いものではなく，長文の内容を理解していれば適切に答えられるものになっている。

このような問題を解くには，同じようなレベル・量の長文を数多く読んで練習しておくことが大切である。その際には読むのにかかる時間も測るようにして，より速く読めるよう訓練すべきである。

理科 1

大問が4題で，各分野からの出題であった。問題レベルは多くは標準的なレベルであるが，物理，化学分野でやや難しい内容も出題される。理科の基礎知識がしっかりと理解できているかが問われている。

今回合否を分ける鍵となった問題として，1の仕事と動滑車の問題を取り上げる。

動滑車を使えば物体を持ち上げる力の大きさを半分にすることができるが，ロープを引く長さが物体の移動距離の2倍になる。

(1)では1個の動滑車を使っておもりを持ち上げる。おもりと動滑車の重さの和は8Nであり，これを0.2mの高さまで引き上げるので，行なう仕事は8×0.2＝1.6(J)であり，おもりがされた仕事は4×0.2＝0.8(J)である。

(3)　動滑車を2個にすると全体の重さは12Nになる。これを0.2mの高さにまで持ち上げるので，仕事の大きさは12×0.2＝2.4(J)であり，おもりにされた仕事は4×0.2＝0.8(J)である。

(5)　動滑車をn個にすると，全体の重さは(4n＋4)Nになりこれを0.2mまで持ち上げるので，なされた仕事は(4n＋4)×0.2＝0.8(n＋1)(J)になる。

(6)　物体を0.2m持ち上げるとき，1個の動滑車あたり0.4mロープを引く。n個の動滑車では0.4n(m)になる。手がロープを引く力をF(N)とすると，ロープを引く力が行った仕事は0.4n×F(J)であり，これが(5)の値に等しいので，0.4n×F＝0.8(n＋1)　$F=\frac{2(n+1)}{n}$となる。

物理，化学分野にやや難しい出題も見られるが全般的に標準レベルの問題なので，問題集等で練習問題を十分に演習しておきたい。

社会 (8)，(9)，(10)

今年度は「グローバリゼーションと格差社会」に関連する問題文や資料類を見ながらさまざまな問題に答える形式になっており，(1)，(4)，(5)，(17)が地理分野，(3)，(6)，(11)，(14)，(18)が歴史分野，(2)，(7)，(12)，(15)が公民分野，残りは公民ともいいがたいものになっている。比較的分野のはっきりしたものはさほど難しくはなく，知識があれば解けるものも多いが，分類しがたいものは本文，資料類をていねいに見て，どういうことなのか，何が問題になっているのかをしっかりと把握していかないと答えを選ぶのに苦労しそうなものが多い。特に，(8)，(9)，(10)は，本文の内容の理解と資料類の理解で，まずは多くの受験生が悩んだのではないだろうか。(8)は格差社会との関連性が一番薄いものを考えればよいので，そこに気がつけば何とかなる。(9)と(10)はお手上げ状態になった受験生が多かったかもしれない。(9)はグラフの意味するものがわかれば選べるかもしれない。(10)は設問の選択肢と与えられている3つのデータを照らし合わせていけば何とかわかるが，厳しいところではある。

国語 一 問六

★ なぜこの問題が合否を分けたのか

難問ではないが，脱文・脱語補充の問題は頻出なので，確実に得点できるよう，正答を導き出す考え方を確認しておこう！

★ こう答えると「合格できない」！

前に「地面に敷かれたブルーシートの上に卵を産むことさえある。水面と間違えてしまっているのだろうか。」とあることから，「水面に卵を産む」とするア，または「青色に染まっているところに卵を産む」とするウを選ばないようにしよう。その前に「たとえば，今にも干上がりそうな道路の水たまりに，トンボが卵を産みつけていることがある」ともあるので，ア・イ・ウはすべてあてはまりそうに思われる。この三つの共通点は何かと考えてみよう！

★ これで「合格」！

「今にも干上がりそうな道路の水たまり」「地面に敷かれたブルーシート」「水面」の共通点にあてはまるものが入ると判断して，「地上で陽の光を反射させているところに卵を産む」とするエを選ぼう。脱文・脱語補充は，直前直後の表現だけでなく，文脈をしっかり読み取って慎重に解答することを心がけよう！

2024年度

★★★★★★★★★★★★★★★★★★★★★★★★

入　試　問　題

2024年度

愛知工業大学名電高等学校入試問題

【数　学】（40分）　＜満点：100点＞

【注意】 定規・分度器・計算機等の使用はできません。

[1] 次の [ア] ～ [ニ] に当てはまる適切な数字または符号をマークしなさい。

(1) $\dfrac{(\sqrt{3}+1)(2-\sqrt{3})(3+\sqrt{3})}{\sqrt{3}}$ を計算すると [ア] となる。

(2) 連立方程式 $\begin{cases} 3x-2y=1 \\ \dfrac{1}{2}x-\dfrac{3y+2}{4}=3 \end{cases}$ の解は $x=$ [イウ] ，$y=$ [エオ] である。

(3) 2次方程式 $x^2-8x+3=0$ の2つの解の和を a，積を b とすると，$a=$ [カ] ，$b=$ [キ] である。
また，$a^3+6a^2b+5ab^2$ を計算すると [クケコサ] である。

(4) 2つの関数 $y=-x^2$，$y=2x+3$ において，x の値が [シス] から3まで変化したときの変化の割合は等しい。

(5) 下の図において，$\angle x$ の大きさは [セソ] °である。

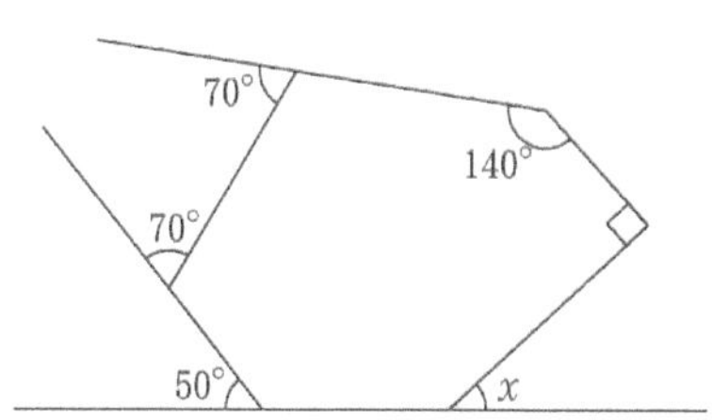

(6) 下の図のように，1辺の長さが8㎝の正方形ABCDの外側に，辺ABを直径とする半円がある。半円の弧の中点をMとするとき，直線BD，DMおよび弧MBで囲まれた部分の面積は [タチ] ＋ [ツ] π（㎝^{2}）となる。ただし，円周率を π とする。

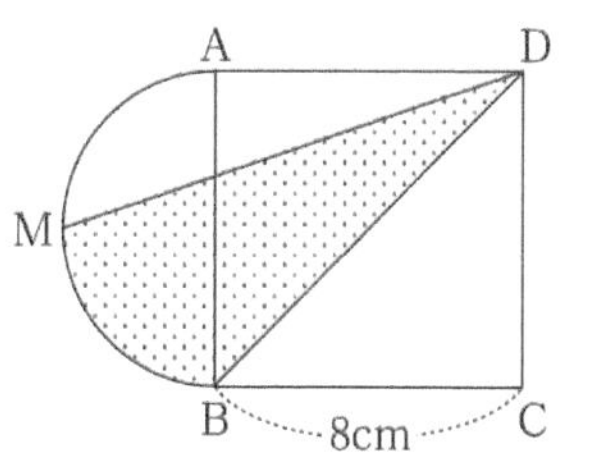

(7) 4人の子どもが異なるプレゼントを外見が同じ袋に入れ，それを持ち寄ってプレゼント交換会をする。プレゼント交換会では，プレゼントは一度集められて，誰が持ってきたかわからないようにして一人に1つずつ配られる。このとき，プレゼントの受け取り方は全部で [テト] 通りある。また，全員が自分以外のプレゼントを受け取る確率は $\dfrac{\boxed{ナ}}{\boxed{ニ}}$ である。

2 右の図のように，AD＝６，BC＝15でAD//BCの台形ABCDがある。

ADの中点をMとし，辺BC上にMC // AEとなる点Ｅと，MB // DFとなる点Ｆをそれぞれとる。AEとMB，DFとの交点をそれぞれG，Hとするとき，[ア] ～ [キ] にあてはまる適切な数字をマークしなさい。

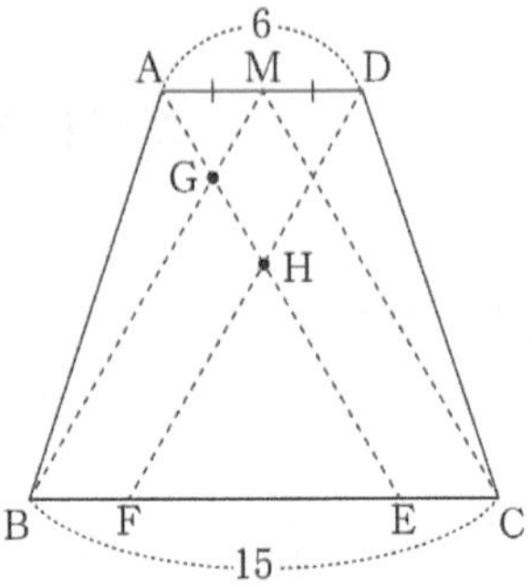

(1) △ABGと△AHDの面積比は [ア]：[イ] である。

(2) △ABGと四角形DHECの面積比は [ウ]：[エオ] である。

(3) 台形ABCDの面積は△AGMの面積の [カキ] 倍である。

3 右の図のように，関数 $y=\frac{1}{4}x^2$ のグラフ上に x 座標が４である点Aがあり，点Aと y 座標が同じで x 座標が－２である点Ｂがある。

このとき，[ア] ～ [カ] にあてはまる適切な数字または符号をマークしなさい。

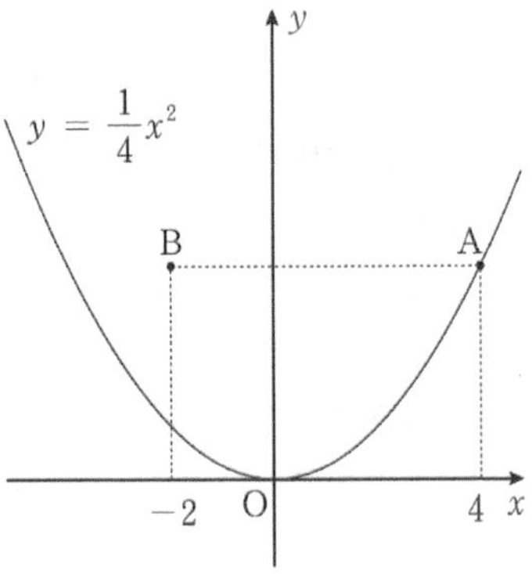

(1) 点Ｐを，関数 $y=\frac{1}{4}x^2$ のグラフ上を動く点とする。△PABの面積が15となる点Ｐは [ア] 個あり，そのときの x 座標のうち，もっとも小さいものは [イウ] である。

(2) 点Qを，x 軸上を動く点とする。△QABが二等辺三角形となる点Qは [エ] 個あり，そのときの△QABの面積は [オカ] である。

4 右の図のように，AB＝６，BC＝８，CA＝９の△ABCがある。

∠Ｂの二等分線と辺ACの交点をＤとする。また，頂点Aから線分BDと垂直になるようにひいた線分と辺BCの交点をE，線分BDとの交点をＦとする。さらに，辺ACの中点をＰ，線分AEと線分BPの交点をQとする。このとき，[ア] ～ [ケ] にあてはまる適切な数字をマークしなさい。

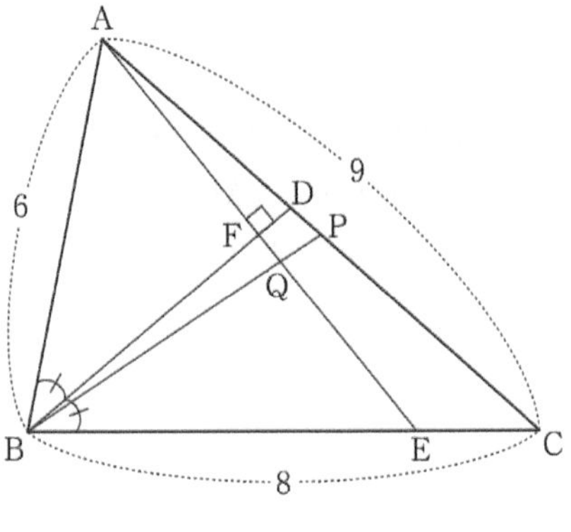

(1) 線分FPの長さは [ア] である。

(2) 線分DPの長さは $\dfrac{\boxed{\text{イ}}}{\boxed{\text{ウエ}}}$ である。

(3) PQ：PBの比は [オ]：[カ] である。

(4) △DPQと△ABCの面積比は [キ]：[クケ] である。

【英　語】（40分）　＜満点：100点＞

Ⅰ. Read the passage below and answer the questions.

Horses are beautiful creatures. They are different colors, and can run quickly. People like to watch horses because they are strong and powerful. Horses are mammals. Mammals are animals that have hair or fur and are warm-blooded. The mother horse generally has one baby in the spring, and feeds the baby milk. Horses have long legs, and big eyes that can see almost all the way around them. They can walk, trot, gallop and jump.

Very young horses that are one year old or younger are called foals. A young female horse is called a filly, and a young male horse is called a colt. After 4 years, a horse is considered an adult.

Many people think that a pony is a young horse, but that is not true. A pony is a type of horse that does not grow very large.

Horses can live up to 20 or 25 years. Sometimes people can tell (　　) by looking at its teeth.

Horses generally sleep standing up, so that if a predator appears, they can run away quickly. Horses only need about three hours of sleep per day!

Their hooves need to be taken care of. Horse hooves are like our fingernails, which need to be cut. If a horse is doing a lot of walking on hard ground, people put horseshoes on them, then take off the horseshoes when the hooves need cutting. New horseshoes are then put on.

For food, horses eat food such as grass, hay, oats, corn, apples, and carrots. They are herbivores, meaning they do not eat other animals. Their stomachs are small, so they need small, frequent feedings.

There are wild horses, but many people have horses as pets, too. They ride the horses and may teach the horses tricks. When people first started to use horses, they were just used for work. The horses would pull carriages so people could ride to other places, or plows so the farmers could more easily care for their fields. Horses were also used to move things from place to place by carrying them on their backs.

Some horses now work as therapy horses. These horses help people with disabilities become calmer and more comfortable, or work muscles they are not able to work.

When these strong creatures are taken good care of, they make wonderful friends. What else do you know about horses?

trot　速足で駆ける　　gallop　全速力で走る　　predator　捕食者　　hoof(hooves)　ひずめ
oat　オート麦　　frequent　頻繁な　　trick　芸　　carriage　馬車　　plow　すき　　therapy　治療
muscle　筋肉

1．What does filly mean?

It is (①) and not a (②)horse.

ア．① over one year old ② female

イ．① over one year old ② male

ウ．① one year old or less ② female

エ．① one year old or less ② male

2．Which is the best phrase to put in ( )?

ア．where a horse was born

イ．how old a horse is

ウ．if a horse is sick

エ．when a horse gets sleep

3．Why are horses popular?

ア．Because people are very similar to horses.

イ．Because they have a lot of power.

ウ．Because people think they are cool.

エ．Because they are the same species as humans.

4．Choose the true sentence according to the passage.

ア．A pony is the name for young horses, not for adult ones.

イ．Horses have long legs because they are mammals.

ウ．Horses eat many kinds of grains because they are herbivores.

エ．Horses have few roles in our lives.

5．Which is the best title for this passage?

ア．The history of friendship between the writer and horses

イ．A wonderful animal and its relationship with people

ウ．How to keep horses as pets

エ．One of the most colorful animals in the world

Ⅱ．Read the passage below and answer the questions.

A man took a bus to work every day. The stop after his, an old lady got on and sat by the window. The ride was long, and the view was boring - the roads and buildings were dusty and grey, so the man was bored. The old lady was holding a bag, and every few minutes during the whole journey, she put her hand into the bag and threw something out the window. The man tried to see what she was throwing, but what she threw was so small that he couldn't.

She did the same thing every day and one day the man asked her:

- Excuse me for being curious, but what are you throwing out of the window?

- These are seeds! said the old lady.

- Seeds? Seeds of what?

- Flowers, that's what. You see, when I look outside, everything seems sad to me, missing colors, life... I wish I could make this trip looking at flowers along the way. It would be much nicer, don't you think?

- But ma'am, the seeds fall on the hard ground, and all the heavy traffic on the roads, like cars and buses, breaks them into very small pieces, and birds eat them. Do you really think your seeds will survive on this road?

- I'm sure of it. Even if some get lost or are broken, over time they will grow.

- But they need water.

- I'm doing my part. ① Rainy days will do their thing.

The man looked again at the smiling lady as he got off the bus at his stop, surprised that she was so happy to waste her time and money.

A few months later, the man, looking through the window, noticed that the roadside was filled with flowers, and he remembered the old lady. He asked the driver for news about her.

- Well, it's been over a month since she died.

② The man sat down again and kept looking at the bright, beautiful colors, thinking that the flowers did grow after all, but what good was that, since the old lady couldn't see her work?

Suddenly he heard the laughter of a little boy. His nose was touching the window and he was pointing at the flowers.

- Look, mommy! Look at all those pretty flowers!

The old lady did her job, and as a result everyone could see and enjoy what she wished for.

Since that day, the man has been making the trip from home to work with a bag of seeds that he throws out of the window.

Don't get tired of doing good things. You may not see the fruit or flowers, but someone somewhere is going to love what you helped to create.

出典　Various sources, original author unattributed

1. The old lady throws seeds out of the bus window every day. What are seeds?
  ア. They are colorful glass balls that make the road easy to drive on.
  イ. They are small insects that eat flowers and carry them to new places.
  ウ. They are soft fruit that grow on trees and bushes, and people like to pick them.
  エ. They are the small, hard part of a plant, and new plants grow from them.

2. What does the underlined sentence ① mean?
  ア. People smile more when it rains.
  イ. Rain will help the flowers grow.
  ウ. The water will clean the dusty streets.
  エ. The birds drink rainwater to survive.

3. Which sentence is correct?

ア. The little boy got on the bus alone, because the driver was his father.

イ. The old lady got on the bus after the man did, and she got off with him.

ウ. The man got on the bus before the old lady, and he got off before her too.

エ. The old lady got on the bus with a little boy, and she left him with his mother.

4. Look at the underlined sentence ②. How is the man feeling?

ア. He is feeling angry, because a little boy by the window is laughing.

イ. He is feeling happy, because he can see many flowers.

ウ. He is feeling sad, because the old lady can't see the flowers grow.

エ. He is feeling tired, because he is standing on the bus.

5. What is the message at the end of this story?

ア. Do what you can to make the world a better place for everyone.

イ. Global warming is a big problem, leading to fewer trees and flowers in cities.

ウ. Don't throw trash in the streets, take it with you and throw it away at home.

エ. Find a job that you can do well, and everyone can enjoy watching your work.

Ⅲ. Read the passage below and answer the questions.

If anyone should be called "Mr. Tofu" in the United States, it's Yasuo Kumoda, the man who made tofu popular there. Although he succeeded in the end, Kumoda's career was filled with bad luck that would have broken the spirits of most people. Again and again, his great ideas came close to success, but they were ruined by unexpected events.

At age 40, in the early 1980s, Kumoda was sent to the United States to try to sell Morinaga tofu there. Surely Japanese experts and health-conscious Americans would eat tofu. Some Americans did like it, but not many. Some didn't like the feel and taste of it. The word "tofu" reminded others of the toes on their feet. Many also thought soy was only for pet food. In 1988, a newspaper survey found that tofu was the one food Americans disliked most.

Year after year, Mr. Tofu kept trying. He visited Rocky Aoki, the owner of the Benihana restaurant chain. But Aoki refused to let Kumoda use the Benihana name as a tofu brand, or to offer tofu in his restaurants. Kumoda's next idea was to put "TOFU NO1" on his car license plate. But a consultant told him that Americans might take it to mean "TOFU NO!" Instead, he used "TOFU-A." Still, other drivers on the road sometimes gave him ① the "thumbs down" sign.

He ran in the L.A. Marathon dressed as a block of tofu. He got some attention on TV when he tripped and fell. But bad luck and barriers to success kept his tofu sales from taking off.

Then one day, when he was close to giving up, he saw a woman buying tofu. Kumoda spoke to her and found that she mixed it with fruit to make a healthy shake. He began developing new tofu products based on ② this fresh new idea. Later, he heard that first lady Hillary Clinton talked about tofu as a healthy food for President Bill Clinton. Kumoda sent some of his new product to the White House and received a kind reply.

This renewed Kumoda's enthusiasm. But just then, Morinaga's patience ran out. The company told him he could build a factory for his new products, but he would have to pay for it himself. This was a big personal risk, and many people would have given up. But not Mr. Tofu. He borrowed money to build a factory in Oregon. After 10 more years of struggle, this brave move finally paid off — Mr. Tofu's reward for never giving up. Today, Morinaga tofu is selling well in the United States.

There's a common Japanese saying: "Peach and chestnut trees take three years to bear fruit, persimmons take eight," to which Kumoda adds, "③ And tofu takes 10!"

Word List

career 経歴　spirit 心　ruin 破壊させる　health-conscious 健康意識の高い　refuse 断る
consultant 顧問　barrier 障壁　enthusiasm 熱狂　patience 忍耐　struggle 苦闘
pay off 報われる　reward ほうび　saying ことわざ

1. According to the passage, why did the drivers show ① the "thumbs down" sign?

ア. Because they really wanted to see tofu.
イ. Because they really did not want to miss tofu.
ウ. Because they really loved tofu very much.
エ. Because they really did not like tofu.

2. What is ② this fresh new idea?

ア. Running in the L.A. Marathon wearing a costume of a block of tofu.
イ. Seeing a woman who was buying tofu at stores in the United States.
ウ. Mixing tofu and fruit together to make a drink that is good for your health.
エ. Sending some of the new products to the White House.

3. What does ③ "And tofu takes 10!" mean?

ア. Kumoda has been making tofu in the United States for more than 10 years.
イ. Tofu became popular in the United States 10 years after it started to be sold there.
ウ. 10 people must work in the factory to make a piece of tofu.
エ. Kumoda needed 10 years to succeed in making a piece of tofu.

4. Choose the true sentence according to the passage.

ア. When Kumoda tried to sell tofu in the United States, most people did not like it for several reasons.

イ. Rocky Aoki liked Kumoda's idea very much and served tofu dishes at his restaurant.

ウ. Hillary Clinton talked about tofu as a healthy food for people in the United States.

エ. Finally, Kumoda succeeded in his business because of the long support of his company.

5. Which is the best title for this article?

ア. Mr. Tofu　イ. Rocky Aoki　ウ. TOFU NO1　エ. Morinaga Tofu

Ⅳ. Read the passage below and answer the questions.

NAMI: Stop! Don't throw that away!

SANJI: What do you mean, Nami? Look at the date on the top, it says 'Best Before January 11th'.

NAMI: Sure, but you don't need to look at that. Give it to me, I'll drink it.

SANJI: Really? OK, here you are.

NAMI: You know, most food is fine for longer than the 'Best Before' date, if you store it the right way. Use your common sense, and ① <u>use your senses — your eyes, hands, nose, and mouth — to check that something is still fine to eat or drink.</u>

SANJI: Yes, but look at these bananas, they're dark brown, and soft.

NAMI: Well, you like cake, don't you? We can make some cake or pancakes.

SANJI: I do like banana bread.

NAMI: Show me the trash can. What else have you thrown out?

SANJI: These mushrooms. Look how wet they are.

NAMI: I'm not surprised. Did you keep them in this plastic bag? You should keep mushrooms in a paper bag. The paper takes in water and keeps mushrooms and other vegetables fresh for longer.

SANJI: Oh, I didn't know that.

NAMI: And these tomatoes... You just went to the supermarket! Why are they so soft?

SANJI: I don't know. I put them in the refrigerator to keep them cool as soon as I got home.

NAMI: That was a mistake. You shouldn't store tomatoes in the fridge.

SANJI: But I thought it's better to store fresh fruit and vegetables in a cold place like the fridge?

NAMI: Usually, sure. The fridge will keep carrots, cabbage, beans, and other hard vegetables cool and fresh, but don't put vegetables with a lot of water content in the refrigerator.

SANJI: Oh, I see...

NAMI: Never mind, I can make a pasta sauce with the tomatoes and mushrooms. Hey! Why did you leave the pasta box open? Keep opened food closed, or put the food into a glass jar. If you don't, insects and dust will get into it.

SANJI: Oh, I didn't think-

NAMI: Well, start thinking! The world has a terrible food waste problem. 18% of the food we buy is wasted, even though over 50% is still edible — that means it's still fine and ( ). About 30% of an average family's trash is food waste. It's bad for your pocket, too.

SANJI: What do you mean?

NAMI: Don't throw away expensive food. You have to start being more careful with your money, with your food, and with the world.

1. What does the underlined part ① mean?
 ア. You must not eat food after the date on the box.
 イ. People should store food for a long time before they eat it.
 ウ. We can only guess if something is safe to drink when we use it.
 エ. We will see that a food is good to eat if we look at it and touch it.

2. What do we use a refrigerator, or fridge, for?
 ア. To keep food and drinks cold or cool.
 イ. To make cold food hot or warm.
 ウ. To make fruit like bananas fresh.
 エ. To store vegetables like tomatoes.

3. What words go in the blank ( )?
 ア. nice to drink
 イ. safe to eat
 ウ. easy to sell
 エ. hard to throw away

4. How much of the food that people buy do they actually eat?
 ア. About 18%.
 イ. Around 30%.
 ウ. More than 50%.
 エ. Over 80%.

5. How does Nami feel about Sanji?
 ア. She is happy that he is cleaning the trash can in the kitchen.
 イ. She is worried that he doesn't have enough food to eat every day.
 ウ. She feels annoyed with him because he is careless about money and food.
 エ. She thinks his cooking skills are impressive.

V．次の１～５の日本語の意味に合うよう（　）内の語（句）を並びかえたとき，（　）内で５番目に来る語（句）をア～エから１つ選び，記号で答えなさい。ただし，文頭に来る語も小文字で示してあり，不要な語も１語含まれています。

1．彼はなんてかわいい赤ちゃんなんだ。
(baby / a / he / what / how / is / cute)!
ア．cute　イ．a　ウ．he　エ．is

2．マイクは私に誕生日プレゼントとして指輪を送りました。
(a ring / a birthday present / gave / Mike / as / me / for).
ア．me　イ．as　ウ．for　エ．a ring

3．彼女の料理は母と同じくらい美味しい。
(my mother / as good / is / as / her cooking / my mother's).
ア．as good　イ．my mother　ウ．my mother's　エ．her cooking

4．武田先生にかわっていただけますか。
(I / to / change / speak / Mr. Takeda / can) please?
ア．Mr. Takeda　イ．to　ウ．speak　エ．change

5．これらの本はポルトガル語で書かれています。
(Portuguese / by / these / written / in / are / books).
ア．by　イ．written　ウ．in　エ．Portuguese

VI．Choose the best answer.

1．(　　) almost fifty years (　　) the end of the war.
ア．There is,　in　イ．It has been,　since
ウ．There have been,　for　エ．It passed,　when

2．You are tired, (　　)?　(　　) I help carry your bag?
ア．are you,　Will　イ．don't you,　Do
ウ．will you,　May　エ．are't you,　Shall

3．Have you finished (　　) the book?　I (　　) help me with my homework.
ア．reading,　want you to
イ．reading,　am looking forward to
ウ．to read,　will be able to
エ．read,　want

4．You (　　) sad, what (　　) you?
ア．see,　is wrong with　イ．look,　happened to
ウ．hear,　is the matter　エ．sound,　is the problem of

5．Where (　　)?　I (　　) you.
ア．are you,　am looking at
イ．have you been,　have been looking for
ウ．was you,　looked for
エ．did you went,　miss

6. Yesterday, I asked my father (　　) some roses for my mother's birthday. The gift (　　) her happy.

ア. buy,　let　　イ. to buy,　will make

ウ. to buy,　have　　エ. buying,　makes

7. (　　) do you think of today's movie? I think this is the best movie (　　).

ア. What,　I have ever seen

イ. What,　that I never see

ウ. How,　I saw ever

エ. How,　which I have ever seen

8. (　　). Could you call the police (　　)?

ア. I was stolen my wallet,　for me

イ. I was stolen my wallet,　to me

ウ. My wallet was stolen,　for me

エ. My wallet was stolen,　to me

9. I want to show Emily (　　) to use the new computer, but I don't know (　　) tomorrow.

ア. when,　when will Emily come

イ. when,　when Emily comes

ウ. how,　when Emily will come

エ. how,　when does Emily come

10. Let's start early in the morning, (　　)? It's (　　) start in the afternoon.

ア. should I,　so hot that we can't

イ. should we,　so hot that we can

ウ. shall we,　too hot to

エ. shall I,　too hot to

【理　科】（社会と合わせて60分）　＜満点：75点＞

【注意】 定規・分度器・計算機等の使用はできません。

1　次の【Ⅰ】～【Ⅲ】の文章を読み，以下の問いに答えなさい。

【Ⅰ】図1のように滑車とロープを用いて，重さ4Nのおもりをゆっくりと0.2m持ち上げる。ただし，滑車はすべて4Nの重さでなめらかに動き，ロープはすべて軽く伸びないものを使用し，ロープのたるみ，空気の抵抗は考えないものとする。

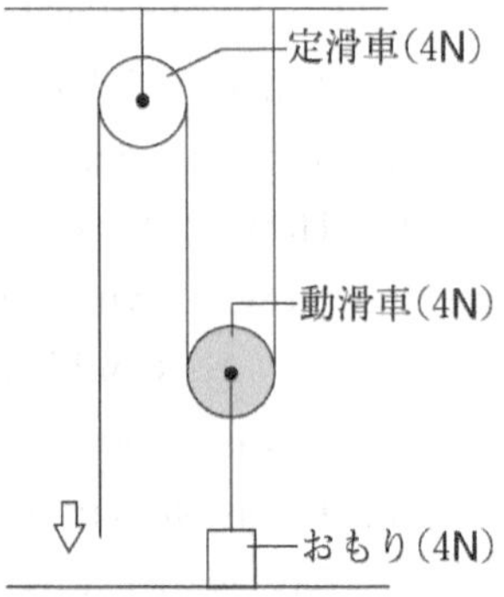

図1

(1) 図1でロープを引く力がした仕事は何Jか。また，おもりがされた仕事は何Jか。正しい組み合わせを次の①～⑨から1つ選び，番号をマークしなさい。［ア］

選択	ロープを引く手がした仕事	おもりがされた仕事
①	0.4 J	0.4 J
②	0.4 J	0.8 J
③	0.4 J	1.2 J
④	0.8 J	0.4 J
⑤	0.8 J	0.8 J
⑥	0.8 J	1.2 J
⑦	1.6 J	0.4 J
⑧	1.6 J	0.8 J
⑨	1.6 J	1.2 J

(2) 図1で，1秒間に60cmの速さでロープを引いておもりを持ち上げたとき，ロープを引く力の仕事率 P は何Wか。空欄に数値をマークしなさい。　P =［イ］.［ウ］〔W〕

【Ⅱ】次に，図2のように【Ⅰ】と同じ滑車とロープを用いて，重さ4Nのおもりをゆっくりと0.2m持ち上げる。ただし，ロープのたるみ，空気の抵抗は考えず，用いる木の棒は軽く，回転しないものとする。

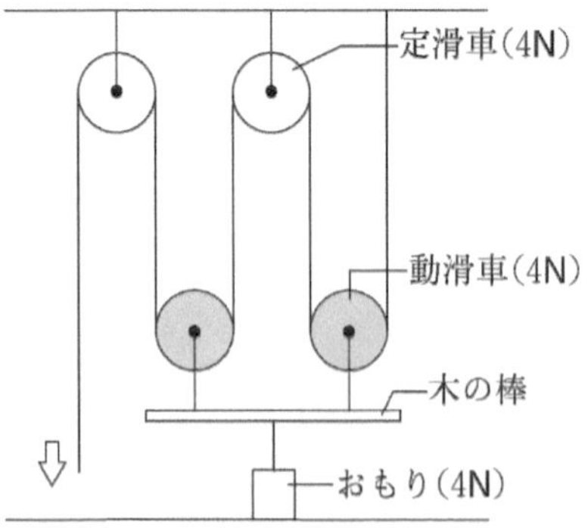

図2

(3) 図2でロープを引く力がした仕事は何Jか。また，おもりがされた仕事は何Jか。正しい組み合わせを次の①～⑧から1つ選び，番号をマークしなさい。［エ］

選択	ロープを引く手がした仕事	おもりがされた仕事
①	0.6 J	0.4 J
②	0.6 J	0.8 J
③	0.8 J	0.4 J
④	0.8 J	0.8 J
⑤	1.2 J	0.4 J
⑥	1.2 J	0.8 J
⑦	2.4 J	0.4 J
⑧	2.4 J	0.8 J

(4) **図 2** で，定滑車，動滑車の重さを変え，ロープを引く力がした仕事の大きさについてグラフを描く。以下の(i)，(ii)はどのようなグラフになるか。正しい組み合わせを次の①～⑨から 1 つ選び，番号をマークしなさい。 **オ**

(i) ロープを引く力がした仕事の大きさを縦軸に，定滑車の重さを横軸にとったグラフ

(ii) ロープを引く力がした仕事の大きさを縦軸に，動滑車の重さを横軸にとったグラフ

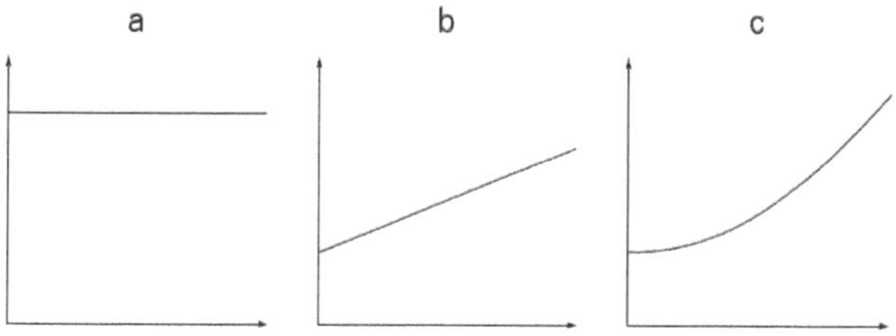

選択	(i)	(ii)
①	a	a
②	a	b
③	a	c
④	b	a
⑤	b	b
⑥	b	c
⑦	c	a
⑧	c	b
⑨	c	c

【Ⅲ】図 3 のように【Ⅰ】と同じ滑車とロープを用いて，重さ 4 N のおもりをゆっくりと0.2m持ち上げる。ただし，ロープのたるみ，空気の抵抗は考えず，用いる木の棒は軽く，回転しないものとする。

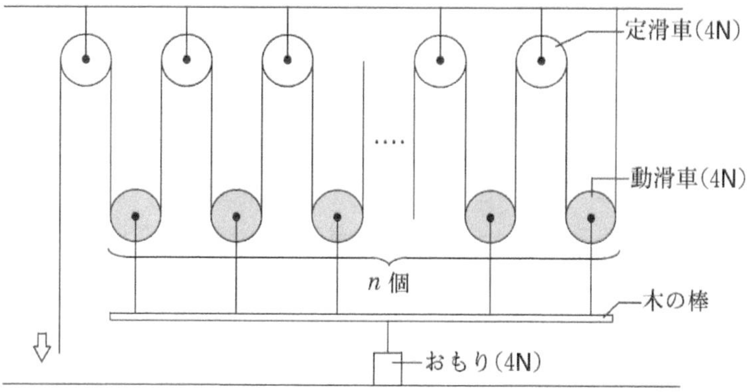

図 3

(5) 下記の式は，**図 3** でロープを引く力がした仕事 W〔J〕を，つなぐ動滑車の数 n を用いて表した式である。空欄にあてはまる数値をマークしなさい。

$W=$ **カ** . **キ** ($n+$ **ク**)〔J〕

(6) **図 3** で，手がロープを引く長さ L〔m〕と，手がロープを引く力 F〔N〕を，つなぐ動滑車

の数 n を用いて表す。正しい組み合わせを次の①～⑧から1つ選び，番号をマークしなさい。

ケ

	L	F
①	$0.2n$	$\frac{2}{n}$
②	$0.2n$	$\frac{2}{(n+1)}$
③	$0.2n$	$\frac{2(n+1)}{n}$
④	$0.2n$	$\frac{2n}{(n+1)}$
⑤	$0.4n$	$\frac{2}{n}$
⑥	$0.4n$	$\frac{2}{(n+1)}$
⑦	$0.4n$	$\frac{2(n+1)}{n}$
⑧	$0.4n$	$\frac{2n}{(n+1)}$

2 次の【Ⅰ】～【Ⅲ】の文章を読み，以下の問いに答えなさい。

【Ⅰ】水溶液Aと水溶液Bはそれぞれうすい塩酸，水酸化ナトリウム水溶液のいずれかである。両水溶液にBTB液，フェノールフタレイン液，pH試験紙，マグネシウムリボンを入れて変化を観察したところ，下の表のようになった。

入れたもの	水溶液A	水溶液B
BTB液	青色に変化した	黄色に変化した
フェノールフタレイン液	Cに変化した	変化なし
pH試験紙（中性で黄色）	青色に変化した	赤色に変化した
マグネシウムリボン	変化なし	気体Dが発生した

(1) 私たちの身の回りには，酸性のものやアルカリ性のものがたくさん存在している。次の①～⑤からアルカリ性であるものを1つ選び，番号をマークしなさい。 ア

① 胃液　② 食酢　③ せっけん水　④ 炭酸飲料　⑤ レモン汁

(2) Cに当てはまるものを次の①～⑨から1つ選び，番号をマークしなさい。 イ

① 赤色　② 橙色　③ 黄色　④ 緑色　⑤ 青色　⑥ 紫色

⑦ 黒色　⑧ 白色　⑨ 透明

(3) 気体Dの性質について正しく述べたものを次の①～④から1つ選び，番号をマークしなさい。

ウ

① 火のついた線香を入れると炎が上がる。　② 独特な刺激臭を持つ。

③ 火を近づけると音を立てて燃える。　④ 生物の呼吸により生成する。

(4) 水溶液Aに多く含まれるイオンを次の①～④から2つ選び，番号をマークしなさい。 エ

① H^+　② OH^-　③ Na^+　④ Cl^-

【Ⅱ】図のように，スライドガラスに食塩水をしみこませたろ紙を置き，金属クリップではさみ，電源装置につないだ。中央にｐＨ試験紙を置き，その中央に水溶液Ａで直径５㎜程度の点をつけたのち，15Ｖ程度の電圧を加え，変化を観察した。また，水溶液Ａの代わりに水溶液Ｂをつけ，同様に実験を行い，変化を観察した。

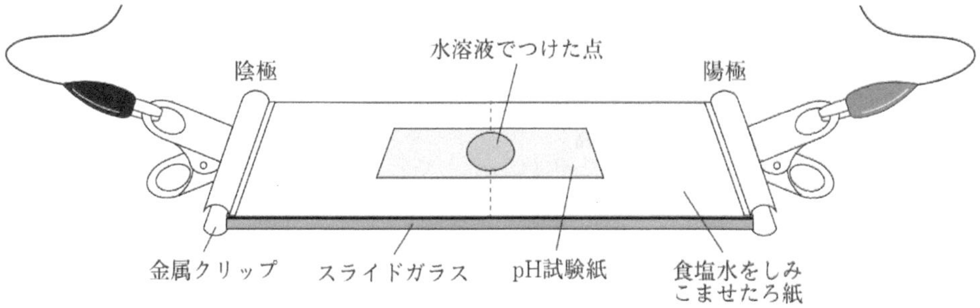

図

(5)　それぞれの水溶液での結果を示した下の文章の空欄に当てはまる，もっとも適切な語句を次の①～⑤から１つずつ選び，番号をマークしなさい。同じ選択肢を複数回用いてもよい。

水溶液Ａの結果：［オ］色の点が［カ］側に広がった。

水溶液Ｂの結果：［キ］色の点が［ク］側に広がった。

選択肢　①　赤　　②　青　　③　黄　　④　陽極　　⑤　陰極

【Ⅲ】水溶液Ａをビーカーに10mL入れ，BTB液を数滴加えたのち，水溶液Ｂを少しずつ加えていったところ，水溶液Ｂをちょうど10ｍＬ加えたところでビーカー内の溶液が緑色になった。

(6)　緑色になった溶液を蒸発皿に入れ，水を蒸発させたところ，ある固体が現れた。この物質の性質として正しいものを次の①～④から１つ選び，番号をマークしなさい。［ケ］

①　白くて四角い結晶である。

②　加熱すると炭酸ナトリウム，水，二酸化炭素に熱分解する。

③　なめると甘い味がする。

④　水に溶かしてヨウ素液を加えると，青紫色に変化する。

(7)　滴下した水溶液Ｂの体積とビーカー内に存在するH^+，OH^-，Na^+，Cl^-の４つのイオンの数の変化を，それぞれグラフａ～ｄに表した。イオンの種類とグラフの組み合わせとして最も適切なものを次の①～⑧から１つ選び，番号をマークしなさい。［コ］

a

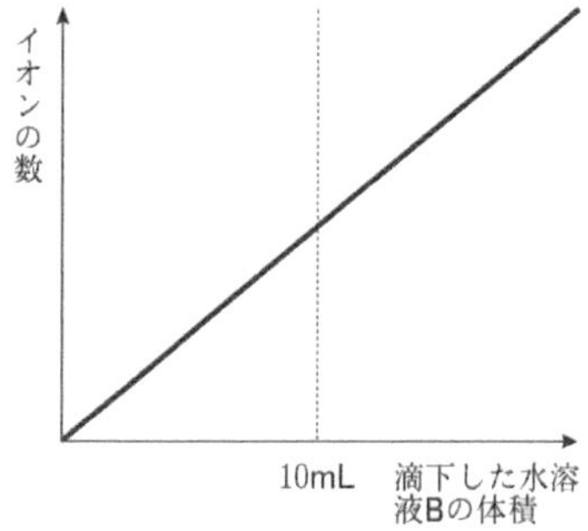

b

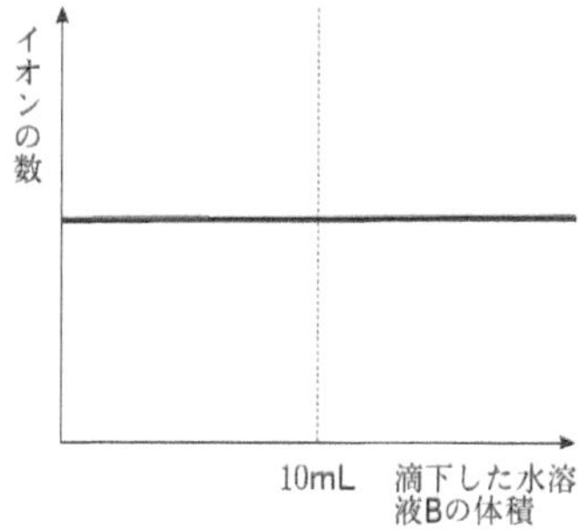

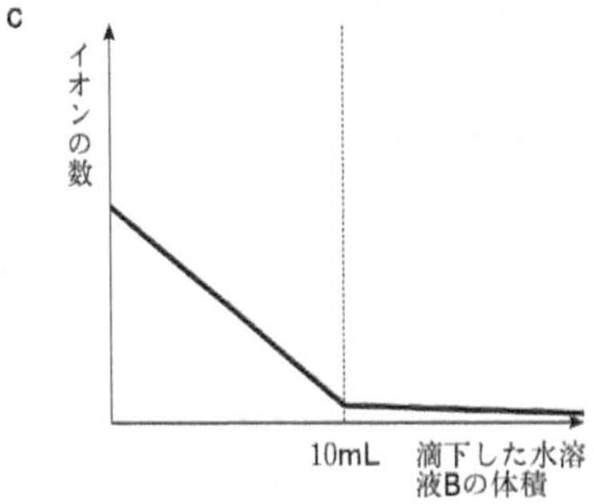

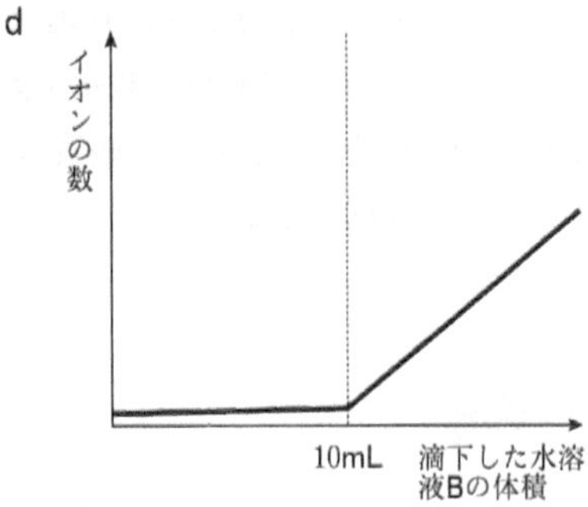

	a	b	c	d
①	H^+	OH^-	Na^+	Cl^-
②	H^+	OH^-	Cl^-	Na^+
③	OH^-	H^+	Na^+	Cl^-
④	OH^-	H^+	Cl^-	Na^+
⑤	Na^+	Cl^-	H^+	OH^-
⑥	Na^+	Cl^-	OH^-	H^+
⑦	Cl^-	Na^+	H^+	OH^-
⑧	Cl^-	Na^+	OH^-	H^+

3 **図1**は4月30日の日本周辺の天気図である。**表1**は**図1**の**A**～**D**のいずれかの地点の天気の記録で，**表2**は温度と飽和水蒸気量との関係を表している。以下の問いに答えなさい。

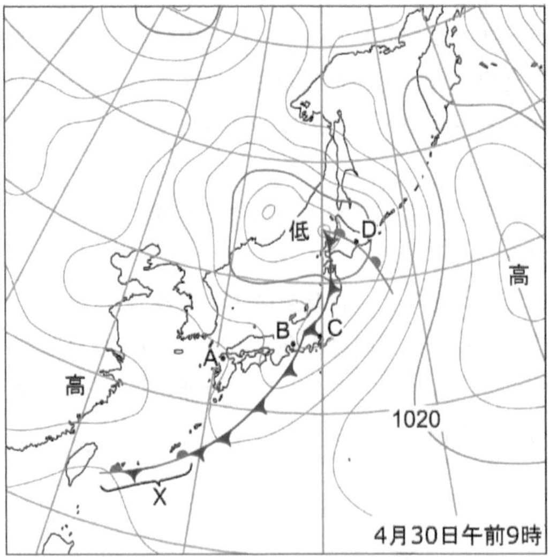

図1 日本周辺の天気図

表1 ある地点での4月30日の天気の記録

時刻〔時〕	3	6	9	12	15	18	21
気温〔℃〕	19.3	20.0	17.4	18.4	19.0	17.2	15.1
湿度〔%〕	99	100	93	78	57	56	54
天気・風向・風力							

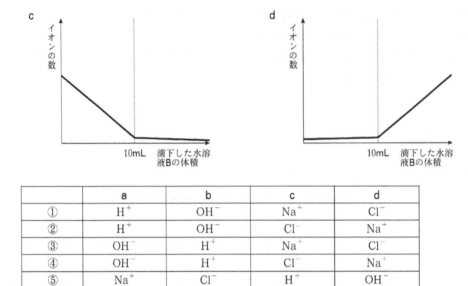

表 2 温度と飽和水蒸気量の関係

温度〔℃〕	8.0	9.0	10.0	11.0	12.0	13.0	14.0	15.0	16.0	17.0	18.0	19.0	20.0
飽和水蒸気量〔g/m^3〕	8.3	8.8	9.4	10.0	10.7	11.4	12.1	12.8	13.6	14.5	15.4	16.3	17.3

(1) 図 1 地点Aのおよその気圧として正しいものを，次の①～⑧から 1 つ選び，番号をマークしなさい。 ア

① 1002hPa　② 1004hPa　③ 1006hPa　④ 1008hPa

⑤ 1010hPa　⑥ 1012hPa　⑦ 1014hPa　⑧ 1016hPa

(2) 図 1 のXの前線について正しく述べた文を，次の①～④から 1 つ選び，番号をマークしなさい。 イ

① 北からの暖気と南からの寒気とがぶつかってできる停滞前線である。

② 北からの寒気と南からの暖気とがぶつかってできる停滞前線である。

③ 暖気が寒気に追いついてできる閉そく前線である。

④ 寒気が暖気に追いついてできる閉そく前線である。

(3) 表 1 はA～Dのうちどの地点の天気を記録したものか。次の①～④から最も適切なものを選び，番号をマークしなさい。 ウ

① A　② B　③ C　④ D

(4) 表 1 の地点において，4 月30日の時刻15時の露点温度はおよそいくらか。最も近い値を，次の①～⑧から 1 つ選び，番号をマークしなさい。 エ

① 8℃　② 9℃　③ 10℃　④ 11℃　⑤ 12℃　⑥ 13℃

⑦ 14℃　⑧ 15℃

(5) (4)の露点温度は，15時以降，どのような変化をしたと考えられるか。原因と結果について正しく述べている文を，次の①～④から 1 つ選び，番号をマークしなさい。 オ

① 気温と湿度がともに少しずつ低下したことから，空気 1 m^3当たりに含まれる水蒸気量が変化しなかったと考えられ，露点温度も変化しなかった。

② 気温の低下に対して湿度の変化が小さかったことから，空気 1 m^3当たりに含まれる水蒸気量は変化しなかったと考えられ，露点温度も変化しなかった。

③ 気温の低下に対して湿度の変化が小さかったことから，空気 1 m^3当たりに含まれる水蒸気量が増加したと考えられ，露点温度は上がった。

④ 気温の低下に対して湿度の変化が小さかったことから，空気 1 m^3当たりに含まれる水蒸気量が減少したと考えられ，露点温度は下がった。

(6) 図 2 のような等圧線をもつ台風が，日本周辺のある地点を勢力を保ったまま一定方向に通過した。図 3 は，台風の通過にともない，その地点の気圧，風向，風速がどのように変化したかを記録したものである。地形による風向きの変化が無視できるものとすると，この台風は，この地点に対して，どのようなコースを進んだと考えられるか。正しいものを，次の①～⑥から 1 つ選び，番号をマークしなさい。 カ

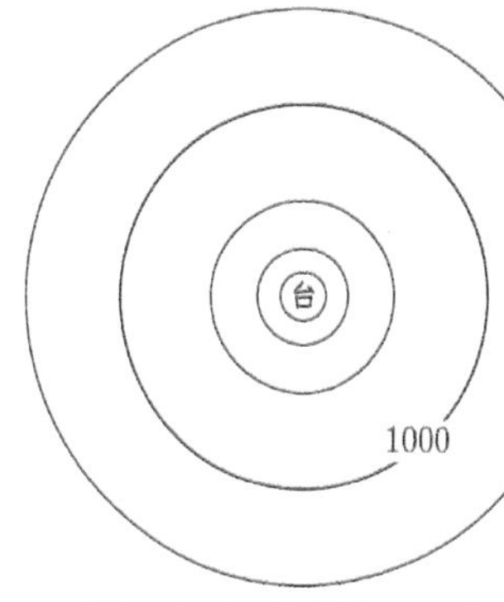

図 2 台風の等圧線のようす

① 西側を北東に進んだ。
② 東側を北東に進んだ。
③ 西側を北西に進んだ。
④ 東側を北西に進んだ。
⑤ 西側を北に進んだ。
⑥ 東側を北に進んだ。

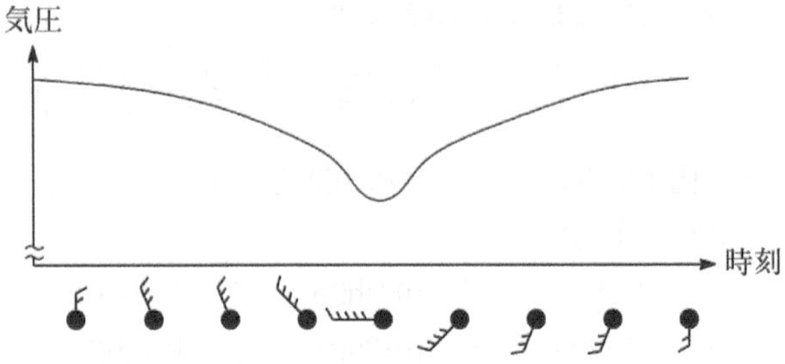

図 3 気圧・風向・風力の時刻変化

4 植物の体のつくりについて以下の問いに答えなさい。

次の図はホウセンカについてのものであり，**図 1** は根の様子，**図 2** は茎の断面，**図 3** は葉の断面を表している。

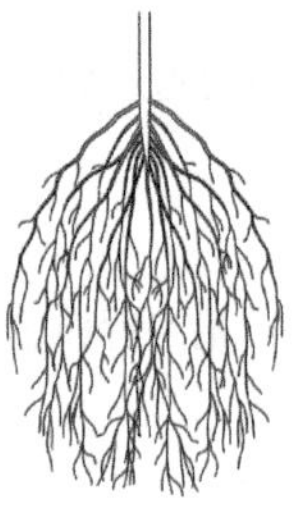
図 1

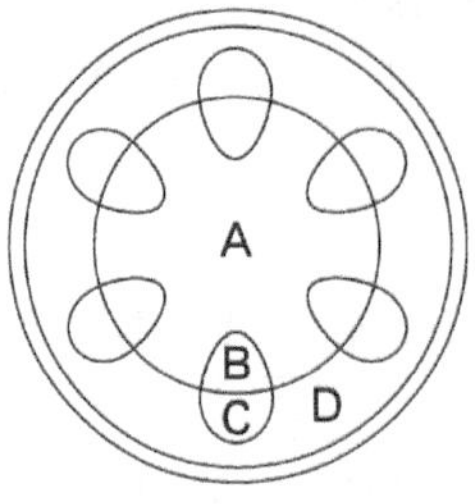

図 2

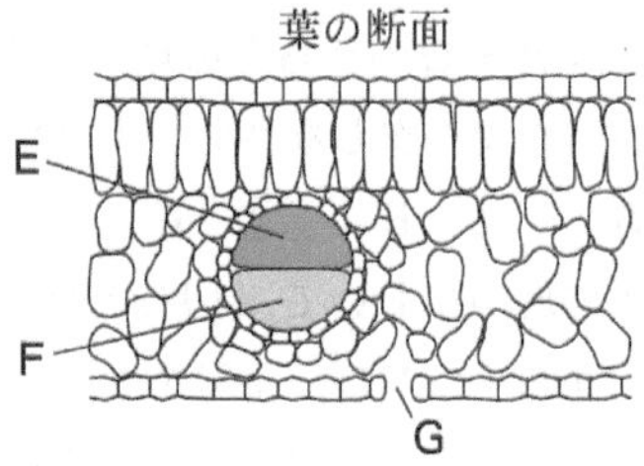

図 3

(1) **図 1** のように，ホウセンカの根は太い根から細い根がのびている。この細い根を何というか。正しいものを次の①～④から 1 つ選び，番号をマークしなさい。 ア

① 主根 ② 側根 ③ ひげ根 ④ 根毛

(2) ホウセンカはどの植物のなかまか。正しいものを次の①～④から 1 つ選び，番号をマークしなさい。 イ

① シダ植物 ② 裸子植物 ③ 単子葉類 ④ 双子葉類

(3) ホウセンカの根を赤い色水につけたとき，赤い色水でよく染まる部分を次の①～⑥から**すべて選び**，番号をマークしなさい。 ウ

① A ② B ③ C ④ D ⑤ E ⑥ F

(4) **図 3** の下部にある **G** の名称と，**G** がある側の葉の表裏の組み合わせとして正しいものを次の①～④から 1 つ選び，番号をマークしなさい。 エ

① 気孔・表 ② 気孔・裏 ③ 孔辺・表 ④ 孔辺・裏

(5) **図 3** の **G** では，生きていくために必要な気体を取り入れる。この気体を次の①～④から**すべて選び**，番号をマークしなさい。 オ

① 水蒸気 ② 酸素 ③ 二酸化炭素 ④ ①～③に **G** を通る気体はない

(6) 次の絵の中から，ホウセンカの葉と花の絵を次の①～⑥から 1 つずつ選び，番号をマークしなさい。

葉 カ 花 キ

①

②
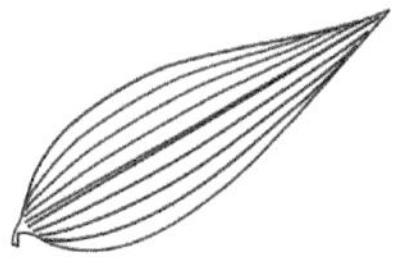

③

④

⑤

⑥

【社　会】（理科と合わせて60分）　　＜満点：75点＞

以下の文章は，5名の本校教諭が高校３年生の前で行ったシンポジウム「名電からコロナ後の日本社会を考える　－グローバリゼーションと格差社会を中心に－」の総合討論の記録です。あとの(1)～(18)の問いに答えなさい。

参加者：司会者１名（40代男性／社会科），教諭４名（Ａ先生〔30代女性／数学科〕・Ｂ先生〔40代男性／国語科〕・Ｃ先生〔50代女性／社会科〕・Ｄ先生〔60代男性／理科〕），生徒452名

※本シンポジウムは創作です。　　※討論中にあげる人物の敬称は省略してあります。

※討論中に出てくる書籍・論文には出版社・発行年を補足してあります。

司会者：2023年５月５日に，ＷＨＯのテドロス事務局長が，新型コロナウイルスの感染拡大を受けて出していた「国際的に懸念される公衆衛生上の緊急事態」の宣言を終了すると発表しました。日本でも，５月８日に新型コロナウイルスの分類が２類から５類に移行され，季節性インフルエンザと同等に位置づけなおされました。2020年４月７日にＡ**東京，神奈川，埼玉，千葉，大阪，兵庫，福岡**の７都府県に緊急事態宣言を出して以来，約３年を経てようやく終息に向かいつつあります。

しかし，この３年で経済は疲弊し，以前から言われてきた経済格差がより広がったようにみえます。それによって，少子化はさらに進み，同時に高齢化も待ったなしで進行中です。また，真っ先にこれらの煽りを受ける地方は様々な困難に直面しています。

今日の討論では，新型コロナパンデミックを引き起こす要因となったグローバリゼーションから話をはじめ，格差社会が抱える問題について考えていきたいと思います。ところどころで，生徒のみなさんにも振りますので，頭のなかで議論に参加していてください。(笑声)

(1)　下線部Ａの７都府県のいずれかの説明として正しくないものを，次の①～④のうちから１つ選んで，その記号をマークしなさい。

①工業は自動車とIC（集積回路）が中心で，都府県庁所在地は古くから大陸との貿易を行う港町として発展してきた。

②中心部には堀川と呼ばれる運河が張りめぐらされ，東部には数多くの中小企業の町工場がある。

③農業生産額が全国で３番目に多く（2022年），南部には計画的につくられた国立の研究機関・大学を中心とする研究学園都市がある。

④漁獲量が全国で最も多い港があり（2022年），近郊農業もさかんで，ほうれんそう（2022年）・日本なし（2021年）・らっかせい（2021年）の生産量は全国で最も多い。

【グローバリゼーション】

司会者：モノやカネや情報とともに人の国境を越える移動と，それによる貿易や投資の拡大を促進する「グローバリゼーション」の接続性がコロナウイルスを蔓延させました。まず，グローバリゼーションから話をはじめてみようと思います。Ｃ先生，簡単に成り立ちの説明をお願いします。

Ｃ先生：はい。最近の現象としてのグローバリゼーションのはじまりは，Ｂ**イギリス**首相サッチャーやＣ**アメリカ**大統領レーガンが掲げた新自由主義です。19世紀に「世界の工場」として栄えたイギリスは，第二次世界大戦後，「ゆりかごから墓場まで」を理念とした福祉国家を築き上げましたが，

その反面経済は停滞し，「英国病」と呼ばれた勤労意欲の低下に悩まされていました。その批判から，1980年代にイギリス首相サッチャーは新自由主義による自由貿易を推し進めました。彼女の有名な「社会などというものは存在しない，存在するのは，男・女という個人と家族だけだ」の言葉に言いあらわされています。同時にレーガンも「レーガノミクス」と呼ばれる新自由主義的な経済政策を実行し，これらの動きがグローバリゼーションへとつながったと考えられています。

B先生：今，C先生は直近のグローバリゼーションの説明をされたわけですが，もう少しさかのぼって考えると，パクスモンゴリカと大航海時代に起源がありそうです。

D**13世紀，モンゴルがユーラシア大陸を支配**（「モンゴルの平和」）し，中国からヨーロッパまで商人が移動しました。E**15～16世紀には，ヨーロッパの宣教師や商人が南米アメリカ大陸やアジアにわたり**，宗教と商業の世界的ネットワークを成立させました。と同時に，パクスモンゴリアンがペストをヨーロッパに広め，大航海時代によって南米の風土病の梅毒が世界に広まるなど，広範囲にわたる接続には良い面と悪い面があります。

大航海時代の，1492年：コロンブスがアメリカ大陸を発見，1498年：ヴァスコ・ダ・ガマがインドに到達，1522年：マゼラン一行が世界一周，1569年：正角図法を使った〔**F　①モルワイデ　②メルカトル　③サンソン　④グード**〕図法を発表（海図・航路図として使用），などによって地球全体を見ることができるようになりました。

その後，19世紀になってから，1875年：メートル条約でメートルが長さの世界単位に，1884年：G**国際子午線会議でイギリスのグリニッジ天文台の地方時を基準とする世界時間に設定**され，時間や空間に関する単位や基準が世界的に統一されました。

C先生：グローバリゼーションを広義の意味でとらえた場合の起源はB先生のおっしゃる通りだと思います。ですが，私たちが生きる現代社会に広がる「グローバリゼーション」の起源としては，やはり1980年代以降の新自由主義とみるべきです。近年の歴史学では，この時期のグローバリゼーションを「第二次グローバリゼーション」と呼んでいます。「第一次グローバリゼーション」はというと，1820年代から1914年の第一次世界大戦までの時期を言います。その後，世界の保護主義化が進み，くわえて大恐慌がおこり，第二次世界大戦で完全に「第一次グローバリゼーション」は終焉を迎えます。皆さんご存じの〔**H　①ダグラス・マッカーサー　②マシュー・ペリー　③アダム・ラクスマン　④コーデル・ハル**〕が日本に自由貿易を求めたのも「第一次グローバリゼーション」の時期です。

司会者：「第一次グローバリゼーション」の要因は何だったんでしょうか。

C先生：1つに，大国が全面的にぶつかり合う戦争がなかったこと，2つ目にイギリス主導の推進だったこと，次に金本位制，最後に技術革新と輸送革命が要因だと考えられています。

司会者：歴史を振り返ると，何度も繰り返してきたグローバリゼーションと反グローバリゼーションですが，近年は反グローバリゼーションの動きが目立ちます。世界がアメリカ型社会にまとめあげられるとみられていたのに，何がおきているんでしょうか。

A先生：評論家の宇野常寛（『遅いインターネット』幻冬舎，2020年）は［ I ］に原因があると言っています。イギリス人ジャーナリストのディヴィッド・グッドハートが，グローバルな「境界のない世界」を生きる人々を「Anywhere」な人々，国民国家という枠組み「境界のある世界」に取り残されている人々を「Somewhere」な人々と名付けていますが，その「Somewhere」な人々が圧倒的多数を占める国民国家では，［ I ］によって反グローバリゼーションを選択しやすい，と宇野は指摘しています。

D先生：今の先生方の話に今一つ重要な視点を付け加えると，グローバリゼーションは世界的な格差を拡大させる要因になっている，という点です。

『21世紀の資本』で有名なフランスの経済学者トマ･ピケティの世界不平等研究所がまとめた「世界不平等レポート2022」によると，トップ１％の富裕層が世界の富の約38%，上位10%だと約76%の富を所有していて，下位50%は全体の約２%の富を所有するにすぎません。コロナ禍で富裕層にさらに富が集中しています。

(2) 下線部**B**・**C**の国と同じ政治形態（大統領制・議院内閣制など）の国との組み合わせとして正しいものを，次の①～④のうちから１つ選んで，その記号をマークしなさい。

① ［イギリス］－スペイン　［アメリカ］－ブラジル

② ［イギリス］－スペイン　［アメリカ］－スウェーデン

③ ［イギリス］－韓　国　［アメリカ］－ブラジル

④ ［イギリス］－韓　国　［アメリカ］－スウェーデン

(3) 下線部**D**と**E**の時期に日本でおきた出来事の組み合わせとして正しいものを，次の①～④のうちから１つ選んで，その記号をマークしなさい。

①**D**－紫式部が『源氏物語』をあらわした　**E**－後醍醐天皇による天皇親政が行われた

②**D**－紫式部が『源氏物語』をあらわした　**E**－豊臣秀吉が２度の朝鮮出兵を行った

③**D**－日蓮が法華宗（日蓮宗）を開いた　**E**－後醍醐天皇による天皇親政が行われた

④**D**－日蓮が法華宗（日蓮宗）を開いた　**E**－豊臣秀吉が２度の朝鮮出兵を行った

(4) 括弧**F**にあてはまる語句を，括弧内の①～④のうちから１つ選んで，その記号をマークしなさい。

(5) 下線部**G**に関連して，ロンドン・ヒースロー空港を14：10に出発し，西経120°のバンクーバー国際空港に15：45に到着した場合の所要時間を，次の①～④のうちから１つ選んで，その記号をマークしなさい。

①１時間35分　②６時間25分　③８時間　④９時間35分

(6) 括弧**H**にあてはまる語句を，括弧内の①～④のうちから１つ選んで，その記号をマークしなさい。

(7) 空欄**I**にあてはまる語句を，次の①～④のうちから１つ選んで，その記号をマークしなさい。

①共産主義　②資本主義　③専制主義　④民主主義

【格差社会】

格差社会論争のはじまり

司会者：今Ｄ先生から，グローバリゼーションによって「格差」が拡大した，という話がでました。日本では，いつ頃からはっきり「格差」が意識されたのでしょうか。

B先生：「格差社会」という造語が新しい階層社会を表現して意図的に使われ出したのは，1988年11月19日付『朝日新聞』社説「『格差社会』でいいのか」で，このあたりからだと思います。

C先生：私が教員になったばかりの1998年（平成10年）を境として，日本が別の国になったと言われていて（山田･玄田），そのあたりから格差を要因とする現象が急増しだします。具体的には［ J ］

などです。構造的には，日本社会の不安定化，未来の不確定化＝ライフコースの不確実化，大きな物語の喪失が進んだ時期です。

A先生：その状況は2000年代に入ってさらに悪化します。小泉政権の新自由主義による構造改革路線－いわゆる「聖域なき構造改革」－によって，官から民へ，中央から地方への動きが加速し，なによりも非正規雇用が常態化していきます。私の友人にも派遣社員として働く人がいますが，気楽に働けても将来的には不安だ，と話していました。

司会者：「格差社会」が本格的に論じられるようになったのは，所得分析から格差を指摘した橘木俊詔の『日本の経済格差』（岩波新書，1998年）が出版されてからです。くわえて，佐藤俊樹『不平等社会日本』（中公新書，2000年），苅谷剛彦『階層化日本と教育危機』（有信堂，2001年）が火付け役となり，「一億総中流」とみられてきた日本の中流崩壊をめぐる「中流崩壊論争」，2004年ごろからは本格的に格差社会をめぐる論争がはじまりました。

　また，橘木は格差が世代間で継承される世襲格差が悪循環を生むと指摘しました（『世襲格差社会』中公新書，2016年）。その世襲格差は［　K　］がもっとも高くなっています。

D先生：よく言われた「［　K　］の夢」は過去の話だったんですね。

(8)　空欄 J にあてはまるデータとしてふさわしくないものを，次の①～④のうちから１つ選んで，その記号をマークしなさい。

①自殺者数の推移

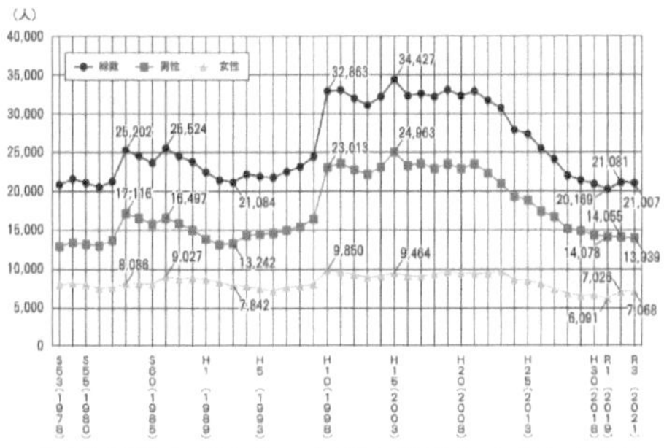

（厚生労働省「令和４年版自殺対策白書」より）

②交通事故死者数の推移

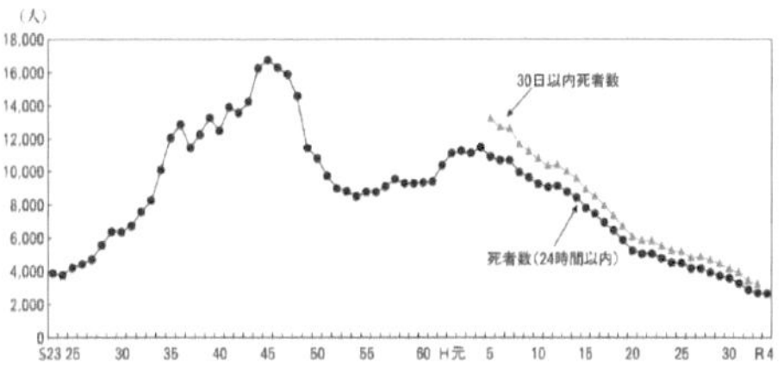

（警察庁「令和４年中の交通事故死者数について」より）

③少年による刑法犯 検挙人員・人口比の推移

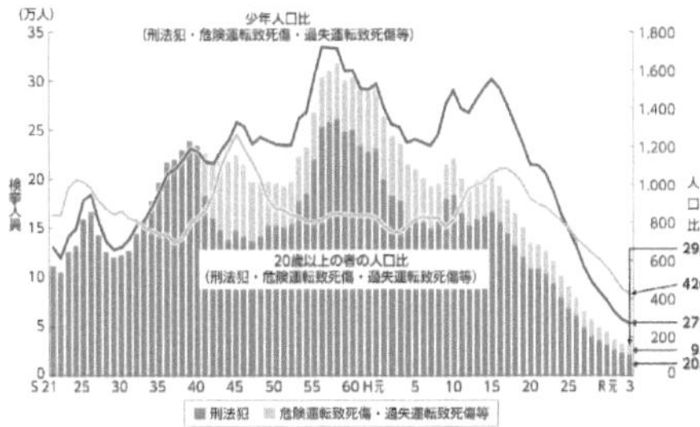

（法務省「令和４年犯罪白書」より）

④不登校児童生徒数の推移

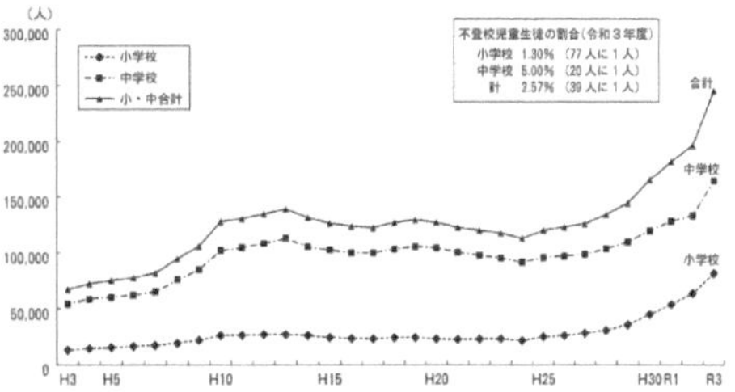

（文部科学省「令和３年度児童生徒の問題行動・不登校等生徒指導上の諸課題に関する調査」より）

(9)　空欄 K にあてはまる国を，次のページのグラフ中の①～⑥のうちから１つ選んで，その記号をマークしなさい。

グレート・ギャッピー・カーブ（2013年）

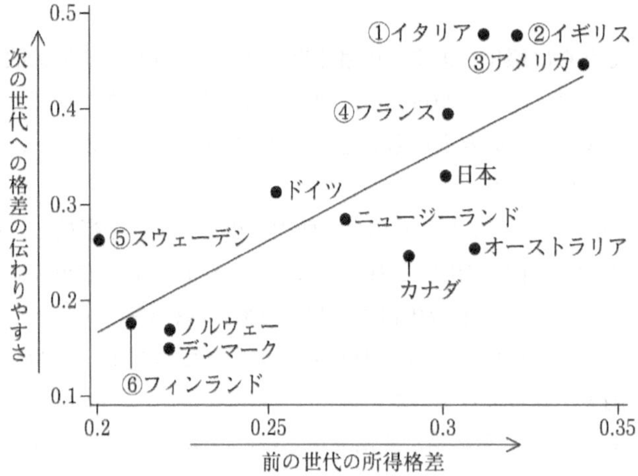

※横軸はジニ係数、縦軸はβ（親の所得が高いと子どもの所得も高くなり、親の所得が低いと子どもの所得も低くなるという相関の強さ）。
（橘木俊詔・参鍋篤司『世襲格差社会』中公新書、2016年より引用）

希望のない日常

司会者：ここで，格差を示すデータを見ておきましょう。

【データ1】

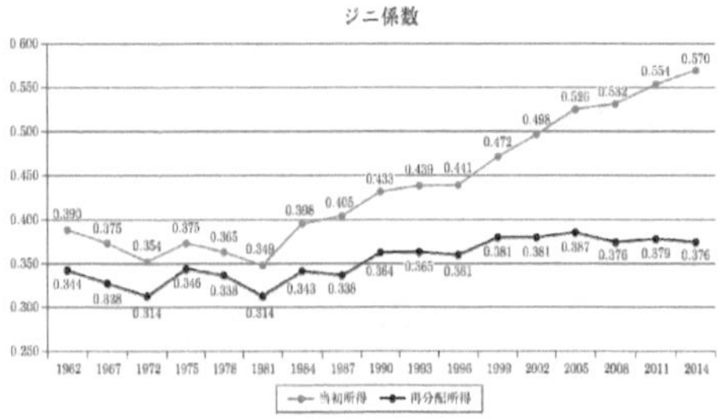

（厚生労働省「所得再分配調査」より）

【データ2】

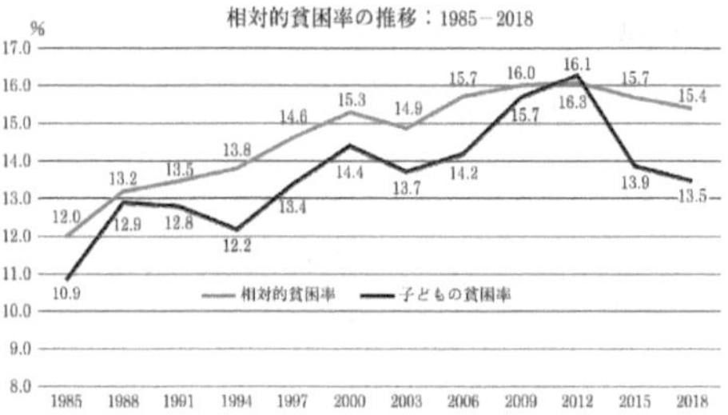

（厚生労働省「2019年国民生活基礎調査」より）

【データ3】

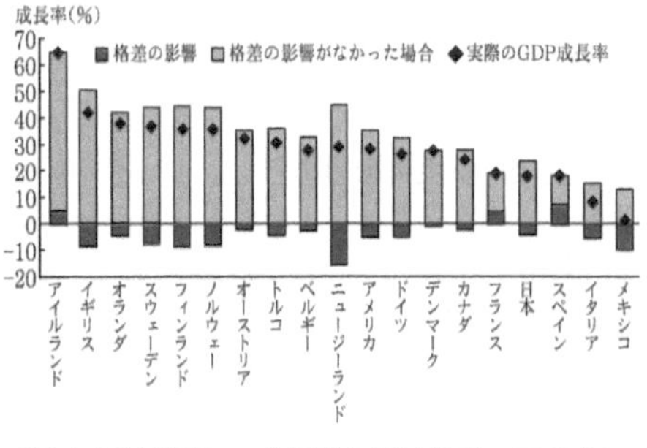

（橘木俊詔『新しい幸福論』岩波新書、2016年、より）

C先生：これらのデータを見ると，経済的な格差の拡大がはっきりとみてとれます。1980年半頃は一億総「中流」として隠すことができたものが隠しきれなくなっているようです。さらに，「パラサイトシングル」「婚活」を広めた山田昌弘は『希望格差』（筑摩書房，2004年）で，社会が「希望をもてる人（努力が報われる人）」と「希望をもてない人（報われない人）」に分断されているとみています。

今では，希望のもてない社会な上に，さらに「夢を持て」「夢はかなう」と夢を強制されていて，状況はさらに悪化しているように思います。それを「ドリームハラスメント」と言ったりします。

B先生：希望格差ですか……。学生の頃に読んだ村上龍『希望の国のエクソダス』(文芸春秋，2000年) が中学生ポンちゃんに国会の予算委員会の演説で語らせた，「この国には何でもある。本当にいろいろなものがあります。だが，希望だけがない」「でも歴史的に考えてみると，それは当たり前だし，戦争のあとの廃墟の時代のように，L**希望だけがあるという時代**よりはましだと思います。……（中略）……生きていくために必要なものがとりあえずすべてそろっていて，それで希望だけがない，という国で，希望だけしかなかった頃とほとんど変わらない教育を受けているという事実をどう考えればいいのだろうか，よほどのバカでない限り，中学生でそういうことを考えない人間はいなかったと思います。」を思い出します。今思えば極めて示唆的な小説でしたね。

D先生：それで言えば，村上の『希望の国のエクソダス』のM**30年も前**に，三島由紀夫が「私はこれからの日本に大して希望をつなぐことができない。(中略) 日本はなくなって，その代わりに，無機的な，からっぽな，ニュートラルな，中間色の，富裕な，抜目がない，或る経済的大国が極東の一角に残るのであろう。」(「果たし得ていない約束」サンケイ新聞夕刊，1970年７月７日付) とその後の日本を予見しています。どちらがエライというわけではないですが。

C先生：努力が報われないと，人生への意欲が低い人（コミュ力・生活力・働く意欲・学ぶ意欲・消費意欲が低い＝下流）が増えて，社会を停滞させます。それを三浦展は『下流社会』(光文社新書，2005年) と表現しました。

B先生：少し前に大学受験の現代文にもよく取り上げられた内田樹『下流志向』(講談社，2007年) も下流化を嘆いてベストセラーになりました。

A先生：内田さんの場合は，「今の若いやつは」的なオジサンをターゲットにしていて商売上手ですよね。

C先生：下流の中心は［ N ］です。この下流化が進んだのは，ここ15年の成果主義＝「結果不平等」型の成果配分によるもので，さらに問題なのは，その格差の拡大はしかたがないと考える人が［ O ］いることです。頑張っても頑張らなくても同じ「結果悪平等」社会ではなく，頑張らない人が報われることがない自己責任社会を選択しはじめているのです。

司会者：ここで生徒のみなさんに聞いてみたいんですが，頑張る人が報われ，頑張らない人は報われない社会に賛成の人は挙手してください。(大半が挙手)。
　これが今の人たちの意識ということですね。

生　徒：サボってる人が得をすることに腹が立ちます。例えば，ニートの人と家庭を犠牲にして一生懸命働いている人の差があんまり無いっておかしいですよね？

⑽　【データ１】・【データ２】・【データ３】の説明として正しいものを，次の①～④のうちから１つ選んで，その記号をマークしなさい。

①当初所得ジニ係数と相対的貧困率はともに一度も下がることなく上昇し続けている。
②当初所得ジニ係数は2000年代に入って以降，急激に上昇し続けている。
③相対的貧困率と子どもの貧困率の推移にはまったく関連性はない。
④日本の場合，格差社会はGDP成長率に影響を与えていない。

⑾　下線部L・Mの時期の出来事の組み合わせとして正しいものを，次の①～④のうちから１つ選んで，その記号をマークしなさい。

①Ｌ－日本国憲法を施行　　Ｍ－第18回オリンピック競技会（東京オリンピック）を開催
②Ｌ－日本国憲法を施行　　Ｍ－日本万国博覧会（大阪万博）を開催
③Ｌ－日中共同声明に調印　　Ｍ－第18回オリンピック競技会（東京オリンピック）を開催
④Ｌ－日中共同声明に調印　　Ｍ－日本万国博覧会（大阪万博）を開催

⑿　空欄Ｎにあてはまる語句を【データ４】から選び，空欄Ｏにあてはまる語句を【データ５】から読み取り，その組み合わせとして正しいものを，あとの①～④のうちから１つ選んで，その記号をマークしなさい。

【データ４】
正規・非正規の職員・従業員の割合の変化

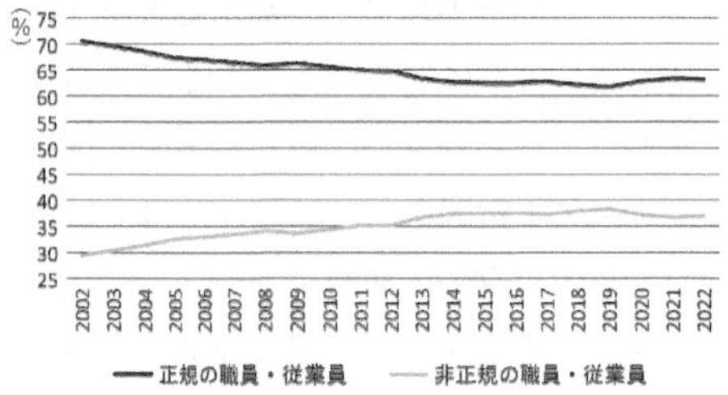

（総務省「労働力調査 2022 年」のデータを参照）

【データ５】
格差拡大を肯定・容認する人の比率

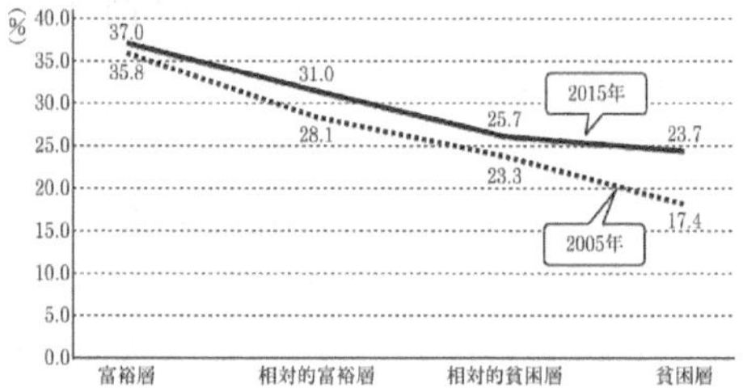

（橋本健二『新・日本の階級社会』より引用）

①Ｎ－正規の職員・従業員　　Ｏ－増えて
②Ｎ－正規の職員・従業員　　Ｏ－減って
③Ｎ－非正規の職員・従業員　　Ｏ－増えて
④Ｎ－非正規の職員・従業員　　Ｏ－減って

格差社会は本当にあるのか

司会者：これまでの話を振り返ると，格差社会の存在はおおむね認められていそうですね。反対の意見はないのでしょうか。

Ｄ先生：大竹文雄（『学術の動向』11－9，2006年）は，［　Ｐ　］。

Ａ先生：最近ユーチューブなどでよく目にするイエール大学の成田悠輔は，２・30年新たな産業が勃興していない日本では富が生まれておらず，分配するパイがないのに格差が拡大しようがないと言っていて，格差社会というよりは「一億総貧困社会」になっているとみています。アメリカのように，GAFAなどが富を生み，その富が資本家・投資家に集中している社会が格差社会だと言うのです。

生　徒：そもそも，本当に格差は悪いものなんでしょうか？だって，なんでも平等っておかしいですよね？資本主義である以上，ある程度の格差は仕方ないと思うんですが。（拍手）。先生方はどう思われますか？

Ｃ先生：今の生徒はリアリストですね……（笑）。識者のなかには，もともと日本は格差社会だったと言う人もいます。小泉政権で規制改革などの旗振り役をした竹中平蔵です。もともと日本はものすごく競争をしてきたと。市場経済の原点のような戦国期の［　Ｑ　］，明治期の［　Ｒ　］などにあらわれていて，大正期の第一次世界大戦ごろなんかは列強のなかで最も所得格差が大きかったと指摘しています（「格差批判に答える」『文芸春秋』，2006年５月号。内容は若干改変）。

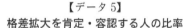

D先生：先ほどの生徒の質問に私なりに答えると，程度の問題だと思います。性別や世代などのどうしようもできない差による不平等はできるだけ解消した方がいいでしょう。そもそも，「格差」という言葉が何でも放り込めるマジックワードなんですね……。所得格差・地域格差・世代間格差・教育格差・女女格差・老老格差，だけなく，子供格差，格差世襲，格差婚などなど。格差バブルとも言える状況にあります。

司会者：たしかに，「格差」ってなんかぼんやりしてますね……。国語科のB先生どうですか？

B先生：(笑)。そうですね……。D先生がおっしゃった通り，差・差異・異質という方がふさわしいものも「格差」と言ってしまうところに問題があると思います。そこでのポイントは「格」という言葉です。「格」とは，容易に越えることができない目に見えない境界による上下関係をあらわします。なかでも日本人は「格式」を潜在的に大切にしており，段級制度，家族制度（２世・３世への関心）にあらわれています。今後は「格差」という言葉をもう少し限定して使う必要があるでしょうね。

A先生：「何もかも平等にするのはおかしい」という点に関してコメントすれば，私もなにもかも無差別に平等にする「悪平等論」はダメだと思います。ですが，自分の行動がもたらした結果はすべて自分の責任という「自己責任論」も極端すぎです。やはり程度ですね。

⒀　空欄Ｐにあてはまる文章を，次の【データ６】【データ７】「大竹文雄「所得格差は拡大したのか」『学術の動向』11－9，2006年より引用）をみて，あとの①～④のうちから１つ選んで，その記号をマークしなさい。

【データ６】
世帯主年齢階級別所得不平等度

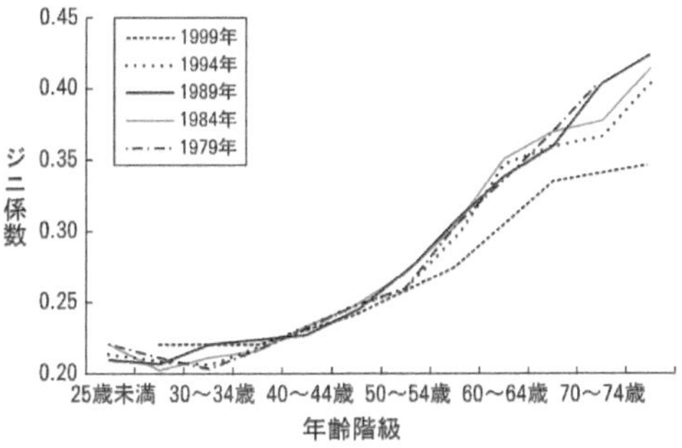

【データ７】
世帯主の年齢階級分布

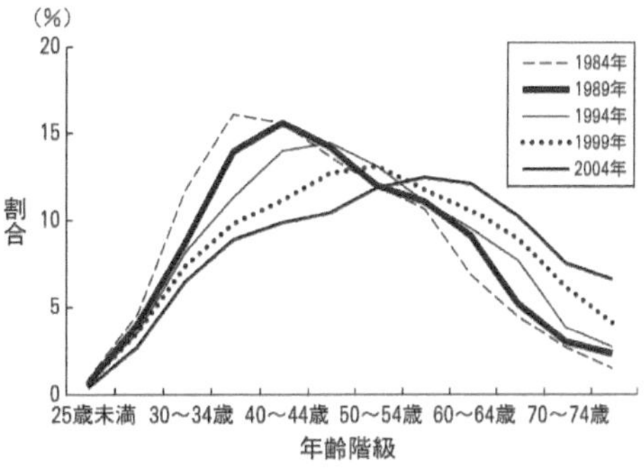

①【データ６】をみると，競争の結果が出てくる40歳以上で，全年を通して年齢階級内の所得格差が小さくなっている。また，その40歳以上人口の比率が【データ７】をみると年が経つにつれて増加している。これらのことから，所得格差の拡大は高齢化で説明ができる，と指摘しています。

②【データ６】をみると，競争の結果が出てくる40歳以上で，全年を通して年齢階級内の所得格差が小さくなっている。また，その40歳以上人口の比率が【データ７】をみると年が経つにつれて減少している。これらのことから，所得格差の拡大は少子化で説明ができる，と指摘しています。

③【データ６】をみると，競争の結果が出てくる40歳以上で，全年を通して年齢階級内の所得格

差が大きくなっている。また，その40歳以上人口の比率が【データ７】をみると年が経つにつれて増加している。これらのことから，所得格差の拡大は高齢化で説明ができる，と指摘しています。

④【データ６】をみると，競争の結果が出てくる40歳以上で，全年を通して年齢階級内の所得格差が大きくなっている。また，その40歳以上人口の比率が【データ７】をみると年が経つにつれて減少している。これらのことから，所得格差の拡大は少子化で説明ができる，と指摘しています。

⒁ 空欄Q・Rにあてはまる語句の組み合わせとして正しいものを，次の①～④のうちから１つ選んで，その記号をマークしなさい。

①Q－織田信長の楽市令　　R－官営工場を民間に払い下げたこと
②Q－織田信長の楽市令　　R－官営工場を設立したこと
③Q－豊臣秀吉の刀狩令　　R－官営工場を民間に払い下げたこと
④Q－豊臣秀吉の刀狩令　　R－官営工場を設立したこと

格差は広がっている

司会者：今「自己責任論」というワードが出ました。各種データを見ると，各層で自己責任論の割合が高くなっています。ですが，貧困などは本当に当事者だけの責任，努力不足と言い切れるのでしょうか。

A先生：コロナ禍は「自己責任論」の限界を明らかに越えており，貧困や格差が自己責任ではどうにもならないことを示しました。構造的な問題を個人で解決するのは無理があります。

また，格差拡大は，日本国憲法の第14条S□＊権，第25条T□＊国権，第26条教育を受ける権利を脅かすものです。

司会者：たしかに経済をはじめ各格差が無くなることはないでしょう。しかし，その要因が固定化した本人の意思では変えようのない，学歴･性別･生年世代によるものだとしたら，A先生がおっしゃるように，国家レベルでその格差が緩和するような対応が必要だと思います。現時点では，お金の格差が政策に結び付きやすく扱いやすいため，そちらに格差問題が偏っているようにみえます。

C先生：学歴で言えば，学歴格差が不平等の主な元凶だと吉川徹『日本の分断』（光文社新書，2018年）が主張しています。格差現象の正体はすべて「大卒学歴の所有／非所有」の差で，さらには学歴の世代間の継承が繰り返され，不平等が固定した社会（分断社会）になっていると言っています。

A先生：U**男女の格差も，ジェンダー指数を見てわかるように，日本では解消されているとは言い難い**状況です。私自身も女性というだけで嫌な思いをした経験がたくさんあります。

生年世代での格差は30代の私にはあまりピンとこないんですが，先生方いかがですか？

司会者：B先生とC先生，私たちの世代（1970～84年生まれ）を就職氷河期世代，もしくはロスジェネ世代と呼んでいます。この世代は正規社員として就職ができず，いまだに非正規雇用のまま過ごしている人も多いそうです。私の大学時代には，30社以上採用試験に落ちた人もいました。新卒採用が主な日本では再スタートすることが困難で，社会から取り残された世代とも言われ，政府も国家公務員に積極的に採用するなど，対策をしています。2008年に秋葉原で通り魔事件をおこした犯人（1982年生），2019年京都アニメーション放火事件の犯人（1978年生），この世代の鬱屈した精神状態を表現したかのような事件もおきています。事件の背景は異なるかもしれませんが，2022年に大和V西大寺駅前で起きた安倍晋三元首相銃撃事件の犯人（1980年生）も同じ世代です。

生　徒：そもそも格差っていつからあるんですか？日本史探究の授業では貧富の差が稲作が伝わって富の蓄積が可能になったW弥生時代からと習ったのですが，そのあたりでしょうか？

C先生：難しい質問ですね。私もクニとクニの間の富の差があったと教えました。富の格差という意味でしたらその理解でもいいと思います。所得・資産面での富裕層と貧困層の両極化と，世代を超えた階層の固定化された格差社会という意味でしたら，やはり中国化するX律令制導入あたりからでしょうか。

ですが，時々流動化しますよね？室町時代末期の戦乱期なんかは，かなり階層が流動的です。江戸期になると再び固定化されてしまいますが。幕末もガラガラポンが起きた時期で，明治に入って近代化し，大正・昭和になるにつれて財閥・地主と労働者・小作人などの格差がより顕著になってきます。それも，太平洋戦争の敗戦，そしてGHQの統治によって財閥・農地解体がすすみ，格差は縮小していきました。いわゆる「一億総中流社会」のはじまりです。

D先生：その崩壊がはっきり目の前に突き付けられたのはコロナ禍によってでした。山田昌弘（『新型格差社会』朝日新書，2021年）は，コロナ禍によって，①これまで隠され，人々が見ようとしなかった格差の現実がはっきり見えるようになった，②コロナ禍以前の社会には戻れないという予感が広がっている，と言います。

司会者：コロナで就職難に陥った世代を，第２の就職氷河期世代と言う人もいます。世代間格差は，どこまでが生年世代の影響かはっきりしないため，対策が難しい問題です。

今回は，新型コロナを入り口にグローバリゼーションから格差社会についてみなさんと議論してきましたが，格差の要因ともなっている少子高齢化や地方の問題など，論じなければならない問題は他にもあります。次回までの課題にしたいと思います。みなさん，本日はありがとうございました。（拍手）

⒂　空欄S□*と空欄T□*にあてはまる漢字を，次の①～⑥のうちから2つ選んで，その記号をマークしなさい。

［解答例］　空欄の□には漢字１字が入ります。空欄M□□*□□に愛工大名電が入る場合は，*にあてはまる「大」の字を選択肢から選んでください。

①産　②等　③政　④結　⑤願　⑥存

⒃　下線部Uの経済（Economy）・教育（Education）・政治（Politics）・健康（Health）４分野の男女格差指数をレーダーチャート（世界経済フォーラム2023年レポートより）であらわした次の①～④のうちから，日本のものを１つ選んで，その記号をマークしなさい。なお，0が完全不平等，1が完全平等を示しています。

①

②

③
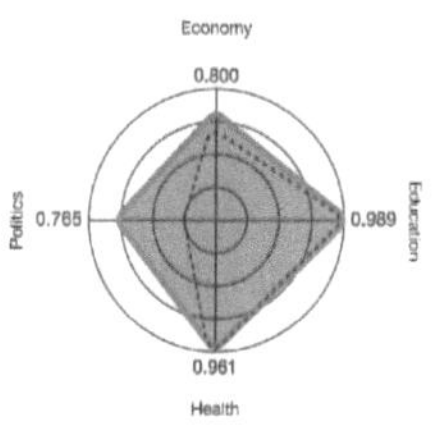

④

⒄　下線部Ⅴを含む次の【地図】の説明Ⅰ・Ⅱを読み，正誤の組み合わせとして正しいものを，あとの①～④のうちから１つ選んで，その記号をマークしなさい。

【地図】

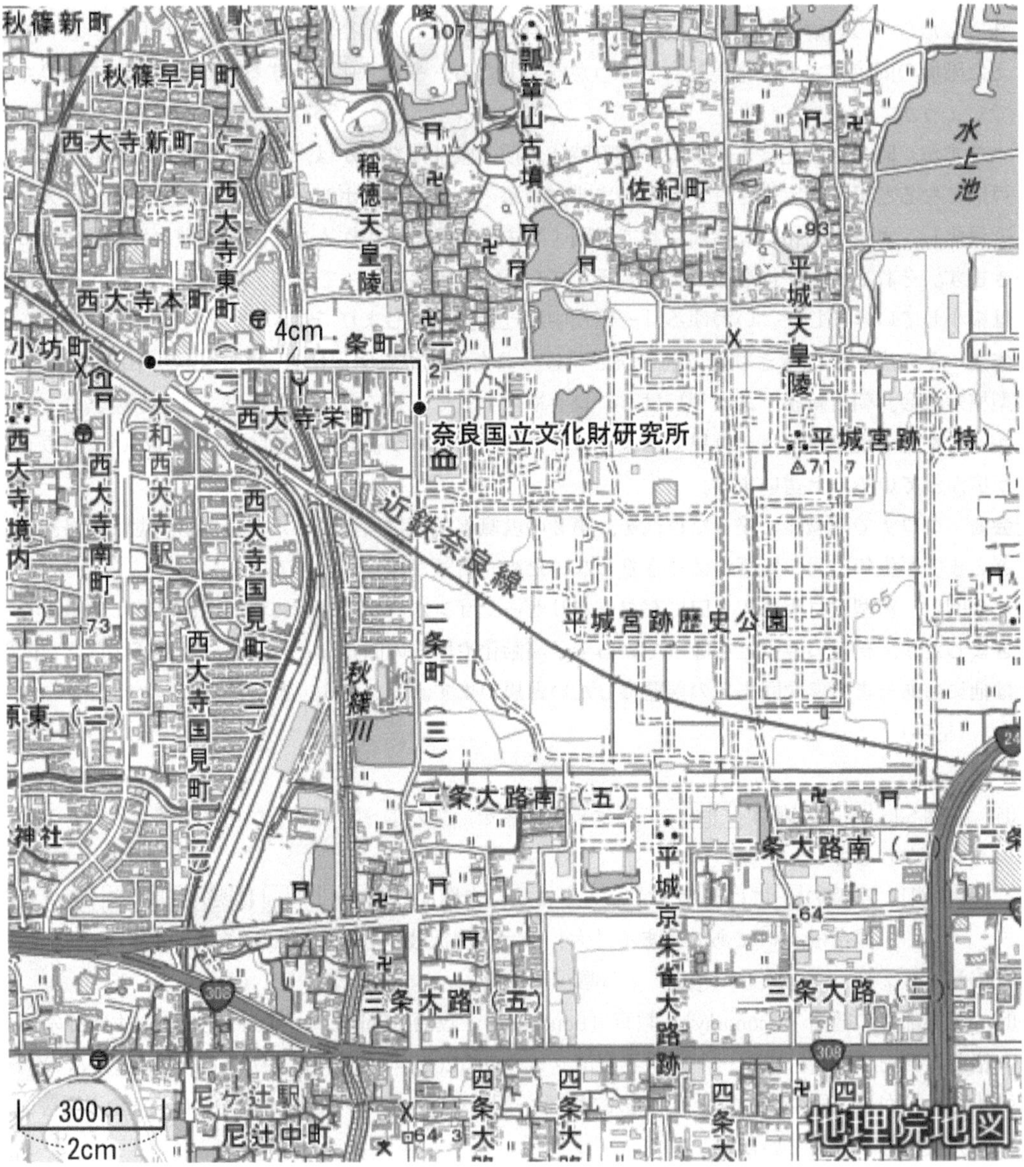

Ⅰ．この地図は，大和西大寺駅から600mの奈良国立文化財研究所までを４㎝であらわしているので，縮尺は１万５千分の１である。その研究所のある平城宮跡の一部は田地として利用されている。

Ⅱ．南から北に向かって流れている秋篠川はあるが，大きな河川や湖がないため，ため池が多い。地図中にみえる古墳もため池としての機能をもっている。

①Ⅰ－正　Ⅱ－正　　②Ⅰ－正　Ⅱ－誤　　③Ⅰ－誤　Ⅱ－正　　④Ⅰ－誤　Ⅱ－誤

⒅　下線部Wの遺物と下線部Xの時期の天皇の組み合わせとして正しいものを，次の①～④のうちから１つ選んで，その記号をマークしなさい。

遺物１

遺物２

①W－遺物１　X－推古天皇　②W－遺物１　X－天武天皇
③W－遺物２　X－推古天皇　④W－遺物２　X－天武天皇

ア　いみじき骨ならば　イ　おぼろげの紙ならば
ウ　まだ見ぬ骨ならば　エ　隆家の扇ならば
オ　くらげの骨ならば

【問三】　傍線部②「笑ひたまふ」とあるが、笑った理由は何か。最も適当なものを次の中から選び、その記号をマークしなさい。

ア　見たこともないすばらしい骨を「くらげの骨」と表現した機知に面白みを感じたから。
イ　見たこともないすばらしい骨を「くらげの骨」と勘違いしたことに思わず吹き出したから。
ウ　「くらげの骨」が大変素晴らしいものであることを知っていたことに感動したから。
エ　存在するはずのない「くらげの骨」にたとえた理由がよくわからず、その場をごまかしたかったから。

【問四】　傍線部③「これ」がさすものとして、最も適当なものを次の中から選び、その記号をマークしなさい。

ア　思ふ人　イ　下衆ども　ウ　にくげなるちご
エ　才ある人　オ　才なき人

【問五】　Bの文章に取り上げられている「かたはらいたきもの」はいくつあるか。最も適当なものを次の中から選び、その記号をマークしなさい。

ア　6　イ　7　ウ　8　エ　10

【問六】　波線部「かたはらいたきこと」「かたはらいたきもの」とあるが、その現代語訳として最も適当なものを次の中から選び、その記号をマークしなさい。

ア　人に語るほどでもないこと（もの）。
イ　真似してはならないこと（もの）。
ウ　具合がわるくなりそうなこと（もの）。
エ　いたたまれなく、恥ずかしいこと（もの）。

三　次の設問に答えなさい。

（1）　次のア～エのうち漢文が正しく書き下し文にされているものを一つ選び、その記号をマークしなさい。

		書き下し文
ア	良薬《ハ》苦《シ》㆓於口㆒《ニ》。	良薬は於口に苦し。
イ	王好《ミ》㆑戦《ヒヲ》自《ラ》曰《ハク》	王戦いを好み自ら曰わく
ウ	不㆓亦説《バシカラ》㆒乎。	亦説ばしから不や。
エ	人《ノ》有《リ》㆓恐《ルル》㆑之《ヲ》者㆒。	人の之を恐るる者有り。

（2）　次の書き下し文に合うように正しく返り点がついている文をア～エのうちから一つ選び、その記号をマークしなさい。

[書き下し文]　五十歩を以つて百歩を笑はば則ち何如《いかん》。

ア　以㆓五十歩㆒笑㆓百歩㆒則何如。
イ　以㆓五十歩㆒笑㆑百歩㆑則何如。
ウ　以㆓五十歩㆒笑㆕百歩㆔則何如。
エ　以㆒五十歩㆓笑㆒百歩㆓則何如。

二 次のA・Bの文章は、どちらも『枕草子』の章段である。Aの文章は、作者が仕える中宮定子の部屋に中納言隆家が訪れた場面である。A・Bそれぞれの文章を読んで、後の問いに答えなさい。（設問の都合上、本文を一部改変しています。）

A　中納言（隆家）参りたまひて《参上なさって、》、御扇たてまつらせたまふに《扇を差し上げなさった時に》、ⅰ「隆家こそいみじき骨は得てはべれ《素晴らしい骨を手に入れました》。それを張らせて参らせむとするに《それに（紙）を張らせて献上しよう》、おぼろげの紙え張るまじければ《並大抵の紙では（不釣り合いで）張れませんから、》、求めはべるなり《（ふさわしい紙を）探しています。》。」と申したまふ。ⅱ「いかやうにかある《どんな（骨）ですか》。」と問ひ聞こえさせたまへば《とお尋ねなさると》、「すべていみじうはべり《全く素晴らしいものです。》。『さらにまだ見ぬ骨のさまなり《『全くまだ見たことのない様子の骨です』》。』となむ人々申す。まことにかばかりのは見えざりつ《これほどの（骨）は見たことがなかった》。」と言高くのたまへば《声を大きくしておっしゃるので》、ⅲ「①さては《それならば、》、扇のにはあらで、くらげのなり《扇の（骨）ではなく、くらげの（骨）なのでしょう。》。」と聞こゆれば《と申し上げると、》、ⅳ「これ、隆家が言にしてむ《「これは、隆家の言ったことにしよう。」》。」とて②笑ひたまふ《といって笑いなさる。》。かやうのことこそは《このようなことは、》、かたはらいたきことのうちに入れつべけれど《入れるべきだけれど》、「ひとつな落としそ《「ひとつも（書き）落とすな。」》。」といへば《というので、》、いかがはせむ《どうにも仕方ない。》。

B　かたはらいたきもの。よくも音弾きとどめぬ琴を、よくも調べで《よく調律もしないで》、心の限り弾きたてる。まらうど《客人》などにあひてもの言ふに、奥の方にうちとけごとなど言ふを、えは制せで《制することができないで》聞く心地。思ふ人の、いたく酔ひて、同じことしたる。聞きゐたりけるを知らで《知らないで、》、人の上言ひたる《人の噂話を言っている。》。それは何ばかりの人ならねど、使ふ人などだに《使用人などでさえも》、かたはらいたし。

旅立ちたる所にて、下衆どもざれゐたる《身分の低い者がふざけているもの》。にくげなるちごを、おのが心地のかなしき《愛おしい》ままに、うつくしみ《かわいがり》、かなしがり《かわいがり》、③これ《子どもを》が声のままに、言ひたることなど語りたる。才ある人の前にて、才なき人の、ものおぼえ声に、人の名など言ひたる。よしともおぼえぬわが歌を、人に語りて、人のほめなどしたるよし言ふも、かたはらいたし。

【問一】 ⅰ～ⅳの話し手はそれぞれ誰か。その組み合わせとして最も適当なものを次の中から選び、その記号をマークしなさい。

ア　ⅰ　中宮定子　ⅱ　隆家　ⅲ　筆者（清少納言）　ⅳ　中宮定子
イ　ⅰ　隆家　ⅱ　中宮定子　ⅲ　筆者（清少納言）　ⅳ　隆家
ウ　ⅰ　筆者（清少納言）　ⅱ　隆家　ⅲ　筆者（清少納言）　ⅳ　隆家
エ　ⅰ　中宮定子　ⅱ　隆家　ⅲ　筆者（清少納言）　ⅳ　隆家

【問二】 傍線部①「さては」とあるが、この解釈として最も適当なものを次の中から選び、その記号をマークしなさい。

【問八】 傍線部⑤「状況を正しく分析するためには、データが必要である」とあるが、本文中の「データ」の例として**ふさわしくないもの**を次の中から一つ選び、その記号をマークしなさい。

ア 表面がキラキラと輝いている

イ ブルーシートは青い

ウ 水面はそこに手を入れることができるが、めくることはできない

エ 水面とブルーシートはまったく違う

【問九】 傍線部⑥「人工知能（AI）」は、この文章の中でどのようなことを裏付けるものとして用いられているか。最も適当なものを次の中から選び、その記号をマークしなさい。

ア 成功と失敗を繰り返すためには、膨大な情報が必要であることを裏付けるもの。

イ 何の情報も経験も持たない知能は、まったく機能しないことを裏付けるもの。

ウ 計算速度で勝るコンピューターは、人間よりも早い判断ができることを裏付けるもの。

エ 正しい判断をするためには、膨大な知識と経験が必要であることを裏付けるもの。

【問十】 空欄 ⑦ にあてはまるように、あとのA～Dを並べた場合、最も適当なものはどれか。次の中から選び、その記号をマークしなさい。

ア B→A→C→D　　イ B→D→C→A

ウ C→D→B→A　　エ C→A→D→B

A たとえば、シマウマにとって、「ライオンに襲われたら死んでしまうから、ライオンに追われたら逃げなければならない」ということは、生存に必要な極めて重要な情報である。しかし、だからといって、その情報を得るために「ライオンに襲われる」という経験をすれば、そのシマウマは死んでしまう。

B 知能を発達させた哺乳動物もまったく同じだ。

C しかし、問題がある。

D 成功と失敗を繰り返すことで、どうすれば成功するのか、どうしたら失敗するのかを学んでいく。そして、判断に必要な経験を積み重ねていくのである。

【問十一】 次の会話文は、本文を読んだ後、生徒が内容について話し合ったものである。本文の内容を**正しく読み取れていないもの**を次の中から一つ選び、その記号をマークしなさい。

ア A君…筆者は、生き物の生存戦略を大きく二つに分けて、それぞれの長所と短所を具体的な例をあげて丁寧に説明しているね。身近な例だからわかりやすかったよ。

イ B君…二つの生存戦略の長所と短所をそれぞれ比べることで、現代社会においてどちらがより優れた生存戦略なのかをはっきりさせようとしているんだね。

ウ C君…具体的な例を挙げているのは前半部分だけではないよ。後半では、哺乳類は親が子どもを育てることで命を危険にさらすことなく、成功体験を積み重ねられると説明しているよ。

エ D君…哺乳類や鳥類が老いることができて、昆虫や魚類が老いることができないのは、選択した生存戦略の違いにあると筆者は主張しているんだよ。

ことができるのに対して、哺乳動物はその能力を身につけるためにはある程度成長する必要があるということ。

ウ　昆虫が生存のために必要不可欠な能力を生まれながらにして持ち合わせているのに対して、哺乳動物は親からの保護がなければ生きていけないということ。

エ　昆虫が生存のために必要不可欠な行動を生まれながらにして取ることができるのに対して、哺乳動物はそれを親から学ぶことで身につけなくてはならないということ。

【問五】　傍線部②「高度に発達した本能は、優れてはいるが欠点もある」とあるが、「高度に発達した本能」の「欠点」について説明したものとして最も適当なものを次の中から選び、その記号をマークしなさい。

ア　生きていくために直接的に必要なことについては正しく行動できるが、生存に関わる間接的なことについてまではプログラムされていないため、生き残る確率が下がる点。

イ　生きていくために直接的に必要な行動については正しく行動できるが、生存に関連しないことについてはプログラムされていないため、高度な知性を持つことには期待ができない点。

ウ　あらかじめ植え付けられた行動規範に従って行動するため、適応できるのは限定された環境においてのみであり、不測の事態に対応して行動を修正することができない点。

エ　あらかじめ植え付けられた行動規範に従って行動するため、適応できるのは冷静な判断が働く場面においてのみであり、切迫した事態においては対応ができなくなる点。

【問六】　空欄 ③ に当てはまる文として、最も適当なものを次の中から選び、その記号をマークしなさい。

ア　地上の水面に卵を産む

イ　地上の水たまりに卵を産む

ウ　地上の青色に染まっているところに卵を産む

エ　地上で陽《ひ》の光を反射させているところに卵を産む

【問七】　傍線部④「高度な『知能』」についての説明として最も適当なものを次の中から選び、その記号をマークしなさい。

ア　哺乳類は「高度な『知能』」によって、正確に情報を処理し、得られた情報から速やかに状況を分析することができるが、それが生存に有利に働くのは環境の変化が起きた場合に限るため、基本的には生存戦略として「高度な『本能』」に及ばない。

イ　哺乳類は「高度な『知能』」によって、情報を処理し、得られた情報から状況を分析して、環境の変化に応じた行動をとるが、その判断が生存に有利に働いた行動の蓄積からくるものではない場合、その行動が生きていくための正しいものになるとは限らない。

ウ　哺乳類は「高度な『知能』」によって、複雑な情報を処理し、状況を分析することで、環境の変化に応じた判断をすることができるが、成功体験に裏付けられていない行動については失敗を恐れて実行をすることができなくなる場合がある。

エ　哺乳類は「高度な『知能』」によって、情報を処理し、状況を分析することで、環境の変化に最適な行動を導き出すことができるが、「知能」には個体差があるため、複雑な環境下では優秀でない個体は生存に適した行動を選ぶことができず、生存できなくなる。

【問一】 二重傍線部a～fの漢字と傍線部が同じ漢字のものを、次の各群のア～エのうちからそれぞれ一つずつ選び、その記号をマークしなさい。

a オトった

ア タイヤがハレツする。　イ キョウレツな印象を与える。
ウ 日本レットウを横断する。　エ レツアクな環境に育つ。

b テキゴウ

ア 世界一位にヒッテキする性能。
イ 治療のためテンテキを打つ。
ウ カイテキな暮らしがしたい。
エ 問題点をいくつかシテキする。

c カテイ

ア 旅行のコウテイ表。　イ カイテイに沈んだ船。
ウ ケッテイ的な証拠。　エ 日本テイエン。

d ヒンド

ア ヒンプの差が激しい国。　イ 地震がヒンパンに起こる。
ウ ジョウヒンな仕草。　エ カイヒンの環境を保全する。

e ハッキ

ア 楽団のシキをする。　イ シンキ一転する。
ウ イッキイチユウする。　エ 一念ホッキする。

f ホショウ

ア 在学ショウメイ書。　イ ガラスのベンショウをする。
ウ ショウガイを乗り越える。　エ ヒョウショウシキを行う。

【問二】 本文中の（g）（h）にあてはまる語句を次の各群のア～エのうちからそれぞれ一つずつ選び、その記号をマークしなさい。

（g） ア 単刀直入　イ 用意周到
ウ 臨機応変　エ 縦横無尽

（h） ア 定理　イ 定番
ウ 定説　エ 定石

【問三】 波線部i、jと同じ品詞の単語を次の各群のア～エのうちからそれぞれ一つずつ選び、その記号をマークしなさい。

i よく遊ぶ

ア 家でおとなしく過ごしなさい。
イ しばらくおとなしくしよう。
ウ いますぐ母に会いたくなった。
エ ここはとても落ち着く場所だ。

j じゃれあったり

ア 誰に見られても気にしない。
イ 雨が降るどころか雷さえ聞こえてきた。
ウ しっかり準備していこう。
エ 彼の考えは理解しているつもりだ。

【問四】 傍線部①「それに比べると、私たち哺乳動物はずいぶん面倒である」とはどういうことか。最も適当なものを次の中から選び、その記号をマークしなさい。

ア 昆虫が生存のために必要不可欠な能力を生まれながらにして持ち合わせているのに対して、哺乳動物はその能力を親の能力に依存しなくてはならないということ。
イ 昆虫が生存のために必要不可欠な行動を生まれながらにして取る

に別状はない」という安全がfホショウされなければならないのである。

それでは、哺乳類はどうしているのだろう。

哺乳類は、「親が子どもを育てる」という特徴がある。

そのため、生存に必要な情報は親が教えてくれるのである。

たとえば、何も教わっていないシマウマの赤ちゃんは、どの生き物が危険で、どの生き物が安全かの区別ができない。何も知らない赤ちゃんは、ライオンを恐れるどころか、ライオンに近づいていってしまうこともある。

一方、ライオンの赤ちゃんも、どの生き物が獲物なのかを知らない。そこで、ライオンの親は、子どもに狩りの仕方を教える。ところがライオンの子どもは、親ライオンが練習用に取ってきた小動物と、仲良く遊んでしまうことさえある。教わらなければ何もわからないのだ。

シマウマの赤ちゃんも何も知らない。そのため、ライオンが来れば、シマウマの親は「逃げろ」と促して、走り出す。シマウマの子は訳もわからずに、親の後をついて走るだけだ。しかし、この経験を繰り返すことによって、シマウマの子どもはライオンが危険なものであり、ライオンに追いかけられたら逃げなければならないということを認識するのである。

親の保護があるから、哺乳類の子どもたちはたくさんの経験を積むことができる。

たとえば、哺乳類の子どもたちは、iよく遊ぶ。

キツネやライオンなど肉食動物の子どもたちは、小動物を追いかけ回して遊ぶ。あるいは、兄弟姉妹でjじゃれあったり、けんかしたりする。

こうした遊びは、「狩り」や「戦い」、「交尾」などの練習になっていると言われている。

そして、遊びを通して模擬的な成功と失敗を繰り返し、獲物を捕る方法や、仲間との接し方など、生きるために必要な知恵を学んでいくのである。

夏の間、あんなにうるさく鳴いていたセミたちも、卵を産むと次々に死んでしまう。

あんなに力強く川を遡《さかのぼ》っていたサケたちも、卵を産み、子孫を残すと力尽きて死んでしまう。

多くの生物は、卵を産み落とすと、その生涯を閉じる。新しい世代を残したら、古い世代は去っていくというのが、生物の世界の掟《おきて》なのである。

しかし、哺乳類は違う。

哺乳類は次の世代を産んでも、「子どもを育てる」という大切な仕事が残されている。そのため、哺乳類は子どもを産んでも死ぬことはなく、生き続ける。

そして、子どもを保護しながら、子どもにたくさんの経験と知識を与えなければならないのだ。それが「知能」を選択した哺乳類の戦略である。

こうして、哺乳類は、「子育て」という、少しだけ長い寿命を手に入れたのである。

そういえば、鳥類も子育てをする。卵を産んでも「ひなを育てる」という大切な仕事が残されている。

鳥類や哺乳類が「老いること」ができるのは、子育てをすることと無関係ではないのだ。

（稲垣栄洋『生き物が老いるということ　死と長寿の進化論』）

ることができる。それは私たちが、「水面はそこに手を入れることができるが、めくることはできない」という情報を持っているからである。

　もっとも、触らなくても水面とブルーシートは見た目がまったく違う。しかし、簡単に区別はつくが、どこが違うかと改めて問われてみると、説明することは意外と難しい。

　説明することはできないが、違うものは違うのだ。

　最近では、⑥人工知能（ＡＩ）の発達がめざましい。ついには、人間に勝つことはありえないと言われた囲碁《いご》や将棋《しょうぎ》の世界でも、人間を打ち負かすほどになってしまった。

　それを可能にしたのが、ＡＩの「ディープラーニング」である。

　それまでは、人間がＡＩに将棋を教えていた。たとえば、人間が作り出した最高の囲碁や将棋の（　ｈ　）をコンピューターにインプットしていくのである。

　（　ｈ　）というのは、それまでの研究によって、「こういう場面では、これが最善手である」と定められた法則のようなものである。しかし、これでは、コンピューターが人間よりも強くなることはない。

　現在では、コンピューターは、自分を相手に対局を繰り返していく。コンピューターの計算速度であれば、これまで人類が経験したことのないような数の膨大な対局が可能となる。そして、その経験の中から、その場面の最善手を導くのである。これが「ディープラーニング」である。

　膨大な情報量と経験によって、ＡＩは力をｅハッキするようになったのだ。

　哺乳動物の知能も同じである。

　正しい答えを導くためには、膨大な「情報」が必要となる。そして、その情報を元に成功と失敗を繰り返す「経験」が必要である。

　何もインプットされていないコンピューターが、ただの箱であるのと同じように、何の情報も持たない知能は、まったく機能しない。もし、知識も経験もない赤ん坊であれば、ブルーシートの区別ができずに、池に落ちてしまうかもしれない。

　私たちが「水面とブルーシートはまったく違う」「説明できないが、違うものは違う」と正しく判断できるのは、じつはこれまでの人生の膨大なデータと経験から導かれている。

　知能を正しく使うには、知識と経験が必要である。

　そして、その知識と経験を誰よりも持っているのが、私たち哺乳類の年長者なのである。

　「知能」は優れた能力だが、それを使いこなすには、それなりの手間を掛けなければならない。

　一年に満たないうちに生涯を終えてしまうような昆虫は、知能を使いこなすことができない。そのため、昆虫は生まれてすぐに決められた行動をすることができる「本能」を高度に発達させるほうを選択したのである。

　知能を利用するためには「経験」が必要である。

　そして、経験とは「成功」と「失敗」を繰り返すことである。

　囲碁や将棋のＡＩは、「こうしたから勝った」「こうしたから負けた」という経験を蓄積していく。

⑦

　成功と失敗を繰り返して、経験を積み重ねるためには、「失敗しても命あるいは、太陽の光で自分の位置を判断する昆虫たちは、暗闇に輝く電灯のまわりに集まってくる。

昆虫は、本能のプログラムに従って機械的に行動するために、誤った行動をしてしまうことがあるのである。

これが、本能の欠点である。

決まった環境であれば、プログラムに従って、正しく行動することができる。ところが、想定外のことが起こると、対応できないのである。

それでは、環境の変化に対応するためには、どのようにすれば良いのだろうか。

④昆虫が高度な「本能」を発達させたのに対して、生きるための手段として高度な「知能」を発達させたのが、私たち人間を含む哺乳類である。

「知能」を進化させた哺乳類は、自分の頭で考え、どんな環境に対しても（　g　）に行動することができる。どんなに環境が変化したとしても、情報を処理して、状況を分析し、最適な行動を導き出す。これこそが、「知能」のなせる業である。

知能を持つ哺乳動物は、ブルーシートに卵を産んでいるトンボの行動が正しくないことをすぐに判断できるし、狩人バチのようにエサを落としてしまったら、すぐに捜して拾い上げる。太陽と電灯を間違えることもない。

このように、知能は極めて優れた能力を持つのである。

ところが、「知能」にも欠点がある。

長い進化のカテイ[c]で磨かれてきた「本能」は、多くの場合、正しい行動を導くマニュアルである。本能には、解答が示されているのだ。

たとえば、地球の歴史を考えれば、長い間、ブルーシートなどというものはこの地球に存在していなかった。ブルーシートさえなければ、トンボの行動がエラーを起こすことはありえないのだ。また狩人バチがエサを落とすというアクシデントが、いったいどれほどのヒンド[d]で起こるだろう。滅多《めった》に起こらないリスクのために、複雑なプログラムを書き換えるほうが別のエラーを起こす原因となる。稀《まれ》にエサを落とした狩人バチがいたとしても、巣に帰ってから、もう一度、新たなエサを探しに行けばいいだけの話である。

一方の知能は、自分の頭で解答を導かなければならない。

たとえば、水面とブルーシートを識別するためには、水面とはどういうものなのか、ブルーシートとはどういうものなのかを認識し、水面とブルーシートの違いを自分の頭で理解しなければならない。

しかも、自分の頭で考えて導き出した解答が、正しいとは限らない。さんざん考え抜いた挙句《あげく》、誤った行動を選んでしまうということは、私たち人間でもよくあることだ。

それでは、知能が正しい判断をするためには、どのようにすれば良いのだろうか。

⑤状況を正しく分析するためには、データが必要である。

たとえば、トンボにとっては同じに見えても、私たちにとって水面とブルーシートはまったく違う。

それでは、水面とブルーシートはどこが違うのだろう。

「表面がキラキラと輝いている」というだけの情報では、トンボと同じように、水面とブルーシートを区別することはできない。

「ブルーシートは青い」と定義してみても、水面が青空を映していれば区別できない。もちろん、触ったり、めくったりすれば、簡単に区別す

【国　語】（四〇分）〈満点：一〇〇点〉

【注意】字数制限がある問題においては、句読点や記号も字数に数えることとします。

一　次の文章を読んで、後の設問に答えなさい。（設問の都合上、本文を一部改変しています。）

昆虫の生存戦略の基本となるのが、「本能」である。

「本能」を高度に発達させたのが昆虫で、親から何も教わらなくても生きていくことができる。

たとえば、卵から生まれたばかりのカマキリの赤ちゃんは、誰に教わらなくても鎌を振り上げて小さな虫を捕らえて食べる。ミツバチは、誰に教わらなくても六角形の巣を作ることができる。そして、教わったわけでもないのにダンスをして仲間に花の蜜のありかを伝えるのだ。

虫たちは、「本能」という仕組みだけで、誰に教わらなくても生きていくために必要な行動を取ることができるのである。

①それに比べると、私たち哺乳《ほにゅう》動物はずいぶん面倒である。

何しろ、生まれたばかりの赤ちゃんは、一人では生きていくことができない。かろうじておっぱいを飲むことくらいは教わらなくてもできるが、人間が本能でできるのはこれくらいである。

ライオンやオオカミなどの肉食動物の子どもは、親から獲物の捕り方を教わらなければ、狩りをすることさえできない。シマウマなどの草食動物も同じである。親が逃げれば、いっしょに逃げるが、そうでなければ、何が危険なのかさえわからない。

私たち哺乳動物にも本能はあるが、昆虫ほど完璧にプログラムされた本能は持ち合わせていない。教わらなければ何もできないのである。

どうして、私たち哺乳類は、昆虫のように本能で生きるような仕組みを発達させてこなかったのだろう。哺乳類は昆虫よりも、aオトった存在なのだろうか？

②高度に発達した本能は、優れてはいるが欠点もある。

たとえば、今にも干上がりそうな道路の水たまりに、トンボが卵を産みつけていることがある。そんなところに卵を産めば、幼虫や卵が干上がってしまうのではないかと心配してしまうが、トンボは何食わぬ顔で平気で卵を産んでいく。

それどころか、地面に敷かれたブルーシートの上に卵を産むことさえある。水面と間違えてしまっているのだろうか。

トンボは、遠くから小さな虫を獲物として捕らえるほどの視力を持っている。その目でよく見れば、そこが卵を産むべき場所でないことは、容易にわかりそうなものである。

おそらくは、「　③　」とでもプログラムされているのだろう。その本能に従って卵を産んでしまうのである。

アスファルトの道路やブルーシートがない時代には、そのプログラムで問題はなかったはずだ。しかし残念ながら、人工物の多い現代では、そのプログラムにbテキゴウしない場所も多い。それでもトンボたちは、生まれながらに持つ本能のプログラムに従って、正しくない場所に卵を産んでしまうのである。

あるいは、狩人《かりゅうど》バチは、他の昆虫などを獲物として捕らえると、巣に持ち帰って幼虫のエサにする。だが巣に持ち帰る途中でエサを落としても、捜そうともせずに、そのまま巣に飛んで帰る。

2024年度

解　答　と　解　説

《2024年度の配点は解答欄に掲載してあります。》

＜数学解答＞　《学校からの正答の発表はありません。》

1 (1) ア 2 (2) イ － ウ 5 エ － オ 8
(3) カ 8 キ 3 ク 2 ケ 0 コ 2 サ 4 (4) シ － ス 5
(5) セ 4 ソ 0 (6) タ 2 チ 4 ツ 4
(7) テ 2 ト 4 ナ 3 ニ 8

2 (1) ア 1 イ 1 (2) ウ 4 エ 1 オ 1 (3) カ 3 キ 5

3 (1) ア 2 イ － ウ 6 (2) エ 5 オ 1 カ 2

4 (1) ア 1 (2) イ 9 ウ 1 エ 4 (3) オ 1 カ 7
(4) キ 1 ク 9 ケ 8

○推定配点○

1 各4点×11　2 各4点×3　3 各5点×4　4 各6点×4　計100点

＜数学解説＞

1 （平方根，1次方程式，2次方程式，2次関数の変化の割合，角度，面積の計量，確率）

(1) 分配法則より，$(\sqrt{3}+1)(2-\sqrt{3})=2\sqrt{3}-3+2-\sqrt{3}=\sqrt{3}-1$であるから，乗法公式$(x+a)(x+b)=x^2+(a+b)x+ab$を使って，$(\sqrt{3}+1)(2-\sqrt{3})(3+\sqrt{3})=(\sqrt{3}-1)(\sqrt{3}+3)=3+2\sqrt{3}-3=2\sqrt{3}$　よって，$\dfrac{(\sqrt{3}+1)(2-\sqrt{3})(3+\sqrt{3})}{\sqrt{3}}=\dfrac{2\sqrt{3}}{\sqrt{3}}=2$

(2) $3x-2y=1$…①とする。$\dfrac{1}{2}x-\dfrac{3y+2}{4}=3$の両辺を4倍して，$2x-(3y+2)=12$　$2x-3y-2=12$　$2x-3y=14$…②　①×3－②×2より，$5x=-25$　$x=-5$　①に$x=-5$を代入して，$-15-2y=1$　$-2y=16$　$y=-8$

重要 (3) 2次方程式$x^2-8x+3=0$…①の2つの解を$x=p$，qとすると，$(x-p)(x-q)=0$…②と表すことができる。②の左辺を展開して，$x^2-(p+q)x+pq=0$…③となるから，①と③の式のxの係数を比較して，$a=p+q=8$，$b=pq=3$となる。また，$a^3+6a^2b+5ab^2=a(a^2+6ab+5b^2)=a(a+b)(a+5b)$であるから，ここに，$a=8$，$b=3$を代入して，$8\times(8+3)\times(8+15)=8\times11\times23=2024$

基本 (4) 求めるxの値をaとする。$y=-x^2$に$x=a$，3をそれぞれ代入すると，$y=-a^2$，-9であるから，関数$y=-x^2$において，xの値がaから3まで変化したときの変化の割合は$\dfrac{-9-(-a^2)}{3-a}=\dfrac{-9+a^2}{3-a}$である。1次関数の変化の割合は傾きと等しいので，関数$y=2x+3$において，xの値がaから3まで変化したときの変化の割合は2である。2つの変化の割合が等しいので，$\dfrac{-9+a^2}{3-a}=2$　$-9+a^2=2(3-a)$　$-9+a^2=6-2a$　$a^2+2a-15=0$　$(a-3)(a+5)=0$　$a=3$，-5　$a\neq3$より，$a=-5$である。

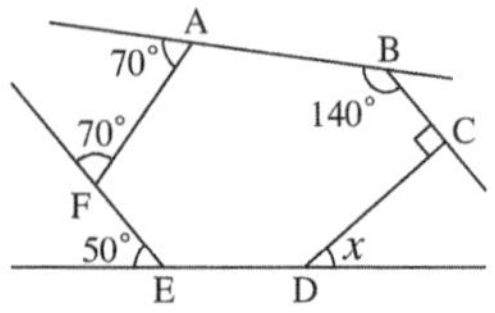

基本 (5)　右図において，六角形ABCDEFの∠Bの外角は180－140＝40°，Cの外角は180－90＝90°である。外角の和は360°になるので，x＝360－(70＋40＋90＋50＋70)＝360－320＝40°である。

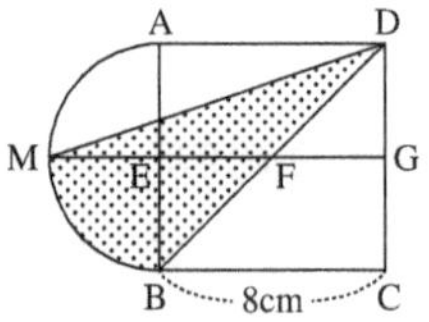

重要 (6)　点Mから線分AD，BCに平行に直線を引き，線分AB，DB，DCとの交点をそれぞれE，F，Gとする。このとき，点E，F，Gはそれぞれ線分AB，DB，DCの中点となる。よって，EM＝EB＝EF＝DG＝4(cm)である。求める面積は△BEF，△DMFと点Eを中心とし，半径4cm，中心角90°のおうぎ形を合わせたものになるので，$\frac{1}{2}\times4\times4+\frac{1}{2}\times8\times4+4\times4\times\pi\times\frac{90}{360}=8+16+4\pi=24+4\pi$(cm²)となる。

重要 (7)　4人の子どものプレゼントの受け取り方は全部で，4×3×2×1＝24(通り)である。A，B，C，Dの4人の子どもが持ち寄ったプレゼントをそれぞれa，b，c，dとする。全員が自分以外のプレゼントを受け取る組み合わせは(A，B，C，D)＝(b，a，d，c)，(b，c，d，a)，(b，d，a，c)，(c，a，d，b)，(c，d，a，b)，(c，d，b，a)，(d，a，b，c)，(d，c，a，b)，(d，c，b，a)の9通りあるので，求める確率は$\frac{9}{24}=\frac{3}{8}$である。

重要 ２ (平面図形の合同・相似，面積比)

(1)　2組の向かい合う辺がそれぞれ平行なので，四角形AECM，MBFDは平行四辺形である。よって，EC＝AM＝3，BF＝MD＝3である。よって，FE＝9となる。AM//BEより，△AGM∽△EGBであり，相似比はAM：EB＝3：12＝1：4であるから，面積比は△AGM：△EGB＝1²：4²＝1：16となる。ここで，△AGMの面積を①，△EGBの面積を⑯とする。また，△AGM∽△EGBより，MG：BG＝1：4であるから，△AGM：△ABG＝1：4となるので，△ABG＝④と表すことができる。また，GB//HFより，△EGB∽△EHFであり，相似比はEB：EF＝12：9＝4：3である。よって，面積比は△EGB：△EHF＝4²：3²＝16：9であるから，△EHF＝⑨，四角形HGBF＝⑯－⑨＝⑦と表すことができる。さらに，△AHD∽△EHFで，相似比はAD：EF＝6：9＝2：3であるから，面積比は△AHD：△EHF＝2²：3²＝4：9となるので，△AHD＝④と表すことができる。したがって，△ABG：△AHD＝④：④＝1：1である。

(2)　四角形ABCDは点M，Hを通る直線に対して線対称なので，四角形AHFB≡四角形DHECであるから，四角形DHEC＝四角形AHFB＝△ABG＋四角形HGBF＝④＋⑦＝⑪である。よって，△ABG：四角形DHEC＝④：⑪＝4：11となる。

(3)　△AGM＝①に対して，台形ABCD＝△ABG＋△AHD＋△EGB＋四角形DHEC＝④＋④＋⑯＋⑪＝㉟となるから，台形ABCDの面積は△AGMの35倍である。

重要 ３ (図形と関数・グラフの融合問題)

(1)　$y=\frac{1}{4}x^2$にx＝4を代入すると，y＝4であるから，A(4，4)，B(－2，4)である。△PABは線分ABを底辺とすると，高さは点Pから直線ABに下した垂線であり，AB＝4－(－2)＝6であるから，△PAB＝15より，△PABの高さは15÷6×2＝5となる。点A，Bのy座標が4であるから，点Pのy座標は4＋5=9もしくは4－5＝－1であるが，点Pは関数$y=\frac{1}{4}x^2$上の点であることから，点Pのy座標は0以上なので，点Pのy座標は9となる。$y=\frac{1}{4}x^2$にy＝9を代入すると，$9=\frac{1}{4}x^2$　$x^2=36$　$x=\pm6$となるから，△PABの面積が15となる点Pは2個あり，x座標がもっとも小さいものは－6である。

(2)　△QABが底辺が線分ABの二等辺三角形となるとき，点Qは1個である。△QABが点Aが頂点の二等辺三角形となるとき，AB＝AQとなるから，点Aを中心とする半径ABの円とx軸との交点が点Qとなる。このような点Qは2つある。同様に，△QABが点Bが頂点の二等辺三角形となるとき，BA＝BQとなるから，点Bを中心とする半径BAの円とx軸との交点が点Qとなる。このような点Qは2つある。よって，△QABが二等辺三角形となる点Qは5個ある。また，AB＝6であり，点Qから直線ABに下した垂線の長さはいずれのQのときも4であるから，△QAB＝$\frac{1}{2}$×6×4＝12である。

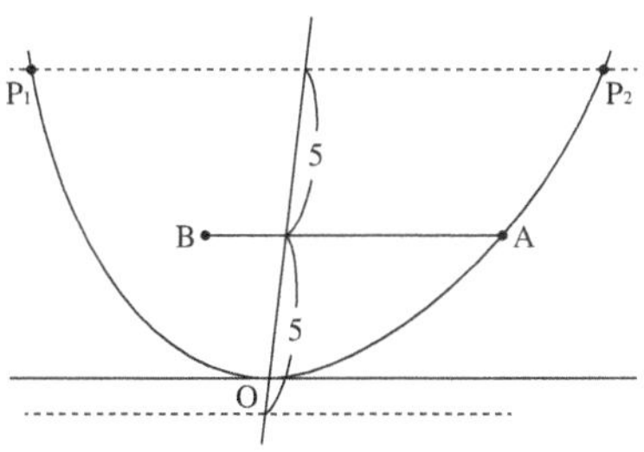

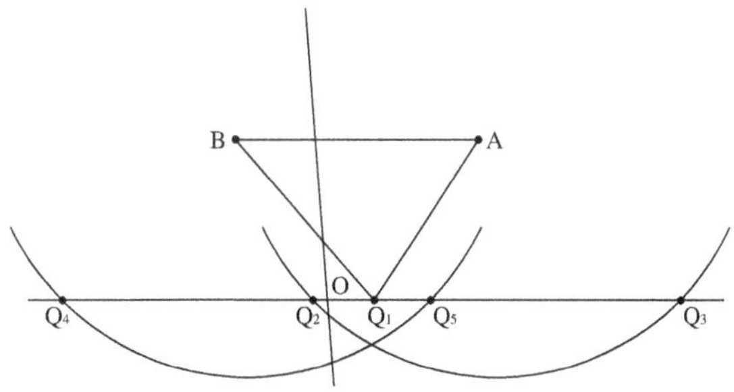

4　(平面図形の合同・相似，長さの計量，面積比)

重要 (1)　△ABFと△EBFにおいて，BF＝BF，∠ABF＝∠EBF，∠AFB＝∠EFB＝90°より，1組の辺とその両端の角がそれぞれ等しいので，△ABF≡△EBF　　よって，BE＝AB＝6，EC＝8－6＝2となる。また，点Fは線分AEの中点であり，仮定より点Pは線分ACの中点であるから，△AECにおいて，中点連結定理より，FP＝$\frac{1}{2}$EC＝1となる。

重要 (2)　線分BDは∠ABCを二等分するので，角の二等分線の定理より，AD：CD＝AB：CB＝6：8＝3：4である。よって，AD＝9×$\frac{3}{3+4}$＝$\frac{27}{7}$，CD＝9×$\frac{4}{3+4}$＝$\frac{36}{7}$となる。また，点Pは線分ACの中点なので，AP＝CP＝$\frac{1}{2}$AC＝$\frac{9}{2}$である。したがって，DP＝AP－AD＝$\frac{9}{2}$－$\frac{27}{7}$＝$\frac{9}{14}$となる。DP＝CD－CP＝$\frac{36}{7}$－$\frac{9}{2}$＝$\frac{9}{14}$としても求められる。

重要 (3)　点F，Pはそれぞれ線分AE，ACの中点であるから，△AECにおいて，中点連結定理より，FP//EC，つまり，FP//BCである。よって，△FPQ∽△EBQとなるから，PQ：BQ＝FP：EB＝1：6
したがって，PQ：PB＝1：7である。

やや難 (4)　△DQPと△ABPにおいて，PD：PA＝$\frac{9}{14}$：$\frac{9}{2}$＝1：7，PQ：PB＝1：7，∠DPQ＝∠APBより，2組の辺の比とその間の角がそれぞれ等しいので，△DQP∽△ABP　　相似比は1：7であるから，面積比は△DQP：△ABP＝1^2：7^2＝1：49である。また，点Pが線分ACの中点であることより，△ABP＝△CBPとなるから，△ABC＝2△ABPである。よって，△DPQ：△ABC＝△DPQ：2△ABP＝1：98となる。

★ワンポイントアドバイス★
思考力を問われる問題が多くあるため，標準レベルの公式や定理を適切に使用して問題を解いていく必要がある。

＜英語解答＞ 《学校からの正答の発表はありません。》

Ⅰ	1 イ	2 イ	3 イ	4 ウ	5 イ				
Ⅱ	1 エ	2 イ	3 ウ	4 ウ	5 ア				
Ⅲ	1 エ	2 ウ	3 イ	4 ア	5 ア				
Ⅳ	1 エ	2 ア	3 イ	4 エ	5 ウ				
Ⅴ	1 ウ	2 イ	3 ウ	4 ア	5 ウ				
Ⅵ	1 イ	2 エ	3 ア	4 イ	5 イ	6 イ	7 ア	8 ウ	9 ウ
	10 ウ								

○推定配点○

Ⅰ～Ⅲ　各4点×15　　Ⅳ～Ⅵ　各2点×20　　計100点

＜英語解説＞

Ⅰ　（長文読解問題・説明文：内容吟味，語句補充）

（全訳）　以下の文章を読んで，質問に答えなさい。

馬は美しい生き物です。色も違うし，速く走れます。馬は強くて力強いので，人々は馬を見るのが好きです。馬は哺乳類です。哺乳類は，毛や毛皮を持ち，温血動物です。通常，母馬は春に1頭の赤ちゃんを産み，その赤ちゃんにミルクを与えます。

馬は長い脚と大きな目を持っており，周囲をほぼすべて見渡すことができます。彼らは歩いたり，速歩したり，ギャロップしたり，ジャンプしたりできます。

1歳以下の非常に若い馬は子馬と呼ばれます。若い雌馬は牝馬と呼ばれ，若い雄馬は牡馬と呼ばれます。4年後，馬は大人とみなされます。

ポニーは若い馬だと思っている人が多いですが，そうではありません。ポニーはあまり大きくならない馬の一種です。

馬は20年から25年まで生きることがあります。歯を見れば馬が何歳かわかることがあります。

馬は通常，外敵が現れてもすぐに逃げることができるよう，立ったまま寝ます。馬は1日に約3時間の睡眠しか必要としません！

彼らのひづめの世話をする必要があります。馬のひづめは私たちの爪のようなもので，切る必要があります。馬が硬い地面を頻繁に歩く場合，人々は馬に蹄鉄を着け，蹄を切る必要があるときは蹄鉄を外します。その後，新しい蹄鉄が装着されます。

食べ物として，馬は草，干し草，オート麦，トウモロコシ，リンゴ，ニンジンなどの食べ物を食べます。彼らは草食動物であり，他の動物を食べません。彼らの胃は小さいため，少量ずつ頻繁に餌を与える必要があります。

野生の馬もいますが，ペットとして馬を飼っている人もたくさんいます。彼らは馬に乗り，馬に芸を教えることもあります。人々が馬を使い始めた頃，馬は単に仕事のために使われていました。馬は人々が乗って他の場所に行けるように馬車を引いたり，農民が畑の手入れを楽にできるように鋤を引いたりしました。馬は，背中に物を背負って場所から場所へ物を運ぶのにも使われました。

現在，セラピーホースとして働いている馬もいます。これらの馬は，障害のある人々を落ち着かせ，より快適にしたり，うまく働かない筋肉を鍛えたりするのに役立ちます。

この強い生き物を大切に育てると，素晴らしい友達となります。馬について他に何を知っていますか？

1 「牝馬とは何を意味するか。」「1歳以下の非常に若い馬は子馬と呼ばれます。若い雌馬は牝馬と呼ばれ」とあるので，牝馬とは，1歳以上でメスの馬だとわかる。よって，イが答え。

2 「(　　　)を埋めるのに一番よい文はどれか。」 直前に「馬は20年から25年まで生きることがあります」とあるので，イが答え。イ以外はすべてその文に関係がないので，誤り。　ア 「馬がどこで生まれたか」 イ 「馬が何歳であるか」 ウ 「馬が病気であるか」 エ 「馬はいつ眠るか」

3 「馬はなぜ人気があるか。」「馬は強くて力強いので，人々は馬を見るのが好きです」とあるので，イが答え。イ以外はすべて文中に書かれていない内容なので，誤り。　ア 「人々はとても馬に似ているから。」 イ 「多くの力があるから。」 ウ 「人々はカッコイイと思うから。」 エ 「人類と同じ種だから。」

重要 4 「文章に従って正しい文を選べ。」「食べ物として，馬は草，干し草，オート麦，トウモロコシ，リンゴ，ニンジンなどの食べ物を食べます。彼らは草食動物であり，他の動物を食べません」とあるので，ウが答え。　ア 「ポニーとは大人ではなく，若い馬の名前である。」「ポニーは若い馬だと思っている人が多いですが，そうではありません」とあるので，誤り。　イ 「馬は哺乳類なので長い脚をもつ。」 文中に書かれていない内容なので，誤り。　ウ 「馬は草食動物なので多くの種類の穀物を食べる。」 エ 「馬は私たちの生活においてほとんど役割を持たない。」馬が多くの役割を持つことが書かれているので，誤り。

5 「この文章に一番よいタイトルはどれか。」 この文章は馬の特徴と，人間との関わり方について書いたものなので，ウが答え。ウ以外はすべて部分的な内容だったり，内容が間違っていたりするので，誤り。　ア 「著者と馬の間にある友情の歴史」 イ 「美しい動物と，その人間との関わり」 ウ 「ペットとして馬を飼う方法」 エ 「世界で最も色彩豊かな動物のひとつ」

Ⅱ **(長文読解問題・物語文：内容吟味)**

(全訳) 以下の文章を読んで，質問に答えなさい。

ある男性は毎日バスに乗って通勤していました。彼の次の停留所で，老婦人が乗車して窓際に座りました。乗車距離は長く，景色は退屈でした。道路も建物も埃っぽく灰色だったので，男は退屈していました。老婦人は鞄を持っていて，移動中数分ごとに鞄に手を入れて何かを窓の外に投げていました。男性は彼女が何を投げているかを見ようとしましたが，彼女が投げたものは小さすぎて見えませんでした。

彼女は毎日同じことをしていましたが，ある日，男性が彼女に尋ねました。

－ちょっと興味あるのですが，窓から何を投げているんですか？

－これは種です！　と老婦人は言いました。

－種？　何の種ですか？

－花です。ほら，外を見ると何もかもが悲しくて，色も生命も欠けているように見えますよね…この旅は途中で花を見ながらできたらいいのにと思うのです。それはずっといいことだと思いませんか？

－でも奥さん，種は固い地面に落ちるし，車やバスなどの交通量の多い道路で種は非常に細かく砕かれ，鳥に食べられてしまいます。あなたの種がこの道で生き残れると本当に思いますか？

－たとえ紛失したり壊れたりしたとしても，時間が経つにつれてそれらは成長すると確信しています。

－でも，水が必要です。

－私は自分の役割を果たしています。①雨の日が自分の役割をするでしょう。

男性は停留所でバスを降りるとき，笑顔の女性をもう一度見つめ，彼女が時間とお金を無駄にしてとても喜んでいることに驚きました。

数か月後，男は窓から眺めていると，道端に花が咲いていることに気づき，老婦人のことを思い出しました。彼は運転手に彼女に関する情報を尋ねました。

ーええと，彼女が亡くなってから1か月以上が経ちましたね。

②男は再び座って，花が咲いたのだと思いながら，明るく美しい色を眺め続けました。しかし，老婦人は自分の仕事の結果を見ることができなかったのですから，それが何の役に立つでしょうか？

突然，小さな男の子の笑い声が聞こえました。彼の鼻は窓に触れ，花を指差していました。

ー見て，母さん！　このきれいな花たちを見て！

老婦人は自分の仕事をしたので，その結果，誰もが彼女が望んでいたものを見て楽しむことができました。

その日以来，男性は窓から投げ捨てるための種子の入った袋を持って，家から職場まで往復しています。

良いことをするのに飽きないでください。あなたは果物や花は見えないかもしれませんが，どこかで誰かがあなたが作ったものを気に入ってくれるでしょう。

1 「老婦人は毎日バスの窓から種を投げ捨てていた。種とは何か。」 ア 「道路を走りやすくするためのカラフルなガラス玉だ。」「種」の説明ではないので，誤り。　イ 「花を食べてそれを新しい場所に運ぶ小さな昆虫だ。」「昆虫」の説明なので，誤り。　ウ 「木や茂みに生える柔らかい果物で，人々はそれを摘むのが好きだ。」「果物」の説明なので，誤り。　エ 「植物の小さくて硬い部分であり，そこから新しい植物が成長する。」「種」の説明として正しいので，答え。

2 「下線部①の文は何を意味するか。」 ア 「雨が降ると人々の笑顔が増える。」 文中に書かれていない内容なので，誤り。　イ 「雨は花の成長を助ける。」 種のために雨が降るという内容に合うので，答え。　ウ 「水は埃っぽい道をきれいにしてくれる。」 種に関係がないので，誤り。エ 「鳥は生きるために雨水を飲む。」 文中に書かれていない内容なので，誤り。

3 「どの文が正しいか。」「ある男性は毎日バスに乗って通勤していました。彼の次の停留所で，老婦人が乗車して窓際に座りました」，「男性は停留所でバスを降りるとき，笑顔の女性をもう一度見つめ」とあるので，ウが答え。　ア 「運転手が父親だったので，少年は一人でバスに乗った。」 文中に書かれていない内容なので，誤り。　イ 「老婦人は男性の後にバスに乗り，彼と一緒に降りた。」 老婦人と男性は一緒にバスを降りていないので，誤り。　ウ 「男性は老婦人より先にバスに乗り，老婦人よりも先に降りもした。」 エ 「老婦人は小さな男の子を連れてバスに乗り，彼を母親のもとに残した。」 文中に書かれていない内容なので，誤り。

4 「下線部②を見よ。男性はどのように感じているか。」 老婦人がすでに亡くなってしまい，花が咲いているのを見られないことを思って，男性は悲しんでいるので，ウが答え。　ア 「窓際の小さな男の子が笑っているので，彼は怒っている。」「怒っている」わけではないので，誤り。イ 「彼はたくさんの花を見ることができて幸せな気分である。」 老婦人のことを思っているという内容がないので，誤り。　ウ 「老婦人は花が成長するのが見られないので，彼は悲しい思いをしている。」 エ 「彼はバスの中で立っているので疲れていると感じている。」 文中に書かれていない内容なので，誤り。

5 「この物語の最後にあるメッセージは何か。」「どこかで誰かがあなたが作ったものを気に入ってくれるでしょう」とあるので，アが答え。　ア 「世界をすべての人にとってより良い場所にするために，できることをしなさい。」 イ 「地球温暖化は大きな問題であり，都市の木々や花が減少している。」 地球温暖化について書かれていないので，誤り。　ウ 「ゴミは道に捨てず，持ち帰って家で捨てなさい。」 文中に書かれていない内容なので，誤り。　エ 「あなたがうまくできる仕事を見つけなさい，そうすれば，あなたの仕事を誰もが楽しく見ることができる。」「うまくできる仕事」というメッセージは書かれていないので，誤り。

Ⅲ （長文読解問題・説明文：内容吟味）

（全訳） 以下の文章を読んで，質問に答えなさい。

もし誰かを「ミスター豆腐」と呼ぶとしたら，アメリカで豆腐を広めた雲田康夫です。最終的には成功を収めたものの，雲田のキャリアは多くの人の精神を打ち砕いたであろう不運に満ちていました。彼の素晴らしいアイデアは何度も成功に近づきましたが，予期せぬ出来事によって台無しになってしまいました。

1980年代初頭，40歳の時，雲田さんは森永豆腐を販売するために米国に派遣されました。きっと日本の専門家や健康志向のアメリカ人は豆腐を食べるでしょう。一部のアメリカ人はそれを好んでいましたが，多くはそうではありませんでした。感触や味が気に入らない人もいました。「豆腐」という言葉を聞くと足の指を連想する人も多く，大豆はペットフードのためだけのものだと考える人も多かったのです。1988年の新聞調査で，アメリカ人が最も嫌いな食べ物は豆腐であることが判明しました。

毎年毎年，ミスター豆腐は努力を続けました。レストランチェーン「べに花」のオーナー，ロッキー青木さんを訪ねました。しかし，青木さんは雲田さんに「紅花」の名前を豆腐ブランドとして使用させたり，レストランで豆腐を提供したりすることを拒否しました。雲田さんの次のアイデアは，車のナンバープレートに「TOFU NO1」を入れることでした。しかし，コンサルタントから，アメリカ人は「TOFU NO!」という意味に受け取るかもしれないと言われました。代わりに「TOFU-A」を使用しました。それでも，道路を走行する他のドライバーが彼に①「親指を下げる」サインを与えることがありました。

彼は豆腐の格好をしてロサンゼルスマラソンに出場しました。彼はつまずいて転んだとき，テレビで注目を集めました。しかし，不運と成功への障壁が彼の豆腐の売り上げを伸ばしませんでした。

諦めかけたある日，豆腐を買う女性を見かけました。雲田さんが彼女に話しかけると，フルーツと混ぜて健康的なシェイクを作っていることがわかりました。②この斬新な発想に基づいて豆腐の新商品開発に着手しました。その後，ヒラリー・クリントン大統領夫人がビル・クリントン大統領の健康食品として豆腐について話したと聞きました。雲田さんは新製品の一部をホワイトハウスに送り，親切な返事を受け取りました。

これで雲田さんの熱意が新たになりました。しかしそのとき，森永の忍耐は限界に達しました。会社は彼に，新製品のための工場を建設してもよいが，その費用は自分で支払わなければならないと告げました。これは個人的に大きなリスクであり，多くの人が諦めることでしょう。でもミスター豆腐は違います。彼はオレゴン州に工場を建設するために借金をしました。さらに10年間の苦闘の後，この勇気ある行動がついに実を結びました。これは，ミスター豆腐が諦めなかったご褒美です。現在，森永豆腐はアメリカでよく売れています。

「桃と栗は実がなるまでに3年，柿は8年かかる」という日本の諺がありますが，雲田さんはこれに「③それから豆腐は10年かかる！」と付け加えます。

重要 1 「この文章によると，なぜ運転手は①「親指を下げる」サインを示したのか。」「アメリカ人が最も嫌いな食べ物は豆腐であることが判明しました」とあるので，エが答え。エ以外は「嫌い」という内容ではないので，誤り。 ア 「彼らは豆腐を本当に見たかったから。」 イ 「彼らは豆腐を絶対に逃したくなかったから。」 ウ 「彼らは本当に豆腐が大好きだったから。」 エ 「彼らは豆腐が大嫌いだったから。」

2 「②この斬新なアイデアとは何か。」「フルーツと混ぜて健康的なシェイクを作っていることがわかりました」とあるので，ウが答え。他はすべてこの内容に合わないので，誤り。　ア 「豆腐の格好をしてロサンゼルスマラソンで走ること。」 イ 「アメリカの店で豆腐を買っている女性を見たこと。」 ウ 「豆腐とフルーツを混ぜて健康に良いドリンクを作ること。」 エ 「新製品の一部をホワイトハウスに送ること。」

3 「③「豆腐は10年かかる！」とはどういう意味か。」 雲田さんが工場を建ててから10年かかって豆腐がよく売れるようになったので，イが答え。　ア 「雲田さんは10年以上アメリカで豆腐を作り続けている。」 成功するまでに10年かかったことを表していないので，誤り。　イ 「豆腐は販売開始から10年でアメリカで人気になった。」 ウ 「豆腐1個を作るのに工場では10人が働かなければならない。」 文中に書かれていない内容なので，誤り。　エ 「雲田さんは豆腐作りに成功するまでに10年かかった。」 10年かかって豆腐作りに成功したわけではないので，誤り。

重要 4 「文章に合う正しい文を選べ。」「アメリカ人が最も嫌いな食べ物は豆腐であることが判明しました」とあるので，アが答え。　ア 「雲田さんがアメリカで豆腐を売ろうとしたとき，数年間のあいだほとんどの人はそれを好まなかった。」 イ 「ロッキー青木は雲田さんのアイデアをとても気に入り，彼の店で豆腐料理を提供した。」「拒否しました」とあるので，誤り。　ウ 「ヒラリー・クリントンは米国の人々の健康食品としての豆腐について語った。」「ビル・クリントン大統領の健康食品として豆腐について話した」とあるので，誤り。　エ 「最終的に雲田氏は彼の会社の長い支援によって事業を成功した。」 会社は支援しなかったので，誤り。

5 「この記事に一番よいタイトルはどれか。」 この文章は雲田さんが行ったことについて書かれているので，アが答え。　ア 「ミスター豆腐」 イ 「ロッキー青木」 ウ 「TOFU NO1」 エ 「森永豆腐」

Ⅳ　**(会話文問題：内容吟味，語句補充)**

以下の文章を読んで，質問に答えなさい。

ナミ　：やめて！　それは捨てないで！

サンジ：どういう意味，ナミ？　上の日付を見ると，「賞味期限1月11日」と書いてあるよ。

ナミ　：確かにね，でもそれを見る必要はないよ。それをちょうだい，私がそれを飲むわ。

サンジ：そう？　はい，どうぞ。

ナミ　：ほら，ほとんどの食べ物は，正しい方法で保存すれば「賞味期限」よりも長く大丈夫なのよ。常識を働かせて，①自分の目，手，鼻，口の感覚を使って，何かがまだ食べたり飲んだりしても大丈夫かどうかを確認してね。

サンジ：そうだけど，このバナナを見て，こげ茶色で柔らかいよ。

ナミ　：えっと，ケーキ好きよね？　ケーキやパンケーキが作れるよ。

サンジ：バナナブレッドが好きだな。

ナミ　：ゴミ箱を見せて。他に何を捨てたの？

サンジ：このキノコだよ。どんなに濡れているかを見てよ。

ナミ　：驚かないわよ。このビニール袋に入れて保管していたの？　キノコは紙袋に入れておいたほうがいいよ。紙が水を吸収し，キノコやその他の野菜をより長く新鮮に保つからね。

サンジ：ああ，それは知らなかったよ。

ナミ　：そしてこのトマト…スーパーに行ってきたんだよね！　なぜこんなに柔らかいの？

サンジ：分からないよ。家に帰ったらすぐに冷蔵庫に入れて冷やしておいたんだよ。

ナミ　：それは間違いだったわね。トマトは冷蔵庫で保管すべきではないのよ。

サンジ：でも，新鮮な果物や野菜は冷蔵庫のような寒い場所に保管した方が良いと思ったんだ。

ナミ　：普通はそうよね。冷蔵庫は，ニンジンやキャベツや豆やその他の硬い野菜を冷たく新鮮に保つけど，水分の多い野菜は冷蔵庫に入れないでね。

サンジ：ああ，なるほど…

ナミ　：大丈夫，トマトとキノコでパスタソースが作れるよ。あら！　なぜパスタの箱を開けたままにしたの？　開いた食品は密閉したままにしておくか，ガラス瓶に入れてね。そうしないと虫やホコリが入り込んでしまうわよ。

サンジ：ああ，考えなかったよ。

ナミ　：じゃあ，考え始めてね！　世界にはひどい食品廃棄問題があるの。私たちが購入する食品の18％は廃棄されているけど，50％以上はまだ食べられるものなんだよ。つまり，まだ大丈夫で安全に食べられるということね。平均的な家庭のゴミの約30％は食品廃棄物なんだよ。お財布にも悪いしね。

サンジ：どういう意味？

ナミ　：高価な食べ物は捨てないでね。自分のお金，食べ物，そして世界に対してもっと注意するようにしないとね。

1 「下線部①は何を意味するか。」 食べ物が食べてよいかどうかを自分の感覚で判断することを言っているので，エが答え。　ア 「箱に記載されている日付以降は食べ物を食べてはいけない。」過ぎていても大丈夫な場合について言っているので，誤り。　イ 「人々は食べ物を食べる前に長期間保存する必要がある。」 文中に書かれていない内容なので，誤り。　ウ 「何かを飲んでも安全かどうかは，使用するときに推測することしかできない。」 自分の感覚で調べることを言っているので，誤り。　エ 「食べ物を見て触ってみると，その食べ物が食べてよいことがわかる。」

2 「私たちは冷蔵庫を何に使うか。」 冷蔵庫の働きに合うので，アが答え。　ア 「食べ物や飲み物を冷たく保つため。」 イ 「冷たい食べ物を熱く，または温かくするため。」 温めるためのものではないので，誤り。　ウ 「バナナなどの果物を新鮮にするため。」「硬い野菜を冷たく新鮮に保つ」とあるので，誤り。　エ 「トマトなどの野菜を保存するため。」 トマトは向かないと言っているので，誤り。

3 「(　　　)を埋めるのに一番よい語はどれか。」 まだ食べられるものを捨てていることについて言っているので，イが答え。イ以外はその内容に関係がないので，誤り。　ア 「飲むのによい」 イ 「食べるのに安全だ」 ウ 「売るのが容易だ」 エ 「捨てるのが難しい」

4 「人々は購入した食品のどれくらいを実際に食べているか。」「私たちが購入する食品の18％は廃棄されている」とあるので，エが答え。　ア 「約18％」 イ 「30％前後」 ウ 「50％以上」 エ 「80％以上」

5 「ナミはサンジについてどう感じているか。」 ナミは食べ物や，それを買う金についてサンジに注意を促しているので，ウが答え。ウ以外はすべて文中に書かれていない内容なので，誤り。ア 「彼女は彼がキッチンのゴミ箱を掃除していることに満足している。」 イ 「彼女は彼が毎日食べる十分な食べ物がないことを心配している。」 ウ 「彼女は彼がお金や食べ物に無頓着なのでイライラしている。」 エ 「彼女は彼の料理の腕が素晴らしいと思っている。」

Ⅴ （語句整序問題：感嘆文，前置詞，比較，助動詞，受動態）

基本 1 What a cute baby he is(!) 感嘆文は〈what ＋(冠詞)＋形容詞＋名詞〉から始まり，主語と述語がその後に続く。

2 Mike gave me a ring as a birthday present(.) 〈give A B〉で「AにBを与える」という意味になる。〈as ～〉で「～として」という意味になる。

3 Her cooking is as good as my mother's(.) 〈as ～ as …〉で「…と同じくらい～」という意

味になる。cooking を比べているので，my mother とせず，my mother's cooking という内容を表す my mother's を選ぶ。

4 Can I speak to Mr. Takeda (please?) 〈can I ～?〉は「～できますか」という依頼の意味を表す。

5 These books are written in Portuguese(.) 受動態の文なので〈be動詞＋過去分詞〉という形にする。言語名を表すときは in を用いる。

Ⅵ (語句補充問題：現在完了，付加疑問文，助動詞，動名詞，不定詞，SVC，慣用表現，疑問詞，受動態，間接疑問文)

1 「戦争が終わってから約50年だ。」 現在完了の文なので，〈have ＋過去分詞〉の形になる。〈it is ～ since …〉で「…してから～になる」という意味を表す。イ以外はすべて文として成立しない。ア，ウ＝ there は意味上使えない。エ＝ it が指すものが存在しない。

2 「あなたは疲れていますね。あなたのバッグを運ぶのを手伝いましょうか。」 付加疑問の部分に用いる助動詞は，主文が肯定であれば否定に，主文が否定であれば肯定にして用いる。〈shall I ～?〉は「(私が)～しましょうか」という意味を表す。

3 「あなたは本を読み終えましたか。私は宿題をするのをあなたに手伝ってほしいです。」 finish の後に動詞を置く場合には動名詞にする。〈want A to ～〉で「Aに～してほしい」という意味を表す。

4 「あなたは悲しそうです，何が起こったのですか。」 〈A look B〉で「AはBに見える」という意味を表す。〈happen to ～〉で「～に起こる」という意味を表す。

5 「どこにいたのですか。あなたをずっと探していました。」 「ずっと～している」という意味は，現在完了の継続用法で表す。現在完了の進行形は〈have ＋ been ＋ ～ing〉という形で表す。

6 「昨日，私は父に母の誕生日用に何本かのバラを買うよう頼んだ。贈り物は彼女を幸せにするだろう。」 〈ask A to ～〉で「Aに～するよう頼む」という意味を表す。〈make A B〉で「AをBにする」という意味を表す。

7 「今日の映画はどう思いますか。私は，これはこれまで見た中で一番の映画だと思う。」 相手に感想を求める時には，〈What do you think ～?〉という表現を使うとよい。〈最上級＋ that S have ever ～〉で「Sがかつて…したなかで一番～だ」という意味になる。

8 「私の財布が盗まれた。私のために警察を呼んでいただけますか。」 受動態の文なので〈be動詞＋過去分詞〉という形にする。〈for ～〉で「～のために」という意味を表す。to を用いると「～に向かって」という意味になる。

9 「私はエミリーに新しいコンピューターの使い方を教えてほしいが，エミリーが明日いつ来るか知らない。」 〈how to ～〉で「～する方法(仕方)」という意味を表す。間接疑問文なので，〈疑問詞＋主語＋動詞〉の語順になる。

10 「朝早く出発しましょう。午後は出発するには暑すぎます。」 Let's から始まる命令文の付加疑問は，〈shall we?〉を文末につけて作る。〈too ～ to …〉で「…するには～すぎる」という意味を表す。

★ワンポイントアドバイス★

Ⅵの10には〈too ～ to …〉が使われている。これは〈so ～ that S can't …〉「とても～なのでSは…できない」を使って書き換えることができることを覚えておこう。この文を書き換えると It's so hot that we can't start となる。

＜理科解答＞ 《学校からの正答の発表はありません。》

1 (1) ア 8 (2) イ 2 ウ 4 (3) エ 8 (4) オ 2
(5) カ 0 キ 8 ク 1 (6) ケ 7

2 (1) ア 3 (2) イ 1 (3) ウ 3 (4) エ 2，3
(5) オ 2 カ 4 キ 1 ク 5 (6) ケ 1 (7) コ 8

3 (1) ア 6 (2) イ 2 (3) ウ 2 (4) エ 3 (5) オ 4 (6) カ 4

4 (1) ア 2 (2) イ 4 (3) ウ 2，5 (4) エ 2 (5) オ 2，3
(6) カ 1 キ 4

○推定配点○

1 各3点×6((2)・(5)各完答) 2 各3点×7((4)完答) 3 各3点×6
4 各3点×6((3)・(5)・(6)各完答) 計75点

＜理科解説＞

1 (仕事―動滑車と仕事)

重要 (1) おもりの重さと動滑車の重さの合計が8Nでありこれが0.2m持ち上げられたので，ロープを引く力がした仕事は8×0.2＝1.6(J)である。おもりは4Nで0.2m上昇したので4×0.2＝0.8(J)の仕事をされた。

重要 (2) 1秒間に60cmの速さでロープを引くと，1秒間でおもりと動滑車は30cm上昇する。このときの仕事率は8×0.3＝2.4(W)である。

重要 (3) 持ち上げた合計の重さは12Nであり0.2m移動したので，ロープを引く力がした仕事は12×0.2＝2.4(J)であり，4Nのおもりが0.2m持ち上げられたので，おもりがされた仕事は4×0.2＝0.8(J)である。

(4) (i) 定滑車は持ち上げられないので，ロープを引く力に変化はない。よってaのグラフになる。 (ii) 動滑車の数が増えると，ロープを引く力が大きくなり行う仕事も大きくなる。これは動滑車の数に比例するので，bのグラフになる。

(5) ロープにかかる重さは(4n＋4)Nであり，これを0.2m持ち上げるので，行なわれる仕事は(4n＋4)×0.2＝0.8(n＋1)になる。

(6) 動滑車では物体の移動距離の2倍の長さをロープで引かなければならない。0.2m物体を持ち上げるには1つの動滑車で0.4mロープを引く。N個の動滑車では0.4n(m)になる。よってL＝0.4nである。また，手がロープを引く力がF(N)で0.4m引くので，このとき行われる仕事は0.4nF(J)である。これが(5)の仕事に等しいので0.4nF＝0.8(n＋1) $F=\frac{2(n+1)}{n}$である。

2 (酸とアルカリ・中和―酸とアルカリ)

基本 (1) セッケンはアルカリ性，その他は酸性である。

基本 (2) 水溶液AはBTB液で青色に変化したのでアルカリ性である。アルカリ性の水溶液はフェノールフタレイン溶液を赤色に変える。

基本 (3) 水溶液Bは塩酸であり，気体Dは水素である。水素は火を近づけると音を立てて燃える。

基本 (4) 水酸化ナトリウム水溶液中では，ナトリウムイオンNa^+と水酸化物イオンOH^-に電離している。

(5) pH試験紙はリトマス試験紙であり，アルカリ性では青色になる。青色になる原因はOH^-イオンであり，負の電気を帯びるので陽極側に移動する。一方，酸性では赤色になる。その原因はH^+

イオンであり，正の電気を帯びるので陰極側に移動する。

基本 (6)　水酸化ナトリウム水溶液と塩酸が反応すると塩化ナトリウムが発生する。これが蒸発皿に残った固体である。塩化ナトリウムの結晶は四角い結晶である。

重要 (7)　H^+ははじめOH^-と反応し中和が終わる10mLまでは増加しない。その後，水溶液中に残るので増加する。グラフはdになる。OH^-ははじめ水溶液中に多く存在するが，塩酸と反応して徐々に減少し，中和が終わるとなくなる。グラフはcになる。Na^+は初めから水溶液中にあり，塩酸を入れても減少せず一定量を保つ。グラフはbである。Cl^-は塩酸を加えると徐々に増加する。中和が終わった後も増加し続ける。グラフはaになる。

3 （天気の変化－日本付近の気象）

基本 (1)　等圧線の間隔は，細い線では4hPaごと，太い線では20hPaごとに変化する。地点Aの気圧は1012hPaである。

重要 (2)　Zの部分で前線は停滞前線になっている。北からの寒気と南からの暖気がぶつかって停滞前線ができる。

(3)　表1では，午前9時頃北西の風が吹き，気温が急激に低下し天候は雨である。12時には天候が回復し気温が上昇し晴れている。これより，午前9時前に寒冷前線が通過したB地点の天気の記録と思われる。

重要 (4)　15時の気温が19.0℃で湿度が57％である。このときの水蒸気量は19.0℃の飽和水蒸気量より，$16.3(g/m^3) \times 0.57 = 9.29(g/m^3)$である。これが飽和水蒸気量になる気温が露点温度であり，表より約10℃である。

(5)　15時以降は気温の変化に対して湿度の変化は少なく，各時間の水蒸気量が減少するため露点温度も低下する。

(6)　台風の通過は気圧がもっとも下がった時刻であり，そのとき風は西からふいているので，台風はこの地点の東側を進んでいる。その前後で風向きは北西から南西に変化するが，風力の変化は台風通過の前後で同じ大きさになっている。つまり，この地点から台風の中心までの距離が等しくなるように台風が移動している。よって台風は北西に反時計回りで移動している。

基本 **4** （植物の体のしくみ－ホウセンカの特長）

(1)　太い根は主根であり，そこから伸びる細い根を側根という。

(2)　根が主根と側根からなり維管束がリング状になっているので，双子葉類である。

(3)　根から吸い上げた水分が移動するのは道管であり，道管部分が赤く染まる。茎の部分ではBが道管，葉の部分ではEが道管である。

(4)・(5)　Gは葉の裏側に多く存在する気孔である。気孔では酸素や二酸化炭素が出入りする。

(6)　ホウセンカの葉は細長く先がとがっている。花はラッパのような形をしている。

★ワンポイントアドバイス★

理科全般のしっかりとした基礎知識が問われている。物理，化学分野でやや難しい問題も出題される。問題集等で標準レベルの練習問題を繰り返し解いておきたい。

＜社会解答＞ 《学校からの正答の発表はありません。》

(1) 3　(2) 1　(3) 4　(4) 2　(5) 4　(6) 2　(7) 4　(8) 2　(9) 3
(10) 2　(11) 2　(12) 3　(13) 3　(14) 1　(15) 2・6　(16) 4　(17) 2
(18) 2

○推定配点○
(8)～(10)　各5点×3　他　各4点×15((15)完答)　計75点

＜社会解説＞

(総合問題―「グローバリゼーションと格差社会」に関連する三分野の総合問題)

やや難 (1)　3の内容は茨城県。つくば市が研究学園都市。1は福岡県，2は東京都，4は千葉県。

(2)　Bのイギリスは議院内閣制，Cのアメリカは大統領制。スウェーデンは議院内閣制で，イギリス同様，国王がいて，その国王の権力を憲法で制限する立憲君主制の国でもある。韓国は大統領制で，大統領の下に内閣もある。

重要 (3)　Dの13世紀は日本では鎌倉時代。Eの15～16世紀は日本では室町時代から安土桃山時代。紫式部が『源氏物語』を書いたのは平安時代。紫式部が仕えたのは藤原道長の娘の彰子。後醍醐天皇が建武の新政を行ったのは14世紀。

基本 (4)　正角図法とは緯線経線が全て直線で垂直に交わるもの。かつては，広い海の上などで目印になるものがない場合に，自分のいるところを天体を頼りに割り出して，緯線や経線に沿って移動することで，自分の場所と目的地の場所がわかるようにして航海をしていた。メルカトル図法は地球の周りに赤道のところで接するようにして円筒状に紙を巻きつけて，地表の様子を写し取ったもの。赤道付近は誤差がほとんどないが，赤道から離れ極に近づくほど誤差が大きくなる。

(5)　日本に自由貿易を求めてきたのはペリー。　ロンドンとバンクーバーの経度差は120度で，時差が8時間。ロンドンで14：10の時に，バンクーバーは6：10になる。到着時間が15：45なので，ここから6：10を引けば，飛行時間が9時間35分と出せる。

(6)　ペリーが鎖国中の日本に開国と通商を求めて来た。

重要 (7)　民主主義では多数決で物事が決められることが多い。多数決は人々の多くの声が反映されるものだが，多くの声が正しいものというわけでもなく，自分たちの国や民族にこだわる国民国家では，しばしば，極端に排他的な方向に走ることもある。

重要 (8)　格差社会に関連することがらとしては最も関係がないのが2。1はひとが自殺にいたったり，犯罪に走ったり，不登校になったりする要因としては何らかの格差というのは考えられるが，交通事故にあうことには格差は関係ないであろう。

やや難 (9)　グラフの座標の中で，横軸の目盛りが一番大きいのがアメリカ。横軸の数値が大きいものほど，前の世代の所得格差が後の世代にも影響している。また，本文中のよく言われた「アメリカの夢」というのは，アメリカンドリームといわれ，アメリカという国に行けば，成功するチャンスがあるように言われて，さまざまな国々からの移民が流入していた。

重要 (10)　データのグラフと選択肢の内容を照らし合わせていけば正誤がわかる。2の内容はデータ1のグラフを見ればよい。1は1962年から72年の頃には下降しているので誤り。3はデータ2のグラフを見ると，ある程度，両方の線の動きは似ているので関連性がないとは言えないので誤り。4はデータ3のグラフの中で実際のGDP成長率を示す◇が，二つの格差の影響と格差の影響がなかった場合の差のあたりにあることがわかれば，格差がGDPに影響がないとは言えないことがわかる。

基本 (11)　文中の下線部Lのすぐ前にある「戦争のあとの廃墟の時代のような」から，終戦直後と考えられるのでLは日本国憲法を施行した1947年の方が妥当。日中共同声明は1972年。Mは文中にあるように村上龍の『希望の国のエクソダス』は2000年に刊行された本なので，その30年まえは1970年だから，大阪万博が開催された年になる。東京オリンピックは1964年。

(12)　Nは下流の中心の人々なので，収入が少なく雇用も不安定になりがちな非正規雇用の人が当てはまる。Oはデータ5のグラフを見ても，本文の文脈でも大半の生徒が結果不平等の自己責任社会を認めているので，増えていると判断できる。

重要　(13)　3が正しい。データ6のグラフで横軸が年齢を表し，縦軸がジニ係数を表している。40歳代から上のグラフをみるといずれの線も右上がりになっているので，年齢が上がるにつれてジニ係数が高くなっていることがわかり，所得格差が年齢が上がるにつれて広がるのがわかる。また，データ7ではそれぞれの線の山が，年々右に動いているのがわかる。このことから世帯主の年齢層が年々上がっており，所得格差の拡大と高齢化に関連性があると見ることができる。

基本　(14)　Qは戦国時代にあった市場経済の原点のようなものと選択肢の中で考えられるのは織田信長の楽市令。城下での自由で活発な商業活動をめざしたもの。Rは自由競争につながるものは選択肢の中では官営工場の払い下げ。官営工場は国や自治体が運営するものなので，自由競争とはあまり関係がない。民間のものになれば自由競争には否応なしに組み込まれていく。

基本　(15)　Sは日本国憲法第14条にあるので平等権，Tは同じく日本国憲法第25条にあるので生存権が当てはまる。

やや難　(16)　日本の男女格差は，政治と経済の面では女性が男性と同じようになっているとは言えないのが実情。

基本　(17)　地形図の読み取り問題。Ⅰは正しい。Ⅱは，秋篠川は地図を見ると上の方が標高が高く，下の方が標高が低くなっているので，南から北へではなく，北から南へ流れていると考えられるので誤り。

(18)　弥生時代と律令制導入の時代にそれぞれ当てはまる組み合わせを選ぶもの。写真の遺物は1が銅鐸で弥生時代，2は土偶なので縄文時代のものになる。また律令制は大化の改新以後に導入されているので，推古天皇の時代にはまだなく，天武天皇の時代が該当する。

★ワンポイントアドバイス★

問題数は試験時間に対してさほど多くはないので焦る必要はないが，読まないとならない文章の量や，グラフ類が多いので，ていねいに進めていかないと解けないので，本文と資料類を確実に連動させながら問題を解いていくこと。

＜国語解答＞《学校からの正答の発表はありません。》

一　【問一】 a エ　b ウ　c ア　d イ　e ア　f ウ　【問二】 g ウ　h エ　【問三】 i イ　j イ　【問四】 e エ　【問五】 ウ　【問六】 エ　【問七】 イ　【問八】 エ　【問九】 エ　【問十】 イ　【問十一】 イ

二　【問一】 イ　【問二】 ウ　【問三】 ア　【問四】 ウ　【問五】 ウ　【問六】 エ

三　(1) エ　(2) ア

○推定配点○

一　【問一】～【問三】 各2点×10　他 各5点×8　二 各5点×6　三 各5点×2　計100点

＜国語解説＞

一 （論説文―漢字，脱文・脱語補充，品詞，指示語，文脈把握，内容吟味，要旨，文章構成）

【問一】 a 劣った　ア 破裂　イ 強烈　ウ 列島　エ 劣悪
b 適合　ア 匹敵　イ 点滴　ウ 快適　エ 指摘
c 過程　ア 行程　イ 海底　ウ 決定的　エ 庭園
d 頻度　ア 貧富　イ 頻繁　ウ 上品　エ 海浜
e 発揮　ア 指揮　イ 心機一転　ウ 一喜一憂　エ 一念発起
f 保障　ア 証明書　イ 弁償　ウ 障害　エ 表彰式

【問二】 g 直後に「どんなに状況が変化したとしても，情報を処理して，状況を分析し，最適な行動を導き出す」と説明されているので，その時，その場に応じて，適切な手段をとること，という意味の「臨機応変」が入る。 h 直前に「囲碁や将棋」とあり，「それまでの研究によって，『こういう場面では，これが最善手である』と定められた法則のようなものである」と説明されているので，ある物事をするときの，決まった仕方を意味する「定石(じょうせき)」が入る。「定石」は，囲碁で，ある局面で攻守ともに最もよいとされる，決まった形の打ち方，という意味もある。

【問三】 i 「よく」は，直後の用言(動詞)を修飾する副詞。アの「おとなしく」は，形容詞の連用形。イの「しばらく」は，副詞。ウの「たく」は，助動詞の連用形。エの「落ち着く」は，動詞の連体形。 j 「たり」は，並立を意味する助詞。アの「られ」は，受け身を意味する助動詞の連用形，イの「さえ」は，添加を意味する助詞。ウの「しっかり」は副詞。エの「いる」は動詞。

【問四】 直前に「虫たちは『本能』という仕組みだけで，誰に教わらなくても生きて行くために必要な行動を取ることができるのである」とあり，「それ」と言い換えられている。比べられているものは，直後に「生まれたばかりの赤ちゃんは，一人では生きていくことができない」と説明されているので，エが適切。

【問五】 直後に「たとえば……」と「欠点」の具体例が示されており，後に「これが，本能の欠点である」「決まった環境であれば，プログラムに従って，正しく行動することができる。ところが，想定外のことが起こると，対応できないのである。」と述べられているので，ウが適切。

やや難 【問六】 直後に「その本能に従って卵を産んでしまうのである」とあり，前に「今にも干上がりそうな道路の水たまりに，トンボが卵を産みつけていることがある」「地面に敷かれたブルーシートの上に……水面と間違えてしまっているのだろうか」とあるので，「陽の光を反射させているところ」とあるエが入る。「干上がりそうな道路の水たまり」「ブルーシートの上」「水面」に共通するものとは何かを考える。

やや難 【問七】 直後に「『知能』を進化させた哺乳動物は，自分の頭で考え，どんな環境に対しても，……行動することができる。どんなに環境が変化したとしても，情報を処理して，状況を分析し，最適な行動を導き出す。これこそが，『知能』のなせる業である。」「ところが『知能』にも欠点がある」「知能は，自分の頭で解答を導かなければならない」「しかも，自分の頭で考えて導き出した解答が，正しいとは限らない」と説明されているので，イが適切。

【問八】 直後に「水面」と「ブルーシート」の違いの例が示されており，「簡単に区別はつくが，どこが違うかと改めて問われてみると，説明することは意外と難しい」とある。違いを説明するための情報を「データ」としているので，具体的な情報が示されていないエは，「データ」の例にあてはまらない。

【問九】 「AI」については，後に「膨大な情報量と経験によって，AIは力を発揮するようになったのだ」とあり，「正しい答えを導くためには，膨大な『情報』が必要となる。そして，その情報を元に成功と失敗を繰り返す『経験』が必要である」という説明につながっているので，エが適切。

やや難 【問十】 脱落部分の直後に「成功と失敗を繰り返して，経験を積み重ねるためには，『失敗しても命に別状はない』という安全がホショウされなければならないのである」とあるので，「しかし，だからといって，その情報を得るために『ライオンに襲われる』という経験をすれば，そのシマウマは死んでしまう」と，「安全がホショウ」されない例が示されているアが4番目になる。「哺乳動物もまったく同じだ」と，これから説明するテーマを提示しているBが1番目。「全く同じだ」とする部分について説明しているDが2番目，｛しかし……｝と，起承転結の転の部分になるCが3番目になるので，B→D→C→Aの順になる。

【問十一】 イの「B君」の発言は，「どちらがより優れた生存戦略かをはっきりさせようとしている」という部分が適切でない。本文には，「本能」を生存戦略の基本とする昆虫と，「知能」を選択した哺乳類の，それぞれの生存戦略が説明されており，「どちらがより優れているか」という視点は示されていない。

二 (古文一主語，文脈把握，内容吟味，口語訳，指示語，語句の意味)

〈口語訳〉 A 中納言隆家が参上なさって，扇を差し上げなさったときに，「隆家は素晴らしい骨を手に入れました。それに(紙)を張らせて献上しようとするには，並大抵の紙では(不釣り合いで)張れませんから，(ふさわしい紙を)探しています。」とおっしゃる。「どんな骨ですか。」とお尋ねなさると，「全くすばらしいものです。『まったくまだ見たことのない様子の骨です。』と人々は申します。本当に，これほどの(骨)は見たことがなかった。」と声を大きくしておっしゃるので，「それならば，扇の(骨)ではなく，くらげの(骨)なのでしょう。」と申し上げると，「これは，隆家が言ったことにしよう」といって笑いなさる。このようなことは，いたたまれなく，恥ずかしいことの中に入れるべきだけれど，「ひとつも(書き)落とすな。」というので，どうにも仕方ない。

B いたたまれなく，恥ずかしいもの，音も弾いていない琴を，よく調律もしないで，自分の心だけ満足させて弾く(こと)。客人などに会って話をしている時に，奥の方でくつろいだ内輪話を人がするのを，制することができないで聞く気持ち。自分の思っている人が，ひどく酔って，同じ事を繰り返しているの。そばにいて聞いているのも知らないで，人の噂話を言っている。それはたいした身分でもない人でも，使用人などでさえも，いたたまれない感じがする。

外泊をしている家の近所などで，身分の低い者がふざけているもの。かわいげのない子どもを，自分の気持で愛おしいと思うままに，かわいがり，その子の声色をまねて，言ったことなどを話しているの。才学のすぐれた人の前で，才学のない人が，物知り顔で，古人の名などを言っているの。とりわけよいとも思えないのに，自分の歌を人に聞かせて，人がほめたことなどを言うのも，いたたまれなく，恥ずかしい(感じがする)。

【問一】 ⅰは，直前に「中納言(隆家)参りたまひて」とあるので，話者は「隆家」。自分が珍しい扇の「骨」を手に入れたことを中宮定子に報告しているのである。隆家の報告に対して返答しているので，話者は「中宮定子」。ⅲは，傍で聞いていた者が「さては……くらげのななり」と口添えしているので，話者は「筆者」。ⅳは，「隆家(自分)が言ったこととしよう」と言っているので，話者は「隆家」。

【問二】 直前の「まだ見たことのない様子の骨です」「これほどの(骨)は見たことがない」を受けて言っているので，「まだ見ぬ骨ならば」とするウが適切。

【問三】 直前の「『さては，扇のにはあらで，くらげのななり』」という言葉に対する反応なので，「機知に面白みを感じたから」とするアが適切。「見たことのない様子の骨」を「くらげの骨(くらげには骨がない)」と気の利いた表現をしたので，感心して笑ったのである。

【問四】 前の「にくげなるちご」が(の)声のまま(声色)とつながる。

やや難 【問五】 Bに示されている「かたはらいたきもの」の例は，1「よくも音弾きとどめぬ琴を……心の限り弾きたてる。」，2「まらうどなどにあひてもの言ふに……えは制せで聞く心地。」，3「思ふ人の，いたく酔ひて，……同じことしたる。」，4「聞きたりけるを知らで，人の上言ひたる。」，5「旅立ちたる所にて，下衆どもざれゐたる。」，6「にくげなるちごを……言ひたることなどを語りたる。」，7「才ある人の前にて，才なき人の……人の名など言ひたる。」，8「よしともおぼえぬわが歌を，人に語りて，人のほめなどしたるよし言ふ。」の8つ。

【問六】「かたはらいたし(傍ら痛し」は，そばで見ていていやな感じだ，苦痛だ，見苦しい，という意味のほかに，気が引ける，気の毒だ，滑稽だ，などの意味がある。ここでは，エの「いたたまれなく，恥ずかしい」が適切。

三 （漢文―書き下し文，返り点）

やや難 (1) アの「於」は置き字で，読まないので，書き下し文には表記しない。イの「日わく」は，「いわく」と表記する。ウの「不」は，「ず」とする。エは正しい。

(2) 書き下し文を参照すると，「五十歩以百歩笑測何如」の順になる。返り点に従って読むと，この順になるのはア。イは「五十歩以百笑即歩何如」となる。ウは，三・四点という用法はないので適切でない。エは，一が二の前に来ることはないので適切でない。

★ワンポイントアドバイス★

現代文は，指示内容や説明部分をすばやくとらえる練習をしておこう！
古文は，現代語訳を参照しながら，長めの文章を読み進め，大意をとらえる練習をしておこう！

MEMO

大切なことはメモしておこうネ！

T.G

2023年度

★★★★★★★★★★★★★★★★★★★★★★★

入　試　問　題

2023年度

愛知工業大学名電高等学校入試問題

【数　学】（40分）　＜満点：100点＞

【注意】　定規・分度器・計算機等の使用はできません。

[1]　次の [ア] ～ [ノ] に当てはまる適切な数を答えなさい。

(1)　次の(i)～(iv)の文章について，正しいものには①を，誤っているものには②をマークしなさい。

(i)　正四面体の辺の数は6本である。[ア]

(ii)　$\sqrt{3}$ の2倍は有理数である。[イ]

(iii)　消費税を10％として，定価 x 円の商品を y 割引で買うとき支払う金額は，

$\left(1.1x-\frac{11}{100}y\right)$ 円である。[ウ]

(iv)　空間内で，2平面P，Qが交わらないとき，平面Pと平面Qは互いに平行である。[エ]

(2)　$\sqrt{18}-(\sqrt{2}-1)^2-\frac{4}{\sqrt{2}}$ を計算すると [オ]$\sqrt{[カ]}$－[キ] となる。

(3)　方程式 $\frac{2x+1}{5}-\frac{x-2}{3}=1$ の解は $x=$ [ク] である。

(4)　$\frac{1}{3}$ より大きく $\frac{7}{10}$ より小さい，30を分母とする分数のうち，既約分数（これ以上約分できない分数）は [ケ] 個ある。

(5)　$\sqrt{2a+1}$ の整数部分が3であるとき，これを満たす整数 a は [コ] 個あり，最大の a は [サ] である。

(6)　関数 $y=\frac{1}{2}x^2$ について，x の変域が $-2 \leqq x \leqq 4$ のとき，y の変域は [シ] $\leqq y \leqq$ [ス] である。

(7)　ある展覧会の初日の入場者数は，おとな62人，こども80人で，入場料の合計は121000円であった。おとなとこどもの入場料の比が5：3であるとき，こどもの入場料は [セソタ] 円である。

(8)　大小のさいころを同時に1回投げて，大きいさいころの目の数を a，小さいさいころの目の数を b とする。a，b をそれぞれ x 座標，y 座標とする点P$(a,\ b)$ がO$(0,\ 0)$，A$(2,\ 4)$，B$(4,\ 2)$ でできる△OABの辺上または内部にある確率は $\frac{[チ]}{[ツ]}$ である。

(9)　次のページの箱ひげ図は，あるクラスの38人の数学と英語の100点満点のテストの点数を表したものである。(i)～(v)について，この箱ひげ図から読み取れることとして，正しいものには①を，正しいとはいえないものには②をマークしなさい。

(i)　数学で10点以下をとった生徒はいない。[テ]

(ii)　英語の方が数学より四分位範囲が広い。[ト]

(iii)　70点以上をとった生徒は英語よりも数学の方が多い。[ナ]

(iv)　英語の平均点は50点である。[ニ]

(v)　2教科を合わせた合計点がクラスで1位であった生徒の，数学と英語の合計点は180点であ

る。$\boxed{\text{ヌ}}$

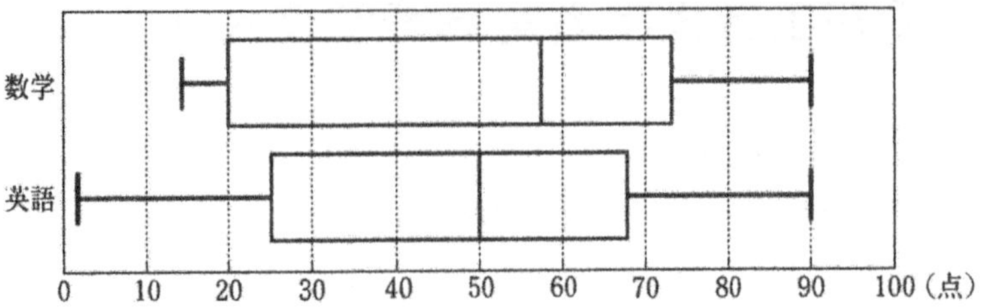

⑽　右の図のように，AB＝AC，∠BAC＝50°であるような△ABCがある。辺ACをC側に延長した延長線上に，∠ADB＝35°となるような点Dをとり，線分BDと３点A，B，Cを通る円との交点をEとする。このとき，$\overset{\frown}{\mathrm{BE}}$：$\overset{\frown}{\mathrm{EC}}$＝$\boxed{\text{ネ}}$：$\boxed{\text{ノ}}$となる。

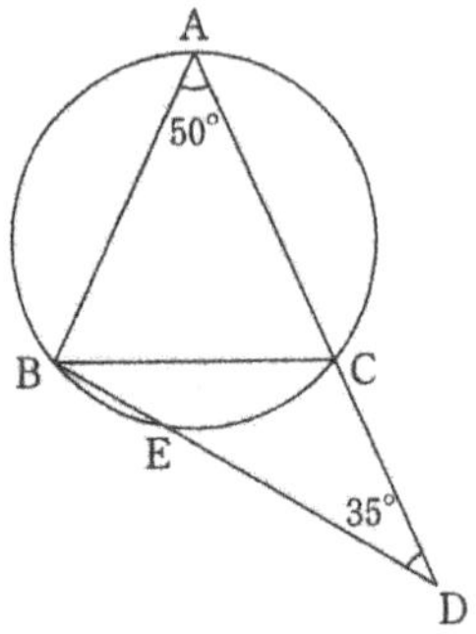

2　名電高校科学技術科３年生には，興味のあるテーマを選び，１年かけて研究する「課題研究」という授業がある。豊田さんと本田さんはこの授業の中で電気自動車（以降EVという）について研究をしている。次の会話は，EVの走行距離に対する消費電力に関して調べるために走行実験を行ったあとの２人の会話である。会話文を読んで，$\boxed{\text{ア}}$～$\boxed{\text{カ}}$および$\boxed{\text{ク}}$，$\boxed{\text{ケ}}$にあてはまる適切な数字をマークしなさい。また，$\boxed{\text{キ}}$にあてはまる式を選択肢から１つ選び，番号をマークしなさい。

ただし，時速30㎞から時速60㎞の間は，速度の増加に応じて走行距離が一定の割合で減少するものとする。

豊田さん：完成したEVの充電を満タンにして，一定の速度で走らせたときの走行距離を下の表にまとめたよ。

時速	走行距離
30 ㎞	200 ㎞
60 ㎞	120 ㎞

本田さん：ふむふむ。つまり，EVを時速 x ㎞で走行させたとき，走行距離を y ㎞だとすると，時速30㎞から時速60㎞の間は速度の増加に応じて走行距離が一定の割合で減少するから，x と y の関係式は

$$y=\frac{\boxed{\text{アイ}}}{\boxed{\text{ウ}}}x+\boxed{\text{エオカ}}\cdots\text{(A)}$$

になるね。

豊田さん：そうだね！

それに加えて，EVを時速 x ㎞で走行させたとき，走行距離を y ㎞，　走行時間を z 時間

だとすると，

[キ] …（B）

が一般的に成り立つことが知られているよ。

本田さん：（A）と（B）の関係式を用いれば，走行時間に対して時速を設定することもできそうだね。

たとえば，走行時間を４時間にしたいとき，時速30㎞以上，60㎞以下という条件のもとで，時速は [クケ] ㎞とすればいいね。

> [キ] の選択肢
>
> ① $y=\dfrac{x}{z}$　② $y=xz$　③ $y=\dfrac{z}{x}$　④ $y=x+z$　⑤ $y=-x+z$

3 右の図のように，関数 $y=\dfrac{1}{4}x^2$ のグラフ上に，x 座標がそれぞれ $-p$，$3p$ である点A，Bがある。また，点C，Dは，関数 $y=x^2$ のグラフ上の点で，点Cは点Aと x 座標が，点Dは点Bと y 座標がそれぞれ等しい。原点をO，点Dの x 座標は正，$p>0$ であるとするとき，[ア] ～ [ウ] に当てはまる適切な数字をマークしなさい。

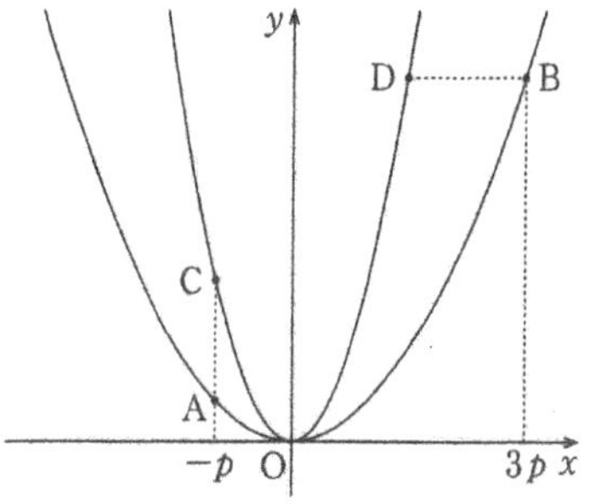

⑴　直線ABの傾きが１のとき，p の値は $p=$ [ア] である。

⑵　△OABと△OCDの面積比は [イ] ： [ウ] である。

4 右の図のように，点Oを中心とし，線分ＡＢを直径とする円Oがある。円周上に点Cをとり，点Cを通る円Oの接線を l とする。また，点Aを通り直線BCに平行な直線 m をひき，直線 m と直線 l の交点をD，直線 m と円Oとの交点のうち点Aではない方を点Eとする。

さらに，点Aにおける円の接線を n とし，直線 l と直線 n の交点をFとする。

このとき，[ア] ～ [ケ] に当てはまる適切な数字をマークしなさい。

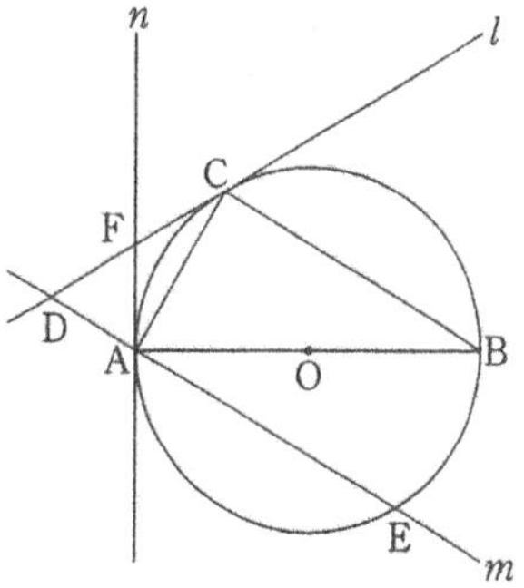

⑴　∠ACD＝28°のとき，∠BOC＝ [アイウ]°である。

⑵　AB＝８，BC＝７であるとき，$\mathrm{DE}=\dfrac{\boxed{\text{エオ}}}{\boxed{\text{カ}}}$，$\mathrm{OF}=\dfrac{\boxed{\text{キク}}}{\boxed{\text{ケ}}}$ である。

【英　語】（40分）　＜満点：100点＞

Ⅰ．Read the article below and answer the questions.

As an American, I'm greatly interested in race. The racism in the United States is a national shame, and has done terrible damage since the nation's beginning. "Racism" means "the idea that some races of people are better than other races." Our history of slavery and the discrimination against Black people today is well known.

But racism is not limited to America. You can see examples of it in countries all over the world, and against all kinds of races. Racism has brought wars, genocide, slavery and economic disparities that have destroyed millions of lives.

But how did today's idea of racism start? Who decided how we talk about race? Some historians say that it started when a Swedish man named Carl Linnaeus put plants and animals into a grouping system in the 1800s. In the animal kingdom, he classified humans as a species of Homo sapiens. He said that there were four "varieties": European, American, Asiatic and African. Each variety had personalities. Linnaeus said Europeans were "creative" and Africans were "lazy." But he thought these differences came from the environment and customs. In his view, the four varieties were not so different. But other people took Linnaeus's ideas and started saying that the varieties were different because of biology. This view is sometimes called "biological racism."

Most scientists today say that race is actually a "social construct." What is a social construct? It's when people in society create an idea that is not based in the real world. One example is the idea that "(　　　　　　　　　　　　　　　　　　　)."

But, biological racists say, what about diseases that affect only certain races? In fact, there are some diseases known as Black people's diseases, but it is possible that people of Indian, European and American backgrounds are also affected by the same diseases. If we look back to Linnaeus's idea, it is about geography, not skin color. Most scientists say humans are not different.

I have seen some positive changes over recent years. Mixed marriages are up. Minorities have better education. There are more minority politicians. But I live in a multicultural city, known for racial tolerance. Make no mistake. Racism is alive and well. The Trump presidency, using racism as a tool, showed that American racism was only napping.

Word List

shame　恥　　slavery　奴隷制度　　genocide　大虐殺　　economic disparities　経済的格差

Swedish　スウェーデン人　　classify　～を分類する　　Homo sapiens　ホモ・サピエンス

biology　生物学　　disease　病気　　skin　肌　　minority　マイノリティ　　tolerance　寛容さ

nap　小休止する

1. In this article, you see the word “race” many times. Which is the correct meaning of “race” in the article?
   ア. A competition between people, animals, cars, etc. to see which one is faster or the fastest.
   イ. A number of people or things that are together in the same place.
   ウ. One of the main groups that humans can be classified into according to the color of their skin and other physical features.
   エ. A group of animals or plants. Its members are similar and can breed together to produce young animals or plants.
2. Which is the best phrase to put in ( )?
   ア. pink is for girls and blue is for boys
   イ. the earth goes around the sun
   ウ. the United States is larger than Japan
   エ. some cats are black and others are white
3. Why did the writer write “Make no mistake” in the last paragraph?
   ア. Because she saw many good changes in her country.
   イ. Because her city has many people from different countries.
   ウ. Because there is still racism in the United States.
   エ. Because Trump is not President of the United States now.
4. Choose the true sentence according to the article.
   ア. Racism was a problem unique to Americans, but now it is also a problem for people in other countries.
   イ. Carl Linnaeus thought that there were four different types of humans, but in his view they were not so different,
   ウ. Many scientists took Linnaeus’s ideas and said that humans are different because of biology.
   エ. Scientists say that there are some diseases that only Black people have, and there are other diseases that only people in Europe and in America have.
5. Which is the best title for this article?
   ア. Discrimination Against Black People　イ. The State of Racism
   ウ. The History of Race　エ. Positive Changes in Racism

Ⅱ. Read the article below and answer the questions.

Most people love the taste of chocolate. (a) enjoy sweet milk chocolate and (b) prefer strong dark chocolate. But most chocolate lovers agree - there is no other food like it. It has a wonderful rich taste which stays in your mouth. Did you know that chocolate has more than 300 different flavors in it? It is no surprise that chocolate is now becoming more and more popular in countries all around the world.

But what is chocolate and where did it first come from? Chocolate is made from the beans of the cacao tree. These trees first grew in the rainforests of Central and South America, and people began to use the beans a very long time ago. The tree has large fruits called pods, and these hold the beans inside. The scientific name for the cacao tree, Theobroma cacao, tells us about the nice food that comes from it. Theobroma means "food of the gods".

People now grow cacao trees in more than twenty different countries, and not just in Central or South America. The trees need hot weather, and you can find them in Brazil, Indonesia, Malaysia, and the Ivory Coast in Africa, too. Farmers grow around 4 million tons of cacao beans a year, and more than a third of this comes from the Ivory Coast.

Who eats the most chocolate in the world today? It is the people of Switzerland. They have 12.3 kilograms every year! The Germans come next at 11.1 kilograms each, then the Belgians at 11 kilograms each, and the British at 10.2 kilograms each.

You can eat or drink chocolate in many different ways. There are big boxes of chocolates of different flavors, little chocolate bars that go in your bag or pocket, wonderful biscuits, and large birthday cakes. In the summer you can eat chocolate ice cream, and on a cold winter's night you can drink hot chocolate to keep you warm.

Chocolate has also been important in books and films. Perhaps the most famous book is "Charlie and the Chocolate Factory" by Roald Dahl. It is the story of a poor boy who wins a visit to a wonderful chocolate factory. The factory belongs to the strange and exciting sweet-maker Willy Wonka. The book became two films, and in the second film Johnny Depp plays the clever but dangerous Mr. Wonka. But this is not the only book about chocolate to become a film. There is "Like Water for Chocolate" from the Mexican writer Laura Esquivel, and "Chocolat" by Joanne Harris, which also became a film with Johnny Depp. Chocolate is in our stories, films and books today. But when did the story of chocolate itself really begin? We need to look back thousands of years for the answer.

出典　JANET HARDY-GOULD, Chocolate, 2011

Word List

taste 味　flavor 風味　god 神　poor 貧しい　strange 奇妙な　clever 賢い

1. Which one of the sentences below is correct in this article? Choose the correct answer.

ア. There are over a thousand flavors in chocolate and a lot of different ways to eat it.

イ. Cacao trees first came from the rainforests of South Africa.

ウ. The number of people in the world eating chocolate is now increasing,

エ. Cacao trees need hot weather to grow well, and about 25% of cacao beans comes from the Ivory Coast.

オ. The Germans eat 11.1 kilograms of chocolate a year, and they eat more chocolate than any other country.

2. Fill in the gap (a)(b). Choose the best pair.

(a) enjoy sweet milk chocolate and (b) prefer strong dark chocolate.

ア. (a) Some (b) others　イ. (a) Some (b) other

ウ. (a) Some (b) the other　エ. (a) Any (b) other

オ. (a) Any (b) others　カ. (a) Any (b) the other

3. What kind of food is Theobroma?

ア. terrible food　イ. food for the people

ウ. wonderful food　エ. food from the hot weather

オ. global food

4. Why do people eat chocolate all year around?

ア. Because the great taste of chocolate remains in our mouths and gives us a break.

イ. Because it has more than 300 different flavors in it and is very good for our health.

ウ. Because farmers grow around 4 million tons of cacao beans a year to give them to us all year.

エ. Because you don't have many ways to have chocolate in Japan.

オ. Because we eat chocolate ice cream in summer, drink hot chocolate in winter, and have various ways to eat.

5. Who is Johnny Depp?

ア. He is the author of a famous book named "Charlie and the Chocolate Factory".

イ. He is a poor boy who wins a visit to a wonderful chocolate factory.

ウ. He is a movie star who has been in popular movies.

エ. He is the clever but dangerous Mr. Wonka all the time.

オ. He is a Mexican writer who wrote "Like Water for Chocolate".

Ⅲ. Read the article below and answer the questions. This article was written in 2022.

Moving to a new country can be scary when you don't know anyone, and making friends is tough. Here are some ideas for how to meet people who enjoy the same things you do, during your free time in this great city of Nagoya!

ⅰ. ________ is important. Walking is a great way to learn about your area, but it's fun to do sports with others. Nagoya has a huge number of groups who meet to (A)play (　　), to do (　　), and to go (　　). Even if you can't find your favorite sport, why not try a new one?

ii. Language Study: You have all been studying Japanese, and you will use the language at work every day, but studying at home by yourself can be boring. A good way to meet people, speak Japanese, and enjoy studying, is to join a group class at a language school. Visit a few different schools and see which one is best for you.

iii. ________: Are you a performer? Nagoya has several English-language theater groups. "Nagoya Players" was the first, established almost fifty years ago! They have performed classic dramas, modern musicals, and comedies. Everyone is welcome to join in, once or twice a year, both on stage in front of an audience, and behind the stage, painting and making props.

iv. Music: Nagoya has musicians and bands from all over the world, and local ones too. There are lots of places, to go and listen to music and meet music fans, singers, and other musicians. Be sure to take your guitar along – you can play too!

v. Try ________ if you want to help people in the area. If you care about, society, justice, and the environment, you can easily find groups with similar interests. The "Small World" community group has been holding their "Sunday Pick Me Up" trash event every second Sunday for about five years. They are always looking for new members to help make Nagoya, Japan, and the world a better place.

vi. Going Out: Do you just want to have a meal, have a chat, and have a dance later as well? There are many "International Friends" groups in Nagoya. The Metro Club has been open for thirty years! It holds its amazing LGBT+ Dance Party once a month!

vii. ________ is a great way to tell your friends and family back home about your life and job in Nagoya, to share your thoughts, feelings, and experiences. "Pen to Paper" began meeting every month over twenty years ago, to read each others' work and to listen to other people's stories. Why not start your own Japan blog today?

If you're interested in modern Japan - cosplay, anime, technology, and manga - or - ancient Japan - pottery, flower arrangement, calligraphy and tea ceremony - there is someone who will be your friend in Nagoya!

1. What three words go in blanks (A)?
ア. athletics swimming to sleep
イ. bowling karate beach volleyball
ウ. archery soccer to dance
エ. volleyball yoga mountain climbing

2. Which group started in 1992?
ア. The Metro Club イ. Nagoya Players
ウ. Pen to Paper エ. Small World

3. Choose the correct titles for Parts (ⅰ), (ⅲ), (ⅴ), and (ⅶ).
ア. ⅰ. sport ⅲ. kabuki theater ⅴ. moral teaching ⅶ. reading
イ. ⅰ. travelling ⅲ. painting ⅴ. broadcasting ⅶ. cooking
ウ. ⅰ. exercise ⅲ. acting ⅴ. volunteer work ⅶ. writing
エ. ⅰ. math ⅲ. chorus ⅴ. SDGs activities ⅶ. dancing

4. Who is this information for, and about how long is or was their stay in Japan?
ア. Tourists from China - for one week.
イ. Elementary school students from Okinawa - for two days.
ウ. Teachers from Australia – for three years.
エ. Elderly homestay guests from Egypt – for the fall season.

5. Choose the correct title for this article.
ア. Welcome to Japan: Did you Enjoy Studying Here?
イ. Welcome to Nagoya! Meeting People and Making Friends
ウ. Welcome to Nagoya! How to Prepare for your Visit to Japan.
エ. Welcome to Japan: Learn About Traditional Japanese Art and Culture!

Ⅳ. Select the correct word or phrase for each blank.

Hiro: Well, that was a great dinner. I enjoyed my time with you. Thanks a lot.
Honoka: Oh, I'm glad to hear that. It was very nice to (1) you at my house.
Hiro: Yes, it was very good to talk with you over a cup of British tea.
Honoka: How about some more tea?
Hiro: Yes, (2).
Honoka: Right, I will just make some for you.
Hiro: Thanks. Now (3).
Honoka: No, no. I can do it myself.
Hiro: Do you mind if I have some chocolate cookies?
Honoka: No. Go ahead.
Hiro: I didn't know you cooked so well.
Honoka: Well, I went to a few evening cooking classes, (4).
Hiro: I am not a good cook. I should study cooking.
Honoka: Well, why don't you come with me at six o'clock? I think it'd be great.

Hiro:　Well, (5). But I am afraid I can't go to the class because I have a lot of work to do tonight.

1．ア．give　イ．leave　ウ．help　エ．have

2．ア．I'm really fed up　イ．please don't mind
　ウ．I'm tired　エ．I'd love some

3．ア．get this straight　イ．let me wash the cups
　ウ．explain　エ．get myself

4．ア．that's all　イ．let's call it a day
　ウ．in the end　エ．no comment any more

5．ア．please keep in touch　イ．I don't want to come
　ウ．that's kind of you　エ．see you later

V．次の１～７の日本語に合うよう（ ）内の語句を並べかえたとき，（ ）内で３番目（③）と６番目（⑥）に来る語（句）の組み合わせとして正しいものをア～エから１つ選び，記号で答えなさい。ただし，文頭に来る語も小文字で示してあります。

1．その子どもたちはみな16歳です。
(of / the / are / 16 years old / children / all).
ア．③ of　⑥ 16 years old　イ．③ are　⑥ 16 years old
ウ．③ the　⑥ 16 years old　エ．③ 16 years old　⑥ children

2．あの新しいビルより1900年に後藤氏が建てた寺のほうが良いです。
(better / in / looks / by / 1900 / the temple / than / Mr. Goto / built) that new building.
ア．③ 1900　⑥ built　イ．③ by　⑥ 1900
ウ．③ the temple　⑥ Mr. Goto　エ．③ better　⑥ Mr. Goto

3．カナダ滞在中にどこに行けばいいか教えていただけますでしょうか。
(my stay / where / go / me / you / could / during / to / tell) in Canada?
ア．③ tell　⑥ to　イ．③ go　⑥ could
ウ．③ tell　⑥ go　ウ．③ tell　⑥ where

4．私はいつも何かわくわくすることを探しています。
(for / I / exciting / looking / always / something / am) to do.
ア．③ always　⑥ for　イ．③ am　⑥ looking
ウ．③ looking　⑥ something　エ．③ always　⑥ something

5．もしタイムマシーンがあれば，この問題を解くことができるのに。
(I / I / solve / if / a time machine, / could / had) this problem.
ア．③ I　⑥ could
イ．③ could　⑥ had
ウ．③ solve　⑥ a time machine,
エ．③ had　⑥ could

6．あなたが教室を掃除してくれないかな。

(to / you / the classroom / clean / want / I).

ア．③ clean ⑥ the classroom　イ．③ clean ⑥ you

ウ．③ you ⑥ the classroom　エ．③ the classroom ⑥ to

7．私の家から花火は見えない。

(seen / my house / can't / the fireworks / from / be).

ア．③ be ⑥ my house　イ．③ can't ⑥ my house

ウ．③ can't ⑥ the fireworks　エ．③ be ⑥ the fireworks

Ⅵ．(　)内に入る語(句)の組み合わせとして最も適当なものを，ア～エから１つ選び，記号で答えなさい。

1．I (　　　) to the park (　　　) friends of mine the day before yesterday.

ア．went, to meet　イ．visited, to meet

ウ．come, meeting　エ．left, meeting

2．(　　　) many interesting places in Nagoya, (　　　) many tourists go there every year.

ア．It has, because　イ．There is, so

ウ．It is, because　エ．There are, so

3．It's very hot today. You (　　　) drink a lot of (　　　) while you are playing sports.

ア．can, waters　イ．have to, water

ウ．should, bottle of water　エ．must not, water

【理　科】（社会と合わせて60分）　＜満点：75点＞
【注意】 定規・分度器・計算機等の使用はできません。

[1] 3つのコップA～Cを用意し，50gの水をそれぞれに入れた。下図のように回路を作り，電熱線が水に浸かるようにした。さらに，それぞれのコップに温度計を入れたところ，すべての水の温度が11.9℃であった。電源の電圧は2.1Vであり，電熱線の抵抗値はすべて3.0Ωである。図中の—(V_A)—，—(V_B)—，—(V_C)—は電圧計を示し，—(A)—は電流計を示している。この回路のスイッチを入れ，すべてのコップの水が20.0℃以上になるまで温める。ただし，電熱線で発生した熱はすべて水に与えられるものとし，水は蒸発しないものとする。また，導線に抵抗はないものとする。

(1) 電圧計が示す値をそれぞれV_A，V_B，V_Cとし，その値の関係式として正しいものはどれか。選択肢から1つ選び，番号をマークしなさい。[ア]

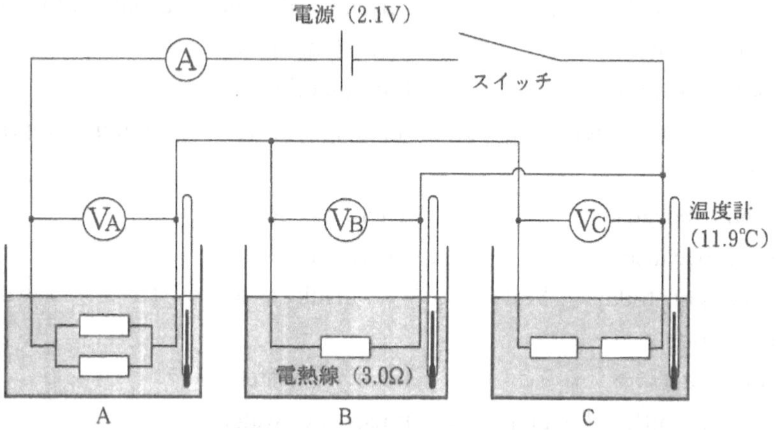

① $V_A>V_B>V_C$　② $V_C>V_A>V_B$　③ $V_B>V_C>V_A$　④ $V_A=V_B$
⑤ $V_B=V_C$　⑥ $V_C=V_A$　⑦ $V_A=V_B=V_C$　⑧ $V_A+V_B+V_C=2.1$

(2) V_Bの値は何Vか。小数点第1位まで求め，[イ]，[ウ]に適切な数字をマークしなさい。
V_B＝ [イ].[ウ]〔V〕

(3) 電流計Aに流れる電流の大きさは何Aか。小数点第1位まで求め，[エ]，[オ]に適切な数字をマークしなさい。
電流計Aの値＝ [エ].[オ]〔A〕

(4) 20.0℃を超えるのが早かった順番に並べたものはどれか。選択肢から1つ選び，番号をマークしなさい。[カ]
① ABC　② ACB　③ BAC　④ BCA　⑤ CAB　⑥ CBA

コップAについて，以下の問いに答えよ。

(5) スイッチを入れてから100秒間温めたとき，その間に水が電熱線から得た熱量は何Jか。
[キ]，[ク]に適切な数字をマークしなさい。一桁になる場合は，[キ]に⓪をマークしなさい。
水が電熱線から得た熱量＝ [キ][ク]〔J〕

(6) コップAはスイッチを入れてから20.0℃になるまで，およそ何分かかるか。[ケ]，[コ]に適切な数字をマークしなさい。ただし，50gの水を100Wで温めると毎秒0.50℃上昇するものとする。また，一桁になる場合は，ケ に⓪をマークしなさい。

20.0℃になるまでかかった時間＝ ケ コ 〔分〕

2 ３種類の白い粉末Ａ，Ｂ，Ｃがある。これらは砂糖，食塩，片栗粉のいずれかであることがわかっている。田中さんはこれらを特定するため，以下の実験を行い，【結果】のようにまとめた。これを読み，あとの問いに答えなさい。

【実験１】 白い粉末Ａ，Ｂ，Ｃをそれぞれ異なる燃焼さじに乗せてガスバーナーで加熱し，変化を調べた。

【実験２】 【実験１】で加熱して火がついた物質は集気びんに入れ，ふたをした。
火が消えたら物質を取り出し，石灰水を入れて再度ふたをして振り，変化を観察した。

【実験３】 水に白い粉末Ａ，Ｂ，Ｃを入れ，溶けるかどうか観察した。

【実験４】 白い粉末Ａ，Ｂ，Ｃにヨウ素液を加えて変化を調べた。

【結果】

	粉末Ａ	粉末Ｂ	粉末Ｃ
実験１	火がついて燃えた。	燃えなかった。	茶色になって甘い匂いがした後，燃えた。
実験２	白くにごった。	―	白くにごった。
実験３	溶けなかった。	溶けた。	よく溶けた。
実験４	青紫色になった。	変化しなかった。	変化しなかった。

⑴ ガスバーナーの使用手順となるように，次のＡ～Ｅの文章を正しく並べたものを選択肢から１つ選び，番号をマークしなさい。 ア

Ａ マッチに火をつけ，ガス調節ねじを少しずつ開き，点火する。

Ｂ ガス調節ねじを押さえて，空気調節ねじだけを少しずつ開き，青い炎にする。

Ｃ ガスの元栓を開く。コック付きのガスバーナーではコックも開く。

Ｄ ガス調節ねじと空気調節ねじが閉まっているか確認する。

Ｅ ガス調節ねじを回して，炎の大きさを調節する。

① ＣＤＡＢＥ　② ＣＤＡＥＢ　③ ＤＣＡＢＥ　④ ＤＣＡＥＢ

⑵ 実験を行う際，田中さんは次の①～④のように注意した。誤っているものを選択肢から１つ選び，番号をマークしなさい。 イ

① 目に試薬等が入らないように，保護眼鏡を装着した。

② 安全を考え，口に入れて味を調べることはしなかった。

③ 風が入らないように，密閉された部屋で，換気扇のスイッチを切って実験を行った。

④ ガラスが割れないように，十分に冷えるまで待ってから石灰水を入れた。

⑶ 【実験１】の前後で質量が軽くなる物質の組み合わせを，選択肢から１つ選び，番号をマークしなさい。 ウ

① Ａ　② Ｂ　③ Ｃ　④ ＡＢ　⑤ ＢＣ　⑥ ＡＣ　⑦ ＡＢＣ

⑷ 【実験２】で，石灰水を白くにごらせる物質は二酸化炭素である。燃焼すると黒く焦げて炭になったり，二酸化炭素が発生したりする物質には炭素が含まれており，これを有機物という。次のページの①～⑥のうち，有機物ではないものを選択肢から１つ選び，番号をマークしなさい。

エ

① ろう　② エタノール　③ ペットボトル
④ 紙　⑤ スチールウール　⑥ 木

⑸ 粉末A～Cの正しい組み合わせを選択肢から1つ選び，番号をマークしなさい。 オ

	A	B	C
①	砂糖	食塩	片栗粉
②	砂糖	片栗粉	食塩
③	食塩	砂糖	片栗粉
④	食塩	片栗粉	砂糖
⑤	片栗粉	砂糖	食塩
⑥	片栗粉	食塩	砂糖

⑹ この実験後，加熱する実験に興味を持った田中さんは，今度は金属を加熱する実験を計画した。はじめに，銅をゆっくり加熱して質量を測定する実験を，先生の指導のもとで行った。次の結果は，銅を加熱して酸化銅に変化させたときの質量を測定したものである。
この実験の考察として不適切なものを選択肢から1つ選び，番号をマークしなさい。 カ

銅の質量〔g〕	0.20	0.40	0.60	0.80	1.00
生成した酸化銅の質量〔g〕	0.25	0.50	0.74	0.99	1.24

① 生成した酸化銅の質量は銅の質量に比例する。
② 反応する酸素の質量は銅の質量に比例する。
③ 銅に結びつく酸素の質量は決まっていて，その質量比は銅：酸素＝4：1である。
④ 金属の種類によって，結びつく酸素の質量比は異なる。

3 植物の光合成と呼吸のはたらきを調べるために，次の実験を以下の操作で行い，色の変化を表にまとめた。

【操作1】 試験管A～Dの4本を準備し，それぞれに水を入れ，青色のBTB溶液を入れた。
【操作2】 それぞれの試験管の水に，ある気体を溶かして液の色を緑色にした。
【操作3】 右の図のように，試験管AとBにはオオカナダモを入れ，試験管BとDはアルミニウムはくで全体をおおった。

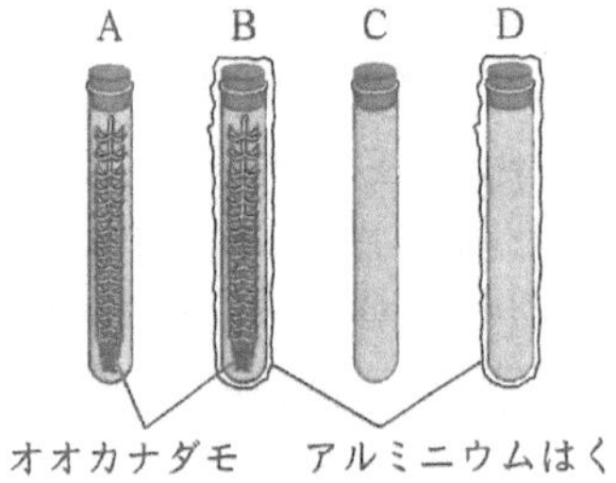

【操作4】 試験管A～Dを，温度が同じになるようにして光が十分に当たる場所に置いた。
【操作5】 十分に光を当てた後，それぞれの試験管の液の色を調べた。
【結果】

	試験管A	試験管B	試験管C	試験管D
色の変化	青色	黄色	緑色	緑色

⑴ 操作2で溶かした気体を選択肢から1つ選び，番号をマークしなさい。 ア
① 酸素　② 窒素　③ 水素　④ 二酸化炭素　⑤ アンモニア

⑵ 次のページの文は，この実験についてまとめた文章である。文中の イ ～ オ に適する記号を選択肢から1つ選び，番号をマークしなさい。同じ選択肢を複数回使用してもよい。

試験管Aと試験管 イ を比べると，BTB溶液の色の変化には，オオカナダモが関わっていることがわかる。また，試験管Aと試験管 ウ を比べるとBTB溶液の色の変化には，光が関わっていることがわかる。さらに，光を当てただけではBTB溶液の色が変化しないことは，試験管 エ と試験管 オ の結果からわかる。

① A　② B　③ C　④ D

⑶ 試験管A，Bについて説明した文章で正しいものはどれか，それぞれ選択肢から選び，番号をマークしなさい。

試験管A カ　試験管B キ

① 光合成を行ったため，試験管内の二酸化炭素が増加した。
② 呼吸を行ったため，試験管内の二酸化炭素が増加した。
③ 光合成を呼吸よりも盛んに行ったため，試験管内の二酸化炭素が減少した。
④ 呼吸を光合成よりも盛んに行ったため，試験管内の二酸化炭素が減少した。
⑤ 呼吸と光合成を行ったため，試験管内の二酸化炭素の量は変わらなかった。

⑷ このように，調べたいことの条件だけを変え，それ以外の条件を同じにして行う実験方法を何というか。選択肢から1つ選び，番号をマークしなさい。 ク

① 比較実験　② 対比実験　③ 対照実験　④ 対象実験

4 月が地球のまわりを公転する際の通り道は，真円ではないため，月の満ち欠けの周期はわずかに変動するが，平均すると，29.5日になる。しかし，月が地球のまわりを1周する，つまり360度公転するのに要する日数は，月の満ち欠けの周期と異なる。右図は，太陽系を地球の北極側から見た模式図である。あとの問いに答えなさい。

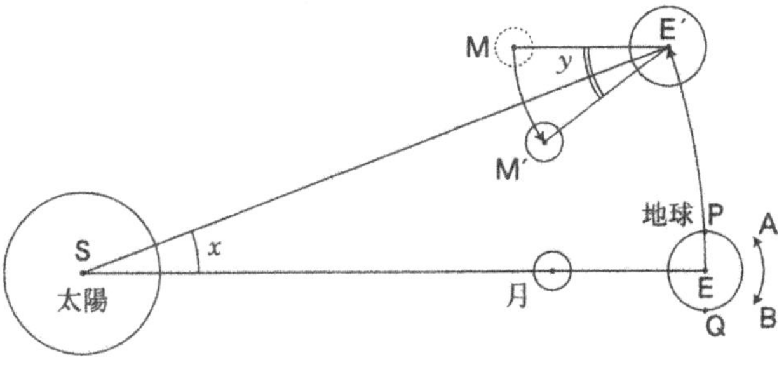

⑴ 以下の表から，地球の自転方向と，地球上の明け方の地点の組み合わせとして正しいものを選択肢から1つ選び，番号をマークしなさい。 ア

番号	自転方向	明け方の地点
①	A	P
②	A	Q
③	B	P
④	B	Q

⑵ 次のページの表から，日食と月食において，太陽，月の欠け始める方角として正しいものを選択肢から1つ選び，番号をマークしなさい。 イ

番号	日食の太陽	月食の月
①	東側	東側
②	東側	西側
③	西側	東側
④	西側	西側

⑶ 図において，Eの位置に地球があるときに，太陽と同じ方向にあった月は，地球が公転によりE′の位置にくると，MからM′の位置に公転により移動している。太陽の位置Sは動かないものとして，∠ESE′＝x〔度〕，∠ME′M′＝y〔度〕とする。地球がEからE′の位置に移動する間に，月は地球から見て，どのように移動したように見えるか。選択肢から1つ選び，番号をマークしなさい。［ウ］

① x〔度〕だけ東側に移動　② x〔度〕だけ西側に移動
③ y〔度〕だけ東側に移動　④ y〔度〕だけ西側に移動
⑤ $y-x$〔度〕だけ東側に移動　⑥ $y-x$〔度〕だけ西側に移動

⑷ 地球がEからE′まで公転する時間を1日としたとき，$y-x$の値を小数第2位を四捨五入して，小数第1位まで求め，［エ］～［カ］に適切な数字をマークしなさい。

$y-x$＝［エ］［オ］.［カ］〔度〕

⑸ 1年を365日と考えると，1日あたりのxの値は約1.0度である。x＝1.0〔度〕として，月の公転周期を小数第2位を四捨五入して小数第1位まで求め，［キ］～［ケ］に適切な数字をマークしなさい。

月の公転周期＝［キ］［ク］.［ケ］〔日〕

⑹ 地球の自転周期を24時間とすると，月の南中時刻は1日で何分進むか，または遅れるか。南中時刻が変化する時間を小数第2位を四捨五入して，小数第1位まで求め，［コ］～［シ］に適切な数字をマークし，進む場合は①を，遅れる場合は②を選択し，［ス］にマークしなさい。

1日で南中時刻が変化する時間＝［コ］［サ］.［シ］〔分〕［ス］｛①進む　②遅れる｝

【社　会】（理科と合わせて60分）　　＜満点：75点＞

1　以下は，ある生徒がおこなった探究学習についての説明です。あとの⑴～⑽の問いに答えなさい。

持続可能な社会のあり方を，A地方自治から考えることにしました。まず，手始めに地元熱田区にどのようなものがあるのかを調べました。

【探究学習の前提となる調査】

熱田区にあるもの

名所
- 熱田神宮（草薙剣／信長塀／空海が手植えした大楠）
- 高座結御子神社（井戸のぞき／秀吉が出世祈願したと伝えられる稲荷）
- 断夫山古墳（前方後円墳／日本武尊の妻の墓？）
- 宮の渡し（江戸時代の港／B東海道五十三次41番目の宿場）　・白鳥庭園

イベント
- 熱田まつり（熱田神宮におけるもっとも重要で荘厳な祭）　・高座結御子神社祭

グルメ
- 亀屋芳広　・妙香園　・あつた餃子　・ひつまぶし（蓬莱軒）　・きよめ餅　・宮きしめん

本社がある主な企業
- 東邦ガス　・中部水産株式会社（江戸期の魚市が起源）
- 愛知時計電機（水道メーター・ガスメーターなど）　・日本車輛製造（鉄道車両など）

実際に現地に足を運んでみると，熱田神宮をはじめとする歴史的資源は多く目につきましたが，産業の数の少なさやシャッター商店街の多さなど，経済活動の活気の無さが印象的でした。

⑴　下線部Aの説明として誤っているものを，次の①～④のうちから1つ選んで，その記号をマークしなさい。

①　地方自治体の首長の被選挙権は，都道府県知事が満30歳以上，市町村長が満25歳以上である。
②　地方自治の役割には，道路・河川・上下水道の建設管理やごみの収集と処理がある。
③　地方自治は日本国憲法第92条に規定があり，大日本帝国憲法にも同じ規定があった。
④　1999年の地方自治法の改正や地方分権一括法の制定で，地方自治体の自立性が高まった。

⑵　下線部Bの作者とBにある関所の組合せとして正しいものを，次の①～⑥のうちから1つ選んで，その記号をマークしなさい。

①　［作者］葛飾北斎－［関所］箱根関　　②　［作者］葛飾北斎－［関所］碓氷関
③　［作者］東洲斎写楽－［関所］箱根関　　④　［作者］東洲斎写楽－［関所］碓氷関
⑤　［作者］歌川広重－［関所］箱根関　　⑥　［作者］歌川広重－［関所］碓氷関

そこで次に，経済産業の現状を調べ，熱田区の経済産業の特色を探ることにしました。まず，名古屋市内各区のC企業数を調べて表（次のページ）にしました。

【表1】名古屋市内区別企業数および産業別企業数ランキング

	企業総数		産業別企業数ランキング（数字は何番目かを示す）														
			① 農林漁業	② 鉱業・採石業・砂利採取業	③ 建設業	④ 製造業	⑤ 電気・ガス・熱供給・水道業	⑥ 情報通信業	⑦ 運輸・郵便業	⑧ 卸売・小売業	⑨ 金融・保険業	⑩ 不動産・物品賃貸業	⑪ 学術研究、専門・技術サービス業	⑫ 宿泊・飲食サービス業	生活関連サービス・娯楽業	⑬ 教育・学習支援業	⑭ 医療福祉
名古屋市全体		78,923															
中区	1番目	11,522	4		14	8	1	1	7	1	1	1	1	1	1	3	1
中村区	2番目	6,234	14		8	9	3	2	5	2	2	3	3	2	2	5	4
中川区	3番目	5,866	2		1	1	10	9	2	3	12	12	11	6	4	13	7
西区	4番目	5,817	15		5	2	5	5	4	4	7	7	5	4	7	6	9
千種区	5番目	5,296	9		11	15	13	4	12	6	4	2	4	3	3	1	3
北区	6番目	5,287	10		2	6	14	8	9	5	5	9	6	5	5	10	6
緑区	7番目	4,738	8		3	5	8	12	6	9	9	11	10	11	6	2	2
東区	8番目	4,317	11		15	14	2	3	15	10	6	5	2	7	12	8	13
南区	9番目	4,089	12		6	4		15	3	7	15	15	15	10	10	14	12
名東区	10番目	4,050	5		10	16	9	6	14	12	3	6	7	8	8	4	5
天白区	11番目	3,968	3		9	10	11	10	11	11	8	10	9	12	9	7	8
昭和区	12番目	3,966	6		13	12	4	7	16	8	11	4	8	9	11	11	11
守山区	13番目	3,892	7	2	4	7	15	14	8	15	13	13	13	14	13	12	10
港区	14番目	3,862	1	1	7	3	6	16	1	13	16	16	16	13	15	15	15
瑞穂区	15番目	3,270	13		12	13	7	13	13	14	10	8	12	15	14	9	14
熱田区	16番目	2,749			16	11	12	11	10	16	14	14	14	16	16	16	16

（令和3年　経済センサス−活動調査「企業等に関する集計　産業横断的集計」e-Stat を参考に作成）

この【表1】からは，

㋐「中区」の企業総数が圧倒的に多い。ただし，建設業，製造業，運輸・郵便業はそれほど多くはない。

㋑教育・学習支援事業が最も多いのは「千種区」（企業総数5番目）で，不動産・物品賃貸業も2番目に多い。

㋒建設業，製造業は，「中川区」（企業総数3番目）が最も多い。

㋓農林漁業，鉱業・採石業・砂利採取業，運輸・郵便業は，「港区」（企業総数14番目）が最も多い。

などの主な特徴が見て取れます。それぞれ，

㋐名古屋の中心地であるため企業数は多いが，区そのものの D く1m^2あたりの E ため，資材置き場や広大な工場用地を必要とする建設業，製造業や，運輸・郵便業の拠点としては敬遠されがちな上に，国道1号線・23号線と距離があり，区内の交通量が多くモノを運ぶのに不便。

㋑ F いことで教育・学習支援事業が，賃貸共同住宅の割合（76%：16区内3番目）の多さの影響で不動産・物品賃貸業が多くなっている。

㋒国道1号線・23号線が通る交通の便の良さにくわえて，区そのものの D く1m^2の E

ため，資材置き場や広大な工場用地を必要とする建設業・製造業にとって利便性がよい。

㊤港区には㋒と同じ理由にくわえて名古屋港があり，漁業，鉱業・採石業・砂利採取業，運輸・郵便業に適している。

と説明できそうです。熱田区をみると，企業総数が16区中最も少なく，なかでも G ，生活関連サービス・娯楽業など，歴史的資源と接続可能な観光ビジネス関連の業種が16区中最も少なくなっていることから，歴史的資源と経済活動が上手くかみ合っていない様子がうかがえます。

⑶ 下線部Cの説明文a・bを読み，その正誤を考え，a・bいずれも正しい場合は①，aが正しくbが誤っている場合は②，aが誤りでbが正しい場合は③，a・bいずれも誤っている場合は④を選んで，その記号をマークしなさい。

a 株式を発行して得た資金で設立された企業を株式会社という。株式を購入した出資者を株主といい，株主総会への出席や利潤の一部を配当として受け取ることができる。

b 利潤を目的とする個人企業や特殊法人などの民間企業を私企業という。また，利潤を目的としない地方公営企業や法人企業を公企業という。

⑷ 空欄 D ～ F には次の表Ⅰ～Ⅲから読み取ることができる傾向の説明が入ります。その説明のもととなった表の組合せとして正しいものを，あとの①～⑥のうちから１つ選んで，その記号をマークしなさい。

表Ⅰ

名古屋市	192,600
中区	938,600
東区	442,500
昭和区	285,300
千種区	252,400
瑞穂区	242,800
熱田区	210,100
名東区	205,900
中村区	180,400
西区	180,300
天白区	171,300
北区	168,100
緑区	149,300
南区	139,000
中川区	130,400
守山区	121,400
港区	109,500

表Ⅱ

名古屋市	326.50
港区	45.69
緑区	37.91
守山区	34.01
中川区	32.02
天白区	21.58
名東区	19.45
南区	18.46
千種区	18.18
西区	17.93
北区	17.53
中村区	16.30
瑞穂区	11.22
昭和区	10.94
中区	9.38
熱田区	8.20
東区	7.71

表Ⅲ

	中学校	高等学校	
名古屋市	121	67	188
千種区	13	10	23
東区	7	9	16
昭和区	8	7	15
瑞穂区	7	7	14
緑区	12	2	14
中川区	11	3	14
名東区	8	3	11
西区	7	4	11
南区	7	4	11
守山区	8	3	11
天白区	7	3	10
北区	7	3	10
港区	8	2	10
中村区	4	4	8
中区	4	2	6
熱田区	3	1	4

※表Ⅰ～Ⅲはすべて高い・広い・多いもの順。

（表Ⅰは令和４年国土交通省HP、表Ⅱは名古屋市HP、表Ⅲは名古屋市教育委員会HPを参考に作成）

① D－Ⅰ　E－Ⅱ　F－Ⅲ

② D－Ⅰ　E－Ⅲ　F－Ⅱ

③ D－Ⅱ　E－Ⅰ　F－Ⅲ

④ D－Ⅱ　E－Ⅲ　F－Ⅰ

⑤ D－Ⅲ　E－Ⅰ　F－Ⅱ

⑥ D－Ⅲ　E－Ⅱ　F－Ⅰ

⑸ 空欄 G にあてはまる最も適当な産業を，【表１】中①～⑭のうちから２つ選んで，その記号をマークしなさい。

各区の企業総数の増減率（2012年と2021年を比較）をみると，

> 東区＋４％，千種区＋２％，名東区＋１％，天白区－１％，緑区－３％，中区－７％，昭和区－８％，港区－10%，中村・守山区－11%，北区－12%，瑞穂区－14%，熱田・西区－15%，中川区－16%，南区－20%，

と，名古屋東部の東・千種・名東区のみが増加し，その他は減少，なかでも，瑞穂・熱田・中川・南区の名古屋南部の減少が顕著です。このうち，増加率と減少率が大きい区で，産業別に期間を細かく区切った分析をすることで，何らかの傾向が読み取れるのではないかと考えました。

そこで増加率が大きい東・千種の２区，減少率の大きい南・中川の２区，そして熱田区の主な産業別の増減率を３期（2012－2016年・2016－2021年・2012－2021年）に分けて比較することで，熱田区の課題を探りました。

【表 2】増加 2 区・減少 2 区と熱田区の比較

				増加区						減少区									
				1番目			2番目			1番目			2番目						
	市全体			東区			千種区			南区			中川区			熱田区			
	2012-2016	2016-2021	2012-2021	2012-2016	2016-2021	2012-2021	2012-2016	2016-2021	2012-2021	2012-2016	2016-2021	2012-2021	2012-2016	2016-2021	2012-2021	2012-2016	2016-2021	2012-2021	
建設業	-7%	6%	-1%	-7%	6%	-1%	-7%	1%	-6%	-10%	-2%	-12%	-7%	5%	-2%	-8%	1%	-7%	
製造業	-13%	-10%	-22%	-16%	-8%	-23%	-16%	-5%	-21%	-14%	-8%	-21%	-12%	-14%	-24%	-13%	-17%	-27%	
電気・ガス・熱供給・水道業	17%	321%	392%	-67%	700%	167%										0%	100%	100%	
情報通信業	-5%	26%	20%	-5%	43%	35%	-6%	27%	19%	-12%	30%	15%	16%	4%	21%	-23%	16%	-10%	
運輸・郵便業	-9%	6%	-3%	-22%	6%	-17%	-17%	-13%	-28%	-5%	-4%	-9%	-3%	8%	4%	-7%	6%	-2%	
卸売・小売業	-10%	-11%	-20%	-8%	-5%	-13%	-7%	-8%	-14%	-15%	-16%	-28%	-11%	-15%	-25%	-13%	-13%	-24%	
金融・保険業	-13%	16%	1%	-10%	46%	31%	-7%	29%	20%	-10%	-4%	-14%	-17%	-8%	-23%	0%	3%	3%	
不動産・物品賃貸業	-7%	26%	17%	-8%	25%	15%	-2%	36%	34%	-6%	35%	26%	1%	18%	19%	-8%	10%	0%	
学術研究、専門・技術サービス業	0%	17%	17%	-5%	29%	23%	3%	22%	26%	1%	-2%	-1%	-1%	-3%	-4%	-1%	10%	9%	
宿泊・飲食サービス業	-7%	-24%	-29%	-8%	-14%	-21%	-6%	-16%	-21%	-17%	-32%	-44%	-12%	-23%	-32%	-11%	-23%	-32%	
生活関連サービス・娯楽業	-7%	-8%	-14%	8%	9%	18%	2%	-4%	-2%	-8%	-19%	-25%	-6%	-13%	-18%	-9%	-10%	-18%	
教育・学習支援業	2%	-3%	-1%	21%	12%	36%	22%	-4%	18%	-4%	-21%	-24%	-13%	-8%	-20%	-13%	-6%	-18%	
医療福祉	8%	4%	12%	13%	10%	24%	13%	3%	16%	2%	0%	1%	3%	6%	9%	7%	1%	8%	
全体	-7%	-2%	-9%	-5%	9%	4%	-2%	4%	2%	-11%	-10%	-20%	-9%	-8%	-16%	-9%	-6%	-15%	

（平成 24 年・平成 28 年・令和３年　経済センサス－活動調査「企業等に関する集計　産業横断的集計」e-Stat を参考に作成）

2012年から2021年の増減率を比較すると，増加・減少４区に共通する傾向は，製造業，卸売・小売業，宿泊・飲食サービス業の20%前後減少（ただし減少２区の方が10%程減少幅が大きい），情報通信業，不動産・物品賃貸業の増加です。その他，顕著な傾向として電気・ガス・熱供給・水道業が名古屋市全体で392%の増加率を示しています。2012年は12社，2016年は16社であったものが，2021年には59社と2016年から2021年の間で321%激増しています。この急増した背景には，2016年４月１日の［ H ］が影響していると考えられます。

そのなか，熱田区は情報通信業の減少と金融・保険業の微増以外，［ I ］とほぼ同じような傾向にあります。もともと熱田区には名古屋中心部というイメージがあまりない上に，企業数が名古屋市で最も少なく，増減率から中心部ではなく経済的に衰退傾向にある南部に数値的に位置づけられるところに問題があるのではないでしょうか。

また，2016年から2021年に限ってみると，中川区を除いて情報通信が大幅に増加し，宿泊・飲食サービス業が増加区・減少区問わず大幅に減少しており，その業種から［ J ］の影響が推察され

ます。

(6) 空欄 [H] ～ [J] にあてはまる語句の組合せとして正しいものを，次の①～⑧のうちから１つ選んで，その記号をマークしなさい。

	H	I	J
①	H－電気小売業への参入を完全自由化	I－増加２区	J－東日本大震災
②	H－電気小売業への参入を完全自由化	I－減少２区	J－東日本大震災
③	H－働き方改革法の施行	I－増加２区	J－東日本大震災
④	H－働き方改革法の施行	I－減少２区	J－東日本大震災
⑤	H－電気小売業への参入を完全自由化	I－増加２区	J－COVID-19パンデミック
⑥	H－電気小売業への参入を完全自由化	I－減少２区	J－COVID-19パンデミック
⑦	H－働き方改革法の施行	I－増加２区	J－COVID-19パンデミック
⑧	H－働き方改革法の施行	I－減少２区	J－COVID-19パンデミック

これまでの分析から，企業の経済活動には地域独自の要因が大きく作用していることがわかりました。そこで，分析から見えてきた熱田区の経済産業の特徴と熱田区独自の資源（熱田神宮の存在を中心に）から，今後の熱田区のあり方を考え，以下のような発表をしました（【探究学習発表用レジュメ】・【地図１】（23ページ））。

【探究学習発表用レジュメ】

「歴史的資源を活かしたまちのあり方－熱田神宮と神宮前駅周辺の再開発から考える－」

はじめに

熱田区には熱田神宮を中心とする歴史的資源や伝統文化資源がある。熱田は江戸期に東海道最大の宿場町として栄えたが，戦後は金山総合駅が副都心と位置づけられ，熱田は衰退していった。熱田区の発展には熱田の再開発が不可欠である（1990年代に一度再開発計画が挫折している）が，課題は熱田が持つ資源と経済産業，そして副都心の金山とが上手く連結されていないことにある。以下，熱田神宮駅前地区まちづくり協議会の開発計画，名古屋市各区の産業の現状（先の表１・２の分析），伊勢神宮・K出雲大社の事例から熱田神宮を中心としたまちのあり方について考える。

１．熱田神宮駅前地区開発の現状（「熱田神宮駅前地区　まちづくり構想」2020年７月）

[構想]・観光都市ナゴヤにふさわしいL[*][ ][ ]の構築

・住みたいまち・住みやすいまち－耐震化・不燃化を念頭に－

㋐歩きたくなる空間形成エリア　㋑都市機能向上エリア　㋒門前町・神宮前横丁エリア

㋓昭和レトロ飲食店街【地図１】

[実現に向けて]・宮の渡し・大瀬子地区まちづくり協議会との連携＝回遊性の向上

・名古屋学院大学，M[ ][*][ ]団体，商店街による活動の推進

２．L[*][ ][ ]の成功事例－伊勢神宮・出雲大社の事例から－

[伊勢神宮]・1980年代は年間参拝者10万人強と低迷　→企業「赤福」を中心に街並みを再開

発＝年間約800万人以上に

［出雲大社］・1990年JR大社駅閉鎖で観光客激減　→2013年の大遷宮に合わせた修景事業＝年間約800万人に

→共通点：㋐L[*]□□としての修景開発，㋑歩道を整備，㋒長い歴史と高い知名度

3．熱田神宮のL[*]□□としての可能性

［問題点］㋐商店街の半数が空き店舗　　㋑駅からのアクセスの悪さ／周辺歩道の未整備

㋒周辺の歴史的・伝統文化資源や店舗とのつながりの無さ（＝回遊性の無さ）

㋓伝統企業との提携不足　　㋔熱田区全体で［　　　］などが大幅に減少

㋕熱田区の企業数が減少

［可能性］㋐長い歴史と高い知名度（何もなくても年間約700万人が参拝）

㋑有名な店が多い（蓬莱軒・きよめ餅・宮きしめん・亀屋芳広など）

㋒神宮前駅西側の再開発計画（東口には2012年に商業施設「ミュープラット神宮前」が開業）

㋓副都心金山の近くに位置＝名古屋中心部との接続可能

㋔堀川・新堀川の水資源と隣接

→伊勢神宮・出雲大社に比べて，熱田神宮は立地や素材など各段に良い条件下にある

※［　　　］は問⑸と関係するため空欄

おわりに

駅前再開発計画に加えて，㋐江戸時代の宿場町を思わせる街並みの再現，㋑神宮周辺の断夫山古墳・白鳥庭園・宮の渡しなどをつなぐルートの整備とグルメをあわせた熱田マップの作成，㋒神宮－イオン熱田店－金山の動線を整備（陸路だけでなく，堀川を利用した水上バスなどで神宮－金山をつなぐことも），さらには名駅（堀川で名古屋城）と接続する動線の整備，㋓これらL[*]□□には不可欠な［　　　］が熱田区では激減しており，再開発と合わせて各産業の誘致活動が必要，など熱田独自のL[*]□□づくりが可能である。

これらにより，都市と歴史が各産業を包括して広範囲に融合した，持続可能な地域社会の一例となりうる。

【地図１】

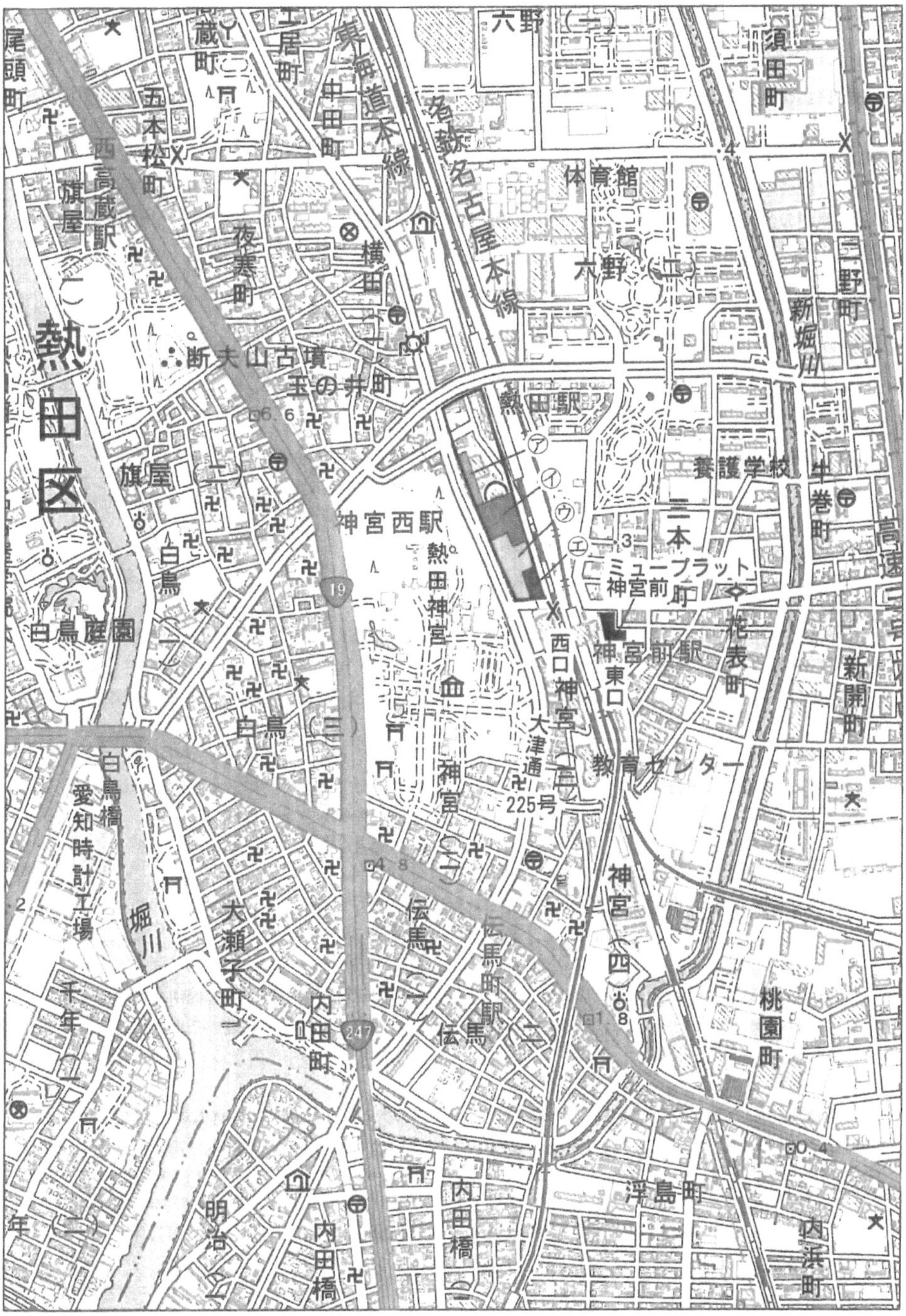

⑺　下線部Kが所在する都道府県の説明をしたものとして正しい文を，あとの①～④のうちから１つ選んで，その記号をマークしなさい。

①　世界遺産の鉱山があり，人口が全国で２番目に少ない（2021年）。

②　真珠の養殖が盛んで，茶の生産量が全国で３番目（2020年）に多い。

③　県南部ではスギなどの林業が盛んで，柿の生産量が全国で２番目（2020年）に多い。

④　カキの養殖や自動車の生産がさかんで，マツダの本社もある。

(8)　空欄L[＊]□□にあてはまる漢字を，次の①～⑤のうちから1つ選んで，その記号をマークしなさい。

〔解答例〕空欄の□には漢字1字が入ります。空欄L□□[＊]□□に[愛][工][大][名][電]が入る場合は，[＊]にあてはまる「大」の字を選択肢から選んでください。

①　港　　②　問　　③　寺　　④　門　　⑤　城

(9)　空欄M□[＊]□にあてはまるアルファベットを，次の①～⑤のうちから1つ選んで，その記号をマークしなさい。

①　C　　②　G　　③　P　　④　S　　⑤　T

(10)　【地図1】に関する説明文a・bを読み，その正誤を考え，a・bいずれも正しい場合は①，aが正しくbが誤っている場合は②，aが誤りでbが正しい場合は③，a・bいずれも誤っている場合は④を選んで，その記号をマークしなさい。

a　桃園町・浮島町に比べて，熱田神宮が鎮座する場所の標高は高くなっている。

b　大津通の西側には多くの寺社が，東側には老人ホーム・体育館・税務署・教育センターなどの比較的新しい建物が分布している。

[2]　2015年9月の国連サミットで加盟国の全会一致で採択された「持続可能な開発のための2030アジェンダ」に記載された持続可能な開発目標（SDGs）は，世界各国が共通して取り組むべきグローバルな問題です。しかしながら，ロシアによるウクライナ侵攻，歴史認識問題をめぐる日韓関係の悪化などをみても，各国共通の認識づくりは難しい課題です。これらの問題に関連して，《甲》～《丙》を読みそれぞれの問いに答えなさい。

《甲》次の文章を読みあとの問いに答えなさい。

環境危機を深刻化させてきた原因でもある資本主義システムを，どのようにA環境保全と両立させていくかが課題になっています。そこで提唱されている政策プランが，「グリーン・ニューディール」による持続可能な緑の経済への移行です。B再生可能エネルギーや電気自動車を普及させるための大型財政出動やC公共投資を行い，安定した高賃金の雇用を創出し，有効需要を増やし，景気を刺激することを目指します。その好景気がさらなる投資を生み，持続可能な経済成長へ移行することが期待されています。

それに対して，経済思想史研究者の斎藤幸平さんは『人新世の「資本論」』（集英社新書，2020年）で「“緑の経済成長”こそが，資本主義が“平常運転”を続けるための“最後の砦”になっている。その“最後の砦”の旗印になっているのが“SDGs”だ。国連，①IBRD，②IMF，③OECD，④UNICEFなどの国際機関もSDGsを掲げ，“緑の経済成長”を熱心に追求しようとしている。・・・さらなる経済成長を生み出すのは間違いない。D太陽光パネルだけでなく，電気自動車とその急速充電器の普及，さらには，バイオマス・エネルギーの開発など，経済の大転換が必要になり，そのためには多くの投資と雇用創出が欠かせないからである。そして，気候危機の時代には，既存の社会インフラ全体を丸ごと転換するような大型投資が必要だという主張も，まったくもって正しい。だが，それでも問題は残る。それが果たして，地球の限界と相容れるのかどうか，という疑問が湧いてくるからだ。“緑”と冠をつけたところで，成長を貪欲に限りなく追求していけば，やがて地球の限界を超えてしまうのではないか」（引用文内の括弧は引用符に変えてあります）と疑問を投げかけています。

(11) 下線部Aへの国際的な取り組みについて述べた文X～Zについて，その正誤の組合せとして正しいものを，あとの①～④のうちから１つ選んで，その記号をマークしなさい。

X　1992年にリオデジャネイロで開催された国連環境開発会議では，地球環境の保全と持続可能な開発の実現のための取り組みについて議論が行われ，温室効果ガスの濃度安定化を目的とした気候変動枠組条約を採択した。

Y　1997年に京都で開催された地球温暖化防止京都会議では，温室効果ガスの排出削減を先進工業国だけでなく中国やインドにも義務付けた京都議定書が採択されたが，のちにアメリカが離脱した。

Z　2015年にパリで開催された第21回気候変動枠組条約締約国会議では，歴史上はじめてすべての国と地域が参加して温室効果ガスの削減などに取り組む合意のパリ協定が採択されたが，のちにアメリカが離脱した。

①　X－正　Y－正　Z－誤
②　X－正　Y－誤　Z－正
③　X－誤　Y－正　Z－誤
④　X－誤　Y－誤　Z－正

(12) 下線部Bの短所となる要素を，次の①～④のうちから１つ選んで，その記号をマークしなさい。

①　天候の変化に左右される
②　温室効果ガスを排出する
③　エネルギー自給率を高める
④　エネルギー源が少ない

(13) 下線部Cによる事業で整備された施設のことを何といいますか。次の①～④のうちから１つ選んで，その記号をマークしなさい。

①　社会集団　②　社会保障　③　社会福祉　④　社会資本

(14) 文中の①～④のうち，国際連合の機関でないものを１つ選んで，その記号をマークしなさい。

(15) 下線部Dに関連して，日本のエネルギー別発電量をしめしたグラフを，次の①～⑤のうちから１つ選んで，その記号をマークしなさい。

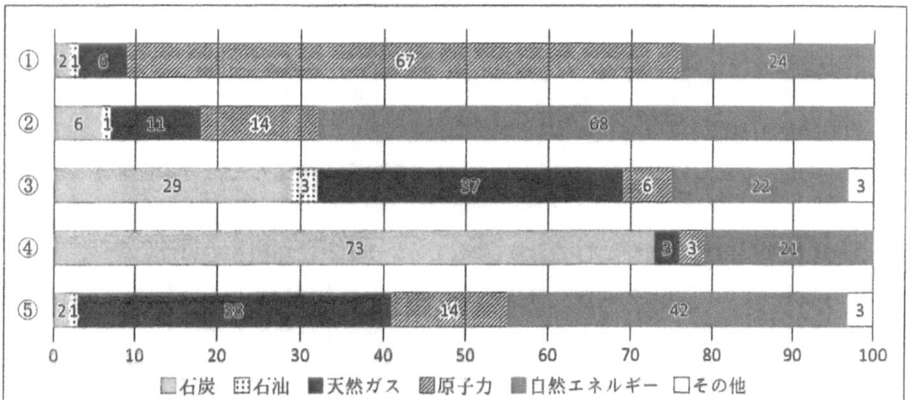

※自然エネルギーは、水力・バイオエネルギー・地熱・風力・太陽光を含む
（「2021年　統計｜国際エネルギー」自然エネルギー財団HPのデータをもとに作成）

《乙》次の【地図２】をみてあとの問いに答えなさい。

【地図２】

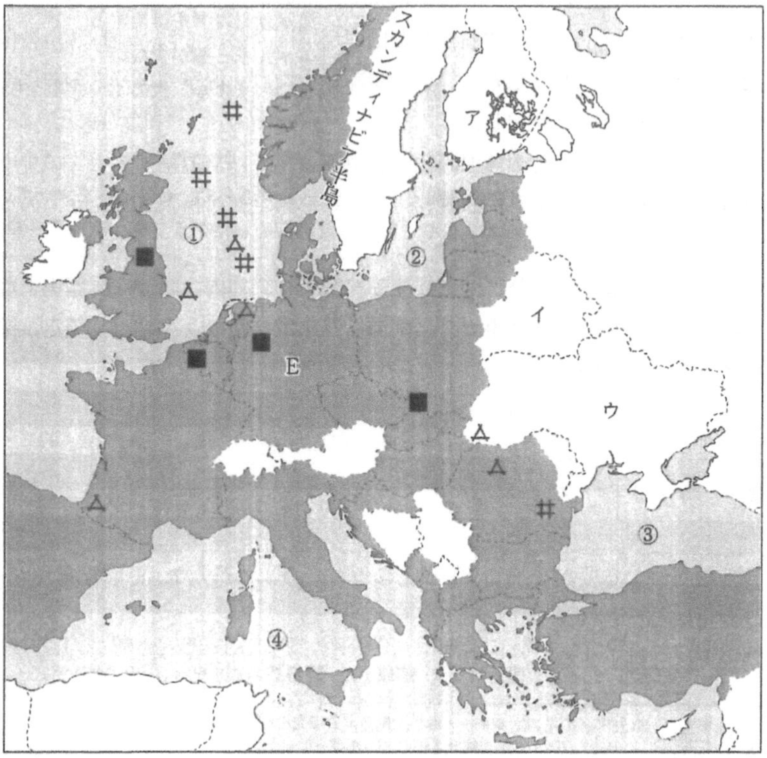

※地図中の色塗りは、2022年５月時点のものです。

⒃　地図中Ｅの国と日本の関係について説明した文として正しいものを，次の①～④のうちからすべて選んで，その記号をマークしなさい。

①　両国とも世界を代表する工業国。日本の自動車輸入額のうちＥ国の額が最も多い（2021年）。

②　両国は自動車輸出台数が世界で１・２番（2019年）に多い。日本のワイン輸入量のうちＥ国の量が最も多い（2021年）。

③　両国とも第２次世界大戦の敗戦国。日本の医薬品輸入額のうちＥ国の額が最も多い（2020年）。

④　両国とも領土問題を抱えている。日本の魚介類輸入額のうちＥ国の額が中国・チリに次いで３番目に多い（2021年）。

⒄　地図の説明として正しいものを，次の①～⑥のうちから１つ選んで，その記号をマークしなさい。

①　色塗りはＮＡＴＯ加盟国を示しており，アのウクライナは加盟していない。

②　色塗りはＮＡＴＯ加盟国を示しており，イのウクライナは加盟していない。

③　色塗りはＮＡＴＯ加盟国を示しており，ウのウクライナは加盟していない。

④　色塗りはＥＵ加盟国を示しており，アのウクライナは加盟していない。

⑤　色塗りはＥＵ加盟国を示しており，イのウクライナは加盟していない。

⑥　色塗りはＥＵ加盟国を示しており，ウのウクライナは加盟していない。

(18) 地図中で「天然ガス」をあらわすマークと，次のグラフⅠ・Ⅱのうち日本の液化天然ガス輸入先をしめしたグラフの組合せとして正しいものを，次の①～⑥のうちから１つ選んで，その記号をマークしなさい。

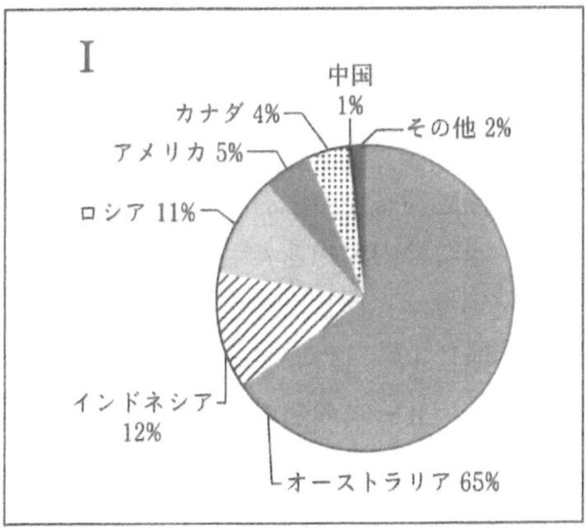

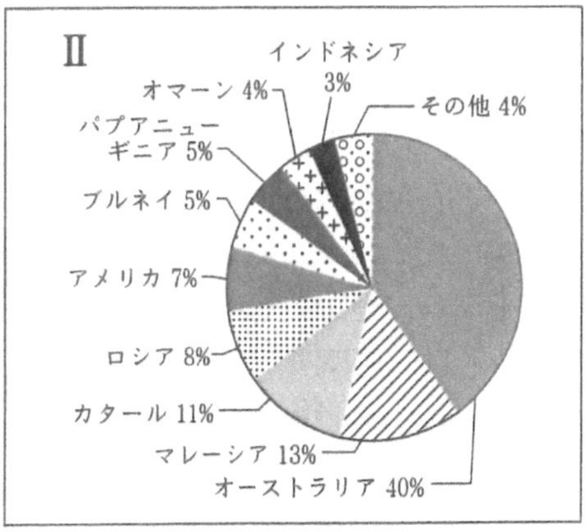

（財務省・貿易統計　2021年を参考に作成）

① ［マーク］■－［グラフ］Ⅰ　② ［マーク］△－［グラフ］Ⅰ
③ ［マーク］＃－［グラフ］Ⅰ　④ ［マーク］■－［グラフ］Ⅱ
⑤ ［マーク］△－［グラフ］Ⅱ　⑥ ［マーク］＃－［グラフ］Ⅱ

(19) 地図中のスカンディナビア半島には氷河によって削られた谷に海水が深く入り込んだ地形がみられます。そのような地形を何といいますか。次の①～④のうちから１つ選んで，その記号をマークしなさい。

① リアス式海岸　② フィヨルド　③ 扇状地　④ エスチュアリ

(20) 地図中の①～④のうちから，黒海を１つ選んで，その記号をマークしなさい。

《丙》次のページの朝鮮半島の歴史と日本との関係をまとめた年表をみて，あとの問いに答えなさい。

(21) 仏像・経典を日本の天皇に贈り，日本に仏教を公伝したのはどこの国王ですか。表中の①～④のうちから１つ選んで，その記号をマークしなさい。

(22) 下線部Ｆの場所を，【地図３】中の①～④のうちから１つ選んで，その記号をマークしなさい。

【地図３】

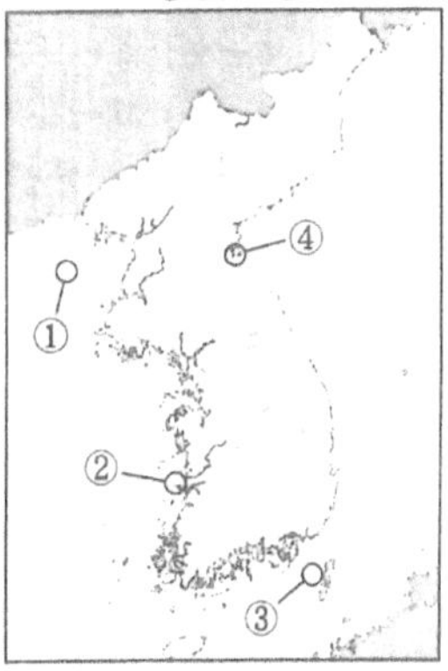

(23) 表中Ｇの時期に日本で実権を握っていた人物がおこなったことを，次の①～④のうちから１つ選んで，その記号をマークしなさい。

① 「日本国王」に任命されて勘合貿易をはじめた。
② 借金に苦しむ御家人たちのために永仁の徳政令を出した。
③ バテレン追放令を出してキリスト教の布教を禁止した。
④ 京都の東山に銀閣を建てた。

(24) 表中Ｈの際に結んだ条約を，次のページ①～④のうちから１つ選んで，その記号をマークしなさい。

① 韓国政府は日本政府の推薦する日本人１名を財務顧問として韓国政府に傭聘《ようへい》し財務に関する事項は総《すべ》てその意見を詢《と》い施行すべし

② 両締約《ていやく》国間に外交及び領事関係が開設される。両締約国は，大使の資格を有する外交使節を遅滞《ちたい》なく交換するものとする。また，両締約国は，両国政府により合意される場所に領事館を設置する。

③ 韓国皇帝陛下は韓国全部に関する一切《いっさい》の統治権を完全かつ永久に日本国皇帝陛下に譲与す

④ 朝鮮国は自主の邦《くに》にして日本国と平等の権を有《ゆう》せり。嗣後《しこ》両国和親の実を表せんと欲するには彼此《ひし》互いに同等の礼儀をもって相《あい》接待し，毫《ごう》も侵越猜嫌《さいけん》する事あるべからず。

㉕ 「自衛隊」が創設された時期を表中Ⅰ～Ⅲから選び，当時の内閣総理大臣との組合せとして正しいものを，次の①～⑥のうちから１つ選んで，その記号をマークしなさい。

① ［時期］ Ⅰ－［内閣総理大臣］佐藤栄作　② ［時期］ Ⅰ－［内閣総理大臣］吉田　茂

③ ［時期］ Ⅱ－［内閣総理大臣］佐藤栄作　④ ［時期］ Ⅱ－［内閣総理大臣］吉田　茂

⑤ ［時期］ Ⅲ－［内閣総理大臣］佐藤栄作　⑥ ［時期］ Ⅲ－［内閣総理大臣］吉田　茂

<table>
<tr><th>区分</th><th>西暦</th><th colspan="2">内容</th></tr>
<tr><td rowspan="4">三国</td><td>391</td><td colspan="2">①高句麗の好太王が倭と戦う</td></tr>
<tr><td>562</td><td colspan="2">②新羅によって③加耶が滅亡</td></tr>
<tr><td>660</td><td colspan="2">④百済滅亡→復興を試みるも3年後にF倭の援軍が唐・新羅連合軍との戦いに大敗し、復興はかなわなかった。</td></tr>
<tr><td>668</td><td colspan="2">唐・新羅連合軍によって高句麗が滅亡</td></tr>
<tr><td>新羅</td><td>676</td><td colspan="2">統一新羅建国</td></tr>
<tr><td>高麗</td><td>918</td><td colspan="2">高麗建国</td></tr>
<tr><td rowspan="3">李氏朝鮮</td><td>1392</td><td colspan="2">李氏朝鮮建国（李成桂）・・・G</td></tr>
<tr><td>1592・97</td><td colspan="2">文禄・慶長の役で日本軍が朝鮮に侵攻</td></tr>
<tr><td>1897</td><td colspan="2">大韓帝国に改名</td></tr>
<tr><td rowspan="2">植民地時代</td><td>1910</td><td colspan="2">韓国併合によって日本領となる・・・H</td></tr>
<tr><td>1919</td><td colspan="2">三・一独立運動</td></tr>
<tr><td rowspan="10">南（大韓民国）
北（朝鮮民主主義人民共和国）</td><td>1950.6</td><td colspan="2">朝鮮戦争勃発</td></tr>
<tr><td>1953.7</td><td colspan="2">休戦協定を締結</td></tr>
<tr><td colspan="3">↕ Ⅰ</td></tr>
<tr><td>1965</td><td>韓国</td><td>日韓基本条約＝日韓国交正常化</td></tr>
<tr><td colspan="3">↕ Ⅱ</td></tr>
<tr><td>1980</td><td>韓国</td><td>光州民主化運動</td></tr>
<tr><td>1991</td><td colspan="2">南北両国が国連に加入</td></tr>
<tr><td colspan="3">↕ Ⅲ</td></tr>
<tr><td>2002</td><td>北朝鮮</td><td>日朝平壌宣言</td></tr>
<tr><td>2018</td><td colspan="2">板門店首脳会談</td></tr>
</table>

しなさい。

ア　盛重が御家人なにがしを　　　イ　六条右大臣が盛重を

ウ　六条右大臣が御家人なにがしを　　　エ　御家人なにがしが盛重を

【問四】　傍線部④「その童、参らせよ」とあるが、なぜそうしたのか。最も適当なものを次の中から選び、その記号をマークしなさい。

ア　他の者よりも、振る舞いが優雅で容姿が優れていたから。

イ　他の者が急いで去っていく中、落ち着いて行動していたから。

ウ　他の者よりも、礼儀をわきまえた受け答えができていたから。

エ　他の者が悪事を働いていても、遠慮して話さなかったから。

【問五】　傍線部⑤「なきことをつくりて、問ひ給ひける」とあるが、このように尋ねた真意は何か。最も適当なものを次の中から選び、その記号をマークしなさい。

ア　顕房公の目にしたものが事実か確かめるため。

イ　屋敷内の不審物に気づいているか確かめるため。

ウ　主人に対して不満を抱いているかどうかを確かめるため。

エ　相手の意に沿う対応ができる人物か確かめるため。

【問六】　本文の内容に合致しているものとして最も適当なものを次の中から選び、その記号をマークしなさい。

ア　盛重は、思慮深い言動によってしだいに評価を高め、主人に信頼されて出世していった。

イ　盛重は、その時々の状況に機敏に対応して人の心を上手く操り、出世していった。

ウ　盛重は、時には主人にも積極的に自分の意見を述べることによって、出世していった。

エ　盛重は、自身の本心を隠して周囲の意向に沿うように振る舞い、出世していった。

に、南面に梅の木の大きなるがあるを、「梅とらむ」とて、人の供の者ども、あまた《たくさん》＊6礫《つぶて》にて打ちけるを、主《あるじ》の《ご主人が》「あやつ、とらへよ」と、＊7御簾《みす》の内よりいひ出し給《たま》ひたりければ《おっしゃったので》、蜘蛛《くも》の子を吹き散らすやうに、逃げにけり。

その中に童一人、木の本にやをら《そっと》立ち隠れて、さし歩みて《ゆっくり歩いて》行きけるを、「優《いう》にも、さりげなく、もてなすかな《上品にも、何気なく、振る舞うものであるなあ》」とおぼして《お思いになって》、人を召して《呼んで》、「し《これ》かしかの《これの》物着たる小童、たが供の者ぞ《誰の供の者か》」と尋ね給ひければ、主の《(自分の) 主人が》思はむことをはばかりて《どう思うかを気遣って、》、とみに申さざりけれど《なかなか答えなかった》、しひて問ひ給ふに、力なく《黙っている》て《ことができなくて、》、「それがしの童にこそ《「これこれの者の童でございます」》」と申しけり。すなはち《すぐ》、主を召して、「④その童、参らせよ《参上させよ》」と仰《おほ》せられければ《おっしゃったので》、参らせけり《(顕房公に) 差し上げた》。

いとほしみて、使ひ給ふに、ねびまさるままに《大きくなるにつれて》、心ばせ《心づかい》、思ひはかりぞ深く、わりなき者なりける《大変優れた者に成長した》。つねに前に召し仕ひ給《たま》ふに《常に御前で召し使われていたが》、あるつとめて、＊8手水《てうづ》持ちて参《まゐ》りたりける、仰せに《おっしゃることには》、「かの＊9車宿《くるまやどり》の棟《むね》に、烏《からす》二つ居たるが、一つの烏、頭の白きと見ゆるは、＊10僻事《ひがごと》か」と、⑤なきことをつくりて《事実でないことをつくりあげて》、問ひ給ひけるに、つくづくとまぼりて《じっと見てから》、「しかさまに候《さうら》ふ、と見給ふ《その通りとお見受けいたします》」と申しければ、「いかにもうるせき《利口な》者なり。世にあらむずる者なり《世間で立派に通用する者になるに違いない》」とて、白河院《しらかはゐん》に進《まゐ》らせられけるとぞ《差し上げたということである》。

(注)
＊1　周防…今の山口県東部のこと。
＊2　六条右大臣…平安時代後期の公卿《くぎょう》、源顕房のこと。
＊3　御家人…家臣、家来。
＊4　目代…国司の代わりに任国に下って国務を代行する者。
＊5　大臣…六条右大臣、源顕房のこと。
＊6　礫…小石。
＊7　御簾…すだれ。
＊8　手水…手、顔を洗う水。
＊9　車宿…牛車を入れておく建物。
＊10　僻事…間違い。

【問一】　傍線部①「見るに」とあるが、誰が見たのか。最も適当なものを次の中から選び、その記号をマークしなさい。

ア　肥後守盛重　　イ　周防の国の百姓の子
ウ　六条右大臣　　エ　御家人なにがし

【問二】　傍線部②「魂有りげ」とあるが、誰のどのような様子のことか。最も適当なものを次の中から選び、その記号をマークしなさい。

ア　盛重の、思慮分別がありそうな様子。
イ　盛重の、見た目がふてぶてしそうな様子。
ウ　六条右大臣の御家人の、配慮がこまやかそうな様子。
エ　六条右大臣の御家人の、根性がありそうな様子。

【問三】　傍線部③「供に具して」とは、誰が誰を供として連れて行ったのか。最も適当なものを次のページの中から選び、その記号をマークしなさい。

ア Ⅳ 例えば　Ⅴ つまり　Ⅵ しかし

イ Ⅳ 確かに　Ⅴ だが　Ⅵ しかも

ウ Ⅳ もしも　Ⅴ だから　Ⅵ つまり

エ Ⅳ まさに　Ⅴ ただし　Ⅵ だが

【問十二】 空欄 Ⅶ に当てはまる文として、最も適当なものを次の中から選び、その記号をマークしなさい。

ア ソクラテスも不正こそ善であると考えた。しかし、人の情に訴えてまで助かろうとは思わなかった。そんなことをしても自分の得になるとは到底思えなかったのである。

イ ソクラテスは理性こそ善であると考えた。だから、自分の感情を露わにして同情を買おうとはしなかった。感情に流されて生きようとはしなかったのである。

ウ ソクラテスは正義こそ善であると考えた。だから、人の情に訴えて命さえ助かればいいとは考えなかった。そんなことをしてまで助かろうとはしなかったのである。

エ ソクラテスは真実こそ善であると考えた。だから、人の情に訴えて自分の正しさを印象づけようとはしなかった。真実を語れば助かると思っていたのである。

【問十三】 傍線部⑤「問題は、そのようにすることが本当に『善』なのかということである」とあるが、筆者の主張として最も適当なものを次の中から選び、その記号をマークしなさい。

ア 筆者は、「空気を読」んだ行動に対して、公共の利益を最優先した協調的な態度であると一定の理解を示しているものの、我々は私的な目的を達成するために、時には周りを無視した行動をとってもいいのではないか、と主張している。

イ 筆者は、「空気を読」んだ行動に対して、実際のところそれは主体性のない無責任な行動であると断罪し、自分自身で考え、行動しなければ、今後新たに生じてくるであろう困難に対して対応できなくなっていくと主張している。

ウ 筆者は、「空気を読」んだ行動に対して、積極的な姿勢に欠けた、ただの怠慢であると非難し、問題解決を先送りにしていれば、いずれ行き詰まり、そのころには問題解決が不可能なほどに状況は悪化してしまうと主張している。

エ 筆者は、「空気を読」んだ行動に対して、実際のところそれは他者からの非難を避けるための自己保身的行動なのではないかと疑問を呈し、どうあることが我々にとって本当に有益であるのかを改めて見つめ直すべきであると主張している。

二

次の文章を読んで、後の問いに答えなさい。（＊のことばには文末に注があります。）

肥後守盛重は＊1周防《すはう》の国の百姓の子なり。＊2六条右大臣の＊3御家人なにがし《何とかいった》とかや《者が》、かの国の＊4目代《もくだい》にて、下りたりけるに、ついでありて《機会があって》、かの《彼が》小童《こわらわ》にてあるを①見るに《まだ子供であったのを見かけて》、②魂《たま》有りげなりければ、よび取りて《引き取って、》、いとほしみける《かわいがって育てていたが》を、京に上りてのち、③供に具して、＊5大臣の御もとに参りたりける《お屋敷に参上したときに》

「語られること」を対話の構成要素に入れることを疑問視している。

【問六】 傍線部③「ソクラテスは空気を読めない人ではなかった」とあるが、筆者がこのように主張する理由として最も適当なものを次の中から選び、その記号をマークしなさい。

ア ソクラテスは、その場にいる人たちが死刑に処されるソクラテスに対して魂の不死について議論できないことをわかっていて、その上で彼らに議論を求めたから。

イ ソクラテスは、その場にいる人たちが死刑に処されるソクラテスに対して魂の不死について議論することをためらっていることを察知して、彼らに議論することを促したから。

ウ ソクラテスは、その場にいる人たちが魂の不死について納得できないことをあらかじめわかっていて、その上で自分の主張をあえて貫いたから。

エ ソクラテスは、その場にいる人たちにとって魂の不死について議論することは不愉快なことであることを知っていて、議論を始めようとしたから。

【問七】 空欄 Ⅰ に当てはまるように次の①、②、③を正しい順に並べかえたものを、後の**ア**～**カ**の中から選び、その記号をマークしなさい。

① 言うべきなのに言えなかったことをその場の空気のせいにしているだけである。

② だから、空気に呑まれた人が同意すべきでないことに同意したことの責任がある。

③ その場の空気に呑まれたというのは本当ではない。

ア ①→②→③　**イ** ①→③→②　**ウ** ②→①→③

エ ②→③→①　**オ** ③→①→②　**カ** ③→②→①

【問八】 空欄 Ⅱ ・ Ⅲ に当てはまる語句の組み合わせとして最も適当なものを次の中から選び、その記号をマークしなさい。

ア Ⅱ 大義名分　Ⅲ 美辞麗句

イ Ⅱ 金科玉条　Ⅲ 巧言令色

ウ Ⅱ 空理空論　Ⅲ 虚々実々

エ Ⅱ 大言壮語　Ⅲ 玉石混淆《こう》

【問九】 破線部**ア**「私が希薄」**イ**「協調主義的」**ウ**「同調意識が強い」**エ**「空気に抗う勇気を持てない」の中から他とは異なる意味で用いられている語句を一つ選び、その記号をマークしなさい。

【問十】 傍線部④「それなのに、ソクラテスはそのようなことをしなかった」とはどういうことか。最も適当なものを次の中から選び、その記号をマークしなさい。

ア 三人の子どものうち二人はまだ幼かったのに、その子たちの生活の保護を懇願しなかった。

イ 三人の子どものうち一人は既に青年だったのに、刑を軽くするよう裁判員に懇願させなかった。

ウ 刑が軽くなったかもしれないのに、幼い子どもを裁判の場に立たせて裁判員を説得しなかった。

エ 死刑を免れたかもしれないのに、自分が間違っていたことを認めてその場の雰囲気に同調しなかった。

【問十一】 空欄 Ⅳ ・ Ⅴ ・ Ⅵ に当てはまる語句の組み合わせとして最も適当なものを次のページの中から選び、その記号をマーク

～エのうちからそれぞれ一つずつ選び、その記号をマークしなさい。

(g)
ア　群がる　イ　はびこる
ウ　あふれる　エ　迷う

(h)
ア　すり減らす　イ　とがらせる
ウ　逆なでする　エ　使う

【問三】　波線部i、jと同じ品詞の単語を次の各群のア～エのうちからそれぞれ一つずつ選び、その記号をマークしなさい。

i　～としか思えないことばかりを語ったのである。
ア　彼こそリーダーにふさわしい人だ。
イ　明日の朝には雨もやんでいるだろう。
ウ　彼女のことが忘れられない。
エ　父が言っていたことの意味がわかりました。

j　たちまち反論したくなる人がいるだろう。
ア　きれいに整えられた髪。
イ　上品で落ち着きのある大人になりたい。
ウ　夕日がゆっくりと落ちていく。
エ　ずいぶん遠いところまで来たものだ。

【問四】　傍線部①「空気は、多くの場合、何かを『する』というよりは『しない』方向に作用する」とはどういうことか。最も適当なものを次の中から選び、その記号をマークしなさい。

ア　空気は実体として存在するものではないため、人々の現実の行動や判断への影響力も当然ない、ということ。
イ　空気の正体は他者からの期待であるため、それに応えねばならないという重圧から、かえって意に添った行動や発言ができなくなるということ。
ウ　空気には強制力がないため、たとえ空気を読める人だとしてもその場に適した行動や判断をする責任は生じないということ。
エ　空気を読む人は他者の意向をくんでそれにあわせようとするため、私的な行動や発言を慎みがちになるということ。

【問五】　傍線部②「対話について考える」とあるが、「対話」に対して筆者はどのように考えていこうとしているのか。最も適当なものを次の中から選び、その記号をマークしなさい。

ア　「語る主体」と「語りかけられる者」が対話を構成するという考えに対して、少なくともどちらか一方からの「語られること」が加わることで、初めて対話を構成する「場」が生じることを説明しようとしている。
イ　「語る主体」と「語りかけられる者」、そして両者との間で「語られること」が対話を構成するという考えに対して、「語られること」が自然と生じてくる「場」の必要性を明らかにしていこうとしている。
ウ　「語る主体」と「語りかけられる者」、両者との間で「語られること」、さらに「語られること」が自然と生じてくる「場」が対話を構成するという考えに対して、対話における「場」の必要性を疑問視している。
エ　「語る主体」と「語りかけられる者」、そして両者との間で「語られること」が対話を構成するという考えに対して、自然に生起するか」で決める。空気を読む人、空気に抗えなかったという人は、そうすることが自分に得になると判断したのであり、空気のせいにすれば、責任を免れることができると考えるのである。皆に従っておけば、対人関係の*7軋轢《あつれき》や摩擦を避けられると考える人もいるだろう。⑤問題は、そのようにすることが本当に「善」なのかということである。

（岸見一郎『怒る勇気』）

（注）＊1 **揶揄**…からかうこと。
＊2 **ファシズム**…集団主義。全体主義。結束主義。
＊3 **鵺**…異なる動物の顔、胴体、手足、尾を併せ持った妖怪。得体の知れない人物・集団のたとえとして用いられる。
＊4 **跋扈**…おもうままに勝手な振る舞いをすること。
＊5 **廉**…理由とする事項。
＊6 **パラドクス**…常識に反するように見えて、実は一面の真理を突いた表現。
＊7 **軋轢**…仲が悪く、相争うこと。不和。

【問一】 二重傍線部a～fの漢字と同じ漢字のものを、次の各群の**ア**～**エ**のうちからそれぞれ一つずつ選び、その記号をマークしなさい。

a イヤがられた。
ア インケンな意地悪をする。
イ 違反のケンギがかけられる。
ウ 質実ゴウケンな人物。
エ 環境大臣と復興大臣をケンムする。

b ビンカン
ア 友人の車にビンジョウする。
イ 誤ってカビンを割ってしまう。
ウ お客の要求にキビンに対応する。
エ ヒンコンにあえぐ難民。

c シッコウ
ア クラスの人気者にシットする。
イ 模試の結果にシツボウする。
ウ 高速道路をシッソウする車。
エ 昔の栄光にコシツする。

d ソッチョク
ア 試合のため生徒をインソツする。
イ 驚きのあまりソットウする。
ウ ソッコウが持ち味のサッカーチーム。
エ ソッコウ性の毒を持つ蛇。

e カンタン
ア 七夕飾りのタンザク。
イ 試合への出場をタンガンする。
ウ 組織のマッタンまで指令が届く。
エ タンサイボウ生物。

f トウダン
ア 悩み事をソウダンする。
イ 計画が一ダンカイ進む。
ウ 勝利のために一致ダンケツする。
エ カダンに水をやる係。

【問二】 本文中の（**g**）（**h**）にあてはまる語句を次のページの各群の**ア**

が決められることになった。その際、ソクラテスは刑が軽くなるように、陪審員の感情に訴えて説得することができたはずである。

　ソクラテスには三人の子どもがいた。一人は既に青年だったが、二人はまだ幼かった。ソクラテスがもしもこの子どもたちのどちらかでも裁判の場にトウfダンさせていたら死刑を免れたかもしれない。私が死ねばこの子たちが路頭に（　g　）というようなことを涙交じりで訴えればよかったのだ。

　④それなのに、ソクラテスはそのようなことをしなかった。自分が正しいことを主張し、裁判官の神経を（　h　）としか思えないことiばかりを語ったのである。そのため、有罪か無罪かという投票がされたときには僅差《きんさ》だったのに、量刑の評決時には罰金よりも死刑に票を投じた人はかなり多かった。

　人は自分にとって得にならないことはしない。しかし実際には、結果的には自分にとって得にならないことをすることがある。

　ソクラテスのパラドクス*6として知られている「誰一人として悪を欲する人はいない」という命題がある。この言葉を聞くと、jたちまち反論したくなる人がいるだろう。悪を欲する人だっているはずではないか、現に不正を行う人がいるではないか、と。

　Ⅳ　、正義についていえば、正義を行っている人は、それを心ならずも行っているのであり、本心からの正義の人ではないかもしれない。

　Ⅴ　、もしも誰にも知られることがなく不正を行う機会が与えられれば、不正を犯すかもしれない。そう考えるのだ。

　心ならずも不正を行っているという人もいるだろう。上司に嘘《うそ》をいうことを強いられているだけで、本当はそんなことはしたくないのだ、と。官僚が政治家の言いなりになって、誰がどう見ても明らかな嘘を庇《かば》うことを余儀なくされる。現代の問題は不正であることが明々白々であるにもかかわらず、それでも嘘をつくなどの不正を犯す人がいるということである。

　このようなことを考えると、「誰一人として悪を欲する人はいない」という命題はパラドクス、逆説であるように見える。

　Ⅵ　、ギリシア語ではこの命題で使われている「善」と「悪」には道徳的な意味はない。善は「得になる」「ためになる」、悪は「得にならない」「ためにならない」という意味である。

「誰一人として悪を欲する人はいない」のであれば、「誰もが善を欲している」ということだが、「善」「悪」それぞれに「ためになる」「ためにならない」という意味を当てはめて「誰一人として悪を欲する人はいない」「誰もが善を欲している」という命題を読み直すと、それは「誰も自分のためにならないことは望まない」「自分の得（ため）になることを欲している」という意味になる。

　そのように読めば、「誰一人として悪を欲する人はいない」という命題は当たり前の事実をいっているだけであり、パラドクスではなくなる。

　そうすると、不正を行う人は悪を欲しているのではなく、「不正は善である」、つまり、不正を行うことが自分のためになると考えているということになる。

Ⅶ

　人は誰でも「善」であること、つまり、自分の得になることしかしない。ある行為を選択する時でも、それが「自分の得になるか、ならないていないということである。若い人たちの気持ちを読み取った上で、ソクラテスは納得できないことをたずねるようにと促した。

厳密に言えば、ソクラテスはその場の空気を感じたが、抗えないものとして実在する空気を読んだのではない。ソクラテスはその場にいる人たちが魂の不死について話題にすることを難しいと感じていることを知ったが、彼らがどう感じているかに注意を向け、彼らの気持ちに共感したけれども、それでもなお議論をする方へと若い人を促したのである。

しかし、多くの人はソクラテスとは違って、言動を控えるようにという空気を感じる。その場の空気に圧倒されてしまうと、おかしいと思っても反論できなくなる。冷静であれば当然おかしいと判断できることなのに、その場の空気に呑まれて反論できずに同意してしまったという。説得された人は空気を説得されたことの理由に持ち出す。

[I]

(中略)

ところで、この国に空気が蔓延しているのは、先に見たように、「私」がないからなのか。つまり、ウ同調意識が強いのでいうべきこと、いいたいことがあってもまわりの人に気を遣い黙ってしまうということである。「私」は隠れ、全体の意志が*4跋扈《ばっこ》する。

しかし、エ空気に抗う勇気を持てない人はむしろ人からどう思われるかということばかり考えてしまうのであり、そのことは言い換えれば「私」がないのではなく、むしろ「私」がありすぎるのだといえる。本当に「私」がないのなら、他の人からどう思われようと気にするはずはないのだ。

そのような人はいわなければならないと思っているけれども、空気の抵抗が大きいのでいうべきことがいえないのではなく、人からよく思われたいので、いうべきこと、いいたいことをいわない、するべきことをしないのである。

その際必要な [Ⅱ] は、空気を読み、和を乱さないことが大切だと考えることである。黙っていることこそ自分にとってメリットがあると判断し、そうすることを選んでいるのである。

(中略)

他方、裁判に臨んだソクラテスのように、あえてその場の空気に抗う行動を取ることもある。

ソクラテスは真実を語ることだけを考え、説得するために [Ⅲ] で飾られたような言葉を使わなかった。ソクラテスは青年を害し、国家が信じる神を信じないという*5廉《かど》で告発されたが、裁判所での弁明演説において、彼を告発した人の演説を聞いたソクラテスは、「私自身さえ、彼らの話によってもう少しで自分を忘れるところだった。それほど彼らの話には説得力があったのだ」といっている(プラトン『ソクラテスの弁明』)。

説得しようとする人は、理性ではなく情に訴えようとする。そのためには、聴衆の顔色を窺《うかが》い、その場の空気を読まなければならない。

ソクラテスが弁明演説を終えた後、有罪か無罪かが陪審員の投票で決められた。有罪という判決が下されたので、次は、どんな刑罰を科すか

「対話の生命は、有機的な脈絡における出来事（生起）性であるから、この性格およびそれを可能にする磁場のようなものを考慮に入れずして、対話の哲学的解明－しかも『実践』を指向した―は期待できない」（「対話と実践」『新・岩波講座　哲学　10』）

二人が面と向かって話し始める時、さて、何を話そうか、こんな話をしてもいいだろうかというようなことばかり考え、言葉を選んでいるうちは二人のやり取りはぎこちないものになる。

しかし、そのように意識して話題を選ぼうなどと思わなくても、二人のやり取りの中から自然と次から次へと話題が「生起」してくると、対話が成立する。どんな話も巧《たく》まずとも、この話からあの話への転換は密接に行われる。

しかし、このようなことが可能になるためには、「磁場」のようなもの、「場」を想定しなければならないのだろうか。反対に、そのようなものがなければ、対話は成立しないのだろうか。

（中略）

③ソクラテスは空気を読めない人ではなかった。

ソクラテスは、国家の信じる神を信じず、若者に害悪を与えたという理由で告訴され、裁判の結果、死刑になった。死刑がcシッコウされる日の朝早くから、友人たちは獄中のソクラテスのもとを訪れた。

ソクラテスは処刑を前に魂の不死について親しい人たちと議論をした。ソクラテスが話を終えた時、長い沈黙がその場を支配した。なおもソクラテスの話に納得できない人がいたのだ。

「これまでいわれたことで、何か困難を感じることがあれば遠慮しないでほしい。何とかよりよく話せるように思えるのなら、君たち自身で発言し、意見を論じてくれ。それとももしも私が加わればうまくいくと思うのであれば、私も道連れにするがいい」（プラトン「パイドン」）

これに対して、こんな不幸の中で困難を感じることを持ち出すのは不愉快なことではないか、迷惑をかけることになるかもしれないとためらうシミアスをソクラテスは励ましたので、疑問をdソッチョクに表明した。

「二人がこのように語るのを聴き終えた時、私たちの気持ちは一様にすっかり暗く沈み込んでしまった」

この時の話を伝えるパイドンは、次のようにいっている。ソクラテスが答えに窮しなかったのはいうまでもないが、「私が特にあの方にカンeタンしたのは、まず若い人たちの議論を楽しそうに優しく満足気な態度で受け取ったこと、それから、彼らの議論を聞いて、私たちがどんな気持ちになっていたかをすぐに鋭く見て取り、さらにそういう私たちを巧みに癒したそのやり方だった」（プラトン、前掲書）。

普通、魂は不死ではないのではないかという話をほどなく死刑に処されることになっている人にはしないだろう。たとえソクラテスの議論が間違っていると思ったとしても、言葉に出さないだろう。もしもソクラテスに議論を挑むような人がいれば、空気が読めないといわれるだろうが、むしろ「私たちがどんな気持ちになっていたかをすぐに鋭く見て取っ」たソクラテスこそ、誰よりもその場の空気を読めたといっていいだろう。

重要なことは、このように空気を読めることが、その後の対話を封じ

【国　語】（四〇分）〈満点：一〇〇点〉

【注意】字数制限がある問題においては、句読点や記号も字数に数えることとします。

一　次の文章を読んで、後の問いに答えなさい。（＊のことばには文末に注があります。）

そもそも「空気」とは何か。哲学者の串田孫一がこんなことをいっている（『雑木林のモーツァルト』）。授業が終わる少し前に、教師が何か質問がないかとたずねた時に、はいといって手をあげる者は皆からaイヤがられた。教師が質問に答えているうちに、質問されなければ早く終わったかもしれないのに、終業のベルが鳴っても解放されないことになりかねないからだ。こんな時、質問する人がいれば、今なら「空気を読めない」と見なされるだろう。

しかし、実際には空気という実体があるわけではない。誰かがもう授業が終わるのだから質問するのはよせというようなことを実際にいうわけではない。それなのに、空気を読める（と思っている）人は、今は質問をしないことが皆から期待されていると判断し、教師にたずねたいことやたずねるべきことがあっても質問するのを思いとどまるわけである。

辺見庸は、この国はア「私」が希薄で「私」のない空気ばかりが蔓延《まんえん》しているという（『愛と痛み』）。イ協調主義的で、意味のないハーモニー、理由のない階調が日常を形作る。全体的なムードをbビンカンに察知できない人を「空気が読めない」という言葉で＊1揶揄《やゆ》するが、これは予《あらかじ》めしつらえられた＊2ファシズムであり、それを辺見は「＊3鵺《ぬえ》」と呼ぶ。

このように①空気は、多くの場合、何かを「する」というよりは「しない」方向に作用するので、空気に抗《あらが》うことは容易ではない。

なぜ空気に抵抗することが容易ではないのか。実際に誰かがそういうことをしてはいけないというわけではないのに空気を感じるのである。それは個人を超えた全体の意志とでもいうべきものであり、ただ感じるばかりか実在し、その全体の意志が個人を規制するように思える。なぜそう思えるのか。

②対話について考えることで明らかにしたい。

対話は次の三つから構成される。

（1）私（語る主体）

（2）あなた（語りかけられる者、「私」ではない他の主体）

「私」だけなら対話は成立しない。対話が成立するためには、語る「私」（1）と語りかけられる「あなた」（2）が必須である。対話においてはこの役割は交代する。

二人がどちらも黙っていれば対話は成立しない。私とあなたが「何か」を語らなければならない。そこで対話の構成要素として、

（3）それ（語られること）

を追加しなければならない。

問題はここからだ。以上の三つの他に、さらに四つ目の構成要素が加えられることがある。それが、

（4）場

である。

中岡成文は次のようにいう。

2023年度

解　答　と　解　説

《2023年度の配点は解答欄に掲載してあります。》

＜数学解答＞

1 (1) ア 1　イ 2　ウ 2　エ 1　(2) オ 3　カ 2　キ 3
(3) ク 2　(4) ケ 4　(5) コ 4　サ 7　(6) シ 0　ス 8
(7) セ 6　ソ 6　タ 0　(8) チ 1　ツ 4
(9) テ 1　ト 2　ナ 1　ニ 2　ヌ 2　(10) ネ 2　ノ 3

2 ア －　イ 8　ウ 3　エ 2　オ 8　カ 0　キ 2　ク 4　ケ 2

3 (1) ア 2　(2) イ 4　ウ 5

4 (1) ア 1　イ 2　ウ 4
(2) エ 6　オ 4　カ 7　キ 3　ク 2　ケ 7

○推定配点○

1 (1) 各3点×4　他 各4点×14　2 各4点×3　3 各4点×2　4 各4点×3
計100点

＜数学解説＞

1 (正誤問題，平方根，1次方程式，既約分数，放物線の変域，連立方程式の利用，確率，箱ひげ図，円周角の定理)

(1) (ⅰ)正四面体は，すべての辺の長さが等しい三角錐である。 (ⅱ)$\sqrt{3}\times2=2\sqrt{3}=\sqrt{12}$であり，無理数である。 (ⅲ)消費税10%は，$\left(1+\frac{10}{100}\right)$倍，$y$割引は，$\left(1-\frac{y}{10}\right)$倍で表すことができるので，定価$x$円の商品は，$x\times\left(1+\frac{10}{100}\right)\times\left(1-\frac{y}{10}\right)=1.1x\times\left(1-\frac{y}{10}\right)=1.1x-\frac{1.1xy}{10}=1.1x-\frac{11xy}{100}$(円)となる。 (ⅳ)空間内での2平面の位置関係は，①交わる，②平行であるの2通りしかない。

(2) $\sqrt{18}-(\sqrt{2}-1)^2-\frac{4}{\sqrt{2}}=3\sqrt{2}-\{(\sqrt{2})^2-2\times\sqrt{2}\times1+1^2\}-\frac{4\sqrt{2}}{2}=3\sqrt{2}-(2-2\sqrt{2}+1)-2\sqrt{2}=3\sqrt{2}-2+2\sqrt{2}-1-2\sqrt{2}=3\sqrt{2}-3$

(3) $\frac{2x+1}{5}-\frac{x-2}{3}=1$　$3(2x+1)-5(x-2)=15$　$6x+3-5x+10=15$　$x=2$

(4) xを正の整数として，求める分数を$\frac{x}{30}$とすると，$\frac{1}{3}=\frac{10}{30}<\frac{x}{30}<\frac{21}{30}=\frac{7}{10}$となればよいので，$x$は，11から20までの整数である。$\frac{x}{30}$が既約分数となるのは，$x=11$，13，17，19の4個。

(5) $\sqrt{2a+1}$の整数部分が3となるとき，$3=\sqrt{9}\leqq\sqrt{2a+1}<\sqrt{16}=4$　これを満たす整数aは，$a=4$，5，6，7の4個であり，最大のaは，$a=7$

(6) 関数$y=\frac{1}{2}x^2$は，下に凸のグラフであり，xの変域に原点を含むので，yの値の最小値は0である。また，yの値が最大となるのは，$x=4$のときで，$y=\frac{1}{2}x^2$に$x=4$を代入すると，$y=\frac{1}{2}\times4^2=\frac{1}{2}\times16=8$

(7)　展覧会のおとなの入場料をx円，こどもの入場料をy円とすると，おとな62人，こども80人の入場料の合計が121000円なので，$62x+80y=121000$　　$31x+40y=60500$…①　　おとなとこどもの入場料の比が5：3なので，$x:y=5:3$　　$3x=5y$　　$3x-5y=0$…②　　①＋②×8より，$55x=60500$　　$x=1100$　　②に$x=1100$を代入して，$3\times1100-5y=0$　　$3300-5y=0$　　$5y=3300$　　$y=660$

(8)　大小2つのさいころを同時に投げたときの出る目の場合の数は，$6\times6=36$(通り)　　点Pが△OABの辺上または内部にあるとき，点P$(a, b)=(1, 1)$，$(1, 2)$，$(2, 1)$，$(2, 2)$，$(2, 3)$，$(2, 4)$，$(3, 2)$，$(3, 3)$，$(4, 2)$の9通りであるから，求める確率は，$\frac{9}{36}=\frac{1}{4}$

(9)　(ⅰ)数学の最小値は10点より大きい。　(ⅱ)箱の左端から右端までの幅(＝第3四分位数－第1四分位数)が四分位範囲であるから，英語のほうが数学より狭い。　(ⅲ)38人の生徒のうち，点数の低い生徒から29番目の生徒の点数が第3四分位数である。数学は，第3四分位数が70点より大きいので，29番目の生徒は，70点を超えているが，英語は，第3四分位数が70点未満なので，29番目の生徒は70点を超えていない。よって，70点以上をとった生徒は，英語より数学の方が多い。(ⅳ)箱ひげ図からは平均点はわからない。　(ⅴ)数学も英語も1位の生徒は90点であるが，2教科の合計点が1位だった生徒が2教科とも1位だったとは限らない。

(10)　△ABCにおいて，AB＝ACの二等辺三角形であるから，$\angle ABC=\angle ACB=(180^\circ-50^\circ)\div2=130^\circ\div2=65^\circ$　　△BCDにおいて，内角と外角の関係より，$\angle CBD=65^\circ-35^\circ=30^\circ$　　円周角の定理より，$\angle CAE=\angle CBE=30^\circ$であるから，$\angle BAE=50^\circ-30^\circ=20^\circ$　　よって，$\overset{\frown}{BE}:\overset{\frown}{EC}=\angle BAE:\angle CAE=20^\circ:30^\circ=2:3$

2　(1次関数の利用)

$(30, 200)$と$(60, 120)$を通る直線の傾きは，$\frac{120-200}{60-30}=\frac{-80}{30}=-\frac{8}{3}$　　求める直線の式を$y=-\frac{8}{3}x+b$として，$(30, 200)$を代入すると，$200=-\frac{8}{3}\times30+b$　　$200=-80+b$　　$b=280$　　よって，xとyの関係式は，$\underline{y=-\frac{8}{3}x+280}$…①　　また，走行距離＝時速×走行時間だから，$\underline{y=xz}$…②　　②において，$z=4$とすると，$y=4x$…③　　①と③を連立方程式として解くと，$4x=-\frac{8}{3}x+280$　　$12x=-8x+840$　　$20x=840$　　$x=\underline{42}$

3　(2次関数，図形と関数・グラフの融合問題)

(1)　$y=\frac{1}{4}x^2$に$x=-p$，$3p$をそれぞれ代入すると，$y=\frac{1}{4}\times(-p)^2=\frac{1}{4}p^2$，$y=\frac{1}{4}\times(3p)^2=\frac{9}{4}p^2$　よって，$\mathrm{A}\left(-p, \frac{1}{4}p^2\right)$，$\mathrm{B}\left(3p, \frac{9}{4}p^2\right)$　　また，$y=x^2$に$x=-p$を代入すると，$y=(-p)^2=p^2$　よって，$\mathrm{C}(-p, p^2)$　　さらに，点B，Dのy座標は等しいから，点Dのy座標は，$y=\frac{9}{4}p^2$であるので，$y=x^2$に$y=\frac{9}{4}p^2$を代入して，$\frac{9}{4}p^2=x^2$　　$x>0$より，$x=\frac{3}{2}p$　　よって，$\mathrm{D}\left(\frac{3}{2}p, \frac{9}{4}p^2\right)$　直線ABの傾きは，$\left(\frac{9}{4}p^2-\frac{1}{4}p^2\right)\div\{3p-(-p)\}=\frac{8}{4}p^2\div4p=\frac{1}{2}p$　　これが，1となるので，

$\frac{1}{2}p=1$　　$p=2$

(2)　直線ABの式を$y=\frac{1}{2}px+b$とおいて，$A\left(-p,\ \frac{1}{4}p^2\right)$を代入すると，$\frac{1}{4}p^2=\frac{1}{2}p\times(-p)+b$　$\frac{1}{4}p^2=-\frac{1}{2}p^2+b$　　$b=\frac{3}{4}p^2$　　よって，直線ABの切片は$\frac{3}{4}p^2$となるから，△OABの面積は，$\frac{1}{2}\times\frac{3}{4}p^2\times\{3p-(-p)\}=\frac{1}{2}\times\frac{3}{4}p^2\times4p=\frac{3}{2}p^3$　　直線CDの傾きは，$\left(\frac{9}{4}p^2-p^2\right)\div\left\{\frac{3}{2}p-(-p)\right\}=\frac{5}{4}p^2\div\frac{5}{2}p=\frac{5}{4}p^2\times\frac{2}{5p}=\frac{1}{2}p$　　直線CDの式を$y=\frac{1}{2}px+c$とおいて，$C(-p,\ p^2)$を代入すると，$p^2=\frac{1}{2}p\times(-p)+c$　　$p^2=-\frac{1}{2}p^2+c$　　$c=\frac{3}{2}p^2$　　よって，直線CDの切片は$\frac{3}{2}p^2$となるから，△OCDの面積は，$\frac{1}{2}\times\frac{3}{2}p^2\times\left\{\frac{3}{2}p-(-p)\right\}=\frac{1}{2}\times\frac{3}{2}p^2\times\frac{5}{2}p=\frac{15}{8}p^3$　　従って，△OAB：△OCD$=\frac{3}{2}p^3:\frac{15}{8}p^3=4:5$

4　**(円周角の定理，三平方の定理，相似，角度・長さの計量)**

(1)　直線lは，点Cで円Oと接するから，l⊥OC　　よって，∠OCA＝90°－28°＝62°　　△OACは，OA＝OCの二等辺三角形なので，∠OAC＝∠OCA＝62°　　△OACにおいて，内角と外角の関係より，∠BOC＝62°＋62°＝124°

(2)　直径に対する円周角は90°だから，∠ACB＝∠AEB＝90°であり，BC//AEなので，四角形AEBCは，長方形である。よって，AE＝BC＝7，∠CAE＝∠CBE＝90°　　△ABCにおいて，三平方の定理より，$AC=\sqrt{8^2-7^2}=\sqrt{64-49}=\sqrt{15}$　　△ABCと△DCAにおいて，∠ACB＝∠DAC＝90°，∠ABC＝∠OCB＝∠ACB－∠ACO＝90°－∠ACO＝∠OCD－∠ACO＝∠DCAより，△ABC∽△DCA　　相似な図形の対応する辺の比は等しいので，AC：DA＝CB：AC　　$\sqrt{15}$：DA＝7：$\sqrt{15}$　　7DA＝15　　$DA=\frac{15}{7}$　　従って，$DE=\frac{15}{7}+7=\frac{64}{7}$　　また，△OAFと△OCFにおいて，∠OAF＝∠OCF＝90°，OF＝OF，OA＝OCより，直角三角形で斜辺と他の1辺がそれぞれ等しいので，△OAF≡△OCF　　よって，線分ACとOFの交点をGとすると，点Gは線分ACの中点となる。また，長方形の対角線は，それぞれの中点で交わるから，点Oが長方形AEBCの対角線ABの中点であることより，点Oは，線分CEの中点となる。△CAEにおいて，中点連結定理より，OG//AE　△CDEにおいて，中点連結定理より，$OF=\frac{1}{2}DE=\frac{1}{2}\times\frac{64}{7}=\frac{32}{7}$

★ワンポイントアドバイス★

幅広い分野からの出題となっているため，苦手分野をなくすことが高得点への近道である。

＜英語解答＞

Ⅰ	1 ウ	2 ア	3 ウ	4 イ	5 イ		
Ⅱ	1 ウ	2 ア	3 ウ	4 オ	5 ウ		
Ⅲ	1 エ	2 ア	3 ウ	4 ウ	5 イ		
Ⅳ	1 エ	2 エ	3 イ	4 ア	5 ウ		
Ⅴ	1 ウ	2 イ	3 ア	4 エ	5 エ	6 ウ	7 ア
Ⅵ	1 ア	2 エ	3 イ				

○推定配点○

Ⅰ～Ⅳ　各4点×20　　Ⅴ，Ⅵ　各2点×10　　計100点

＜英語解説＞

Ⅰ　**（長文読解問題・説明文：内容吟味，語句補充）**

（全訳）　以下の記事を読んで，質問に答えなさい。

アメリカ人として，私は人種に非常に興味があります。米国の人種差別は国家の恥であり，建国当初からひどい損害を与えてきました。「人種差別」とは，「ある人種が他の人種よりも優れているという考え」を意味します。私たちの奴隷制の歴史と今日の黒人に対する差別はよく知られています。

しかし，人種差別はアメリカに限ったことではありません。世界中の国で，あらゆる種類の人種に対してその例を見ることができます。人種差別は戦争，ジェノサイド，奴隷制，経済格差をもたらし，何百万人もの命を奪ってきました。

しかし，今日の人種差別の考え方はどのように始まったのでしょうか？　人種についてどのように話すかは誰が決めたのですか？　何人かの歴史家は，1800年代にカール・リンネというスウェーデン人が動植物を分類システムに入れたときに始まったと言っています。動物界では，彼は人間をホモ・サピエンスの種として分類しました。彼は，4つの「種類」，ヨーロッパ，アメリカ，アジア，アフリカがあると言いました。品種ごとに個性がありました。リンネは，ヨーロッパ人は「創造的」で，アフリカ人は「怠け者」だと言いました。しかし，これらの違いは環境や慣習によるものだと彼は考えました。彼の考えでは，4つの品種はあまり違っていませんでした。しかし，他の人々はリンネの考えを取り入れて，生物学的に人種が異なっていると言い始めました。この見解は，「生物学的人種差別」と呼ばれることもあります。

今日，ほとんどの科学者は，人種は実際には「社会的構築物」であると言います。社会的構築物とは何でしょうか？　それは，社会の人々が現実世界に基づいていないアイデアを生み出すときのものです。例えば，女の子はピンク，男の子はブルーという考え方です。

しかし，生物学的人種差別主義者は，特定の人種だけに影響を与える病気についてはどうだろうかと言います。実際，黒人の病気として知られているいくつかの病気がありますが，インド，ヨーロッパ，アメリカのバックグラウンドを持つ人々も同じ病気に罹患している可能性があります。リンネの考えを振り返ると，それは肌の色ではなく地理に関するものです。ほとんどの科学者は，人間は異なってはいないと言います。

ここ数年，いくつかの前向きな変化が見られました。人種を超えた結婚が起きています。マイノリティーはより良い教育を受けています。マイノリティーの政治家が増えています。しかし，私は人種について寛容であると知られる多文化都市に住んでいます。間違えないでください。人種差別は健在です。トランプ大統領は，人種差別を道具として使用し，アメリカの人種差別は小休止して

いるにすぎないことを示しました。

1 「この記事において『人種』という言葉を何度も見る。この記事における『人種』の正しい意味はどれか。」 この文章は人種差別について書いたものなので，ウが答え。ウ以外はいずれも人種差別に関係がないので，誤り。 ア 「動物，車などの間で，どちらが速いか，あるいはどれが一番速いかを知るための競走。」 イ 「同じ場所に集まっている人や物の数。」 ウ 「肌の色やその他の身体的特徴によって分類される人間の主なグループの一つ。」 エ 「動物または植物のグループ。そのメンバーは似ており，若い動物または植物を産みだすことができる。」

2 「(　　　)を埋めるのに一番よい文はどれか。」「現実世界に基づいていないアイデア」とあるので，アが答え。イとウは現実世界に基づいた内容なので，誤り。エは記事に関係がない内容なので，誤り。 ア 「ピンクは女の子のためのもの，ブルーは男の子のためのもの」 イ 「太陽は地球の周りを回る」 ウ 「アメリカ合衆国は日本より大きい」 エ 「何匹かの猫は黒くて，他は白い」

3 「筆者が最後の段落で『間違えないで』と書いたのはなぜか？」 最後の段落には，現在では人種差別がなくなりつつあるような状況も見られると言いながら，それを打ち消している。人種差別がなくなりつつあると思うような間違いを犯すな，と警告しているので，ウが答え。アとイは一見人種差別がなくなりつつあるような状況を示すものなので，誤り。エは直接関係がない内容なので，誤り。 ア 「彼女は自分の国で多くの良い変化を見たから。」 イ 「彼女の街にはさまざまな国から来た人がたくさんいるから。」 ウ 「アメリカにはまだ人種差別があるから。」
エ 「トランプは現在，アメリカ合衆国の大統領ではないから。」

重要 4 「記事に従って正しい文を選べ。」 ア 「人種差別はアメリカ人特有の問題だったが，今では他の国々の人々問題でもある。」「今では」とは言っていないので，誤り。 イ 「カール・リンネは，人間には4つの異なるタイプがいると考えたが，彼の考えにおいてはそれらはあまり違わなかった。」 第3段落の内容に合うので，答え。 ウ 「多くの科学者がリンネの考えを取り入れ，生物学的理由で人間は異なると言った。」「他の人々は」とあるので，誤り。 エ 「科学者たちは，黒人だけが持つ病気がいくつかあると言い，ヨーロッパとアメリカの人々だけが持っている他の病気があると言う。」「同じ病気に罹患している可能性があります」と言っているので，誤り。

5 「この記事に一番よいタイトルはどれか。」 この文章は人種差別のあり方について書いたものなので，イが答え。イ以外はすべて部分的な内容だったり，内容が間違っていたりするので，誤り。 ア 「黒人に対する差別」 イ 「人種差別の状態」 ウ 「人種の歴史」 エ 「人種差別の前向きな変化」

Ⅱ （長文読解問題・説明文：内容吟味，語句補充）

（全訳） 以下の記事を読んで，質問に答えなさい。

チョコレートの味が大好きな人は多いです。甘いミルクチョコレートを好む(a)人もいれば，濃いダークチョコレートを好む(b)人もいます。しかし，ほとんどのチョコレート愛好家は同意します―これほどの食べ物は他にありません。口の中に残る濃厚な味わいがあります。チョコレートには300種類以上のフレーバーが含まれていることを知っていましたか？ 世界中の国で今チョコレートの人気が高まってきていることは驚くに値しません。

しかし，チョコレートとは何で，どこから来たのでしょうか？ チョコレートはカカオの木の豆から作られます。これらの木は，中南米の熱帯雨林で最初に育ち，人々はずっと前に豆を使い始めました。木にはサヤと呼ばれる大きな実があり，中に豆が入っています。カカオの木の学名であるテオブロマカカオは，カカオから得られるおいしい食べ物について教えてくれます。テオブロマとは「神の食べ物」という意味です。

現在，中南米だけでなく，20以上の国でカカオの木が栽培されています。木には暑い気候が必要で，ブラジル，インドネシア，マレーシア，アフリカのコートジボワールでも見られます。農家は年間約400万トンのカカオ豆を栽培しており，その3分の1以上がコートジボワール産です。

今日，世界で最もチョコレートを食べているのは誰でしょうか？　それはスイスの人々です。彼らは毎年12.3キログラムを食べます！　次にドイツ人がそれぞれ11.1キログラム，ベルギー人がそれぞれ11キログラム，イギリス人がそれぞれ10.2キログラムと続きます。

さまざまな方法でチョコレートを食べたり飲んだりできます。さまざまなフレーバーのチョコレートの大きな箱，バッグやポケットに入れられる小さなチョコレートバー，素敵なビスケット，大きなバースデーケーキがあります。夏にはチョコレートアイスクリームを食べ，寒い冬の夜にはホットチョコレートを飲んで体を温めます。

チョコレートは，本や映画でも重要な役割を果たしてきました。ロアルド・ダールの「チャーリーとチョコレート工場」が一番有名な本です。素敵なチョコレート工場への訪問を勝ち取る貧しい少年の物語です。工場は奇妙で，わくわくするスイーツメーカーのウィリー・ウォンカのものです。この本は2本の映画になり，2本目の映画ではジョニー・デップが賢いが危険なウォンカ氏を演じます。しかし，映画になったチョコレートに関する本はこれだけではありません。メキシコの作家，ローラ・エスキベルの「ライク・ウォーター・フォア・チョコレート」や，ジョアン・ハリスの「ショコラ」などがあります。これもまたジョニー・デップで映画化されました。今日，チョコレートは私たちの物語，映画，本の中にあります。しかし，チョコレート自身の物語はいつ本当に始まったのでしょうか？　その答えは何千年も前にさかのぼる必要があります。

1 「次の文のどれがこの記事において正しいか。正しい答えを選べ。」 ア 「チョコレートには千種類以上のフレーバーがあり，さまざまな食べ方がある。」「300種類以上のフレーバーが含まれている」とあるので，誤り。　イ 「カカオの木は，初め南アフリカの熱帯雨林からやって来た。」「中南米の熱帯雨林で最初に育ち」とあるので，誤り。　ウ 「今，世界でチョコレートを食べる人が増えている。」 第1段落の内容に合うので，答え。　エ 「カカオの木がよく育つには暑い気候が必要で，カカオ豆の約25％がコートジボワール産である。」「3分の1以上がコートジボワール産です」とあるので，誤り。　オ 「ドイツ人は1年に11.1キログラムのチョコレートを食べ，他のどこの国よりも多くチョコレートを食べる。」 スイス人が一番多いと言っているので，誤り。

2 「(a)(b)を埋めよ。一番よい組み合わせを選べ。」〈some ～, others …〉で「あるものは～，他のものは…」という意味になるので，アが答え。

3 「テオブロマとはどんな種類の食べ物か？」「神の食べ物」だとあるので，ウが答え。　ア 「ひどい食べ物」 イ 「人々のための食べ物」 ウ 「すばらしい食べ物」 エ 「暑い気候からの食べ物」 オ 「地球の食べ物」

4 「人々はなぜ一年中チョコレートを食べるのか。」 第5段落の内容に合うので，オが答え。
ア 「チョコレートのすばらしい味が口の中に残り，私たちをほっとさせるから。」 文中に書かれていない内容なので，誤り。　イ 「300種類以上のフレーバーが入っており，体にとても良いから。」 文中に書かれていない内容なので，誤り。　ウ 「農家は一年中私たちに届けるために年間約400万トンのカカオ豆を栽培しているから。」 農家のために食べているわけではないので，誤り。　エ 「日本ではチョコレートの食べ方が少ないから。」 正しくない内容なので，誤り。
オ 「夏はチョコレートアイスクリームを食べ，冬はホットチョコレートを飲み，食べ方にはいろいろな方法があるから。」

5 「ジョニー・デップとは誰か。」 最後の段落の内容に合うので，ウが答え。ウ以外はいずれも文中に書かれていない内容なので，誤り。　ア 「彼は『チャーリーとチョコレートの工場』という有名な本の著者である。」 イ 「彼は素晴らしいチョコレート工場への訪問を勝ち取った貧しい少年である。」 ウ 「彼は人気映画に出演している映画スターである。」 エ 「彼は常に，賢いが危険なウォンカ氏である。」 オ 「彼は『ライク・ウォーター・フォア・チョコレート』を書いたメキシコの作家である。」

Ⅲ （長文読解問題・説明文：内容吟味）

（全訳） 以下の記事を読んで，質問に答えなさい。この記事は2022年に書かれました。

新しい国に引っ越すのは，知らない人がいると怖いかもしれませんし，友達を作るのは大変です。この素晴らしい街，名古屋での空き時間に，あなたと同じことを楽しんでいる人々と出会う方法のアイデアをいくつかご紹介します！

ⅰ. 運動は大事です。ウォーキングは自分の地域について学ぶのに最適な方法ですが，他の人と一緒にスポーツをするのは楽しいものです。名古屋には，(A)バレーボールをしたり，ヨガをしたり，登山をしたりするために集まるグループがたくさんあります。好きなスポーツが見つからなくても，新しいスポーツに挑戦してみませんか？

ⅱ. 語学の勉強：あなたはこれまでずっと日本語を勉強してきていて，毎日仕事で日本語を使うことになりますが，家で一人で勉強するのは退屈かもしれません。人と出会い，日本語を話し，勉強を楽しむ良い方法は，語学学校のグループクラスに参加することです。いくつかの異なる学校を訪問し，どの学校があなたに最適かを確認してください。

ⅲ. 演技：あなたはパフォーマーですか？　名古屋にはいくつかの英語劇団があります。「名古屋プレイヤーズ」は最初のもので創設から約50年です！　彼らは古典的なドラマ，現代のミュージカル，コメディーを上演してきました。年に1，2回，観客の前の舞台上と，絵を描いたり小道具を作ったりする舞台裏の両方でどなたでもご参加いただけます。

ⅳ. 音楽：名古屋には世界中のミュージシャンやバンドがいますが，地元のバンドもいます。行って音楽を聴き，音楽ファン，歌手，その他のミュージシャンと出会う場所がたくさんあります。ギターを持っていってください―あなたも演奏できます！

ⅴ. 地域の人を助けたいと思ったら，ボランティア活動をしてみてください。社会，正義，環境に関心があれば，同じような興味を持つグループを簡単に見つけることができます。「スモールワールド」コミュニティグループは，約5年間，第2日曜日に「Sunday Pick Me UP」というゴミに関するイベントを開催してきました。彼らは，名古屋，日本，そして世界をより良い場所にするために，常に新しいメンバーを探しています。

ⅵ. 外出：ご飯を食べて，おしゃべりして，あとでダンスでもいいですか？　名古屋にはたくさんの「インターナショナルフレンズ」グループがあります。メトロクラブは30年間オープンしています！　月に一度，素晴らしいLGBT＋ダンスパーティーを開催！

ⅶ. 書くことは，故郷の友人や家族に名古屋での生活や仕事について伝え，自分の考え，感情，経験を共有する素晴らしい方法です。「Pen to Paper」は，20年以上前に毎月のミーティングを開始し，お互いの作品を読んだり，他の人の話を聞いたりしてきました。今日，あなた自身の日本のブログを始めてみませんか?

コスプレ，アニメ，テクノロジー，漫画などの現代日本や，陶芸，華道，書道，茶道など，古来の日本に興味があるなら，名古屋には友達になってくれる人がいます！

重要 1 「どの3語が空欄(A)に入るか。」 一つ目の空欄には play に合うものを選ぶ。volleyball 以外は do を用いるのが一般的である。二つ目の空欄には do に合うものを選ぶ。空手とヨガが合う。三つ目の空欄には go に合うものを選ぶ。〈go ＋動名詞〉は「～しに行く」という意味を表す。不定詞も可能だが，sleep や dance は内容に合わない。

2 「どのグループが1992年に始まったか。」「メトロクラブは30年間オープンしています」とあるので，アが答え。

3 「(ⅰ)，(ⅲ)，(ⅴ)そして(ⅶ)の部分の正しいタイトルを選べ。」 それぞれの段落の話題としてふさわしいものを選ぶ。(ⅰ)はスポーツ，(ⅲ)は演劇，(ⅴ)はボランティア，(ⅶ)は書くことについての段落である。 ア ⅰ.スポーツ ⅲ.歌舞伎劇場 ⅴ.道徳の教え ⅶ.読書 イ ⅰ.旅行 ⅲ.絵画 ⅴ.放送 ⅶ.料理 ウ ⅰ.運動 ⅲ.演技 ⅴ.ボランティアの仕事 ⅶ.書くこと エ ⅰ.数学 ⅲ.コーラス ⅴ.SDGsの活動 ⅶ.踊り

4 「この情報は誰に対してのものか，そしてその人は日本にどれくらいの間いるか，あるいはいたか？」「あなたはこれまでずっと日本語を勉強してきていて，毎日仕事で日本語を使うことになります」とあるので，ウが答え。ウ以外はいずれもこの内容に合わない。 ア 「中国からの旅行者―1週間」 イ 「沖縄からの小学生―2日間」 ウ 「オーストラリアからの先生―3年間」 エ 「エジプトからの高齢者のホームステイ客―秋期」

5 「この記事に一番よいタイトルはどれか。」 この文章は日本を訪れている外国人に，滞在中どのようにして人々と出会ったり，一緒に活動をしたりするかについて書いたものなので，イが答え。イ以外はすべてこの内容に合わないので，誤り。 ア 「日本にようこそ：ここでの勉強を楽しみましたか？」 イ 「名古屋にようこそ！ 人々と出会い友達をつくる」 ウ 「名古屋にようこそ！ 日本訪問の準備をどのようにするか」 エ 「日本にようこそ：日本の伝統的な芸術と文化について学ぶ！」

Ⅳ (会話文問題：内容吟味，語句補充)

それぞれの空欄に合う語や句を選びなさい。

ヒロ ：うーん，素晴らしいディナーでした。私はあなたとの時間を楽しみました。どうもありがとう。

ホノカ：ああ，そう聞いて嬉しいわ。あなたが私の家に(1)いてくれてとてもよかったです。

ヒロ ：はい，イギリスのお茶を飲みながらお話しできてとてもよかったです。

ホノカ：お茶をもう一杯どう？

ヒロ ：はい，(2)少し欲しいです。

ホノカ：そうですね，あなたに作りますね。

ヒロ ：ありがとう。では(3)私はカップを洗いましょう。

ホノカ：いやいや。自分でできるから。

ヒロ ：チョコレートクッキーを食べてもいいですか？

ホノカ：ええ，どうぞ。

ヒロ ：あなたがそんなに料理が上手だとは知らなかった。

ホノカ：うーん，夜の料理教室に何回か行った(4)だけですよ。

ヒロ ：私は料理が苦手。私は料理を勉強しなければならない。

ホノカ：じゃあ，6時に一緒に来ない？ 素晴らしいと思うわ。

ヒロ ：そうね，(5)ご親切にどうも。でも，今夜はやるべきことがたくさんあるので，クラスに行けないのが残念。

1 〈have ～ at home〉で「～を家に迎える」という意味を表す。

2 欲しいということを表している。ア「お腹がいっぱいだ」，イ「心配しないで」，ウ「疲れました」

3 〈let ＋ O ＋原形動詞〉で「Oに～させる」という意味を表す。 ア「話をはっきりさせよう」，

ウ「説明する」，エ「自分を取りもどす」

4 「それだけのことだ」と言っている。イ「ここで終わりにしよう」，ウ「結局」，エ「これ以上言うことはない」

5 誘ってくれた相手に礼を言っている。ア「連絡を絶やさないでください」，イ「行きたくない」，エ「また後で」

Ⅴ (語句整序問題：前置詞，分詞，比較，助動詞，不定詞，進行形，仮定法，受動態)

1 All of the children are 16 years old(.) 〈all of ～〉で「～のすべて」という意味を表す。

2 The temple built by Mr. Goto in 1900 looks better than (that new building.) built ～ 1900 が temple を修飾している。過去分詞は受動態の意味を表す。〈A look B〉で「AはBに見える」という意味を表す。

3 Could you tell me where to go during my stay (in Canada?) 丁寧な依頼を表す場合には〈could you ～?〉という表現を用いる。〈where to ～〉で「どこに～するべきか」という意味を表す。

4 I am always looking for something exciting (to do.) 〈look for ～〉で「～を探す」という意味を表す。形容詞が something を修飾する時は〈something ＋形容詞〉の語順にする。

5 If I had a time machine, I could solve (this problem.) 〈if主語＋過去形の動詞～〉は仮定法過去で，実際とは異なる仮定を表す。

6 I want you to clean the classroom(.) 〈want A to ～〉で「Aに～してほしい」という意味を表す。

7 The fireworks can't be seen from my house(.) 助動詞がある文を受動態にするときは，〈助動詞＋ be ＋過去分詞〉の形にする。

Ⅵ (語句補充問題：不定詞，接続詞，助動詞)

基本 1 「私は一昨日私の友達に会うために公園に行きました。」 一つ目の空欄の後には to があるので，visited と left は入らない。また，二つ目の空欄は目的を表すので不定詞の副詞的用法を用いる。

2 「名古屋には面白い場所がたくさんあります，それで毎年多くの旅行客がそこに行きます。」〈there is (are) ～〉は「～がある」という意味を表す。また，理由が書いてある部分を受けて，「それで…」と続けるときには so を使う。

3 「今日はとても暑いです。あなたはスポーツをする間たくさんの水を飲まねばなりません。」 しなければいけないことを表すときには must を使う。また，「水」は数えられないものなので複数形にはならない。

★ワンポイントアドバイス★

Ⅵの2には〈there is (are) ～〉が使われている。これは have を使って書き換えることができることを覚えておこう。(例) There are good places in Nagoya. = Nagoya has good places. あるいは We have good places in Nagoya. である。

＜理科解答＞

1　(1)　ア　5　(2)　イ　1　ウ　2　(3)　エ　0　オ　6　(4)　カ　1
(5)　キ　5　ク　4　(6)　ケ　5　コ　0

2　(1)　ア　4　(2)　イ　3　(3)　ウ　6　(4)　エ　5　(5)　オ　6　(6)　カ　4

3　(1)　ア　4　(2)　イ　3　ウ　2　エ　3[4]　オ　4[3]
(3)　カ　3　キ　2　(4)　ク　3

4　(1)　ア　1　(2)　イ　3　(3)　ウ　5　(4)　エ　1　オ　2　カ　2
(5)　キ　2　ク　7　ケ　3　(6)　コ　4　サ　8　シ　8　ス　2

○推定配点○

1　(1)，(4)　各2点×2　他　各4点×4((2)，(3)，(5)，(6)各完答)　2　各3点×6

3　各2点×8　4　(1)～(3)　各2点×3　他　各5点×3((4)～(6)各完答)　計75点

＜理科解説＞

1　(電力と熱―電熱線・回路)

重要　(1)　BとCの電熱線は並列につながっているので，それぞれにかかる電圧は等しい。

重要　(2)　Aの抵抗は1.5Ωであり，BとCの並列回路の全抵抗の大きさは2Ωになる。よってAにかかる電圧は$2.1\times\frac{1.5}{3.5}=0.9$Vであり，B，Cにかかる電圧はそれぞれ2.1－0.9＝1.2Vである。

重要　(3)　回路全体の抵抗は3.5Ωであり，電流計の値は2.1÷3.5＝0.6Aになる。

(4)　電熱線に流れる電流の大きいものほど発熱量が大きくなり，短時間で温度が上がる。BとCの抵抗の大きさは3Ω，6Ωなので，Bを流れる電流は1.2÷3＝0.4A，Cでは1.2÷6＝0.2Aなので，A＞B＞Cの順になる。

重要　(5)　ジュール熱(J)＝電力(W)×時間(秒)で求まるので，コップAの水が電熱線から得る熱量は，0.6×0.9×100＝54Jである。

(6)　50gの水を100Wで1秒間温めると水温が0.5℃上昇するので，1Wあたり1秒間で$\frac{0.5}{100}$℃上昇する。Aの電熱線の電力は0.6×0.9＝0.54Wであり，水温を11.9℃から20.0℃まで上げるのにx秒かかるとすると，$0.54\times x\times\frac{0.5}{100}=20.0-11.9$　$x=3000$秒　よって3000÷60＝50分かかる。

2　(物質とその変化―物質の判定)

基本　(1)　ガスバーナーの点火の仕方は，①ガス調節ねじと空気調節ねじが閉まっていることを確認する。②ガスの元栓を開く。③マッチに火をつけ，ガス調節ねじを開いてガスに火をつける。④ガス調節ねじを回して炎の大きさを調節する。⑤空気調節ねじで炎の色を調節する。

(2)　③が間違い。有毒なガスが発生する危険があるので，部屋の換気ができるようにして実験をする。

重要　(3)　砂糖と片栗粉を燃やすと，二酸化炭素や水蒸気などの気体が出て行くので燃焼後の重さが軽くなる。

基本　(4)　有機物には炭素が含まれている。スチールウールは鉄からできるので有機物ではない。

重要　(5)　実験1より，粉末Bは燃焼しないので食塩とわかる。実験1，3，4から粉末Aが水に溶けず，ヨウ素液で青紫色になるので片栗粉，よってCが砂糖である。

(6)　実験結果から，①，②，③が正しいことがわかる。④の内容は正しいが，この実験だけでは他の金属と酸素の質量比についてはわからない。

3 （植物の体のしくみ―光合成）

基本 (1)　はじめ青色(アルカリ性)であったBTB溶液が緑色(中性)に変化するので，溶かした気体は酸性の気体である。光合成に必要な気体なので二酸化炭素である。

(2)　試験管AとCを比較することで，BTB溶液の色に変化にはオオカナダモが関わっていることがわかる。また試験管AとBを比較することで，BTB溶液の色の変化には光が関わっていることがわかる。さらにまた試験管CとDを比較することで，光をあてただけではBTB溶液の色が変化しないことがわかる。ある条件が実験結果に影響するかどうかを調べるには，比較したい条件だけを変え，その他の条件は同じにして実験を行う。

重要 (3)　試験管Aでは呼吸も光合成も行われるが，光合成の方が活発に行われるため二酸化炭素が消費され水溶液がもとのアルカリ性へ変化する。そのためBTB溶液の色は青色に変化する。試験管Bでは，光が当たらないので光合成が行われず，呼吸だけが行われるので二酸化炭素が増加し，水溶液は酸性に変化しBTB溶液の色は黄色になる。

基本 (4)　このような実験を対照実験という。

4 （地球と太陽系―月の動き）

基本 (1)　地球の自転の方向は，北極上空から見て反時計回りである。Pの地点で夜明けを迎える。

(2)　日食のときは太陽，月，地球の順に並んでおり，東から西に動く太陽が月に追いつき影ができるので，太陽の西側から欠け始める。月食のときは太陽，地球，月の順に並び，太陽による地球の影が東から西に移動し，月に追いつき月を隠す。そのため月の東側から欠け始める。

(3)　月は地球がEの位置にあった時，太陽と地球を結ぶ線上に位置している。地球がE'に移動するとき月はM′にあるので，月がE′とSを結んだ直線上からM′まで移動したように見える。∠SE′M′$=y-x$であり，この角度だけ東に月が移動したように見える。

(4)　月の満ち欠けの周期は29.5日で，地球から見て1日あたりに月の動く角度が$y-x$に相当する。したがって，$y-x$の値は360÷29.5＝12.2度になる。

(5)　実際には，月は1日にMからM′までy度移動する。$x=1.0$とすると，$y=12.2+1.0=13.2$度なので，月の公転周期は360÷13.2＝27.27≒27.3日である。

(6)　角度1度は時間にすると24×60÷360＝4分である。月は見かけ上1日に12.2度東へ移動するので，時間にして12.2×4＝48.8分南中時刻が遅れる。

★ワンポイントアドバイス★

理科全般の幅広い基本的な問題知識が求められる。計算問題が多く，標準レベルの問題集の演習を十分行うことが大切である。

＜社会解答＞

1 (1) 3　(2) 5　(3) 2　(4) 3　(5) 8，12　(6) 6　(7) 1　(8) 4
(9) 3　(10) 1

2 (11) 2　(12) 1　(13) 4　(14) 3　(15) 3　(16) 1，3　(17) 3
(18) 5　(19) 2　(20) 3　(21) 4　(22) 2　(23) 1　(24) 3
(25) 2

○推定配点○

1　各3点×10((5)完答)　2　各3点×15((16)完答)　計75点

＜社会解説＞

1 （総合問題─「持続可能な社会」に関連する三分野の総合問題）

重要 (1) 3 大日本帝国憲法の頃には地方自治の概念がなく，中央政府が地方のことも決めていた。

(2) 5 「東海道五十三次」の作者は歌川広重で，東海道にある関所は箱根。碓氷峠の関所は中山道。

やや難 (3) 2 aは正しい。bは特殊法人と法人企業が逆。法人企業は株式会社に代表されるような複数の人が営む営利企業。特殊法人とは国がある事業を行う際にその性質が企業的な経営になじむものと判断された場合に設立されるもの。営利活動が主目的ではないが赤字経営も問題になる。

重要 (4) 3 問題の本文の空欄DからFに入れるのに，文脈からDには面積に関するもの，Eには地価に関するもの，Fには学校などの数に関するデータが入ると考えられる。

(5) 8，12 表1の熱田区の中で，順位が16の産業の中から，「歴史的資源」とつながりにくそうな産業を考える。8の卸売・小売業と12の宿泊・飲食サービス業が歴史的資源とは直接的にはつながりが少ないと判断できる。

やや難 (6) 6 表2から，HからJの空欄に入る語句を考える。Hは電気・ガス・熱供給・水道業の企業数が増えているということの背景に当てはまりそうなものなので，「電気小売業への参入を完全自由化」を選べる。Iは熱田区の企業数の推移の傾向が，増加2区と減少2区のどちらに似ているかと考えれば減少2区の方が近いと判断できる。Jは2016年から2021年の期間で宿泊・飲食サービス業が減っている理由なので，東日本大震災は2011年で時期が違うのでCOVID－19パンデミックになる。

基本 (7) 1 出雲大社があるのは島根県。島根県に該当するのは1で，島根県の世界遺産の鉱山は石見銀山。2は三重県，3は奈良県，4は広島県。

(8) 4 空欄Lに当てはまる言葉は門前町。

重要 (9) 3 空欄Mに当てはまるのはNPO。NPOは非営利組織の略。内容から考えて，地域起こしの事業にかかわってもらえる存在としてNPOの団体が答えになるのだが，営利企業の場合，地域おこしなどにかかわっても利益は出にくいので，この手の事業は敬遠されがちであり，だから採算をある程度は度外視しても関わってもらえそうなものとしてNPOを考える。

基本 (10) 1 a，bいずれも正しい。

2 （総合問題─「歴史認識」に関連する三分野の問題）

(11) 2 Yが誤り。京都議定書の段階で温室効果ガスの削減義務を負ったのは先進工業国のみで，中国やインドは削減義務はなかった。

基本 (12) 1 再生可能エネルギーは太陽光や風力などの自然のエネルギーを利用するもので，自然任せのものだから天候などの自然条件の変化によって大きく左右される。

(13) 4 公共投資で建設される，多くの人の生活につながる道路や港湾施設，駅，空港などを社会資本という。

(14) 3 OECDは経済協力開発機構の略。元はOEECヨーロッパ経済協力機構というものでアメリカが第二次世界大戦後の冷戦の際に西ヨーロッパの国々に経済援助を行ったマーシャルプランの受け皿としてできたものであり，国連とは関係はない。

やや難 (15) 3 日本の火力発電の燃料としては石炭と天然ガスが多いが，石炭は二酸化炭素やその他の排出物もあり，今後，石炭への依存度を下げて天然ガスへの依存度をさらに高める方向にある。また日本の原子力発電の比率は東日本大震災の前は2～3割はあった。それが東日本大震災の後，非常に小さくなっていたが，現在では再び少しずつ原子力発電の比率があがりつつある。グラフの1はフランス，2はカナダ，4はインド，5はイギリス。

重要 (16) 1，3 Eはドイツ。2はドイツとフランスの自動車の輸出台数が世界で1，2位。日本のワインの輸入先で1位はフランス。4のドイツには係争中の領土問題は特にない。日本の水産物の輸入先の上位にはドイツは含まれない。中国，チリに次ぐのはアメリカ，ベトナム。

重要 (17) 3 NATOは北大西洋条約機構。東西冷戦時代にアメリカと西ヨーロッパの国々がソ連を中心とするワルシャワ条約機構に対抗する軍事機構として結成。冷戦終結後，かつてのワルシャワ条約機構に入っていたポーランド，チェコ，ハンガリー，スロバキア，ルーマニア，ブルガリアやキューユーゴスラビアのクロアチアやマケドニア，さらには旧ソ連のバルト三国などがNATOに加盟している。

(18) 5 三角のマークが天然ガスのある場所，井戸のマークは原油，黒の■が石炭。天然ガスの日本の輸入先を示すグラフはⅡ。Ⅰは石炭の輸入先。

基本 (19) 2 北半球の高緯度地方や南半球の南米の南端などには氷河が陸地を浸食してできたフィヨルドがみられる。同様に複雑な海岸線をつくるリアス海岸は山地が沈降してできるもの。

(20) 3 黒海は3で，その左下のところでトルコの半島とバルカン半島の間にあるボスポラス海峡，ダーダネルス海峡を通って地中海に出ることができる。1は北海，2はバルト海，4は地中海。

基本 (21) 4 日本に仏教が伝わったのは百済の聖明王が538年に経典や仏像などを日本に贈ったときとされる。

(22) 2 Fの内容が663年の白村江の戦いで，百済があった場所の2。

重要 (23) 1 朝鮮半島で高麗が倒れ，李氏朝鮮が建国される1392年に日本では南北朝が，南朝を北朝に吸収する形で合一される。このときの室町幕府は三代将軍足利義満の時代。2は鎌倉時代のことで，3は豊臣秀吉，4は室町幕府の8代将軍の足利義政。

(24) 3 日韓併合派1905年に韓国統監府を設置し韓国統監を置いた後，段階的に韓国政府の統治の権限を日本が奪っていき，最終的には1909年の伊藤博文の暗殺を機に1910年に結ばれた韓国併合条約で，完全に韓国を併合し朝鮮として1945年の終戦まで日本が支配した。

重要 (25) 2 現在の自衛隊は，1950年に朝鮮戦争が勃発した際に，日本にいたアメリカ軍が朝鮮戦争の方へ参加するため，日本の警備がおろそかになるので，GHQが設置した警察予備隊に始まり，これが1952年に前年に調印されたサンフランシスコ講和条約が発効し日本の主権が回復されることで保安隊となり，さらに1954年に警察庁から防衛庁を分けて，その際に保安隊が自衛隊になった。

★ワンポイントアドバイス★

問題数は試験時間に対してさほど多くはないので焦る必要はないが，文章を読んだり資料を丁寧に見ていかないと解けないものもあるので，落ち着いて一つずつ正確に答えていきたい。

＜国語解答＞

一　問一　a　イ　b　ウ　c　エ　d　ア　e　イ　f　エ　問二　g　エ　h　ウ
問三　i　ア　j　エ　問四　エ　問五　ウ　問六　イ　問七　オ　問八　ア
問九　エ　問十　ウ　問十一　ア　問十二　ウ　問十三　エ

二　問一　エ　問二　ア　問三　エ　問四　イ　問五　エ　問六　ア

○推定配点○

一　問一～問三　各2点×10　他　各5点×10　二　各5点×6　計100点

＜国語解説＞

一　(論説文―大意・要旨，内容吟味，文脈把握，文章構成，指示語，接続語，脱文・脱語補充，漢字の書き取り，四字熟語，品詞・用法)

基本　問一　二重傍線部a「嫌」，ア「陰険」　イ「嫌疑」　ウ「剛健」　エ「兼務」。b「敏感」，ア「便乗」　イ「花瓶」　ウ「機敏」　エ「貧困」。c「執行」，ア「嫉妬」　イ「失望」　ウ「疾走」　エ「固執」。d「率直」，ア「引率」　イ「卒倒」　ウ「速攻」　エ「即効」。e「感嘆」，ア「短冊」　イ「嘆願」　ウ「末端」　エ「単細胞」。f「登壇」，ア「相談」　イ「段階」　ウ「団結」　エ「花壇」。

基本　問二　gの「路頭に迷う」は，住む家や生活の手段を失って困り果てること。hの「神経を逆なでする」は，相手を不快な気持ちにさせること。

問三　波線部iとアは助詞。イは助動詞，ウは名詞，エは動詞。jとエは副詞。アは形容動詞，イは名詞，ウは動詞。

問四　傍線部①の具体的内容として「しかし，実際……」で始まる段落で，授業が終わる少し前に質問する人を例に，「空気を読める(と思っている)人は，今は質問をしないことが皆から期待されていると判断し，……質問するのを思いとどまる」と述べているのでエが適当。この段落内容をふまえていない他の選択肢は不適当。

重要　問五　傍線部②直後～「しかし，このような……」で始まる段落までで，対話の構成は「私(語る主体)」「あなた(語りかけられる者)」「それ(語られること)」の三つの他に「場」が加えられることがあるが，「二人のやり取りの中から自然と……話題が『生起』してくると対話が成立する」ので，「『場』を想定しなければならないのだろうか」と述べているのでウが適当。「場」の必要性に疑問を提示していることを説明していない他の選択肢は不適当。

重要　問六　傍線部③後で「処刑を前に魂の不死について親しい人たちと議論した」ソクラテスは「誰よりもその場の空気を読」み，「若い人たちの気持ちを読み取った上で，納得できないことをたずねるようにと促した」ことを述べているのでイが適当。「重要なことは……」で始まる段落内容をふまえていない他の選択肢は不適当。

問七　空欄Ⅰ前から整理すると，説得された人は空気を説得されたことの理由に持ち出す→直前の内容を否定する③→③の説明である①→結論として②，という流れになる。

問八　空欄Ⅱは行動のよりどころとなる正当な理由という意味の「大義名分」，Ⅲはうわべだけを飾りたてた語句という意味の「美辞麗句」が当てはまる。イのⅡは極めて大切な法律や規則，Ⅲはうわべだけ愛想良くする様子。ウのⅡは実際の役に立たない議論や理論，Ⅲは互いに戦略を尽くし全力で戦うこと。エのⅡは実力以上に大きな事を言うこと，Ⅲは良いものと悪いものが混ざっている状態。

重要　問九　波線部エのみ「『私』がありすぎる」人という意味で用いられている。他は「『私』がない」という意味で用いられている。

問十　傍線部④の「そのようなこと」は，直前の段落で述べているように，三人の子どもを裁判の場に立たせて死刑を免れる，ということを指しているので，このことをふまえたウが適当。子どもを分けて説明しているア・イ，子どものことを説明していないエはいずれも不適当。

問十一　空欄Ⅳは直前の内容の具体例を直後で挙げているので「例えば」，Ⅴは直前の内容を言いかえた内容が続いているので「つまり」，Ⅵは直前の内容とは相反する内容が続いているので「しかし」がそれぞれ当てはまる。

やや難　問十二　空欄Ⅶ直後は「人は誰でも『善』であること，つまり，自分の得になることしかしない」と続いており，「それなのに……」で始まる段落で，ソクラテスは三人の子どもたちを裁判の場に立たせず，「自分が正しいことを主張し」たと述べていることから，Ⅶにはウが当てはまる。ソクラテスが「正しいこと」を「善」としていること，「それなのに……」で始まる段落内容をふまえていない他の選択肢は不適当。

やや難　問十三　傍線部⑤の段落では，「空気を読む人，空気に抗えなかった人は，そうすることが自分の得になると判断したのであり，空気のせいにすれば，責任を免れることができると考える」と述べており，そのことが「本当に『善』なのか」と述べているので，このことをふまえたエが適当。⑤前の内容をふまえ，何が「善」すなわち「得になる」のかを見つめ直すべきである，ということを説明していない他の選択肢は不適当。

二　**（古文―大意・要旨，情景・心情，内容吟味，文脈把握，口語訳）**

〈口語訳〉　肥後守盛重は周防の国の百姓の子である。六条右大臣の家臣で何とかいった者が，その国の目代として，下向した時に，機会があって，彼がまだ子供であったのを見かけて，思慮分別がありそうな様子だったので，引き取って，かわいがって育てていたが，上京した後，供として連れて行って，大臣のお屋敷に参上したときに，南面に梅の木の大きなのがあるのを，「梅を取ろう」と言って，人の供の者たちが，たくさん小石を投げたのを，ご主人(である六条右大臣)が「あいつを，捕まえろ」と，御簾の中からおっしゃったので，蜘蛛の子を吹き散らすように，逃げてしまった。

その中に童一人が，木のもとにそっと立ち隠れて，ゆっくり歩いて行ったのを，「上品にも，何気なく，振る舞うものであるなあ」とお思いになって，人を呼んで，「これこれの物を着ている小童は，誰の供の者か」とお尋ねになったので，(自分の)主人がどう思うかを気遣って，なかなか答えなかったけれども，無理にお尋ねになるので，黙っていることができなくて，「これこれの者の童でございます」と申し上げた。すぐ，主人を呼んで，「その童を，参上させよ」とおっしゃったので，(顕房公に)差し上げた。

(顕房公が)かわいがって，お使いになるうちに，大きくなるにつれて，心づかい，思慮が深く，大変優れた者に成長した。常に御前で召し使われていたが，ある朝，手水を持って参上したところ，(顕房公が)おっしゃることには，「あの車宿の棟に，烏が二羽とまっているが，一つの烏，頭が白いと見えるのは，間違いか」と，事実でないことをつくりあげて，お尋ねになったところ，じっと見てから，「その通りとお見受けいたします」と申し上げたので，「きわめて利口な者である。世間で立派に通用する者になるに違いない」と言って，白河院に差し上げたということである。

基本　問一　傍線部①は「御家人なにがし」が「小童」を見かけて，ということ。

問二　傍線部②の「魂」は「思慮分別」という意味で，子供のころの盛重のことなのでアが適当。

問三　傍線部③は「御家人なにがし」が，引き取った「小童」すなわち，子供のころの盛重を，上京した後，供として連れて行って，ということなのでエが適当。

問四　傍線部④前で，ゆっくり歩く「童」を「『優にも……かな』」と落ち着いて行動していることに感心している顕房公の様子が描かれているのでイが適当。④前の「童」の様子と顕房公の言葉をふまえていない他の選択肢は不適当。

重要 問五　傍線部⑤後で，⑤に対して「『しかさまに……』」と，相手の言葉を否定せず，意に沿う対応をしたことで「『いかにもうるせき者なり。……』」と話しているので，このことをふまえたエが適当。事実でないことを尋ねることで，試そうとしていることを説明していない他の選択肢は不適当。

やや難 問六　盛重は子供のころから「魂有りげ」であることで六条右大臣の顕房公の御家人に引き取られ，その御家人が盛重を供として顕房公の屋敷に連れて行ったことで顕房公のもとで育てられることになり，「わりなき者」になったことで，白河院のもとへ参内することになったことが描かれているのでアが適当。イの「人の心を上手く操り」，ウの「積極的に自分の意見を述べる」，エの「本心を隠して」はいずれも不適当。

★ワンポイントアドバイス★

論説文では，本文のテーマと，テーマに対する筆者の考えを丁寧に読み取っていこう。

2022年度

入　試　問　題

2022年度

2022年度

愛知工業大学名電高等学校入試問題

【数　学】（40分）　＜満点：100点＞

【注意】　定規・分度器・計算機等の使用はできません。

1　次の問いに答えなさい。

(1)　次の①～④の等式・文章のうち正しいものはどれか，記号で答えなさい。

①　$-3^2\times\frac{2}{15}+\left(-\frac{6}{7}\right)\div\frac{10}{21}=-\frac{3}{5}$

②　$(\sqrt{2021}+\sqrt{2020})^2\times(\sqrt{2021}-\sqrt{2020})^2=2$

③　平行四辺形の紙を，対角線を折り目として折り返した場合，折り返したあとの平行四辺形の４つの頂点は１つの円周上にある。

④　データの値から求める平均値と，度数分布表から求める平均値は必ず一致する。

(2)　a，b，c を定数とします。$x(2x-ay)(x+by)$ を展開すると $ax^3+8x^2y-cxy^2$ である。このとき定数 c の値を求めなさい。

(3)　自然数の集合，整数の集合，数全体の集合について，加減乗除のそれぞれの計算がその集合の中だけでいつでもできるときは○，いつでもできるとは限らないときは×を下の表に書き入れたとき，○の数を答えなさい。

ただし，０で割ることは考えないこととします。

	加法	減法	乗法	除法
自然数の集合				
整数の集合				
数全体の集合				

(4)　$\frac{2022}{2n+1}$ が素数になるような自然数 n のうち最大のものを求めなさい。

(5)　あるラーメン店は「6000円を払って店の会員になると，１か月の間ラーメンを１日１杯だけ無料で食べられる」というサービスを始めました。店長は店の会員になった人は毎日通って１日１杯無料のラーメンを食べ，３日に１回は会員ではない友達を１人連れてきてくれると考えました。会員ではない友達はラーメンを１杯注文し定価で食べるとします。１杯のラーメンを作るのにかかるお金が300円であるとき，ラーメン１杯の定価をいくらにすればこのサービスで１か月の間に2000円の利益を出すことができるか求めなさい。ただし１か月は30日とし，定休日は無いものとします。

(6)　右の図のような展開図で表される立体の体積を求めなさい。ただし，Aは１辺の長さが６の正方形，Bは上底３，下底６の台形，C，Dはそれぞれ違う形の二等辺三角形である。

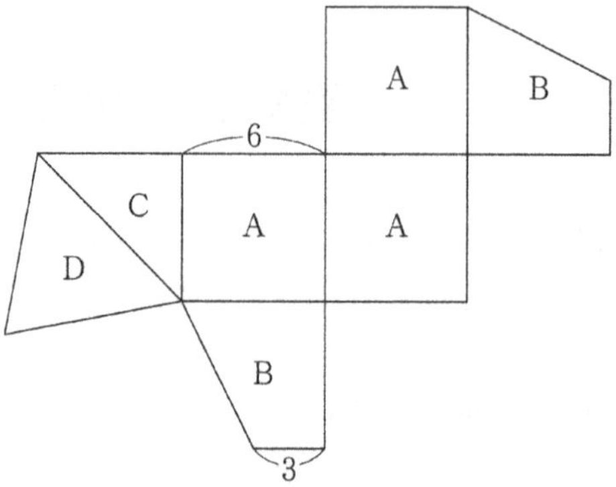

2　袋Aには，赤玉１個，白玉２個，青玉１個が，袋Bには，赤玉２個，青玉２個が入っています。次の問いに答えなさい。

(1)　A，Bの袋からそれぞれ１個ずつ玉を取り出すとき，玉の色の組み合わせは何通りあるか求めなさい。

(2)　袋Aの白玉と袋Bの青玉を１個ずつ交換したあと，(1)の場合と同様にA，Bの袋からそれぞれ１個ずつ玉を取り出します。下の①～④の選択肢の中から正しい記述をすべて選びなさい。

①　玉の色の組み合わせの総数は，玉を交換する前よりも交換した後の方が多い。

②　少なくとも１つは赤玉が出る確率は，玉を交換する前よりも交換した後の方が高い。

③　少なくとも１つは白玉が出る確率は，玉を交換する前よりも交換した後の方が高い。

④　同じ色の玉が出る確率は，玉を交換する前よりも交換した後の方が高い。

3　右の図のように放物線$y=x^2$と直線$y=ax$および双曲線$y=\dfrac{k}{x}$がx座標が２である点Aで交わっています。また，直線$y=ax$と双曲線$y=\dfrac{k}{x}$の点A以外のもう１つの交点を点Bとし，∠ACB=90°となる点Cをy軸上の正の部分にとります。次の問いに答えなさい。

(1)　kの値を求めなさい。

(2)　△ABCの面積を求めなさい。

(3)　放物線$y=x^2$上に△ABC=△OPCとなる点P$(p,\ p^2)$をとるときpの値を求めなさい。ただし$p<0$とします。

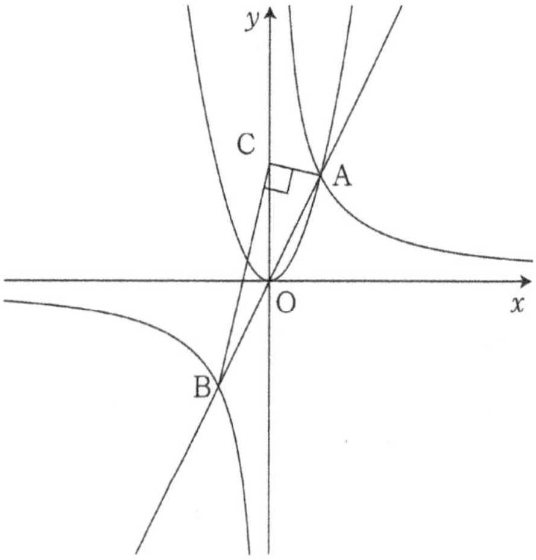

4　先生と生徒は，三平方の定理に関する **問題** について会話をしています。

問題　右の図のように直角三角形ABCの３辺の長さをa，b，cで定めたとき，三平方の定理を証明せよ。

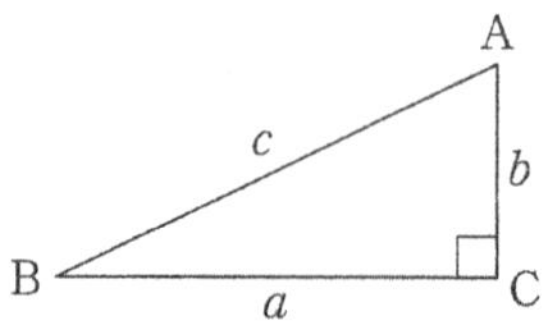

先生：では，この問題の図における三平方の定理の式を言ってください。

生徒：はい。［ア］です。

先生：そうですね。では，どのようにして証明をするか考えましょう。三平方の定理の証明は100通り以上あると言われています。思いついた方法でいいのでやってみましょう。

生徒：はい。私は同じ形の直角三角形を４つ使う方法でやります。４つの直角三角形をそれぞれの斜辺である c が正方形の１辺になるように並べます。すると，斜辺 c を１辺とする大きな正方形の内側にも正方形ができています。

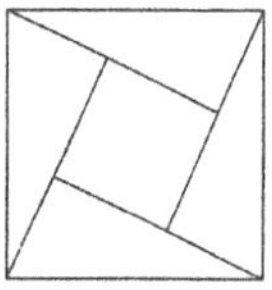

大きな正方形の面積は内側の正方形の面積と直角三角形の面積４つ分なので，［イ］の等式ができます。この式を整理すると［ア］になります。

先生：素晴らしいですね。今の証明は三平方の定理の有名な証明方法です。他にはどうですか。

生徒：えっと，いろいろ考えても今やった証明より良いのが思いつきません。

先生：では，補助線を引く方法でやりましょう。頂点Cから斜辺 c に向かって垂線CHを下ろしただけですが，実はこれで証明が完了しています。どうですか。

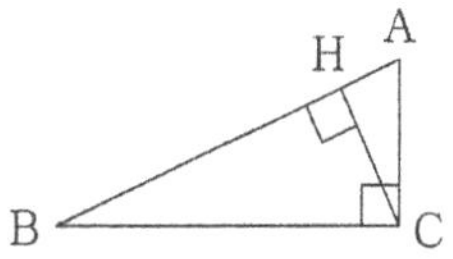

生徒：えっ，完了していますか。どこで証明できているか全然分かりません。何を使いますか。

先生：３つの三角形△ABC，△ACH，△CBHは，［ウ］ので相似です。
３つの三角形△ABCと△ACHと△CBHの相似比は［エ］より，面積比は［オ］です。

生徒：そうか，△ABC＝△ACH＋△CBHとなるから証明終わりなんだね。
すごい簡単だ。

先生：他にもあるので考えてみてください。

次の(i)～(iv)の問いに答えなさい。

(i) ［ア］に当てはまる式を a，b，c を用いて答えなさい。

(ii) ［イ］には下の式が入ります。［　］部分に入る式を a，b を用いて表しなさい。

$$c^2 = \boxed{} + \frac{1}{2}ab \times 4$$

(iii) ［ウ］に当てはまる相似条件を答えなさい。

(iv) ［エ］，［オ］に当てはまる比を a，b，c を用いてそれぞれ表しなさい。

【英　語】（40分）　＜満点：100点＞

Ⅰ．Read the article below and answer the questions.

In 2012 the Japanese government created the Help Mark, to support people with an invisible disability.

Do you know what that means? Invisible means 'something that you cannot see'. A person who has a disability is someone who is disabled. So, a person with an invisible disability is disabled, but you can't see it — they look healthy. However, they may need a little more care and help, especially on public transportation. People wearing the Help Mark may need to sit down. They need more time to get on and off the train or bus. They may be feeling unwell. They also need support if there is an emergency evacuation.

You can see information posters inside the station, and there are information stickers on trains and buses, to explain what the Help Mark means. A survey made by Aichi Prefecture in 2020 discovered that nearly 65% of people recognize the Help Mark and understand its meaning.

Can you recognize the Help Mark? A rectangle with a white cross above a white heart? I'm sure you have looked up from your smartphone when on the subway or train, and seen it on someone's bag or jacket.

The problem is, even if you know what it is, even if you understand the meaning of this mark, do you know what to do when you see someone with this card?

People with invisible disabilities have said that since they started using the Help Mark, they are given a place to sit on buses and trains more often than before. However, many other people keep sitting, and keep looking down at their phones, or keep their eyes closed. Why is this?

Some people don't believe that the stylish woman standing in front of them can have a disability, because she looks fine. They think the cool young man does not really need help, though he is wearing the Help Mark on his bag. In other words, it is easy to understand disability when you see a stick, or a wheelchair, or a support dog, but many people don't understand what an invisible disability is.

Another problem is this: when we see someone with a Help Mark, what should we do? For example, should we talk to them, and ask them if they need help? They might be ok and will get angry with us. Maybe we should just stay quiet and not talk to them...? We do nothing, therefore, nothing improves.

People using the Help Mark think that Aichi Prefecture needs to explain more clearly about invisible disabilities. "Don't worry," they say. "It's ok to ask us if we want some help.

If we are standing, please stand up and let us sit in your place. Loud voices and crowded places may worry us, so please speak quietly. In addition, don't stand so near to us. If there is a natural disaster like an earthquake, please support us. And it is important to remember that we are people, just like you. Disabled people can feel lonely and alone because nobody understands us."

The next time you are sitting on a train or subway, focusing on your book or phone, remember to look up when the doors open and close, and take a look around, because maybe someone is in need — in need of your help, or just a friendly smile.

Inspired by The NUFS Times 7th Edition

1. What mark is the topic of this article?

ア

イ

ウ

エ

2. What is the best example of a person with an invisible disability?
   ア. Someone who uses a wheelchair.
   イ. Someone who has a weak heart.
   ウ. Someone who is blind.
   エ. Someone who is going to have a baby soon.
3. There are many things you can do to help someone with a Help Mark. Which one is not ok?
   ア. Ask them if they are fine and need support.
   イ. Help them get on and off the bus.
   ウ. Let them sit down on the train.
   エ. Speak loudly to them and make a lot of noise.
4. What is one of the problems that people with invisible disabilities have?
   ア. Most people don't smile at them on the subway.
   イ. A lot of people ask them for help.
   ウ. Some people don't think they are really disabled.
   エ. A few people get angry and don't do anything.
5. When is evacuation from a train necessary?
   ア. If there is nowhere to sit.
   イ. If there is a fire in the next town.
   ウ. If there is a very big earthquake nearby.
   エ. If there are a lot of people at the station.

Ⅱ. Read the story below and answer the questions.

Erik rang his grandparents' doorbell and quietly wished the next four hours would go by quickly. He didn't want to give up his Saturday afternoon at his grandparents' house, and there were no kids in the neighborhood.

"You're here on time," Grandma Bethany said when she opened the door. "There's tea and cake in the living room."

Well, maybe the first ten minutes would go by quickly. Erik hung his coat on the hook by the front door and saw a strange-looking key hanging on the hook. "Grandpa Bill, what's this funny key for?"

"That's a skeleton key. It opens the best room in this house." Grandpa Bill spoke very quietly because he didn't want his wife to hear. "It's the room I go to when your grandmother wants me to help with the dishes."

"What's so special about the room?" Erik asked.

"It's a game room," Grandpa Bill said. "Take the key and see if you can find the room before I finish my tea."

Erik took the key and looked at it. "A skeleton key? It looks old." Erik decided the oldest things in the house were probably up the stairs in the attic. He went to the living room again. "Is it in the attic?"

(2) Grandpa Bill took a drink of his tea and then looked down. Erik knew what he meant. He went back to the front door. He thought about the (③) part of a house. "The basement! It's the first part that's built." He ran to the basement door and looked at the lock. It was different from a simple lock. He put the key inside and turned it. With a click, the door opened.

Erik turned on the light and walked down the stairs. The basement was one big room with a tiny pool table in the middle and a dartboard on the far wall.

"Cool!" Erik said.

"Have you ever learned to play pool?" Grandpa Bill asked, and came down the stairs.

"No," Erik said.

"Well then, take a cue from the rack and I'll teach you."

Erik smiled. The next four hours were going to fly by.

Word List

neighborhood 近所　hang-hung-hung をかける　hook 洋服をかけるためのもの

strange 奇妙な　stairs 階段　attic 屋根裏部屋　basement 地下　lock 錠前

click カチッという音　pool table ビリヤード台　dartboard ダーツボード

cue ビリヤード用の玉　rack ラック

1. What was Erik worried about?

ア. Spending time in his grandparents' house quietly.

イ. Playing with the kids in the neighborhood.

ウ. Having a boring time.

エ. Getting to his grandparents' house on time.

2. What did his grandfather's behavior which is underlined (2) in the story mean?

ア. He told Erik that he was going the right way.

イ. He invited Erik to drink tea.

ウ. He felt sorry for Erik.

エ. He showed Erik that his guess was wrong.

3. Write one word from the story in (③).

4. Choose the item which was not in the special room.

ア. a large pool table　イ. a cue　ウ. stairs　エ. a dartboard

5. Choose the true sentence.

ア. Erik could find the best room in the house easily.

イ. The first ten minutes passed quickly, but the rest of the time didn't.

ウ. The design of the lock and the age of the room helped Erik to find the best room.

エ. Bethany asked Bill to help during Erik's stay.

Ⅲ. Read the article below and answer the questions.

The small island country of Kiribati sits among beautiful coral reefs in the Pacific Ocean. It is home to more than 100,000 people at the moment, but Kiribati's president has said that, before 2080, everyone will need to leave. Kiribati's towns and villages are less than two meters above the sea — and every year, the sea is getting higher. The people of Kiribati know that if the sea does not stop rising, they will soon need to leave their homes forever. People who live in other places in the world will have to change their lives in the future as well. There will be changes for many of us, because of one of the biggest global issues today: problems with the environment.

Scientists say that world temperatures are about 1℃ warmer today than 250 years ago — and by 2050, the temperatures may be another 2℃ warmer. We call this "global warming". 2℃ does not sound like a lot, but for the world around us, it is very serious.

71% of the Earth is oceans, and when temperatures go up, the oceans rise, because water expands — gets bigger — when it gets warmer. The oceans will rise even more because the ice that covers the Arctic and Antarctica is beginning to melt into the sea as temperatures rise. Antarctica is losing about 100 square kilometers of ice every year.

Some people think that if global warming continues, by the year 2100 the world's seas may be two meters higher than they are today. If that happens, big cities like Mumbai, New York, and Shanghai which are not high above the sea may be in danger.

Scientists say that our climate (the temperature, and how much rain, snow, sun, and wind we have) is becoming different from how it once was. This is called climate change. Many people are very worried about climate change, and think that it is already making the world's weather much wilder than before. Because of climate change, they say, strong winds are destroying houses, dry forests are burning, and heavy rain is damaging farmers' plants and flooding the land. It is becoming difficult for farmers to grow food in some places. If the climate continues to change, it will make life harder for many people. Some places will have more snow, some will have more heavy rain, and others will have longer droughts.

There will be more storms, too, and many people may have to leave the land which they live and work in. Scientists also think that some plant and animal species will become extinct — they will not be able to stay alive any more.

So, if our climate is changing, what are the causes? To understand this, we need to know about the "greenhouse effect". The greenhouse effect is important for our world because it keeps Earth (A). But how does the greenhouse effect work?

When energy from the light of the sun reaches Earth, most of it goes back out into space. But around Earth, there are gases which make a kind of cover in the air. They catch some of the sun's energy and make Earth warmer. We call this "the greenhouse effect" because these gases help to keep Earth warm, just like a glass greenhouse keeps plants warm.

Greenhouse gases have always been in the air above us. They are made by animals and other living things. But in the eighteenth and nineteenth centuries, many countries began to industrialize — build machines and factories — and so people started to produce more and more carbon dioxide. In some countries, people burn forests to get more land for farming or for houses, and this produces more carbon dioxide, too.

Scientists think that, with all this extra carbon dioxide, the Earth's greenhouse gases have become thicker. Because of this, less of the sun's energy can go back into space, so the Earth is getting warmer, scientists say — and the rise in the world's temperature is causing climate change.

出典 Alex Raynham and Rachel Bladon, *Global Issues*, 2016

Word List

Kiribati キリバス　coral reef サンゴ礁　issue 問題　Arctic 北極　Antarctica 南極

melt 溶ける　square kilometers 平方キロ　dry 乾燥した　cause 原因，起こす

industrialize 工業化する　farming 農業　extra 余計な

1. Which one of the sentences below is correct in this article? Choose the

correct answer.

ア. Over one hundred people live in Kiribati and they have to go to live in other countries before 2018, because the sea is getting higher, and people can not survive there.

イ. According to scientists, global temperatures are about 1℃ warmer today than two hundred and fifty years ago, and the temperatures will rise about 2℃ over about 30 years.

ウ. 71% of Earth is the oceans. When temperatures go up, the oceans rise, because there is more water. However, the oceans will not become bigger after all the ice in the Arctic and Antarctica has gone.

エ. If global warming continues, by 2100, the world's waters may be two meters higher than they are today. Major cities like Mumbai, New York, and Shanghai will be in less danger.

2. The sentences below show us the hope that a lot of people hold for our future world.

(a) Read this article and find the words that go in (①) and (②). Choose the correct pair of words.

"If we take quick and strong action on (①)(②), we may be able to slow down more severe weather".

ア. ① change ② climate　イ. ① continue ② change

ウ. ① change ② carbon　エ. ① climate ② change

オ. ① change ② continue

(b) Write an English word in (③).

We have to reach (③) development goals to save our planet. These are SDGs!

3. Choose the correct answer to put in (A) in the article.

ア. dangerous enough for us to live here

イ. warm enough for us to give water to plants here

ウ. warm enough for us to live here

エ. dangerous enough for us to make people sick here

オ. very hot for us to live here

カ. very hot for us to keep people in good health here

4. Choose the correct pair of answers. Choose T if sentences (a), (b) agree with this article. Choose F if sentences (a), (b) disagree with this article.

(a) The oceans will rise even more because the ice on the Arctic and the Antarctica is beginning to change to water and go into the sea as temperatures rise. One of these two places is losing about one hundred square kilometers of ice from one year to the next.

(b) Greenhouse gases have always been in the air above us. Animals and people make these gases. When people in many countries began to build machines and factories, we started to produce a lot of carbon dioxide, and we are still making more. In some countries, people are not only farming but also building houses. In this way, we produce more carbon dioxide.

ア. (a) T (b) T　　イ. (a) F (b) F

ウ. (a) T (b) F　　エ. (a) F (b) T

5. The next two sentences have the same meaning. Put an English word into each blank.

When we hear about the rise in the world's temperatures, we think of climate change.

The rise in the world's temperatures (①) us (②) climate change.

Ⅳ. Read the conversations below, and answer the questions that follow.

This is a story about a man who buys old bread.

Part 1: Miss Martha, the baker, is standing behind the counter of her shop, talking to her friend, Mrs. Annie Green.

MISS MARTHA: He comes in two or three times a week, and he always buys two slices of old bread.

MRS GREEN: Old bread?

MISS MARTHA: Always old bread, never fresh bread. (1)

MRS GREEN: You think he's poor?

MISS MARTHA: Oh, yes, he is, Annie, I'm sure. One day I saw some red and brown paint on his fingers. "He's a painter," I said to myself.

MRS GREEN: Well, we all know that painters are very often poor. But can you be sure that he's a painter? Just because he has paint on his fingers ...

Miss Martha takes a painting out from under the counter.

MISS MARTHA: (2)

MRS GREEN: And he only eats old bread?

MISS MARTHA: Yes. He must be very poor. And he looks so thin. I want to help him.

MRS GREEN: (Laughing) You want to marry him!

Part 2: Two days later. Miss Martha is now wearing her best clothes, and her hair looks different.

MISS MARTHA: Good morning.

BLUMBERGER: Good morning. Two old slices, please.

MISS MARTHA: (Smiling) How are you today?

BLUMBERGER: I'm very well —

Miss Martha quickly cuts into each of the old slices, and puts some butter in them. She puts the slices into paper bags. Blumberger pays Miss Martha.

BLUMBERGER: (3)

MISS MARTHA: Goodbye.

Part 3: Later that day. Suddenly the door opens, and Blumberger and a young man come in. Blumberger is angry, but the young man, Kelton, is trying to hold him back.

BLUMBERGER: (Shouting at Martha) You stupid woman!

KELTON: Wait! Blumberger!

BLUMBERGER: You stupid, stupid woman! Do you know what you've done? You've destroyed my work!

KELTON: Come on! You've said enough! It was an accident, I'm sure.

Kelton pulls Blumberger out of the shop. After a minute, Kelton comes back again.

MISS MARTHA: What's wrong with him?

KELTON: That's Blumberger. He's an architect. We work together, in the same office.

MISS MARTHA: (4)

KELTON: He's worked hard for three months now, on a plan for the new city hospital. It was a competition, and Blumberger was sure that he was going to win it.

MISS MARTHA: But ... why?

KELTON: I'm telling you, miss. You see, he finished putting in the ink lines yesterday. When it's finished, he always rubs out the pencil lines with old bread.

MISS MARTHA: So, he wanted the old bread!

KELTON: Well, today — well, you know, that butter was in the bread and when he tried to rub out the pencil lines — well, Blumberger's plan is destroyed now, miss.

Kelton turns and leaves the shop. Miss Martha puts her head into her hands and starts to cry.

出典 *O. Henry, Two Loaves of Bread,* One Thousand Dollars and Other Plays より

Word List

butter バター　thin 痩せて　hold ~ back を抑える　architect 建築家　competition 競争

rub out をこすって消す

Choose the correct sentences to put in (1) — (4) in the story.

1．ア. Old bread is better than fresh bread, so many people come to buy it.

イ．Of course, fresh bread is five cents a slice, old bread is five cents for two slices.

ウ．Usually, old bread is more expensive than fresh bread at my shop.

エ．I think he is very hungry and comes to my shop every day.

2．ア．I showed them to him, but he didn't know that they were bad paintings.

イ．Yesterday, he bought fresh bread for the first time.

ウ．I put this on my wall, and he realized that it was a good painting.

エ．The color is good but the lines are not right.

3．ア．No problem, thank you.　　イ．Sorry, I have no idea.

ウ．Thank you.　Goodbye.　　エ．I will never visit here.

4．ア．But what did I do wrong?　　イ．Are you busy right now?

ウ．I hope I can work with him!　　エ．Where was he working?

5．Answer the question below.　Use words from the story.

Why does Blumberger buy old bread at Miss Martha's shop?

Because he ______ ______ ______ ______ ______ with it after putting in the ink lines.

Ⅴ．次の１～４の日本語の意味に合うよう（　）内の語句を並べかえたとき，（　）内で５番目に来る語をア～オから１つ選び，記号で答えなさい。ただし，文頭に来る語も小文字で示してあり，不要な語も１語含まれています。

1．あなたたちは，この家では王様とお妃様のようにとても幸せに見えますよ。

You (see / happy / like / house / very / in / look / this) a king and a queen.

ア．in　　イ．see　　ウ．like　　エ．this　　オ．look

2．電話帳を一緒にさがしてみましょう。

Why (for / the / look / at / don't / phone / we / book)?

ア．for　　イ．at　　ウ．the　　エ．book　　オ．phone

3．昨日私は渋谷に友達と買い物に行きました。

(in / my / shopping / I / Shibuya / went / to / with) friend yesterday.

ア．to　　イ．in　　ウ．went　　エ．with　　オ．Shibuya

4．日本が，エネルギーを他の国に依存しているとは思っていませんでした。

I (have / that / on / other / thought / Japan / another / never / depends) countries for energy.

ア．another　　イ．that　　ウ．never　　エ．Japan　　オ．other

Ⅵ．次の下線部の日本語の意味を表す８語の英文を書きなさい。

(possible, will, abroad を使いなさい。文頭に来る語も小文字で示してある)

こんな易しい問題でねを上げてはいけません。留学するなんて夢のまた夢です。

【理　科】（社会と合わせて60分）　　＜満点：75点＞

【注意】　定規・分度器・計算機等の使用はできません。

1　図1のような電磁石を作り，磁極のわからない磁石Mを用意した。このとき，電磁石の端部をそれぞれA，Bとし，磁石Mの端部をそれぞれP，Qとした。図2のように磁石Mの端部Pを電磁石の端部Aに近づけたところ，磁石Mと電磁石は互いに引き合った。以下の問いに答えなさい。

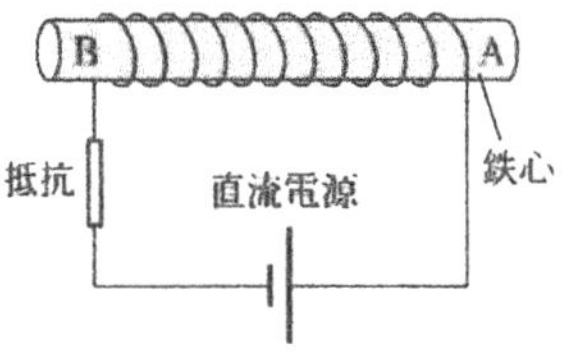

図1

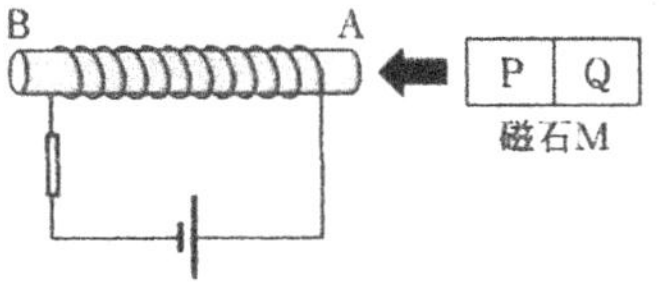

図2

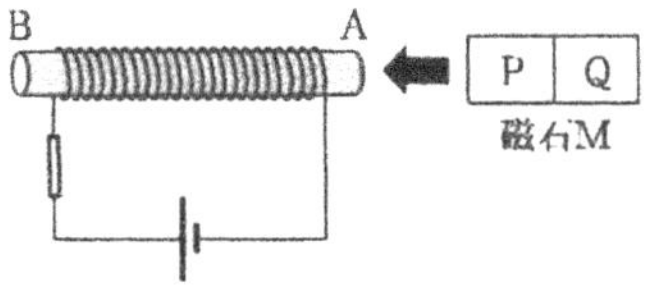

図3

(1)　電磁石の端部Aに近づけた磁石Mの端部Pの磁極を答えなさい。

(2)　図3のように直流電源の正極と負極を入れ替え，コイルの巻数を十分に増やした。このとき磁石Mの端部Pを近づけるとどうなるか。次の**ア**～**カ**から一つ選び，記号で答えなさい。

選択	磁石Mと電磁石	図2のときと比べた電磁石の磁界の強さ
ア	引き合う	強くなる
イ	引き合う	変わらない
ウ	引き合う	弱くなる
エ	反発し合う	強くなる
オ	反発し合う	変わらない
カ	反発し合う	弱くなる

次に，図4のような実験装置を作った。図5は実験装置を真上からみた様子であり，図6は実験装置を正面から見た様子である。レール下の磁石Mは端部Qが上になるように固定した。レールの水平部分の一部は導体で作られており，それ以外は不導体である。レールの導体部分には直流電源やスイッチ，抵抗がつながれている。

ただし，磁石Mは広い範囲に作用するとし，レールや金属棒は磁石に引き付けられないものを使用する。

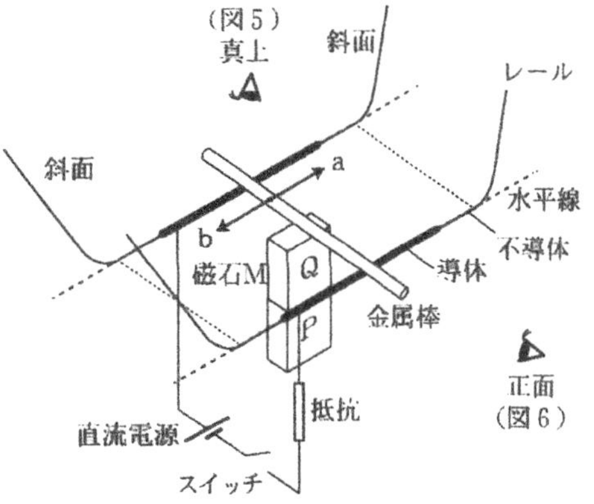

図4

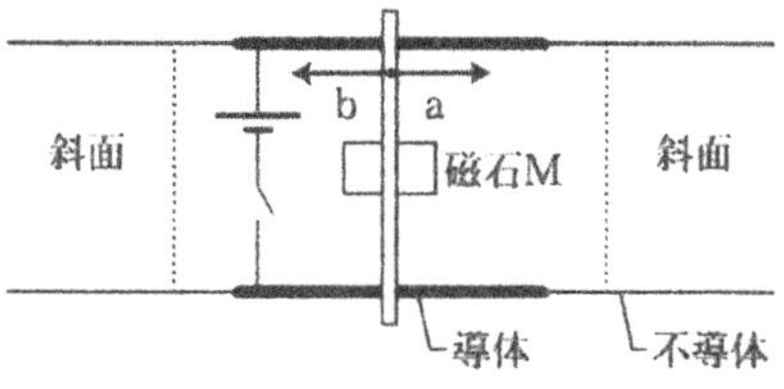

図5

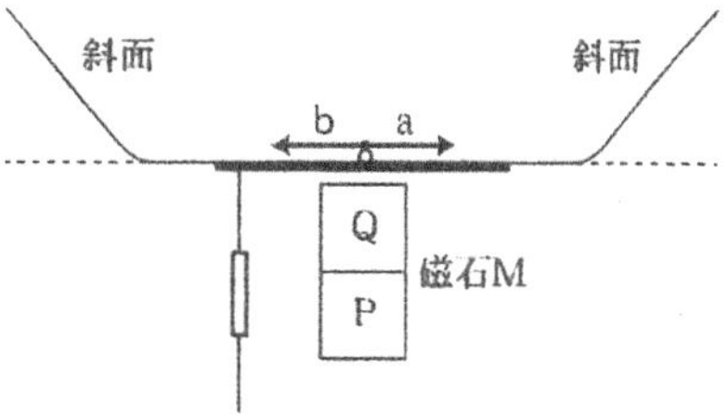

図6

また，レールや金属棒のまさつや抵抗は無視できるものとし，金属棒が動くときはレールに対して常に直角を保つものとする。［実験１］を行った後に，［実験２］をおこなった。

［実験１］

スイッチを入れ，金属棒が導体部分から離れた瞬間にスイッチを切ったところ，金属棒はレール端部の斜面を上り始め，ある高さまで上った。

(3) 金属棒は図（前のページ）のａとｂ，どちらの向きに進むか答えなさい。

(4) スイッチを切ってからの経過時間と金属棒のもつ力学的エネルギーとの関係を，**ア**～**オ**のグラフから一つ選び，記号で答えなさい。

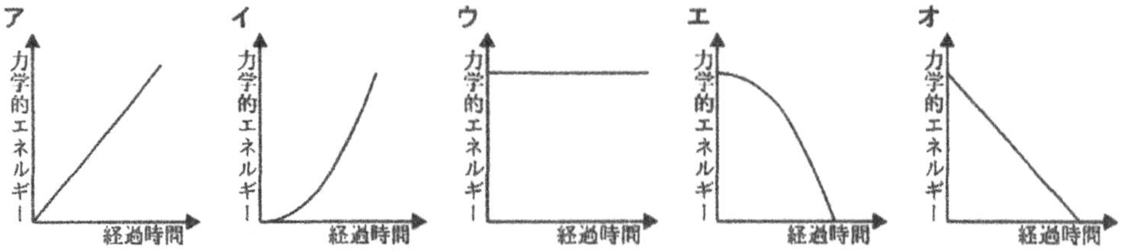

(5) 斜面を上った後の金属棒の動きはどうなるか。次の**ア**～**エ**から一つ選び，記号で答えなさい。

ア．斜面のある高さの位置にとどまっている。

イ．斜面を下り始め，水平面内の不導体部分で減速する。

ウ．斜面を下り始め，水平面内の導体部分で減速する。

エ．斜面を下り始め，反対側の斜面まで減速しない。

［実験２］

前のページの図４の状態に戻してからスイッチを入れ，金属棒が導体部分から離れてもスイッチを切らなかったところ，金属棒はレール端部の斜面を上り始めある高さまで上った。

(6) 斜面を上った後の金属棒の動きはどうなるか。次の**ア**～**エ**から一つ選び，記号で答えなさい。

ア．斜面のある高さの位置にとどまっている。

イ．斜面を下り始め，水平面内の不導体部分で減速する。

ウ．斜面を下り始め，水平面内の導体部分で減速する。

エ．斜面を下り始め，反対側の斜面まで減速しない。

2 Mg^{2+}，Zn^{2+}，Cu^{2+}それぞれを含む水溶液を用意し，その中にMg板，Zn板，Cu板をそれぞれ入れたときの様子を観察した。下は，実験結果を表にまとめたものである。

	Mg 板	Zn 板	Cu 板
Mg^{2+}を含む水溶液（無色）	変化なし	変化なし	変化なし
Zn^{2+}を含む水溶液（無色）	金属板がうすくなり，①黒い物質が付着した。	変化なし	変化なし
Cu^{2+}を含む水溶液（青色）	金属板がうすくなり，②赤い物質が付着した。	金属板がうすくなり，赤い物質が付着した。	変化なし

(1) 下線部①黒い物質，②赤い物質はそれぞれ何だと考えられるか。化学式で答えなさい。

(2) 前のページの実験結果より，Mg，Zn，Cuをイオンになりにくい順に左から並べるとどうなるか。次の**ア**～**カ**から一つ選び，記号で答えなさい。

ア．Mg　Zn　Cu　　**イ**．Mg　Cu　Zn　　**ウ**．Zn　Mg　Cu

エ．Zn　Cu　Mg　　**オ**．Cu　Mg　Zn　　**カ**．Cu　Zn　Mg

(3) Ag（銀）は前記３つのどの金属よりもイオンになりにくいことが知られている。Cu^{2+}を含む水溶液にAg板を入れると，どのような変化が起きるか。次の**ア**～**エ**から一つ選び，記号で答えなさい。

ア．金属板がうすくなり，黒い物質が付着する。

イ．金属板がうすくなり，白い物質が付着する。

ウ．金属板がうすくなり，赤い物質が付着する。

エ．変化なし。

金属のイオンへのなりやすさの違いを利用したものにダニエル電池がある。

図のように，セロハンをはさんだ容器に硫酸亜鉛水溶液（Zn^{2+}を含む水溶液）と硫酸銅水溶液（Cu^{2+}を含む水溶液）を入れ，Zn板とCu板をそれぞれに浸し，電子オルゴール（特定の向きに電流を流すと音が鳴る）をつなぐと鳴った。この電池を電池Aとする。

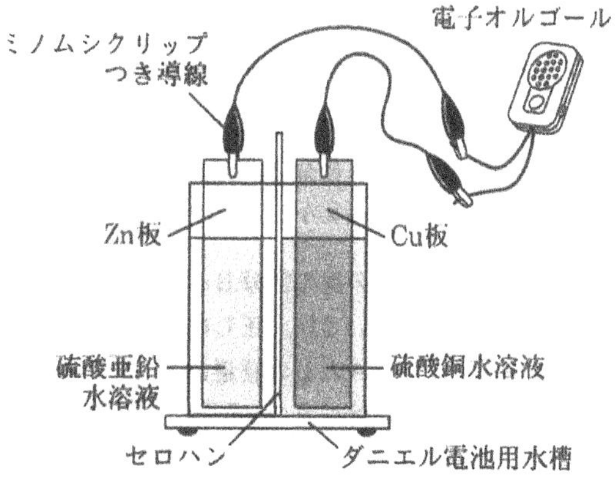

このとき，Zn板･Cu板では次のような反応が起きている。

【Zn板】$Zn \rightarrow Zn^{2+} + 2e$

【Cu板】$Cu^{2+} + 2e \rightarrow Cu$

上記の化学反応式で表されるように，Zn原子１個はZn^{2+}に変化する際，２個の電子を放出する。また，Cu^{2+}１個はCu原子に変化する際，２個の電子を受け取る。この２つの反応を合わせ，電池A全体の反応を化学反応式で表すと，次のようになる。

$Zn + Cu^{2+} \rightarrow Zn^{2+} + Cu$

(4) 電池Aに関する次の**ア**～**エ**の記述のうち，**誤り**を含むものを一つ選び，記号で答えなさい。

ア．放電を続けると，硫酸銅水溶液の青色がうすくなる。

イ．硫酸銅水溶液の濃度を高くすると，電子オルゴールは長時間鳴るようになる。

ウ．Cu板の代わりにMg板，硫酸銅水溶液の代わりに硫酸マグネシウム水溶液を使っても，電子オルゴールの音は鳴る。

エ．この電池は，Cu板が正極，Zn板が負極である。

(5) Cu板の代わりにAg板，硫酸銅水溶液の代わりに硝酸銀水溶液（Ag^{+}を含む水溶液）を用いて，同様の電池を作った。この電池を電池Bとする。電池B全体の反応を化学反応式で書きなさい。

(6) 原子１個あたりの質量を比較すると，Ag原子の質量はCu原子の約1.7倍である。電池Aと電池Bをそれぞれ同じ電子オルゴールにつなぎ，しばらく鳴らした後にZn板の質最を測定したところ，電池A･電池Bともに同じ質量だけ減少していた。このとき，電池BのAg板の質量の増加量は，電池ＡのCu板の質量の増加量の何倍になるか。次の**ア**～**カ**から最も適当なものを一つ選び，記号で答えなさい。

ア．0.29倍　　**イ**．0.59倍　　**ウ**．1.0倍　　**エ**．1.7倍　　**オ**．3.4倍　　**カ**．6.8倍

3　生物の成長とふえ方について次の文章Ⅰ・Ⅱを読み，以下の問いに答えなさい。

Ⅰ．タマネギの根の成長の観察を行った。図のように，伸びた一本の根を先端Ａとその次の部分Ｂに分け，顕微鏡で観察した。その後，Ａの中に含まれる細胞の様子ａ～ｅをスケッチした。

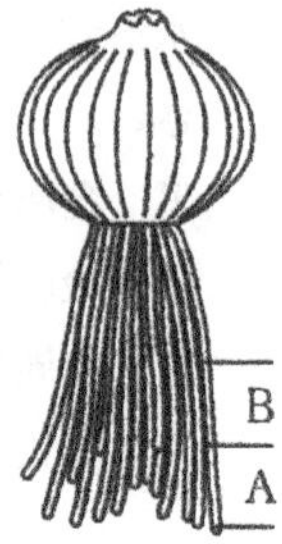

(1)　根の先端Ａとその次の部分Ｂを切り取って，そこに含まれる細胞数を調べた時，どうなっているか。正しいものを次の**ア**～**エ**から一つ選び，記号で答えなさい。ただしＡとＢの質量は等しいものとする。

ア．Ａの細胞数は，Ｂの細胞数よりも多い。

イ．Ｂの細胞数は，Ａの細胞数よりも多い。

ウ．Ａの細胞数とＢの細胞数は，ほぼ同じである。

エ．Ａの方が多い時もあれば，Ｂの方が多い時もある。

(2)　下のａ～ｅに関する説明として正しいものを，次の**ア**～**エ**から一つ選び，記号で答えなさい。

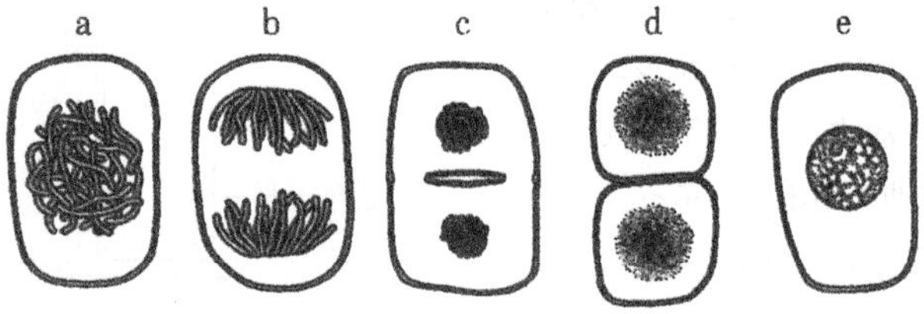

ア．この図を細胞分裂の順番に並べると，ａ→ｂ→ｃ→ｄ→ｅとなる。

イ．ｅのときに染色体の複製が起こる。

ウ．ｂとｄでは細胞内に存在する染色体の量は等しい。

エ．このような分裂を減数分裂という。

(3)　生物の子孫の残し方に関する説明として正しいものを，次の**ア**～**エ**から一つ選び，記号で答えなさい。

ア．セイロンベンケイソウはもともと葉をつくっていた細胞が減数分裂をすることでなかまを増やすことができる。

イ．ゾウリムシは体の一部から芽が出るようにふくらみ，それが新しい個体になる。

ウ．ヒドラは体が同形同大のふたつに分裂し，新しい個体をつくる。

エ．植物の根・茎・葉から新しい個体ができることを，栄養生殖という。

(4)　植物の有性生殖に関する説明として正しいものを，次の**ア**～**エ**から一つ選び，記号で答えなさい。

ア．被子植物では，花粉管の中の精子が，胚珠の中の卵と合体して受精する。

イ．被子植物では受精卵は分裂して胚になり，胚を含む胚珠全体が種子になる。

ウ．被子植物では，柱頭に花粉が付き，花粉が移動して受精する。

エ．裸子植物では，胚珠が子房に包まれている。

Ⅱ．ある植物の花の色には黄色と白色がある。この植物Ａ～Ｊを掛け合わせて得られた子の代の花の色を調べたところ，表１のとおりになった。次の問いに答えなさい。

表１

親	黄色の花：白色の花
Ａ×Ｂ	0：582
Ｃ×Ｄ	453：148
Ｅ×Ｆ	302：101
Ｇ×Ｈ	301：298
Ｉ×Ｊ	603：0

(5)　遺伝の規則性に関する説明として正しいものを，次の**ア**～**エ**から一つ選び，記号で答えなさい。

ア．形質は細胞の核の中にある染色体に存在する。

イ．親，子，孫と代を重ねても同じ形質になる場合，これらをその形質の純系という。

ウ．形質の本体はＤＮＡという物質である。

エ．顕性（優性）の形質を示す両親から潜性（劣性）の形質を示す子が生まれたり，潜性（劣性）の形質を示す両親から顕性（優性）の形質を示す子が生まれたりすることはない。

※(6)，(7)は問題不備のため，全員正解としました。

4　図１は，ある地域の地形をあらわしている。図中の実線は等高線をあらわし，数字は海面からの高さをあらわしている。図２は，図１のＡ～Ｃの各地点の柱状図である。この地域はある傾きをもって平行に堆積しており，しゅう曲や断層はないものとする。また，この付近の地層に南北の傾きはないものとする。

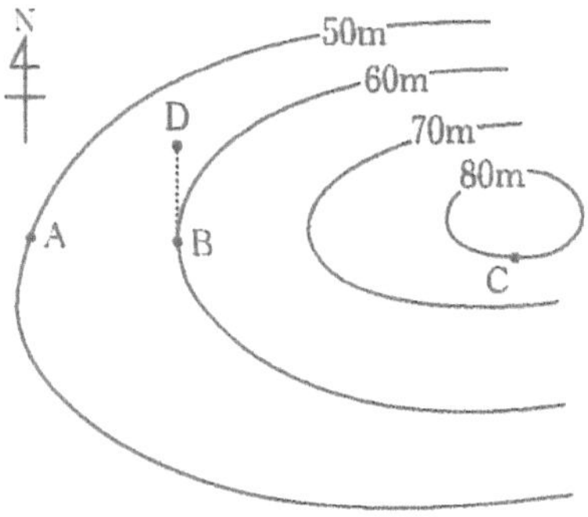

図１

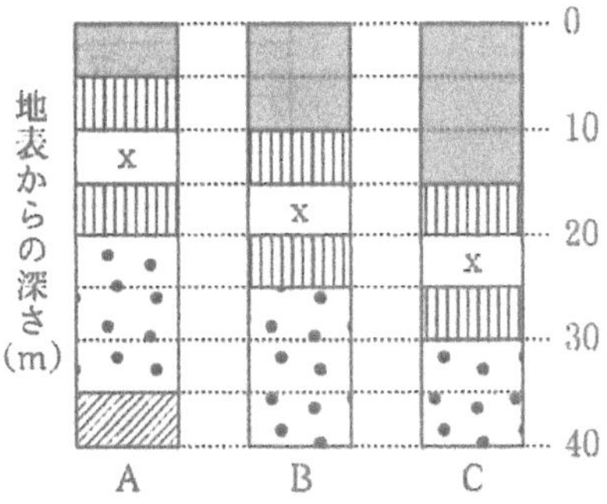

図２

(1)　この地域の地層は，東西どちらの方角に向かって低くなっているか答えなさい。

(2)　海面からの高さ55mの地点Ｄでｘが観察される地表からの深さは何mか答えなさい。

(3)　ｘは火山噴出物が堆積してできた岩石の層である。この岩石を何というか，漢字で答えなさい。

(4)　ｘを顕微鏡で観察すると，主に４種類の鉱物が観察された。各鉱物の割れ方として適したものを**ア**～**エ**から一つずつ選び，記号で答えなさい。

鉱物	石英	長石	黒雲母	角閃《かくせん》石
割れ方	①	決まった方向に割れる	②	③

ア．柱状に割れやすい　　**イ**．決まった方向に薄くはがれる

ウ．決まった方向に割れる　　**エ**．不規則に割れる

⑸　ある層に含まれる花こう岩を拡大してみると，主に４種類の鉱物が観察された。それぞれの鉱物の融点（固体から液体になる温度）を表に示してある。

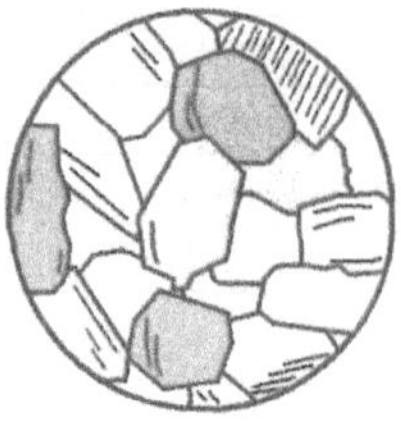

図３

表

鉱物	融点（℃）
石英	1100
カリ長石	1100
斜長石	1300
黒雲母	1200

①　花こう岩は，図３のようにほぼ同じ大きさの結晶が組み合わさっていた。このようなつくりを何というか，漢字で答えなさい。

②　マグマが冷えて花こう岩になるとき，最初に固まる鉱物は何か．次の**ア**～**キ**から一つ選び，記号で答えなさい。

ア．石英　**イ**．カリ長石　**ウ**．斜長石　**エ**．黒雲母　**オ**．石英とカリ長石
カ．カリ長石と斜長石　**キ**．石英とカリ長石と斜長石

【社　会】（理科と合わせて60分）　＜満点：75点＞

Ⅰ　次の文章は歴史上の人物が自分の説明をしたものです。これを見て以下の問に答えなさい。

A　私は室町幕府を滅ぼし，その他敵対する有力大名を打ち破りました。またⅰ近江国に壮大な城を築き，天下統一のための拠点としました。その志半ばで家臣に背かれ（　a　）でその生涯を終えました。

B　私は将軍家斉の時，老中として農村の復興と政治の引き締めに取り組みました。昌平坂学問所を設け，そこで人材の育成を図るなどⅱ学問を推奨しました。このような動きは（　b　）の改革と呼ばれています。ただ，人々の生活に対する厳しい取り締まりのためⅲ不満が高まりました。

C　私は資本主義経済が行き詰まり，多くの問題を発生させると考えました。『資本論』を著し，労働者階級の団結によって（　c　）主義が実現できると主張しました。

D　大坂（大阪）で陽明学を教えていた私は飢饉により困窮している人々を救おうとしない役所に対し挙兵しました。奉行所の元役人であった私の挙兵は幕府などに衝撃を与えたとされます。

E　私は独立戦争で総司令官を務め，ⅳ敵国との戦いに勝利しました。その後成立したアメリカ合衆国の初代大統領となりました。

1　Aに該当する人物の説明として述べた①～③のうち1つ正しければ**ア**，2つ正しければ**イ**，全て正しければ**ウ**，全て誤っていれば**エ**と答えなさい。

①　比叡山延暦寺を焼き討ちするなど仏教勢力とも戦った。

②　支配地には楽市楽座を実施するなど大胆な経済政策を行った。

③　桶狭間の戦いでは鉄砲を大量に使用し，武田氏を打ち破った。

2　下線部ⅰに該当する城の説明として述べた①～③のうち1つ正しければ**ア**，2つ正しければ**イ**，全て正しければ**ウ**，全て誤っていれば**エ**と答えなさい。

①　世界遺産にも登録されており，「白鷺城」とも呼ばれている。

②　天守閣を持つ最古の城として観光名所となっている。

③　この城の所有をめぐって西南戦争の際には西郷軍と政府軍との争いが起こった。

3　（a）を漢字3文字で答えなさい。

4　下線部ⅱに該当する学問を次から選んで記号で答えなさい。

ア　陽明学　　**イ**　朱子学　　**ウ**　国学　　**エ**　蘭学

5　（b）に該当する語句を漢字で答えなさい。

6　下線部ⅲを表した歌を次から選んで答えなさい。

ア　この世をば　我が世とぞ　思う望月の　欠けたることも　なしと思えば

イ　泰平の　眠りを覚ます　上喜撰　たった四はいで　夜も眠れず

ウ　白河の　清きに　魚住みかねて　もとの田沼の　濁り恋しき

エ　東風吹かば　匂いおこせよ　梅の花　あるじなしとて　春な忘れそ

7　Cに該当する人物を次から選んで記号で答えなさい。

ア　フェノロサ　　**イ**　ハリス　　**ウ**　マルクス　　**エ**　ラクスマン

8　（c）に該当する語句を次から選んで記号で答えなさい。

ア　社会　　**イ**　市場　　**ウ**　独占　　**エ**　利己

9　Dの人物を次から選んで記号で答えなさい。

ア　田沼意次　　**イ**　伊能忠敬　　**ウ**　間宮林蔵　　**エ**　水野忠邦

オ　大塩平八郎　　**カ**　由井正雪

10　Dの人物は主に19世紀に活躍した人物です。19世紀に起こった世界の出来事として述べた①～④のうち１つ正しければ**ア**，２つ正しければ**イ**，３つ正しければ**ウ**，全て正しければ**エ**，全て誤っていれば**オ**と記号で答えなさい。

①　イギリスでは議会が国王を退位させる名誉革命が起こった。

②　中国で辛亥革命が起こり，中華民国が成立した。

③　奴隷制度をめぐりアメリカでは南北戦争が起こった。

④　アヘン戦争で敗れた清は南京条約を結んだ。

11　下線部ⅳに該当する国の説明として述べた①～④のうち１つ正しければ**ア**，２つ正しければ**イ**，３つ正しければ**ウ**，全て正しければ**エ**，全て誤っていれば**オ**と記号で答えなさい。

①　世界で最初に産業革命が起こり，「世界の工場」と呼ばれた。

②　1902年にはロシアの南下政策を警戒し，日本と軍事同盟を結んだ。

③　江戸時代末期に開国した日本の貿易相手の中心国となった。

④　東インド会社に雇われていたインド人兵士が反乱したが，これを鎮圧しインドを直接支配した。

Ⅱ　次の表を見て以下の問に答えなさい。

各国の主な言語

国名	主な言語(公用語・国語)	国名	主な言語(公用語・国語)
イラク	（　①　）	ⅰアルゼンチン	（　②　）語
フィリピン	フィリピノ語	ⅰメキシコ	（　②　）語
ドミニカ共和国	（　②　）語	ⅰキューバ	（　②　）語
モロッコ	（　①　）	ⅰブラジル	（　③　）語

世界のおもな言語人口（2018）

言語名	言語人口（100万人）
中国語	1311
（　②　）語	460
英語	379
ⅱヒンディー語	341
（　①　）	319
（　③　）語	221
日本語	128

1　前のページの表中の（①）に入る言語名を次から選んで記号で答えなさい。

ア　マレー語　　**イ**　オランダ語　　**ウ**　アラビア語　　**エ**　ケチュア語

2　表中の（②）（③）に入る国名の組み合わせとして正しいものを次から選んで記号で答えなさい。

ア　②イタリア　③スペイン　　**イ**　②スペイン　　③ポルトガル

ウ　②スペイン　③オランダ　　**エ**　②ポルトガル　③イタリア

3　下線部ｉの国々はアメリカ大陸もしくはその付近にある国にもかかわらずヨーロッパの言語を用いている。この理由について次のａ～ｂの文章の正誤の組み合わせとして正しいものを選んで記号で答えなさい。

ａ　ヨーロッパの国家を形成した民族の出身地が下線部ｉの国々であるから。

ｂ　16世紀ごろからヨーロッパの国が下線部ｉの地域を植民地化したから。

ア　ａ　正　ｂ　正　　**イ**　ａ　正　ｂ　誤

ウ　ａ　誤　ｂ　正　　**エ**　ａ　誤　ｂ　誤

4　表中の下線部ⅱについて，この言語を憲法公認語としている国名を次から選んで記号で答えなさい。

ア　インド　　**イ**　ラオス　　**ウ**　フィリピン　　**エ**　バングラデシュ

Ⅲ　次の表は日本の各県についてまとめたものである。これを見て以下の問に答えなさい。

A県	・県南部では真珠の養殖が行われている。また茶や肉牛の生産も盛んである。 ・県北部の工業地帯ではかつてｉ公害が発生した。
B県	・1918年にはこの地で起こった運動をきっかけにして米騒動が全国へ波及した。 ・産業では稲作やチューリップの栽培が盛んであり、製薬業も古くからある。
C県	・内陸の盆地ではもも、洋なしなどを栽培している。 ・2011年の大震災ではこの県にあった原子力発電所が大きな被害を受けた。
D県	・県庁所在地は別名「杜の都」と呼ばれている。 ・平野部では稲作が盛んでササニシキやひとめぼれなどのブランド米を生産している。
E県	・幕末から明治にかけて、この地出身のⅱ維新の志士たちが活躍した。 ・県全土に広がる火山灰土の（　ⅲ　）台地で農業が行われている。
F県	・弥生時代のものとされる吉野ケ里遺跡があり、邪馬台国との関係性が指摘されている。 ・有明海ではのりの養殖が行われており、ⅳ伝統産業では焼き物が有名である。

1　下線部ｉについてこの県で起こった公害の説明として述べた文のうち正しいものを一つ選んで記号で答えなさい。

ア　工業排水に含まれていたメチル水銀が原因で発生した。

イ　神通川流域の住民が被害を受け，1960年代後半に提訴された。

ウ　この公害はぜんそくをはじめとする呼吸器障害の被害が多い。

エ　鉱毒を含む廃水が渡良瀬川に流出し，流域の住民が被害を受けた。

2　下線部ⅱについて下の語群にこの県の出身者は何人いるか，算用数字で答えなさい。

【語群】木戸孝允　坂本竜馬　西郷隆盛　大隈重信　福沢諭吉　板垣退助　大久保利通

3　（ⅲ）に該当する語句を次から選んで記号で答えなさい。

ア　カルスト　　**イ**　カルデラ　　**ウ**　リアス　　**エ**　シラス

4　下線部ⅳに該当するこの県の伝統産業を次から選んで記号で答えなさい。

ア　信楽焼　　**イ**　有田焼　　**ウ**　常滑焼　　**エ**　九谷焼　　**オ**　清水焼

5　次の①～③の文章を追加する場合それぞれどの県に該当するか，Ａ～Ｆの記号で答えなさい。どの県にも該当しない場合は×と答えなさい。

①　東京に近いことから，郡山市やいわき市には工業団地がある。

②　この県の中央を流れる吉野川は「四国三郎」という異名を持つ。

③　この県にある五箇山の合掌造り集落は世界文化遺産に登録されている。

Ⅳ　次の表は選挙制度とその特色をまとめたものである。これを見て以下の問に答えなさい。

選挙区制	特色
小選挙区	・（　Ａ　） ・ⅰ死票が多い
大選挙区	・死票が比較的少ない。 ・少数派も代表をおくることができる。
比例代表	・（　Ｂ　） ・小党分立で政局が不安定になりやすい。

1　（Ａ）（Ｂ）に該当する組み合わせとして正しいものを次から選んで記号で答えなさい。

ア　Ａ　一選挙区で２人以上が議席を得る。　　Ｂ　政党が提出した名簿から議員が選ばれる。

イ　Ａ　一選挙区で２人以上が議席を得る。　　Ｂ　過半数の票を得た政党が議席を独占する。

ウ　Ａ　一選挙区で１人が議席を得る。　　Ｂ　得票数に応じて各政党が議席を得る。

エ　Ａ　一選挙区で１人が議席を得る。　　Ｂ　過半数の票を得た政党が議席を独占する。

2　下線部ⅰの「死票」について，次の語句を使用して句読点を含み20文字以内で説明しなさい。

【候補者】

後三年の役のこと。出羽の清原武貞の子の家衡と武貞の義理の子清衡との争い。家衡には叔父の武衡、清衡には源義家が加担した。

＊7　くつばみをおさへて…馬のくつわをおさえて、馬をとどめて

【問一】　波線部ア～オのうち、主語が他と異なるものを一つ選び、その記号を書きなさい。

【問二】　傍線部①「かかる事」とあるが、それは何か。古文中からその部分の最初と最後の二字を抜き出して書きなさい。

【問三】　傍線部②「やがて弟子になりて」とは、誰が、誰の弟子になったのか。次の文の空欄に合うように、後の選択肢からそれぞれ選び、その記号を書きなさい。

［1］が［2］の弟子になった。

ア　義家　　イ　宇治殿　　ウ　匡房卿　　エ　郎等

【問四】　傍線部③「将軍あやしみて」とあるが、それはなぜか。最も適当なものを次の中から選び、その記号を書きなさい。

ア　雁が義家らのいる方向へ飛んできたから。
イ　雁が匡房とともに急いで帰って行ったから。
ウ　匡房のこれまでの指示になかったことだから。
エ　匡房から以前聞いていた状況に重なったから。
オ　敵を昼夜問わずに攻撃中のことであったから。

【問五】　傍線部④「手」とはどのようなことを意味するか。同じ意味で使われている慣用句として、最も適当なものを次の中から選び、その記号を書きなさい。

ア　仕事が忙しくて、もっと手が要《い》る。
イ　彼の料理は、手が込んでいる。
ウ　客へのおもてなしが細かな所に手が届く。
エ　店を大きくして商売の手を広げる。
オ　欲しくても高価な商品には手が出ない。

【問六】　傍線部⑤「かねてさとりぬる事」とあるが、それは何か。古文中から答えにあたる一文を抜き出し、最初の三字を書きなさい。

【問七】　空欄［A］には義家の言葉が入る。その言葉の現代語訳として、最も適当なものを次の中から選び、その記号を書きなさい。

ア　家来たちが率先して行動しなかったら、わが軍は負けていたであろう。
イ　敵がこれほど抵抗しなかったら、わが軍はもっと早く勝てたであろう。
ウ　宇治殿のご配慮がなかったら、勝ち進むことはできなかったであろう。
エ　将軍が敵の弱点を見抜けなかったら、勝つことはできなかったであろう。
オ　江帥の教えである一言がなかったら、わが軍は危なかったであろう。

【問八】　本文は鎌倉時代の作品である。同じ時代の作品を次の中から全て選び、その記号を書きなさい。

ア　竹取物語　　イ　枕草子　　ウ　方丈記
エ　おくのほそ道　　オ　徒然草

イ　自己中心的な考え方が広まったのは、若者がスマホやSNSを多用するようになったからで、そのために歴史的な価値観や今までの社会にあった伝統的なものが失われてしまうのではないかという危惧。

ウ　スマホやSNSの開発者たちは広告主の要求を実現しようとするあまり、脳のメカニズムがハッキングされ、機械に依存しなければ生きていけない人たちばかりを多く作りだしてしまうのではないかという危惧。

エ　人びとの注目を集めるためにアプリに様々な仕掛けを施し、脳のドーパミンを異常に発生させた結果、これまで以上にスマホやSNSにのめり込む人が増え、これまでの社会の機能の破壊にもつながるのではないかという危惧。

二

次の文章を読んで、後の問いに答えなさい。ただし問題の都合上、本文を一部改変しています。（＊のことばには文末に注があります。）

＊1同じ朝臣《あそん》、＊2十二年の合戦の後、＊3宇治殿へア参りて《参上して》、たたかひの間の物語イ申しける《申し上げたのを》を、＊4匡房卿《まさふさきやう》よくよく聞きて、器量は賢き武者なれども《力量は確かな武者であるが、》、なほ軍《いくさ》の道をば《やはり戦《いくさ》の道理を》知らぬと《知らないと》、独りごとにいはれけるを《おっしゃったのを、》、義家の郎等《らうどう》《家来》聞きて、けやけき事をのたまふ人かなと《妙なことをおっしゃる人だなと思った》ウ思ひたりけり。

さるほどに《そのうちに》、＊5江帥《がうそつ》いでられけるに《おでかけなさって、》、やがて義家も《つづいて義家も》エ出でけるに《出かけた時に、》、郎等、①かかる事を《このような事を》こそのたまひつれと《おっしゃったと》語りければ、定めて様《やう》あらんと《きっと訳があるのだろうと》オいひて、車に乗られける所へ《匡房が車にお乗りになった》進みよりて、会見せられけり《会って挨拶をなさった》。②やがて《そのまま》弟子になりて、それより常にまうでて学問せられけり《参上して軍略に関する講義をお聞きになった》。

その後、＊6永保の合戦の時、金沢の城を攻めけるに、一行《ひとつら》の雁飛びさりて《列をなした雁の群れ》、刈田《かりた》の面におりんとしけるが《降りようとしたが、》、俄《には》かにおどろきて《急に驚いて》、つらをみだりて《列を乱して》飛び帰りけるを、③将軍あやしみて《義家は疑わしく思って》、＊7くつばみをおさへて、先年江帥の教へ給へる事あり《教えなさったことがあった》。それ《そもそも》軍、野に伏す時は、飛雁《ひがん》つらをやぶる《列をみだす》。この野にかならず敵伏したるべし。からめ手をまはすべきよし、下知《げち》せらるれば《背後をつく一隊を派遣せよという内容を命ぜられたので、》、④手をわかちて三方をまく時《三方から取り巻く時、》、あんのごとく《案の定》三百余騎をかくし《隠し》置き《置いて》たりけり《いた》。両陣みだれあひてたたかふ事限りなし《敵味方乱れて果てしなく戦いつづけた。》。されども、⑤かねて《事前に》さとりぬる事なれば《さとっていた事なので、》、将軍のいくさ《将軍の戦いは》勝《かつ》に乗りて、武衡《たけひら》等がいくさ破れにけり《武衡らは戦いに敗れた。》。

　A　とぞいはれける《おっしゃった》。

（「古今著聞集」）

（注）
＊1　**同じ朝臣**…源義家を指す。平安時代後期の武将。
＊2　**十二年の合戦**…平安時代後期に、東北地方で起こった戦いである、前九年の役のこと。
＊3　**宇治殿**…藤原頼通のこと。平安時代後期に摂政・関白を務めた。
＊4　**匡房卿**…大江匡房のこと。平安時代後期の貴族、学者。博識で天皇にも学問上の師として仕えた。
＊5　**江帥**…大江匡房のこと。
＊6　**永保の合戦**…平安時代後期に、東北地方で起こった戦いである、

てはまるものを一つ選び、その記号を書きなさい。

ア　うつに苦しむ人や離婚で悲しんでいる人の状況に身を置こうとする。

イ　独りで閉じこもり、顔の見えないコミュニケーションばかりで一日を過ごす。

ウ　ＳＮＳによって世界中の人とつながることで、視野が広がり、自分以外の人の生活を知る。

エ　事故に出くわしたとき、救助するより撮影することを優先する。

【問六】　空欄 B に当てはまる語句を本文中から三字で抜き出して書きなさい。

【問七】　傍線部④「そこ」の指し示す内容を、本文中から抜き出して書きなさい。

【問八】　空欄 C に当てはまる語句として最も適当なものを、次の中から選び、その記号を書きなさい。

ア　口　　イ　目　　ウ　頭　　エ　喉《のど》　　オ　胸

【問九】　空欄 D ～ F に当てはまる語句を次の中からそれぞれ選び、その記号を書きなさい。

ア　だが　　イ　つまり　　ウ　だから

エ　そして　　オ　もしも

【問十】　傍線部⑤「私たちの注目を勝ち取るべく、脳のドーパミンのシステムをハッキングする」とあるが、それは何を目的としているのか。「～とするため」に続くようにその理由となる部分をⅢの段落から十字以内で抜き出して書きなさい。

【問十一】　空欄 G に当てはまる語句をⅢの段落から抜き出して書きなさい。

【問十二】　傍線部⑥「無料で使えてラッキーと思っていたら、大間違いなのだ」とあるがそれはなぜか。その理由として最も適当なものを次の中から選び、その記号を書きなさい。

ア　アプリ自体は無料だが、実はそれを使うことで無意識に購買意欲が喚起されてしまうから。

イ　無料のアプリには、様々な課金のシステムがあり、知らず知らずお金を使っているから。

ウ　自由にメッセージや画像をシェアしても、デジタル承認欲求が満足されるとは限らないから。

エ　無料のアプリには企業の様々な仕掛けが施してあり、いつのまにか損をする行動を取ってしまうから。

【問十三】　Ⅳの段落には次の一文が抜けている。どこに入れるのが適当か。直前の四字を抜き出して書きなさい。

◎だが、私はそれは間違っていると思う。

【問十四】　傍線部⑦「そう考えるのは私だけでなく、シリコンバレーの巨人たちも、自社の製品への後悔の念を露わにしている」とあるが、筆者は自分と「シリコンバレーの巨人たち」はどのような危惧をしていると考えているか。最も適当なものを次の中から選び、その記号を書きなさい。

ア　スマホやＳＮＳに依存することで脳のメカニズムが破壊され、他人の気持ちを理解しづらくなったり、不必要に購買意欲が高まったりして、いずれ人間社会に争いごとが増えるのではないかという危惧。

テクノロジーがどのようにデザインされているかを気にしても無駄だと主張する人々もいる。テクノロジーはテクノロジーなのだから、人間のほうが慣れるしかないのだと。テクノロジーは、好き嫌いにかかわらず受け入れるしかない天気とは違う。テクノロジーのほうが私たちに対応するべきであって、その逆ではないはずだ。スマホやSNSは、できるだけ人間を依存させるよう巧妙に開発されている。そうではない形に開発されてもよかったわけだし、今からでも遅くはない。もっと違った製品が欲しいと私たちが言えば、手に入るはずなのだ。

スマホに夢中になるあまり、周りで何が起きているのかさえ気づかないような人を街で見かけることがある。「スマホを支配しているのはあの人なのか、それともスマホがあの人を支配しているのか?」⑦そう考えるのは私だけでなく、シリコンバレー＊5の巨人たちも、自社の製品への後悔の念を露《あら》わにしている。特にSNS関係でそれが顕著だ。フェイスブックの元副社長のチャマス・パリハピティヤはあるインタビューで、「SNSが人々に与えた影響を悔いている」と発言した。「私たちが作りだしたのは、d短絡的なドーパミンを原動力にした、永遠に続くフィードバックのループ＊6だ。それが既存の社会機能を壊してしまった。」フェイスブックで初代CEOを務めたショーン・パーカーも、同社が人間の心の＊7脆弱性《ぜいじゃくせい》を利用したと明言している。彼もまた、こう言わずにはいられなかった。「子どもの脳への影響は神のみぞ知る。」

（アンデシュ・ハンセン『スマホ脳』）

（注）
＊1 **ドーパミン**……快感、やる気、学習能力、運動機能や記憶力といった働きを司る「報酬系」と言われる神経伝達物質。
＊2 **ハードカレンシー**……交換可能通貨。米ドル・ユーロ・円などをさす。
＊3 **ハッキング**……情報システムやソフトウェアの動作などを解析したり改造したりすること。
＊4 **スナップチャット**……登録した個人やグループに向けて画像などを投稿するSNSアプリ。
＊5 **シリコンバレー**……カリフォルニア州のパル・アルト市、サン・ノゼ市などIT関連企業が集中する地域のこと。
＊6 **ループ**……何度も同じことが繰り返されること。
＊7 **脆弱性**……もろくて弱い性質または性格。

【問一】 二重傍線部a～dのカタカナを漢字に直し、漢字はその読みをひらがなで書きなさい。

【問二】 傍線部①「その苦しみが『抽象的』なほど、脳にとっては複雑な作業になる」とあるが、この文の主語にあたる内容を、本文から六字で抜き出して書きなさい。

【問三】 傍線部②「ようだ」と同じ働きのものを次の中から一つ選び、その記号を書きなさい。

ア 数学、物理のような計算をする科目は大嫌いだ。
イ 私は父のような堅実な人になりたい。
ウ 初めて会ったはずなのに、あたかも親友のように接してくれた。
エ 一所懸命練習したはずなのに、どうやら失敗したようだ。

【問四】 空欄 A に当てはまる語句を同じ形式段落の中から四字で抜き出して書きなさい。

【問五】 傍線部③「私たちは80年代末よりもナルシストになっているようだ」とあるが、次の中から本文における「ナルシスト」の行動に当

Ⅲ自動車メーカーは、常に車の性能を向上させ、安全で環境に優しく、[D] 値段も抑える努力をしなければならない。その流れについていけないメーカーは、遅かれ早かれ経営危機に陥る。一方、フェイスブック他のSNSにとっての最大の財産は、あなたの注目だ。[E] それをうまく引きつけるような製品を作らなくてはならない。でないとそのうち潰《つぶ》れてしまうのは目に見えている。[F] あなたの注目は*2手堅い通貨《ハードカレンシー》のようなもので、デジタル軍拡競争は日々激しさを増している。アプリやスマホ、ゲームやSNSの作り手はメカニズムにさらに磨きをかけ、数々の雑音を潜り抜けてあなたの頭の中に入ってこようとする。⑤私たちの注目を勝ち取るべく、脳のドーパミンのシステムを*3ハッキングするのがますます上手になっている。

スマホのアプリを見てほしい。色鮮やかで、アイコンはシンプルではっきりしている。まるでスロットマシーンのように見えるのは偶然ではない。どの色が目を引くのかを行動学者がじっくりと研究した結果だ。「スナチャ」と呼ばれる*4スナップチャットはスロットマシーンを真似ていて、新しい画像や通知を見たければ、スクリーンを下に引っ張らなくてはいけない。おまけに更新されるのに1秒くらいかかる。まさにスロットマシーンのバーを引くときのように。「チェリーが3つ揃いますように！」それでどうなるかというと、不明確な結果に対する脳の偏愛が作動するのだ。

ツイッターにも独自のテクニックがある。スマホでアプリを立ち上げると、青い画面の中で白い鳥が何度か羽ばたいて、スクリーンを埋め尽くすほど大きくなる。それから突然、ツイートがすべて現れる。これはログインに時間がかかるわけでも、接続状態が悪いせいでもない。待たせることでスリルを増加させているのだ。この遅れは、あなたの脳の報酬システムを最大限に煽《あお》るよう入念に計算されている。SNSのプッシュ通知やチャットの着信音がどれも似たような音なのも偶然ではない。友達がチャットを送ってきたと思わせ、社会的な関わりを求める脳の欲求をハッキングしているのだ。実際には、あなたに何かを買わせようとしているのかもしれないのに。

フェイスブック、スナップチャット、ツイッター各社の製品は、あなたが自由にメッセージや画像をシェアし、デジタル承認欲求を満たすプラットフォームそのものではない。「[G]」こそが、彼らの製品なのだ。それを様々な広告主に転売できるよう、メッセージや画像、デジタル承認を使って注目を引く。⑥無料で使えてラッキーと思っていたら、大間違いなのだ。

Ⅳ「私たちの注目」がそんなにお金になるなら、将来的には、さらに巧妙に注目を引きつけるようなスマホやSNSが生まれるのだろうか。数年後の私たちは、7〜8時間画面を見つめ、社会的接触をすべてデジタルに置き換えているのだろうか。それとも電話やタブレット、パソコン、アプリを使いつつも、最新のテクノロジーを健全な形で扱えるようになっているのだろうか。その答えは、私たちの中にある。私たちが望めば、人間の脳にうまく調和したスマホやSNSが登場するだろう。心や身体の調子を悪くしないようにiPhoneを買ったりフェイスブックにログインしたりするのをやめれば、アップル社やフェイスブック社は別の製品を開発しようと必死になるはずだ。だが、勝手にそうなると期待するのは甘い。

らせ、心の理論能力を弱めているとｌ００％断言することはできない。だが、まさにそうだと示すｂチョウコウがいくつもあり、心配になる。

Ⅱ今着ている服をなぜ買ったのか、本当のところを考えてみてほしい。素敵だったから？　それとも値段がお手頃だった？　そもそもあなたはどこかでその服の情報を仕入れたはずだし、他の所有物についても同じことが言える。誰かがあなたにスマホや家具、テレビやパソコンが売られていることを教え、説得して買わせたのだ。

　試算によれば、世界の広告業界は毎年５兆クローナ［訳注：日本円換算で約60兆円］規模で、それが新聞、テレビ、街頭広告から猛烈なスピードでスマホの中に引っ越してきた。私たちの脳のメカニズムを考えると、ちっとも驚く展開ではない。これまで見てきたように、何かに注目するという行為は、長期記憶を作る第１段階だ。営利目的のメッセージを理解させるには、④そこが重要な基盤になる。欲しいものがあれば、覚えておかなくてはいけないのだから。それに、社会的な情報は生き延びるために重要だから記憶に残る。それはすでに述べた通りだ。

　今はそういったことがすべて、デジタル上のマーケティングに利用されている。脳に日々何百というドーパミン*1増加を与えてくれる小さな機械。あなたの注目がそれに引き付けられるのを、マーケティング担当者は知っている。［　Ｃ　］から手が出るほど周りの人の情報を欲しがっていて、脳が新しい情報を取り込む準備は万端だというのも知っている。それに、これから送ろうとするメッセージを、あなたの脳が知ってか知らずかポジティブに捉える――それもわかっての上だ。あなたのＳＮＳに流れる情報の洪水の只中《ただなか》に巧妙に広告を出すことで、目的が達成されるのだ。

　営利目的のメッセージを私たちの脳に伝えるスマホの才能は他に類を見ない。私たちの注目を引きつけるだけでなく、いちばん効果的にメッセージが伝わる形でこっそりと届ける。フェイスブックやインスタグラムのタイムラインに実に巧妙に配置されていて、友達の投稿と見分けがつかないような広告を目にしたことがあるだろう。あなたのために特別に誂《あつら》えた位置に配置されるのだ。あなたの心にいちばん響きやすい状態で目に入るように。フェイスブックでちょうどサッカーの試合の画像を見た人は、スポーツイベントの広告のターゲットにうってつけだ。誰かの休暇の写真に「いいね」をつけた人は、飛行機のチケット予約に興味があるかもしれない。

　気を散らす要素の多いこの世界で、あなたの注目には黄金の価値があり、マーケティング担当者にしてみれば、あなたのスマホよりもいい媒体は思いつかない。そしてスマホの中でも、ＳＮＳほどメッセージを伝えるために効果的な方法はない。学生寮のプロジェクトから始まったフェイスブックが15年で全世界の広告マーケットをｃショウアクした理由はこれだ。あなたの注目を引く戦いに勝利し、宝箱の蓋は開きっぱなしの状態。２０１９年のフェイスブックの時価総額は、スウェーデン国内総生産の５分の４に相当する額だ。同社の中間報告に合わせて、投資家たちはユーザーがフェイスブックにどのくらいの時間を費やしているのかを精査する。１分ごとに黄金の価値があり、新たな広告スペースが売れる可能性を運んでくるのだから。フェイスブック社は、ユーザーがなるべく長く滞留するよう全力を尽くす理由があるのだ。

【国　語】（四〇分）〈満点：一〇〇点〉

【注意】字数制限がある問題においては、句読点や記号も字数に数えることとします。

一　次の文章を読んで、後の問いに答えなさい。ただし、本文中の〰〰部は、本文より前に書かれている内容をふまえた表現である。（＊印のことばには文末に注があります。）

Ⅰ他人の考えや気持ちを理解すること――つまり共感することは、人間の重要な特質の基盤だ。そこには他人の苦しみを体感することも含まれる。①その苦しみが「抽象的」なほど、脳にとっては複雑な作業になる。普通なら、肉体的な苦痛を理解するのは難しくない。誰かが脚を骨折した写真を見ると、痛みを認識する脳の領域がすぐに活性化する。まるで自分がその痛みを経験しているかの②ようだ。しかし、誰かが精神的に苦しんでいるとき、脳は理解に時間がかかる。うつに苦しんでいる人や離婚で悲しんでいる人の状況に身を置くのは、骨折した脚が痛いという状況よりも脳にとって複雑なのだ。

　心の理論の能力は、他人の表情や行動、仕草を繰り返し観察することで得られる。デジタル社会では人と人との接触をチャットやツイートや画像に置き換えてしまったが、そこでは何が起きているのだろうか。独りで閉じこもり、顔の見えないコミュニケーションばかりになり、1日に3～4時間スマホなどの画面を見つめて過ごしていると、何が起きるのだろうか。お互いを理解することが下手になりはしないか？精神的な辛さに共感するために、脳はひときわ頑張らなければいけない。それなら、今のデジタルライフは、［A］がまだ未完成の10代の若者たちの共感力を弱めてしまうのだろうか。

　何人もの研究者や知識人がその点を警告している。心理学者のジーン・トゥウェンギーやキース・キャンベルは若者の行動を調査し、「ナルシズムという伝染病」がいかにしてSNSの誕生と共に広がったのか、なぜ自分のことばかり気になり、他の人のことはどうでもよくなったのかを論じている。

　ただのaオクソクに聞こえるかもしれない。SNSによって世界中の人の目にさらされ、視野が広がり、自分以外の人の生活を知ることができるのだから、デジタル社会の今、もっと共感力が強くなってもいいはずでは？　もちろん、そういうことも当然あり得る。だが70件以上の研究をまとめてみると、トゥウェンギー&キャンベルと同じ結論が示される。1万4000人に及ぶ大学生を調査したところ、80年代から［B］が下がっていた。特に2種類の能力が悪化している。共感的配慮という、辛い状況の人に共感できる能力。それに対人関係における感受性だ。これは別の人間の価値観にのっとり、その人の視点で世の中を見る能力だ。同じ傾向が大学生だけでなく、小学校高学年や中学生にも見られた。③私たちは80年代末よりもナルシストになっているようだ。

　この増加傾向は、スマホとSNSの組み合わせが原因なのだろうか。そのせいでティーンエイジャーが自己中心的になり、ステータスや外見に取り憑《つ》かれたようになっているのか？　そのせいで、ほっといてくれ、他人なんかどうでもいい、となったのだろうか。事故に出くわしたら、救助よりも撮影するために――フェイスブックで「いいね」の数を稼ぐために――スマホを取り出す人がいるのはそのせいだろうか。これらの問いの答えはまだ解明されていない。デジタルライフが共感力を鈍

MEMO

大切なことはメモしておこうネ！

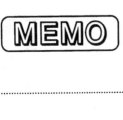

2022年度

解 答 と 解 説

《2022年度の配点は解答欄に掲載してあります。》

＜数学解答＞

1 (1) ③ (2) $c=10$ (3) 9(個) (4) $n=505$ (5) 800(円) (6) 198

2 (1) 5(通り) (2) ①，④

3 (1) $k=8$ (2) $4\sqrt{5}$ (3) $p=-4$

4 (i) $a^2+b^2=c^2$ (ii) $(a-b)^2[a^2-2ab+b^2]$ (iii) 2組の角がそれぞれ等しい

(iv) エ $c:b:a$ オ $c^2:b^2:a^2$

○推定配点○

1 各7点×6 2 各7点×2((2)完答) 3 各8点×3 4 各4点×5 計100点

＜数学解説＞

1 (正誤問題，式の展開，数の集合と演算，数の性質，方程式の利用，空間図形)

基本 (1) ① 左辺$=-3^2\times\frac{2}{15}+\left(-\frac{6}{7}\right)\div\frac{10}{21}=-9\times\frac{2}{15}+\left(-\frac{6}{7}\right)\times\frac{21}{10}=-\frac{6}{5}-\frac{9}{5}=-\frac{15}{5}=-3$ よって，誤り。

② 左辺$=(\sqrt{2021}+\sqrt{2020})^2\times(\sqrt{2021}-\sqrt{2020})^2=\{(\sqrt{2021}+\sqrt{2020})(\sqrt{2021}-\sqrt{2020})\}^2=(2021-2020)^2=1^2=1$ よって，誤り。

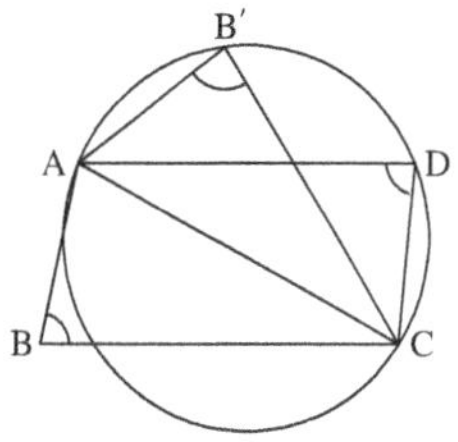

③ 右の図で，対角線ACについて，同じ側にある頂点B′とDのつくる角が等しいので，4点A，B′，D，Cは1つの円周上にある。よって，正しい。

④ 度数分布表から求める平均値は階級値を使用するので，必ずしも一致せず，誤り。

(2) $x(2x-ay)(x+by)=x(2x^2+2bxy-axy-aby^2)=2x^3+(2b-a)x^2y-abxy^2$ $ax^3+8x^2y-cxy^2$と係数を比べて，$a=2$…①，$2b-a=8$…②，$ab=c$…③ ①を②に代入して，$2b-2=8$ $b=5$ よって，③より，$c=2\times5=10$

基本 (3) 右の表から，9個

	加法	減法	乗法	除法
自然数の集合	○	×	○	×
整数の集合	○	○	○	×
数全体の集合	○	○	○	○

(4) $2022=2\times3\times337$ $2n+1$は奇数であるから，題意を満たすのは，$2n+1=3\times337$より，$2n=1010$ $n=505$

(5) ラーメン1杯の定価をx円とすると，会員ではない人が食べるラーメンの数は，$30\div3=10$(杯)だから，利益について，$6000+10x-300\times(30+10)=2000$ $10x=8000$ $x=800$(円)

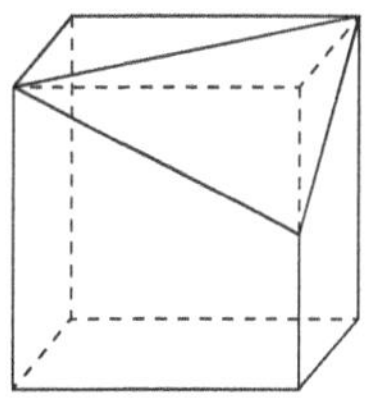

(6) 展開図を組み立ててできる立体は，右の図のように，1辺の長さが6の立方体から，直角をはさむ辺の長さが6の直角二等辺三角形を底面とし，高さが3の三角錐を取り除いた立体であるから，その体積は，$6^3-\frac{1}{3}\times\frac{1}{2}\times6^2\times3=216-18=198$

2 （場合の数，確率）

基本 (1)　色の組み合わせでは袋を区別しないので，赤赤，赤青，白赤，白青，青青の5通り。

重要 (2)　袋Aには，赤玉1個，白玉1個，青玉2個が，袋Bには，赤玉2個，白玉1個，青玉1個が入っている。玉の取り出し方の総数は，交換前も後も$4\times4=16$(通り)ある。

①　色の組み合わせは，赤赤，赤白，赤青，白白，白青，青青の6通りだから，正しい。

②　少なくと1つは赤玉が出る確率は，交換前も後も，$1-\dfrac{3\times2}{16}=\dfrac{5}{8}$で等しいから，誤り。

③　少なくと1つは白玉が出る確率は，交換前が，$1-\dfrac{2\times4}{16}=\dfrac{1}{2}$　交換後が，$1-\dfrac{3\times3}{16}=\dfrac{7}{16}$で，$\dfrac{1}{2}>\dfrac{7}{16}$だから，誤り。

④　同じ色の玉が出る確率は，交換前が，$\dfrac{1\times2+1\times2}{16}=\dfrac{1}{4}$　交換後が，$\dfrac{1\times2+1\times1+2\times1}{16}=\dfrac{5}{16}$で，$\dfrac{1}{4}<\dfrac{5}{16}$だから，正しい。

以上より，正しい記述は①と④

3 （図形と関数・グラフの融合問題）

基本 (1)　$y=x^2$に$x=2$を代入して，$y=2^2=4$　よって，A$(2,\ 4)$　Aは$y=\dfrac{k}{x}$上の点だから，$4=\dfrac{k}{2}$　$k=8$

重要 (2)　点Bは点Aと原点Oに関して対称だから，B$(-2,\ -4)$　C$(0,\ y)$とすると，$AB^2=BC^2+CA^2$より，$(2+2)^2+(4+4)^2=(0+2)^2+(y+4)^2+(2-0)^2+(y-4)^2$　$16+64=4+y^2+8y+16+4+y^2-8y+16$　$y^2=20$　$y>0$より，$y=2\sqrt{5}$　よって，$OC=2\sqrt{5}$　$\triangle ABC=\triangle OAC+\triangle OBC=\dfrac{1}{2}\times2\sqrt{5}\times2+\dfrac{1}{2}\times2\sqrt{5}\times2=4\sqrt{5}$

基本 (3)　$\triangle OPC=\dfrac{1}{2}\times2\sqrt{5}\times(-p)=-\sqrt{5}p$　$-\sqrt{5}p=4\sqrt{5}$　$p=-4$

基本 4 （三平方の定理）

(i)　問題の図で，$a^2+b^2=c^2$

(ii)　大きな正方形の内側の正方形の1辺の長さは$a-b$と表せるから，その面積は，$(a-b)^2$

(iii)　$\triangle ABC$と$\triangle ACH$において，$\angle ACB=\angle AHC=90^\circ$　共通だから，$\angle BAC=\angle CAH$　2組の角がそれぞれ等しいから，$\triangle ABC\backsim\triangle ACH$

(iv)　$\triangle ABC$と$\triangle ACH$と$\triangle CBH$の相似比は，$AB:AC:CB=c:b:a$　相似な図形の面積比は相似比の2乗に等しいから，面積比は，$c^2:b^2:a^2$

★ワンポイントアドバイス★

特別な難問もなく，取り組みやすい内容の出題である。問題数が少ないので，ミスのないように慎重に解いていこう。

＜英語解答＞

Ⅰ　1　ア　2　イ　3　エ　4　ウ　5　ウ

Ⅱ　1　ウ　2　エ　3　oldest　4　ア　5　ウ

Ⅲ　1　イ　2　(a)　エ　(b)　sustainable　3　ウ　4　ア　5　①　reminds　②　of

Ⅳ　1　イ　2　ウ　3　ウ　4　アまたはウ　5　rubs out the pencil lines

Ⅴ　1　エ　2　ウ　3　オ　4　エ

Ⅵ　It will not be possible to study abroad. [Going abroad to study will not be possible. / I don’t think studying abroad will be possible.]

○推定配点○

Ⅰ～Ⅳ，Ⅵ　各4点×22（Ⅲ5完答）　Ⅴ　各3点×4　計100点

＜英語解説＞

Ⅰ　（長文読解問題・説明文：内容吟味）

（全訳）　2012年，日本政府は目に見えない障害を持つ人々を支援するためにヘルプマークを作成した。

それが何を意味するか知っていますか？　目に見えないとは「見えないもの」という意味だ。障害者は，障害を持つ人だ。よって，目に見えない障害のある人は障害者だが，あなたはそれを見ることができない—彼らは健康に見える。ただし，特に公共交通機関では，もう少し注意と支援が必要になる場合がある。ヘルプマークを付けている人は座る必要があるかもしれない。彼らは電車やバスに乗り降りするのにもっと時間が必要だ。彼らは気分が悪いかもしれない。緊急避難があった場合にも支援が必要だ。

駅構内には案内ポスターが貼ってあり，電車やバスにはヘルプマークの意味を説明する案内シールが貼ってある。愛知県が2020年に行った調査によると，65％近くの人がヘルプマークを認識し，その意味を理解している。

ヘルプマークがわかりますか？　白いハートの上に白い十字が付いた長方形？　地下鉄や電車の中でスマホから見上げて，誰かの鞄や上着についているのを見たことがあると思う。

問題は，それが何であるかを知っていても，また，このマークの意味を理解していても，このカードを持っている人を見たときにどうしたらよいか知っているかということだ。

目に見えない障害を持つ人々は，彼らがヘルプマークを使い始めて以来，以前より頻繁にバスや電車で座る場所を与えられていると言っている。しかし，他の多くの人は座ったままで，電話を見下ろしたり，目を閉じたりしている。どうしてこうなるのか？

一部の人々は，元気に見えるので，彼らの前に立っているスタイリッシュな女性が障害を持っているとは信じない。彼らは，かっこいい若い男は本当に助けを必要としないと思っているが，彼は彼のバッグにヘルプマークをつけている。言い換えれば，スティック，車椅子，サポート犬を見ると障害を理解するのは簡単だが，多くの人は目に見えない障害が何であるかを理解していない。

もう1つの問題は，これだ。ヘルプマークが付いている人を見つけたら，どうすればよいのか。たとえば，私たちは彼らと話し，彼らに助けが必要かどうか尋ねるべきなのか？　彼らは大丈夫かもしれないし，私たちに腹を立てるだろう。たぶん私たちはただ静かにしていて，彼らと話をするべきではない…？　私たちは何もせず，したがって，何も改善しない。

ヘルプマークを利用している人は，愛知県が目に見えない障害についてもっと明確に説明する必

要があると考えている。「心配しないでください」と彼らは言う。「私たちが助けを必要としているかどうかをたずねるのはよいことです。

私たちが立っている場合は，立ち上がってあなたの代わりに座らせてください。大きな声や混雑した場所は気になるかもしれませんので，静かに話してください。また，私たちの近くに立ってはいけません。地震などの自然災害が発生した場合は，ご支援ください。そして，私たちはあなたと同じように人間であることを覚えておくことが重要です。誰も私たちを理解していないので，障害者は寂しく，孤独を感じられます。」

次回，電車や地下鉄に座って本や電話に焦点を合わせたときは，ドアが開閉するときに必ず見てください。誰かがあなたの助けを必要としていたり，または単に友好的な笑顔を必要としているので，周りを見回してください。

基本 1 「どのマークがこの記事の話題か。」「白いハートの上に白い十字が付いた長方形」とあるので，アが答え。

2 「目に見えない障害がある人の一番よい例は何か。」「障害者は寂しく，孤独を感じられます」とあるので，イ「弱い心を持つ誰か。」が答え。　ア 「車イスを使う誰か。」 目に見えない障害には関係がないので，誤り。　ウ 「目が見えない誰か。」 盲目な人のことではないので，誤り。エ 「すぐに子供を産みそうな誰か。」 妊婦のことではないので，誤り。

3 「ヘルプマークをつけている誰かを助けるためにあなたができることは多くある。どれがよくないか。」「静かに話してください。」とあるので，エが答え。　ア 「彼らが大丈夫でサポートが必要か尋ねる」「私たちが助けを必要としているかどうかをたずねるのはよいことです。」とあるので，正しい。　イ 「バスの乗り降りを助ける。」「電車やバスに乗り降りするのにもっと時間が必要だ」とあるので，正しい。　ウ 「電車で座ってもらう。」「ヘルプマークを付けている人は座る必要があるかもしれない」とあるので，正しい。

4 「目に見えない障害がある人が持つ問題の一つは何か。」「一部の人々は，元気に見えるので，彼らの前に立っているスタイリッシュな女性が障害を持っているとは信じない」とあるので，ウ「彼らが障害を持つとは思わない人々がいる。」が答え。　ア 「多くの人々が地下鉄で彼らに微笑まない。」「問題」とは言えないので，誤り。　イ 「多くの人々が彼らに助けを求める。」 文中に書かれていない内容なので，誤り。　エ 「少数の人々は怒って，何もしない。」 文中に書かれていない内容なので，誤り。

5 「電車からの緊急避難はいつ必要か。」「地震などの自然災害が発生した場合」とあるので，ウ「近くで大きな地震があるなら。」が答え。　ア 「座る場所がなければ。」「緊急避難」とは関係がないので，誤り。　イ 「次の町で火事があるなら。」「次の町」は近くないので，誤り。エ 「駅に多くの人々がいるなら。」「緊急避難」とは関係がないので，誤り。

Ⅱ (長文読解問題・物語文：内容吟味，語句補充)

(全訳)　エリックは祖父母のドアベルを鳴らし，次の4時間が早く終わることを静かに望んだ。彼は祖父母の家で過ごす土曜日の午後をあきらめたくなかったし，近所に子供はいなかった。

「あなたは時間通りにここにいるね。リビングルームにお茶とケーキがありますよ。」と，おばあちゃんのベサニーはドアを開けたとき言った。

ええと，おそらく最初の10分はすぐに過ぎてしまうだろう。エリックは正面玄関のそばのフックにコートを掛け，奇妙に見える鍵がフックにぶら下がっているのを見た。「ビルおじいちゃん，この面白い鍵は何のためにあるの？」

「それはスケルトンキーだよ。それはこの家で最高の部屋を開けるのだ。」ビルおじいちゃんは妻に聞かせたくなかったのでとても静かに話した。「おばあちゃんが私に料理を手伝ってほしいと言ったときに私が行く部屋だよ。」

「部屋の何がそんなに特別なの？」エリックは尋ねた。

「それはゲームルームなんだ。お茶を飲み終える前に，鍵を持って部屋を見つけることができるか見てみよう。」とビルおじいちゃんビルは言った。

エリックは鍵を受け取ってそれを見た。エリックは家の中で最も古いものはおそらく階段を上った屋根裏部屋の中にあると決めた。彼は再び居間に行った。「それは屋根裏部屋にあるの？」

(2)ビルおじいちゃんはお茶を飲み，それから下を見た。エリックは彼が意味したことを知っていた。彼は玄関に戻った。彼は家の(③)最も古い部分について考えた。「地下室だ！　それは建築された最初の部分だ。」彼は地下室のドアに駆け寄り，鍵を見た。シンプルな鍵ではなかった。彼は鍵を中に入れて回した。音がして，ドアが開いた。

エリックは明かりをつけて階段を降りた。地下室は1つの大きな部屋で，中央に小さなビリヤード台があり，奥の壁にダーツボードがあった。

「かっこいい！」エリックは言った。

「お前はポケットビリヤードをすることを学んだことがあるかい？」ビルおじいちゃんが尋ねて，階段を降りてきた。

「いいえ」とエリックは言った。

「それでは，ラックからキューを取って。私がお前に教えよう。」

エリックは微笑んだ。次の4時間は飛ぶかのごとく過ぎようとしていた。

1 「エリックは何を心配していたか。」 エリックは祖母の家で楽しく過ごしたいと思っていたので，ウ「退屈な時を持つこと」が答え。　ア 「祖父母の家で静かに時を過ごすこと。」 エリックが望んでいたことなので，誤り。　イ 「近所の子供たちと遊ぶこと。」 近所に子供はいなかったので，誤り。　エ 「時間通りに祖父母の家に着くこと。」 エリックは時間通りに着いているので，誤り。

2 「物語の下線部(2)の祖父の行動は何を意味したか。」 祖父はそれとなく地下室であることを教えたので，エ「彼はエリックにエリックの考えが間違っていることを教えた。」が答え。
ア 「彼はエリックに，エリックが正しい道筋をたどっていることを言った。」 内容に合わないので，誤り。　イ 「彼はエリックをお茶を飲むよう誘った。」 内容に合わないので，誤り。
ウ 「彼はエリックをかわいそうだと思った。」 内容に合わないので，誤り。

3 「(③)に，物語から1語を書け。」「それは建築された最初の部分だ」とあるので，「最も古い」となる。

4 「特別な部屋になかったものを選べ。」「小さなビリヤード台」とあるので，ア「大きなビリヤード台」が答え。　イ 「キュー」「ラックからキューを取って」とあるので，正しい。
ウ 「階段」「明かりをつけて階段を降りた」とあるので，正しい。　エ 「ダーツボード」「奥の壁にダーツボードがあった」とあるので，正しい。

重要 5 「正しい文を選べ。」 鍵は「奇妙に見える」形をしていた。そして地下室の鍵は「シンプルな鍵ではなかった」とあるので，その部屋の鍵だとわかった。また，鍵は古いものだったので，部屋も古いはずだとわかった。よって，ウ「鍵のデザインと部屋の古さが，エリックが最高の部屋を見つけるのを助けた。」が答え。　ア 「エリックは部屋の中で最良の部屋を容易に見つけられた。」 初めは屋根裏部屋と間違えたので，誤り。　イ 「最初の10分は早く過ぎたが，残りの時間はそうではなかった。」 文中に書かれていない内容なので，誤り。　エ 「ベサニーはビルに，エリックがいる間助けてくれるよう頼んだ。」 文中に書かれていない内容なので，誤り。

Ⅲ （長文読解問題・説明文：内容吟味）

（全訳） 小さな島国キリバスは，太平洋の美しい珊瑚礁に囲まれている。現在，10万人以上の人々が住んでいるが，キリバスの大統領は，2080年までに誰もが去る必要があると言っている。キリバスの町や村は海抜2メートル未満であって一毎年海は高くなっている。キリバスの人々は，海の上昇が止まらなければ，すぐに家を永遠に離れる必要があることを知っている。世界の他の場所に住んでいる人々も，将来は自分たちの生活を変えなければならないだろう。今日の世界最大の問題の1つである環境問題のために，私たちの多くにとって変化があるだろう。

科学者によると，今日の世界の気温は250年前よりも約1℃高く，2050年までにはさらに2℃高くなる可能性がある。これを「地球温暖化」と呼んでいる。2℃はそれほど多くないように聞こえるが，私たちの周りの世界にとって，それは非常に深刻である。

地球の71％は海であり，気温が上がると水が暖められて膨張する一大きくなる一ため，海が上昇する。北極と南極を覆う氷が気温の上昇とともに海に溶け始めるため，海はさらに上昇する。南極大陸は毎年約100平方キロメートルの氷を失っている。

一部の人々は，地球温暖化が続く場合，2100年までに，世界の海は現在より2メートル高くなる可能性があると考えている。その場合，ムンバイ，ニューヨーク，上海など，海抜が高くない大都市が危険にさらされる可能性がある。

科学者たちは，私たちの気候(気温，そして私たちが受けている雨，雪，太陽，風の量)は以前とは異なってきていると言う。これは気候変動と呼ばれる。多くの人が気候変動を非常に心配しており，それがすでに世界の天候を以前よりもはるかに荒れさせていると考えている。気候変動のために，強風が家を破壊し，乾燥した森林が燃え，大雨が農民の植物に損害を与え，土地を氾濫させていると彼らは言う。農民が食料を栽培することが困難になっている場所もある。もし気候が変化し続けたら，多くの人の生活が困難になる。雪が多くなる場所もあれば，より多くの強い雨が降る場所もあるし，干ばつが長くなる場所もある。

嵐も増え，多くの人が住んでいる土地を離れなければならないかもしれない。科学者たちはまた，一部の動植物は絶滅し，生き続けることができなくなると考えている。

それで，私たちの気候が変化している場合，原因は何だろうか？ これを理解するには，「温室効果」について知る必要がある。温室効果は，(A)私たちがここに住むのに十分なほど地球を暖かく保つので，私たちの世界にとって重要である。しかし，温室効果はどのように機能するのか？

太陽の光からのエネルギーが地球に到達すると，そのほとんどは宇宙に戻る。しかし，地球の周りには，空気を覆っているようなガスがある。それらは太陽のエネルギーの一部を捕らえ，地球を暖かくする。ガラス温室が植物を暖かく保つように，これらのガスが地球を暖かく保つのを助けるので，これを「温室効果」と呼ぶ。

温室効果ガスは常に私たちの上の空気にある。それらは動物や他の生き物によって作られている。しかし，18世紀から19世紀にかけて，多くの国が工業化を始め，機械や工場を建設し，人々はますます多くの二酸化炭素を生産し始めた。一部の国では，人々は農業や家のためにより多くの土地を得るために森林を燃やし，これはまたより多くの二酸化炭素を生成する。

科学者たちは，この余分な二酸化炭素のすべてで，地球の温室効果ガスがより厚くなったと考えている。このため，太陽のエネルギーが宇宙に戻ることが少なくなり，地球が暖かくなり，科学者たちは言う一世界の気温の上昇が気候変動を引き起こしていると。

1 「この記事において，どの1つの文が正しいか。正しい答えを選べ。」「今日の世界の気温は250年前よりも約1℃高く，2050年までにはさらに2℃高くなる可能性がある」とあるので，イ「科学者によると，今日の地球の気温は250年前よりも約1℃高く，約30年で約2℃上昇するでしょう。」

が答え。　ア 「キリバスには100人以上の人々が住んでおり，海が高くなり，人々はそこで生き残ることができないため，2018年までに他の国に住む必要がある。」「10万人以上の人々」とあるので，誤り。　ウ 「地球の71％は海である。気温が上がると，水が増えるので海が上昇する。しかし，北極と南極の氷がすべてなくなった後でも，海は大きくならない。」「気温が上がると水が暖められて膨張する―大きくなる」とあるので，誤り。　エ 「地球温暖化が続くと，2100年までに，世界の水位は現在より2メートル高くなる可能性がある。ムンバイ，ニューヨーク，上海などの主要都市の危険性は低くなる。」 危険性は高まるので，誤り。

2 「以下の文は，多くの人々が将来の世界について持つ希望を表している。」

(a)　記事を読んで，(　①　)と(　②　)に入る言葉を見つけよ。正しい組み合わせの言葉を選べ。

「もし私たちが気候変動に関して早くて強力な行動を取れば，私たちはより厳しい天候を遅くすることができるだろう。」 第5段落にある climate change「気候変動」について述べている。

重要 (b) 「(　③　)に英単語を書け。」

「私たちは惑星を救うために持続可能な開発目標に到達しなければならない。」 文中にはヒントとなる内容が書かれていないので，これは一般常識問題である。温暖化による地球の環境問題については現在，SDGs「持続可能な開発目標」と呼ばれる運動が提唱されている。

3 「記事中の(　A　)に入る正しい答えを選べ。」 直前に，温室効果は私たちの世界にとって重要であるとあるので，ウが答え。　ア 「私たちがここに住むには危険だ」 重要だとあるので，誤り。　イ 「私たちがここで植物に水を与えるくらい暖かい」 文中に書かれていない内容なので，誤り。　エ 「ここの人々を病気にするくらい危険だ」 重要だとあるので，誤り。　オ 「ここで私たちが生きるには大変熱い」 文中に書かれていない内容なので，誤り。　カ 「ここで人々を健康に保つにはとても熱い」 文中に書かれていない内容なので，誤り。

4 「正しい答えの組み合わせを選べ。もし(a)，(b)の文が記事に合うならTを選べ。もし(a)，(b)の文が記事に合わないならFを選べ。

(a) 「北極と南極の氷が水に変わり始め，気温が上がると海に入るので，海はさらに上昇する。これら2つの場所の1つは，1年から次の年にかけて約100平方キロメートルの氷を失っている。」 第3段落の内容に合うので，正しい。

(b) 「温室効果ガスは常に私たちの上の空気にあった。動物や人はこれらのガスを作り。多くの国の人々が機械や工場を作り始めたとき，私たちは大量の二酸化炭素を生産し始め，そして私たちはまだもっと多くを作っている。一部の国では，人々は農業だけでなく家を建てている。このようにして，私たちはより多くの二酸化炭素を生成する。」 最後から2つ目の段落の内容に合うので，正しい。

5 「次の2つの文は同じ意味を表す。それぞれの空欄に英単語を入れよ。」

「世界の気温の上昇について聞くとき，私たちは気候変動について考える。」「世界の気温の上昇は，私たちに気候変動を思い出させる。」 〈remind A of B〉で「AにBを思い出させる」という意味を表す。

Ⅳ （会話文問題：内容吟味，語句補充）

これは古いパンを買う男の話である。

パート1　：パン屋のマーサさんは彼女の店のカウンターの後ろに立ち，友達のアニー・グリーンと話している。

マーサ　：彼は週に二，三回入ってきて，いつも古いパンを2枚買うわよ。

グリーン　：古いパン？

マーサ　　　　：いつも古いパンで，新鮮なパンではないの。(1)もちろん，新鮮なパンは1枚5セントで，古いパンは2枚で5セントなんだ。

グリーン　　　：彼は貧しいんだと思うの？

マーサ　　　　：ああ，そうね，アニー，間違いないわ。ある日私は彼の指に赤と茶色のペンキを見たのよ。「彼は画家なんだわ」と私はひとり言を言ったの。

グリーン　　　：ええと，画家はよくとても貧しいって，みんな知ってるよね。でも彼が画家だって本当なの？　ただ指にペンキがついていただけで…

マーサはカウンターの下から絵を取る。

マーサ　　　　：(2)私はこれを壁にかけていて，彼はそれがよい絵だとわかったわ。

グリーン　　　：そして彼は古いパンだけ食べる？

マーサ　　　　：そう。彼はとても貧しいに違いないよ。それから彼はとても痩せてるの。私は彼を助けたいわ。

グリーン　　　：(笑いながら)あなたは彼と結婚したのね！

パート2　　　：2日後，マーサさんは今一番いい服を着ていて，彼女の髪は違って見える。

マーサ　　　　：おはようございます。

ブルームバーグ：おはようございます。古いパンを2枚ください。

マーサ　　　　：(微笑みながら)今日はお元気ですか。

ブルームバーグ：私はとても—

マーサさんは古いパンのそれぞれを切り，それにバターを塗る。彼女は紙の袋にパンを入れる。ブルームバーグはマーサさんに支払う。

ブルームバーグ：(3)ありがとう。さようなら。

マーサ　　　　：さようなら。

パート3　　　：後の日。突然ドアが開き，ブルームバーグと若い男が入ってくる。ブルームバーグは少し怒っているが，若い男のケルトンは彼を押しとどめようとしている。

ブルームバーグ：(マーサに叫びながら)この愚かな女め！

ケルトン　　　：待って！　ブルームバーグ！

ブルームバーグ：お前は，愚かな女だ！　お前が何をしたか知っているか？　お前は私の仕事をだめにしたんだ。

ケルトン　　　：さあ！　十分に言っただろう！　事故だったんだ，間違いない。

ケルトンはブルームバーグを店から押し出す。少しして，ケルトンがまた戻ってくる。

マーサ　　　　：彼はどうしたのですか？

ケルトン　　　：あれがブルームバーグさ。彼は建築家なんだ。ぼくたちは同じ事務所で一緒に働いてるんだよ。

マーサ　　　　：(4)でも，私が何をしたというの？（彼といっしょに働けたらいいのに！）

ケルトン　　　：彼は今，新しい市立病院の計画に関して，3か月間ずっと働いているんだ。それは競争で，ブルームバーグは自分が勝つことに確信をもっていたんだ。

マーサ　　　　：でも…なぜ？

ケルトン　　　：今話しています。彼は昨日インクの線を引くのを終えました。それができると，彼はいつも古いパンで鉛筆の線をこすって消すんだよ。

マーサ　　　　：それで，彼は古いパンがほしかったのね！

ケルトン　　　：ええと，今日—ええと，知っているように，パンにはバターがあって，彼が鉛筆の線をこすって消そうとしたら—ええと，ブルームバーグの計画は今や壊されてしまったんです。

ケルトンはふり返って店を去る。マーサさんは顔を手の中にうめて，泣き始める。

「物語中の(1)～(4)に入る正しい文を選べ。」

1　直後に「貧しい」という言葉があるので，イが答え。　ア「古いパンは新鮮なパンよりよいので，多くの人たちがそれを買いに来る。」「貧しい」という言葉に関係がないので，誤り。
ウ「私の店では，ふつう古いパンは新鮮なパンより高い。」内容が合わないので，誤り。
エ「私は彼がとても空腹で，毎日店に来ると思う。」「貧しい」という言葉に関係がないので，誤り。

2　直前で絵を見せているので，ウが答え。　ア「私は彼にそれらを見せたが，彼はそれが悪い絵だとわからなかった。」「絵」を指す言葉が複数になっているので，誤り。　イ「昨日，彼は初めて新鮮なパンを買った。」内容が合わないので，誤り。　エ「色はいいが，線が正しくない。」ブルームバーグに関係がない内容なので，誤り。

3　ブルームバーグがパンを買った場面なので，ウが答え。　ア「問題ありません，ありがとう。」内容が合わないので，誤り。　イ「すみません，わかりません。」内容が合わないので，誤り。
エ「ここには決して来ません。」内容が合わないので，誤り。

4　自分がした過ちについて尋ねているので，アが答え。あるいは，ブルームバーグにあこがれているので，ウが答え。　イ「あなたは今忙しいですか。」内容が合わないので，誤り。
エ「彼はどこで働いていたのですか。」直前のケルトンの発言に合わないので，誤り。

5「以下の質問に答えよ。物語の中の言葉を使え。」
「ブルームバーグはなぜマーサさんの店で古いパンを買うのか。」「なぜなら彼はインクの線を引いた後，それで鉛筆の線をこすって消すから。」「彼は昨日インクの線を引くのを終えました。それができると，彼はいつも古いパンで鉛筆の線をこすって消す」とある。

Ⅴ（語句整序問題：SVC，慣用表現，動名詞，現在完了）

1　(You) look very happy in this house like (a king and a queen.)〈A look B〉で「AはBに見える」という意味を表す。〈like ～〉は「～のように(な)」という意味を表す。

2　(Why) don't we look for the phone book(?)〈why don't we ～?〉は「いっしょに～しましょう」という勧誘の意味を表す。〈look for ～〉で「～を探す」という意味を表す。

3　I went shopping to Shibuya with my (friend yesterday.)〈go＋動名詞〉は「～しに行く」という意味を表す。

4　(I) have never thought that Japan depends on another (countries for energy.)〈that S V〉という形のthat節は「～こと」という意味を表す。〈depend on ～〉で「～による，～しだい」という意味になる。

Ⅵ（英作文問題）

「留学する」は go abroad と表す。「夢のまた夢」という表現はないので，「不可能だ」という表現で表す。

★ワンポイントアドバイス★

Ⅴの2には〈why don't we ～?〉が使われている。勧誘を表す似た表現として〈how about ～〉「～はどうですか」があり，こちらも一般的によく使われる。この文を変えると How about looking for the phone book together? となる。

<理科解答>

1 (1) N極　(2) エ　(3) a　(4) ウ　(5) エ　(6) ウ

2 (1) ① Zn　② Cu　(2) カ　(3) エ　(4) ウ

(5) $Zn+2Ag^{+} \rightarrow Zn^{2+}+2Ag$　(6) オ

3 (1) ア　(2) イ　(3) エ　(4) イ　(5) イ

(6)・(7) 問題不備のため全員正解

4 (1) ① 西　(2) 10～15m(問題不備のため10～15mの範囲の値はすべて正解)

(3) 凝灰岩　(4) ① エ　② イ　③ ア　(5) ① 等粒状組織　② ウ

○推定配点○

1 各3点×6　2 各3点×6((1)・(5)各完答)　3 各3点×7　4 各3点×6((4)完答)

計75点

<理科解説>

重要 **1** (磁界とその変化)

(1) コイルに流れる電流の向きに右手の4本の指を置き，親指のある方向がN極となる。よって，BがN極，AがS極となる。磁石MのPはS極に引き寄せられたので，N極である。

(2) 乾電池の向きを逆にしたので，AはS極となり，磁石MのPとは反発しあう。コイルの巻き数を増やしたので，磁界は強くなる。

(3) フレミングの左手の法則により，金属棒はaの方向に動く。(図1)

図1

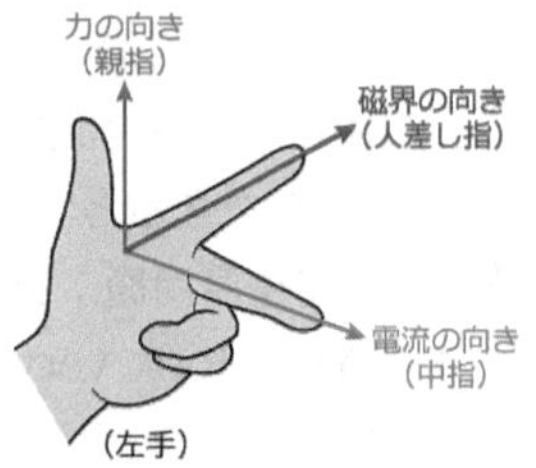

(4) 力学的エネルギー(位置エネルギーと運動エネルギーの和)は保存されるので，ウである。

(5) 金属棒は斜面を下り，導体には電気が流れていないので，反対側の斜面まで減速することはない。

(6) 金属棒は斜面を下ると，導体に電気が流れているため，a方向に力がはたらくため，金属棒は導体部分で減速する。

2 (電気分解とイオン)

(1) ① Zn^{2+}を含む水溶液にMg板は水溶液中に溶けだしMg^{2+}となり，電子2個を放出する。すると，Zn^{2+}が電子と結びつき，Zn原子となってMg板に付着する。　② Cu^{2+}を含む水溶液にMg板は水溶液中に溶けだしMg^{2+}となり，電子2個を放出する。すると，Cu^{2+}が電子と結びつき，Cu原子となってMg板に付着する。

基本 (2) MgはZn^{2+}を含む水溶液でも，Cu^{2+}を含む水溶液でもイオンになったので，最もイオンになりやすい。反対にCu板はどの水溶液に入れても変化がなかったため，最もイオンになりにくい。よって，イオンになりにくい順に並べると，Cu，Zn，Mgである。

基本 (3) Cuでも変化がなかったので，CuよりもイオンになりにくいAg板を入れても，変化は見られない。

やや難 (4) MgはZnよりもイオンになりやすいので，電流は流れにくく，オルゴールの音はならない。よって，ウは間違いである。

基本 (5) Cu板の代わりにAg板，硫酸銅水溶液の代わりに硝酸銀水溶液を用いると，電池Bの化学反応式は，$Zn+2Ag^{+} \rightarrow Zn^{2+}+2Ag$となる。

やや難 (6) 反応後に板に付着する物質は，電池AではCu，電池Bでは2Agとなる。Ag原子の質量はCu原子の約1.7倍で，付着する量も2倍であることから，電池BのAg板の質量の増加量は，電池AのCu板の質量の増加量の1.7×2＝3.4倍となる。

重要 3 （生殖と遺伝）

(1) 根の先端部分で，細胞分裂が盛んにおこなわれているので，Aの細胞数はBの細胞数よりも多いため，アが正しい。

(2) 間期に染色体の複製が行われるので，イが正しい。

(3) セイロンベンケイソウは葉で増える場合は栄養生殖なので，アは間違いである。ゾウリムシは，体が分裂して増えるので，イは間違いである。ヒドラは，出芽して増えるので，ウは間違いである。植物の根・茎・葉から新しい固体ができる事を，栄養生殖というので，エは正しい。

(4) 被子植物では，受精卵が分裂して胚になり，胚を含む胚珠全体が種子になるので，イが正しい。

(5) 親，子，孫と代を重ねても同じ形質になる場合を純系と呼ぶので，イが正しい。

4 （地層と岩石）

基本 (1) Bの10m下がAの地表と同じ高さになる。Aの地層面と同じ高さにしたとき，BでのX層は5m下にあるのに対し，AでのX層は10m下にあるので，西に向かって低くなっていることがわかる。

基本 (2) この地形が南北に対して傾きがないとすると，DとBは平行に堆積している。DはBより5m低いので，Bの地表面から5m下の層がDの地表面となる。よって，DのX層は10mの深さとなる。しかし，この問題では，南北方向の傾きが書かれていないので，10～15mの幅を持って正解とする。

重要 (3) 主に火山灰が堆積してできた岩石を，凝灰岩という。

重要 (4) ① 石英は不規則に割れる。 ② 黒雲母は決まった方向にうすくはがれる。 ③ 角閃石は柱状に割れやすい。

重要 (5) ① 深成岩のつくりを，等粒状組織という。 ② マグマが冷えて花こう岩となるとき，最初に固まる鉱物は斜長石である。

★ワンポイントアドバイス★

問題文の図や表を正確に読み取る練習をしよう。

<社会解答>

Ⅰ 1 イ　2 エ　3 本能寺　4 イ　5 寛政　6 ウ　7 ウ　8 ア
9 オ　10 イ　11 エ

Ⅱ 1 ウ　2 イ　3 ウ　4 ア

Ⅲ 1 ウ　2 2(人)　3 エ　4 イ　5 ① C　② ×　③ B

Ⅳ 1 ウ　2 落選した候補者に投じられた票のこと。

○推定配点○

Ⅰ 各3点×11　Ⅱ 各3点×4　Ⅲ 各3点×7　Ⅳ 1 3点　2 6点　計75点

＜社会解説＞

Ⅰ　(日本と世界の歴史―歴史上の人物に関する問題)

重要　1　イ　Aは織田信長。③が桶狭間の戦いではなく長篠の戦い。

2　エ　下線部 i は安土城。

基本　3　本能寺が現在ある場所は，信長のときのものがあった場所よりもやや東にあたる。比較的大きな寺院であったと発掘調査で分かってきている。

4　イ　朱子学は中国の宋の時代の朱熹が始めたもので，身分秩序を重視することが特徴で，江戸幕府の統治機構には適していた。

5　寛政の改革は1787年から92年にかけて老中の松平定信が行った政治改革。その前にあった天明の大飢饉や浅間山の噴火などで農村が疲弊しており，幕府の財源がゆらいでいたので，その立て直しを図り，そのために緩んでいた規律などの引き締めを行ったもの。

6　ウ　ウはこの時代の戯れ歌で，松平定信の政治の締め付けの厳しさを前の田沼時代と比較したもの。アは藤原道長の歌，イはペリーが来航した際の風刺のもの，エは菅原道真が大宰府に左遷された際に詠んだもの。

7　ウ　カール・マルクスはドイツの思想家で，資本主義経済の問題点を指摘し，社会主義を唱えた。

8　ア　社会主義は貧富の差をなくすものと考えられ，大資本が土地や工場，企業などの生産手段をもち，利益追求をすることで資本主義では貧富の差が生じているので，生産手段を国や党などがもち，自由競争を行うのではなく国や党が計画的に経済活動を行うようにするもの。

9　オ　大塩平八郎は江戸幕府の大阪奉行所にいた幕臣。天保の大飢饉の際に，寛政の改革のような対応をとることを期待したが，幕府が無策であったことから反乱を起こしたとされる。

10　イ　3のアメリカ南北戦争は1861年～65年，4のアヘン戦争は1840年～42年。1の名誉革命は1688年～89年，2の辛亥革命は1911年～12年。

やや難　11　エ　選択肢はすべてイギリスに関するもので正しい。イギリスの産業革命は18世紀半ばにおこる。2の日英同盟はイギリスがロシアの南下政策を警戒し，日本と結んだものだが，日露戦争の後，ロシアと英露協商を1907年に成立させ，第一次世界大戦の際の三国協商が成立する。3は日本を開国させたのはアメリカであったが，アメリカはその後南北戦争で，一時的に日本から遠ざかり，その間にイギリスは日本への影響力を強め，薩長と組み明治政府とのつながりを強めた。4の内容は，1857年～58年のインド大反乱(シパーヒーの乱)のこと。シパーヒー(セポイ)はインド人の傭兵で，この傭兵の反乱を鎮圧する際に，当時インドを支配していたムガル帝国をイギリスが倒し，インドを植民地化した。

Ⅱ　(地理―世界の国々の言語に関連する問題)

1　ウ　アラビア語はアラビア半島周辺や，北アフリカのアラブ人の国々を中心に使われている言語。

重要　2　イ　南米大陸ではブラジルのみがポルトガルの植民地であったところで，その他は大体がスペインの植民地であり，言語もそのまま。メキシコ，キューバも元スペイン領。

3　ウ　a　南米の地域の原住民はいわゆるインディオで，ここにヨーロッパのスペインやポルトガルが進出し植民地を作ったので，スペイン語やポルトガル語が用いられている。　b　ポルトガルがブラジルのみでスペインがその他の多くのところを植民地としたのは，ローマ教皇がスペインとポルトガルの競争が激化することを恐れ，地図の上で南米大陸を二分したことによる。

4　ア　ヒンディー語はインドの中部や北部の地域の原住民の言語で，インドでは憲法に定められた言語が22あり，その中ではヒンディー語を話す人が多数派であるが半分以上は他の言語を話す。

また，植民地支配していたイギリスの英語も準公用語として使われている。ラオスの公用語はラオス語で他にフランス語や英語，少数民族の言語もある。フィリピンの公用語はフィリピノ語と英語で，他にタガログ語やセブアノ語，イロカノ語というのもある。バングラデシュの公用語はベンガル語で英語も使われる。

Ⅲ （日本の地理ー日本の各県の地誌に関する問題）

基本 1 ウ Aは三重県。三重県で発生した公害で有名なのが四日市ぜんそく。四日市市のあたりで発生した，工場の排気ガスによる呼吸器障害。アは水俣病，新潟水俣病，イはイタイイタイ病，エは足尾銅山の鉱毒による被害。

2 2人 Eは鹿児島県で，鹿児島県にかつてあった薩摩藩出身の人物は選択肢の中だと西郷隆盛と大久保利通の2人。木戸孝允は長州藩，坂本龍馬と板垣退助は土佐藩，大隈重信は佐賀藩，福澤諭吉は中津藩出身。

3 エ Eは鹿児島県。宮崎県南部から鹿児島県にかけて火山灰が堆積したシラス台地が分布しており，この地域では水田による稲作は難しく，畑作が中心となる。

4 イ 有田焼は豊臣秀吉の朝鮮出兵の際に，朝鮮半島から連れてこられた陶工が日本で広めたもの。

重要 5 1は福島県でC。2は徳島県。3はBで富山県。

Ⅳ （公民ー選挙制度に関する問題）

重要 1 ウ A 小選挙区は一つの選挙区から一人を選出するもの。これに対し，二人以上を選出するものを大選挙区とする。 B 比例代表制は各政党の得票率に応じて議席を比例配分する方式。

やや難 2 死票は落選した候補者に投じられた票のことで，例えば日本の衆議院の小選挙区制のもとで，候補者が二人の時に，得票率が99：1ならば問題ないが，51：49でも51％の票を獲得した人は当選する。当選した側に投じられた票が多いのは事実だが，死票が半分近いという状況になっていて，この場合に世論を反映した選挙結果かというと微妙なところになる。さらに三人の候補者で34：33：33のような場合には，34％の票を獲得した候補者が当選するが，66％の票は死票であり，半数以上の人は当選した候補者を選んでいないことになる。このように小選挙区制の場合には接戦になると死票が多くなり，選挙結果が民意を反映したものとは言えなくなってしまうことがありうるのが問題とされる。

★ワンポイントアドバイス★

問題数は試験時間に対してさほど多くはないので焦る必要はないが，丁寧に設問や選択肢を見ていかないと判断に困るものもある。落ち着いて一つずつ正確に答えていきたい。正誤問題は正誤の個数で記号が変わるので，注意が必要である。

＜国語解答＞

一 問一 a 憶測 b 兆[徴]候 c 掌握 d たんらく 問二 共感すること
問三 ウ 問四 心の理論 問五 エ 問六 共感力 問七 長期記憶
問八 エ 問九 D エ E ウ F イ 問十 何かを買わせよう(とするため)
問十一 あなたの注目 問十二 ア 問十三 のだと。 問十四 エ

二 問一 ウ 問二 器量～らぬ 問三 1 ア 2 ウ 問四 エ 問五 ア

問六　この野　　問七　オ　　問八　ウ・オ

○推定配点○

一　問一・問三・問八　各2点×6　　問二　3点　　他　各5点×10(問九完答)

二　問五　3点　　問八　2点(完答)　　他　各5点×6(問三完答)　　計100点

＜国語解説＞

一　**(論説文―大意・要旨，内容吟味，文脈把握，指示語，接続語，脱文・脱語補充，漢字の読み書き，文と文節，品詞・用法)**

基本　問一　二重傍線部aは明確な根拠もなく物事を推しはかること。二重傍線部bは物事の起こる前ぶれ，きざし。二重傍線部cは手に入れること，また支配下に置くこと。二重傍線部dの「短絡的」は物事を深く考えず浅はかな様子。

問二　傍線部①の主語にあたる内容は冒頭の「共感すること(6字)」である。

問三　傍線部②とウはたとえを表す助動詞。ア，イは例示，エは推定の意味を表す助動詞。

問四　空欄Aのある段落では，他人の表情や行動，仕草を繰り返し観察することで得られる「心の理論」の能力について述べており，Aのある文は，今のデジタルライフは「心の理論」が未完成な10代の若者たちの共感力を弱めてしまうのだろうか，という文脈になる。

重要　問五　傍線部③直前の段落で述べているように，本文における「ナルシスト」は「自分のことばかり気になり，他の人のことはどうでもよくなった」という行動に表れるものなので，エが適当。このことを踏まえていない他の選択肢は不適当。

問六　空欄Bのある文は，大学生を調査したところ，デジタル社会の今，もっと強くなってもいいはずの「共感力」が下がっていた，という文脈になる。

問七　傍線部④は直前の「長期記憶」を指し示している。

問八　空欄Cは，欲しくてたまらないことをたとえる「喉から手が出る」という慣用句になる。

問九　空欄Dは直前の内容につけ加える内容が続いているので「そして」，空欄Eは直前の内容を理由にした内容が続いているので「だから」，空欄Fは直前の内容を言い換えた内容が続いているので「つまり」がそれぞれ入る。

やや難　問十　傍線部⑤直後の2段落の内容から，「アプリやスマホ，ゲームの作り手」が⑤のようにするのは「何かを買わせよう(8字)」とするためであることが読み取れる。

問十一　空欄Gはフェイスブック他のSNSにとって「製品」であり，Ⅲ冒頭の段落で「あなたの注目」を引きつけるような製品を作らなくてはならない，と述べている。

重要　問十二　問十一でも考察したように，フェイスブックやツイッターなどのアプリ製品は何かを買わせるために工夫をして注目を引きつけているので，このことを踏まえたアが適当。何かを買わせる，すなわち購買意欲を喚起されることを説明していない他の選択肢は不適当。

問十三　Ⅳの「テクノロジーが……」で始まる段落で，テクノロジーは人間のほうが慣れるしかないという主張に筆者は反論しており，抜けている一文の「それ」はその主張を指しているので「のだと。」の直後に入れるのが適当。

やや難　問十四　傍線部⑦の説明として直後で，SNSの一つであるフェイスブックの元副社長や初代CEOの「SNSが人々に与えた影響を悔いている」「私たちが作りだした……短絡的なドーパミンを原動力にした……永遠に続くフィードバックのループ……が既存の社会機能を壊してしまった」「(フェイスブックは)人間の心の脆弱性を利用した」といった発言を引用しているので，このことを踏まえたエが適当。SNSが「短絡的なドーパミンを原動力にした」ものであること，「既存の社会機能を壊してしまった」ことを説明していない他の選択肢は不適当。

二 （古文一内容吟味，文脈把握，指示語，脱文・脱語補充，語句の意味，文学史）

〈口語訳〉 同じ源義家朝臣が，前九年の役の後，宇治殿に参上して，戦の間のことを申し上げたのを，匡房卿がじっくり聞いて，(この者は)力量は確かな武者であるが，やはり戦の道理を知らないと，独り言でおっしゃったのを，義家の家来が聞いて，妙なことをおっしゃる人だなと思った。

そのうちに，江帥がおでかけなさって，つづいて義家も出かけた時に，(義家の)家来たちが，(匡房卿が)このような事をおっしゃったと話したところ，(義家は)きっと訳があるのだろうと言って，匡房が車にお乗りになった所へ進み寄って，会って挨拶をなさった。そのまま(義家は匡房の)弟子になり，それ以来いつも(匡房のもとへ)参上して軍略に関する講義をお聞きになった。

その後，永保の合戦の時，(義家が)金沢の城を攻めたときに，列をなした雁の群れが飛び去って，刈田の上に降りようとしたが，急に驚いて，列を乱して飛び帰ったのを，義家は疑わしく思って，馬のくつわをおさえて，馬をとどめて(考えたことには)，先年江帥が教えなさったことがあった。そもそも軍が，野に隠れて待ち伏せしている時は，飛ぶ雁が列をみだす。(この教えによれば)この野にも必ず敵が隠れて待ち伏せしているはずだ。(そこで義家が)背後をつく一隊を派遣せよという内容を命ぜられたので，(軍勢が)手分けして三方から取り巻く時，案の定三百騎余りを隠し置いていた。敵味方乱れて果てしなく戦いつづけた。しかし，(義家軍は)事前にさとっていた事なので，将軍の戦いは勝ち，武衡らは戦いに敗れた。江帥の教えである一言がなかったら，わが軍は危なかったであろうとおっしゃった。

基本 問一 波線部ウのみ主語は「郎等」。他の主語は「義家」。

重要 問二 傍線部①は，匡房卿が独り言で義家のことを「器量は賢き武者なれども，なほ戦の道をば知らぬ」と話していたことを指し，これを聞いた郎等が義家に話している。

問三 郎等から聞いた匡房卿の言葉にはきっと訳があるのだろうと義家は思い，傍線部②のように弟子になったので，「義家」が「匡房卿」の弟子になった，ということである。

問四 傍線部③直後にあるように「先年江帥の……敵伏したるべし」と，江帥(匡房)から教えてもらったことを義家は思い出し，同じ状況になっていることに気づいて③のようになっているので，エが適当。③直後の内容を踏まえていない他の選択肢は不適当。

問五 傍線部④は人手を分けて配置するという意味で，アも「人手」すなわち仕事をする人という意味。他の意味は，イは手間，ウは配慮，エは規模や範囲，オは能力や財力。

やや難 問六 傍線部⑤は，江帥に教えてもらった通り，飛ぶ雁が列を乱したので「この野にかならず敵伏したるべし」という事をさとっていた，ということである。

重要 問七 江帥の教えによって敵の動きが事前にわかり，義家の軍は戦に勝つことができたのでオが適当。江帥の教えを説明していない他の選択肢は不適当。

問八 鎌倉時代の作品はウとオである。他の作品の成立は，ア・イは平安時代，エは江戸時代。

★ワンポイントアドバイス★

古文では，具体的な話から筆者が何を教訓として述べているかを読み取っていこう。

MEMO

大切なことはメモしておこうネ！

2021年度

★★★★★★★★★★★★★★★★★★★★★★★★

入　試　問　題

2021年度

愛知工業大学名電高等学校入試問題

【数　学】（40分）　＜満点：100点＞

【注意】 定規・分度器・計算機等の使用はできません。

1 次の問いに答えなさい。

(1) 次の①～④の等式・文章のうち正しいものはどれか，記号で答えなさい。

① $(-10+6)(-10-6)\div(-2)^3=-8$

② $\left(x+\dfrac{3}{2}\right)^2-\left(x-\dfrac{3}{2}\right)\left(x+\dfrac{3}{2}\right)=3x$

③ 1500mの道のりを，分速 x mで進むときにかかる時間 y 分とすると，y は x に比例する。

④ どんな資料においても平均値と中央値は等しい。

(2) $\sqrt{2}=1.414$，$\sqrt{5}=2.236$ とするとき，$\sqrt{0.02}\times\dfrac{10}{\sqrt{5}}\div\sqrt{20}$ の値を求めなさい。

(3) 連立方程式 $\begin{cases}(2x-3):(y+2)=2:1\\ \dfrac{x}{3}+\dfrac{y}{2}=2\end{cases}$ を解きなさい。

(4) A，Bの2人が，5種類のメニューの中からそれぞれ好きな料理を1つ選んで注文をする。2人の選んだ料理が異なる確率を求めなさい。

(5) 2桁の正の整数 ab について，$\|ab\|=a+b$ と約束します。

例えば $\|25\|=2+5=7$，$\|10\|=1+0=1$ となります。

次の式の値を求めなさい。

$\|35\|-\|5\times9\|+\dfrac{\|3^4\|}{3}$

(6) 右の図のように，1辺の長さが4cmの正方形ABCDがあり，辺BCの中点をMとします。辺BCを半径，曲線ACを弧とする扇形を図形①とします。線分MCを半径，曲線BCを弧とする扇形を図形②とします。対角線ACと図形②の弧との交点のうち点Cではない方を点Oとするとき，図形①の弧，図形②の弧と線分AOで囲まれた部分の面積を求めなさい。ただし，円周率を π とします。

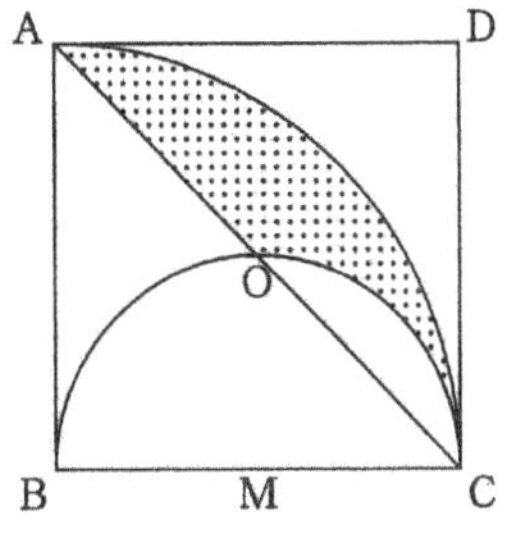

2 3つの箱A，B，Cがあり，それぞれの箱には3個，4個，5個の玉が入っています。Aの箱の玉には2，3，4，Bの箱の玉には2，4，6，8，Cの箱の玉には1，3，5，7，9の数字がそれぞれ1つずつ書かれています。あとの問いに答えなさい。

(1) A，Bからそれぞれ1つずつ玉を取り出すとき，玉に書かれた数字の積が平方数（自然数の二乗で表される整数）となる組み合わせは何通りあるか求めなさい。

(2) A，Cからそれぞれ1つずつ玉を取り出すとき，玉に書かれた数字がともに素数である組み合わせは何通りあるか求めなさい。

(3) 次の空欄Ⅰにあてはまる最も適切な記述を，①～③の選択肢の中から一つ選びなさい。

3つの箱が等しい確率で選ばれるとします。選ばれた箱の中から玉を1つ取り出すとき，取り出した玉の数字は [Ⅰ]。

① 奇数である確率の方が高い

② 奇数である確率と偶数である確率は同じである

③ 偶数である確率の方が高い

3 $a \neq 0$ のとき，座標平面上に3点A$(a,\ 0)$，B$(0,\ 2a)$，C$(2a,\ 4a)$ があり，この3点を結んで三角形ABCを作ります。次の問いに答えなさい。

(1) $a > 0$ のとき，原点と点Cを通る直線の方程式を求めなさい。

(2) $a = 2$ のとき，三角形ＡＢＣの面積を求めなさい。

(3) 線分ABと(1)で求めた直線との交点をDとします。a が0以外の範囲で変化するとき，△BCDの面積Sを a を用いて表しなさい。

4

右の図のような底面の半径が6㎝，母線の長さが18㎝の円錐があります。

[問題1]

円錐を，頂点を中心にして平面上で転がします。円錐が転がし始めたもとの位置にもどるまでに何回転するか求めなさい。

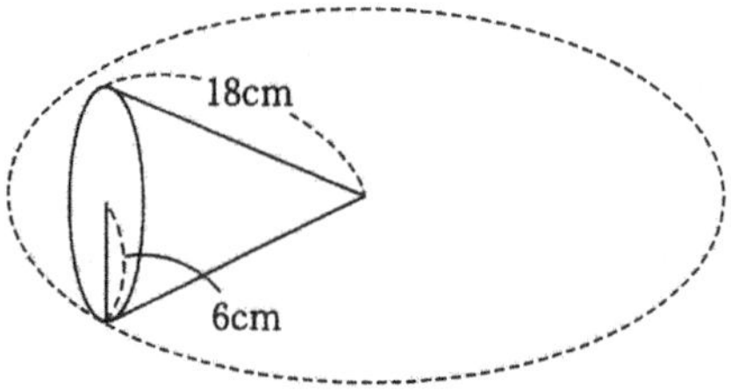

[問題2]

次に，円錐を底面に平行な面で切断しました。切断した立体のうち円錐ではない方の立体を立体Aとします。[問題1] と同じように立体Aを平面上で転がし母線の通過した部分の面積が [問題1] で母線の通過した部分の面積の半分であるとき，立体Aの切断面の面積を求めなさい。ただし，円周率を π とします。

教室で，先生と生徒がこの [問題2] について話し合っています。

先生：まず立体Aの切断面の形ですが，どうなりますか。

生徒：はい。底面と平行なので [ア] です。

先生：そうですね。[問題1] で母線の通過した部分の面積は [イ] ㎝^{2}なので，立体Aの母線が通過した部分の面積は [ウ] ㎝^{2}ですね。そうなるためには，立体Aの母線はいくつになりますか。

生徒：えっと，切断した立体の立体Aではない方の円錐を転がした部分で考えます。面積が，[ウ] ㎝^{2}になるには母線の長さを [エ] ㎝にすればいいです。

先生：その通りです。では，いよいよ切断面の面積を求めましょう。
切断面の周の長さと平面上の円の周の長さとの関係を考えましょう。

生徒：平面上の円周が [オ] ㎝より，切断面の面積は [カ] ㎝^{2}です。

先生：正解です。

(1)　問題１　を解きなさい。

(2)　(i)　ア　に当てはまるものを，次の①～⑥のうちから一つ選び，記号で答えなさい。

①　正方形　　②　円　　③　三角形　　④　おうぎ形　　⑤　平行四辺形　　⑥　台形

(ii)　イ　，ウ　にそれぞれ当てはまる数の組み合わせを，次の①～⑥のうちから一つ選び，記号で答えなさい。

①　イ．32π，ウ．16π　　②　イ．224π，ウ．112π　　③　イ．324π，ウ．162π

④　イ．16π，ウ．32π　　⑤　イ．112π，ウ．224π　　⑥　イ．162π，ウ．324π

(iii)　エ　に当てはまるものを，次の①～⑥のうちから一つ選び，記号で答えなさい。

①$8$　　②$6\sqrt{2}$　　③$4\sqrt{7}$　　④$9\sqrt{2}$　　⑤$56$　　⑥$81$

(iv)　オ　に当てはまる値を求めなさい。

(v)　カ　に当てはまる値を求めなさい。

【英　語】（40分）　＜満点：100点＞

Ⅰ．次の英文を読み，あとの問いに答えなさい。

In a forest, there was a very small house. There was a man in the house. Several days ago, he killed a gang member and took a lot of money. He was sure the other members of the gang were going to find him and get back the money. And of course, police were searching for him, so he ran to the house and put the money in a safe.

Suddenly, there was a knock on the door.

He took his gun in his hand and called out, "Who is it?"

"Hello." It was an old woman's voice.

"What are you doing here?" he said, and looked out of the window.

"I have something I'd like you to buy," the old woman answered.

"What are you selling, old lady?"

She laughed a little and said, "It's a wonderful thing. It's a doll."

"A doll...?"

She said, "Do you know about magic straw dolls? This one is the real thing. I'm the only one now who knows how to make them. Would you like to try it?"

"All right. Let's see how it works." The man decided to try it.

"Please give me some of your hair..." she said.

He pulled at his hair. She took the hair and pushed it between the pieces of straw.

The atmosphere soon changed. At first the doll looked just the same, but then it looked alive. She gave him a needle and said, "Stick it in the doll. Be careful not to stick it too much. Just push it in gently, into the leg." He did as she said, then he jumped up and gave a cry. He felt a sharp pain in his own leg. He looked at the doll, and he saw the needle was sticking in the same place. Next, he tried it on the arm. The same thing happened. "Wonderful!" He decided to buy the doll.

Before she left, she said, "This doll can become you yourself, so you can use it as a protective charm too. When the doll is safe, nothing bad can happen. Now you may use it as you like, but you can only use it one more time." The old woman smiled and left without a sound.

It was like a dream, but the straw doll was on the desk. "It really seems to work. How should I use it...?" he said to himself again and again. Finally, an idea came to him. He pushed some of his hair into the doll. Again, the doll began to look alive. He opened the safe, and put the doll in the safe. He closed the safe door. The safe was one that no one could easily break. He felt he was protected and his fear disappeared. He locked it with the key. He thought someone might find the key and open the safe, so he broke the key, and he decided to bury the safe outside in the ground. If nobody could find the doll, nobody could catch him, he thought.

He pulled at the door, but for some reason it did not open. It wasn't locked with a key, and it opened easily a little while ago.... He tried pulling at the window, but that did not open. He tried hitting the glass but it didn't break. He pushed against the walls, the roof, and even hit the floor. But nothing changed. It was just as though he was inside something like a very □ safe....

出典　星新一，スタンレー・H・ジョーンズ訳，*THE DCLL*, 1984より

（注）gang　ギャング　safe　金庫　suddenly　突然　doll　人形　straw　わら
pull at　～を引っ張る　atmosphere　雰囲気　alive　生きている　needle　針　stick　刺す
gently　やさしく　sharp pain　鋭い痛み　bury　～を埋める　wall　壁　roof　屋根
floor　床　as though ～　まるで～であるかのように

1. 老女が主人公の男性のもとを訪れた理由として最も適当なものを，ア～エから１つ選び，記号で答えなさい。

ア．道に迷ってしまったので，帰り道を教えてもらうため。

イ．あとで警察に主人公の情報を教えて，謝礼を得るため。

ウ．呪いのわら人形を主人公に売るため。

エ．呪いのわら人形の効果をためすため。

2. 主人公と老女が人形の効果をためした手順として最も適当なものを，ア～エから１つ選び，記号で答えなさい。

ア．老女の髪の毛を抜く→髪の毛をわら人形のわらの間に押し込む
→わら人形の脚を針で刺す→主人公の腕に針を刺す

イ．主人公の髪の毛を抜く→髪の毛をわら人形のわらの間に押し込む
→わら人形の脚を針で刺す→わら人形の腕に針を刺す

ウ．主人公の髪の毛を抜く→わら人形の脚を針で刺す
→髪の毛をわら人形のわらの間に押し込む→主人公の腕に針を刺す

エ．老女の髪の毛を抜く→髪の毛をわら人形のわらの間に押し込む
→わら人形の腕を針で刺す→わら人形の脚に針を刺す

3. 本文中の下線部が表す意味内容として最も適当なものを，ア～エから１つ選び，記号で答えなさい。

ア．お守り　　イ．警報機　　ウ．鏡　　エ．飾り

4. 本文の内容として最も適当なものを，ア～エから１つ選び，記号で答えなさい。

ア．The man dreamed about an old woman, and she was making magic straw dolls.

イ．The man tried to break the safe, but he couldn't.

ウ．The man put the doll in the safe before he decided to go outside.

エ．The man went out of the house to bury the safe in the ground.

5. 本文中の最後の □ に入る最も適当な英単語を，ア～エから１つ選び，記号で答えなさい。

ア．wide　　イ．dark　　ウ．strong　　エ．heavy

Ⅱ．次の英文を読み，あとの問いに答えなさい。

Hiroshi was proud of his new bike. He got it for his birthday. It was black with the coolest light on the front of the bike. He rode it to school every day for three days. After Hiroshi rode his bike home on the third day, he left it in front of the entrance and went into his house to put down his books. He told his mother that he was going to go to his friend's house. "Okay," said his mother. "Just be home before 6 p.m." Hiroshi said okay and went outside to get on his bike. However, there was ①a problem. "Mom!" cried Hiroshi. "My new bike has disappeared!" He could not find his bike, and thought, "Did someone steal my bike?" "Where did you leave it?" asked his mother. "I left it in front of the entrance," Hiroshi said. Hiroshi ran outside again to look for his bike. There was no one around, only Mrs. Ding was watering her flowers in her garden. Hiroshi went up to Mrs. Ding and asked, "Did you see anyone riding a black bike in the last few minutes?" "Well, I saw a boy going down our street, but I thought it was you, because he started riding from your house." "Which way did he go?" asked Hiroshi. "When he passed my house, he turned on to Connor Drive," said Mrs. Ding. Hiroshi went back to his house and told his mother what happened. Hiroshi's mother called the police, and they said they would come soon to get ②all the information. When Hiroshi's father got home from work, he told Hiroshi that someone on Connor Drive had the same bike as Hiroshi's. "How do you know?" asked Hiroshi. "I saw a boy cleaning a bike that looked just like your bike." Hiroshi's mother told her husband what was happening.

When the police arrived, Hiroshi and his mother gave them all the details about the bike and told them about the boy on Connor Drive. "We'll check it out," said one of the police officers, named Johnson. It was about half an hour later when he returned to Hiroshi's house with the bike. "It's my bike!" cried Hiroshi. "A boy on Fort Street took your bike. He said he wanted a bike, but his parents couldn't buy one. However, he realized it was bad, and brought the bike to us. I guess he made the wrong choice and decided to steal your bike," said Officer Johnson. "He said sorry, but he will be punished." "No!" said Hiroshi. "He recognized his [　　　　]. He has already been punished by himself. I won't tell anyone about this." The next day the boy came to Hiroshi's house to say sorry, and to thank him. "It was a big mistake, and I'll never do it again."

（注） steal 盗む　detail 詳細　punish 罰する

1．下線部①の内容を表す文を英語6語で抜き出しなさい。

2．下線部②の内容として適当でないものを，あとのア～エから1つ選び，記号で答えなさい。

ア．Hiroshi wears a cool light on his head when he rides his bike.

イ．Hiroshi left his bike in front of his house for a short time.

ウ. Mrs. Ding saw a boy who was riding Hiroshi's bike.

エ. The boy rode Hiroshi's bike to Connor Drive.

3. 本文の内容に関する次の問答が成り立つように，次の（ ）内に入る語を英語２語で書きなさい。

Q：How long did it take the police officer to find the bike?

A：It took about (　　　　) (　　　　).

4. 空欄 [　] に入る語を本文から１語で抜き出しなさい。

5. 本文の内容と一致するものを，ア～オから２つ選び，記号で答えなさい。

ア. Hiroshi has ridden his black bike to school every day for a long time.

イ. Mrs. Ding was taking care of her flowers when she saw a boy riding a bike.

ウ. Hiroshi's father saw a boy cleaning a bike on Fort Street.

エ. Hiroshi's father soon found Hiroshi's bike on Fort Street.

オ. The boy stole the bike because his parents could not buy one for him.

Ⅲ. 次の英文を読み，あとの問いに答えなさい。

Shiori: Ms Harris－Camilla? Hello. It's me, Shiori, from Meiden High School.

Camilla: Shiori! What a nice surprise! It's great to see you again!

Shiori: You too Camilla! I'm so glad you recognized me. I love your haircut, it's very cool.

Camilla: Thank you! I haven't seen you since you left high school. How's life?

Shiori: Well, I'm studying medicine at university. I am busy with my textbooks from morning to night. How about you? Are you still at Meiden?

Camilla: I started teaching at a computer college two years ago.

Shiori: Really? That's great! You know, I was often sleepy in lessons, but I always enjoyed your classes.

Camilla: Ha-ha! Thank you! You speak English very well now.

Shiori: Thank you. Hey, I was looking for a place to eat. Would you like to have lunch with me?

Camilla: I'd love to. But－

Shiori: But what? Have you already eaten?

Camilla: No, I'm very hungry! But you see, I am a vegan.

Shiori: A vegan? I've heard that word. Is it the same as a vegetarian?

Camilla: It's similar. Vegans and vegetarians don't eat any meat or fish, but vegetarians eat dairy products. Dairy food is food made with milk and eggs. Vegans don't eat anything from an animal. Nothing with a face!

Shiori: I see. Can you eat sushi? I love sushi!

Camilla: That's made with fish. Fish are animals.

Shiori: Then let's have noodles－my favorite noodles place isn't far.

Camilla: Sorry, ramen is usually made using meat, like pork.

Shiori: How about pizza?

Camilla: Hmm... it's not easy to find a restaurant that makes pizza without cheese or meat.

Shiori: Well, what can you eat? Can you eat rice? Beans? How about salad?

Camilla: Of course, and many more delicious foods that grow in the ground! Lots of restaurants in Japan have vegan options on their menu.

Shiori: Options? What do you mean?

Camilla: Choices. And big supermarkets sell different kinds of non-dairy food.

Shiori: Non-dairy? You mean it is free from milk?

Camilla: That's right! You can buy yogurt, butter, and cheese that is made from soy and nuts. Coconut ice cream is really tasty! You can get tuna made from tofu, and you can even find plant-based meat!

Shiori: Plant-based? What does that mean?

Camilla: It means it is made from plants like soy, wheat, mushrooms, green peas, but it looks and tastes like animal meat.

Shiori: It sounds strange. Why did you stop eating meat?

Camilla: Well, there are a few reasons. Being vegan is the best choice for a kind and healthy world. It is much better for the environment if people cut down on eating meat.

Shiori: "Cut down"? What does that mean? You have to cut down more trees?

Camilla: Oh, "cut down" means not eating as much meat as before. Also, a vegan world can make enough food for everybody. Global hunger will end. And killing animals to eat them is very cruel. This is the most important reason. Millions of animals suffer and die every day. I want that to stop.

Shiori: I understand your reasons now. Do you miss (5)it?

Camilla: Not at all! I still eat burgers! Hey, I know! Let's go to Max Burger and try their new vegan Nature Burger－it's delicious!

（注） wheat 小麦　mushrooms マッシュルーム　hunger 飢《う》え　cruel 冷酷な

1. What is true?

ア. Camilla and Shiori both have jobs.

イ. Camilla and Shiori will have lunch together.

ウ. Camilla and Shiori see each other every week.

エ. Camilla and Shiori were classmates at high school.

2. Which one of the below is not a reason why Camilla became a vegan?

ア. To protect animals.　　イ. To improve the environment.

ウ. To stop world hunger.　　エ. To become more healthy.

3. When did Shiori and Camilla last see each other?

ア. About 2 weeks ago.　　イ. About 6 months ago.

ウ. About 1 year ago.　　エ. About 3 years ago.

4. What is true about vegetarians and vegans?
　ア. Both vegetarians and vegans eat eggs.
　イ. Both vegans and vegetarians never eat burgers.
　ウ. Vegetarians eat fish, but vegans do not.
　エ. Vegans don't drink milk, but vegetarians do.

5. What does "(5) it" mean?
　ア. Eating meat. 　イ. Going to restaurants.
　ウ. Killing animals. 　エ. Teaching at Meiden.

Ⅳ. 次の電話における会話の ☐ 内に入る最も適当なものを，ア～エから１つずつ選び，記号で答えなさい。

1.

Staff: This is ABC Net Book Store, how can I help you?
Tom: Hello, my name is Tom Simons. I bought a book from you on the Internet last week, but it hasn't arrived yet.
Staff: I'm sorry to hear that, sir. Could I take your order number, please?
Tom: Sure, it's ZER31K.
Staff: Thank you...the book will arrive tomorrow morning.
Tom: Tomorrow morning? ☐
Staff: I'm sorry, sir...but the book will arrive tomorrow morning.
Tom: OK...thank you, anyway.

　ア. I got the package today. 　イ. But I need it today!
　ウ. I'm glad to hear that. 　エ. I would like to send it to another place.

2.

Keiko: How about going out for lunch this Sunday?
James: Sounds great. Where shall we go?
Keiko: I know a good Italian restaurant. It's near Thumb Park.
James: I've heard of it. It's famous, isn't it?
Keiko: Yes, it's very popular. The food is really nice.
James: But it's a little far from here.
Keiko: Don't worry about that. ☐
James: Oh, right. Then, what time shall we meet?
Keiko: How about eleven o'clock, at the bus stop?
James: Perfect. I'm looking forward to it.

　ア. You got up early this morning.
　イ. We must walk there.
　ウ. I've never been to the park.
　エ. There's a bus to Thumb Park.

V. 次の1～2の各組の英文がほぼ同じ意味になるように，(①)，(②) 内に入る語句の組み合わせとして最も適当なものを，ア～エから1つずつ選び，記号で答えなさい。

1. Yuki has (①) interest in soccer.
   Yuki isn't (②) in soccer at all.
   ア. ① not ② interesting　イ. ① not ② interested
   ウ. ① no ② interesting　エ. ① no ② interested
2. (①) are many pictures in this book.
   This is a book (②) a lot of pictures.
   ア. ① There ② it　イ. ① There ② with
   ウ. ① These ② it　エ. ① These ② with

VI. 次の1～5の日本語の意味に合うよう ( ) 内の語句を並べかえたとき，( ) 内で5番目に来る語句をア～オから1つ選び，記号で答えなさい。ただし，文頭に来る語も小文字で示してあります。

1. 外国での一人暮らしがどんなものか知っていますか。
   Do you know (is / what / alone / like / live / to / it) in a foreign country?
   ア. alone　イ. is　ウ. like　エ. live　オ. to
2. 私が外出しているとき部屋に入ったのはだれですか。
   (when / into / my room / came / who) I was out?
   ア. came　イ. into　ウ. my room　エ. when　オ. who
3. 彼が撮影した写真は美しかった。
   (him / the pictures / beautiful / by / taken / were).
   ア. beautiful　イ. him　ウ. taken　エ. the pictures　オ. were
4. だれがその子どもたちの世話をしているのか，だれも知りません。
   Nobody (care / knows / is taking / the children / of / who).
   ア. care　イ. is taking　ウ. knows　エ. of　オ. who
5. この国では，学校で勉強している生徒の数が少なくなっている。
   In this country, (is becoming / the number / studying / of / children / smaller / at school).
   ア. at school　イ. children　ウ. is becoming　エ. of　オ. studying

VII. 次の ( ) 内の語を使い，日本語の意味を表す4語の英文を書きなさい。

君の話を聞いて僕は驚いた。(story)

【理　科】（社会と合わせて60分）　　＜満点：75点＞
【注意】　定規・分度器・計算機等の使用はできません。

1　幅30cm，高さ80cmの鏡を右の上面図，側面図のように，鏡の下端中央を原点Oとして配置した。鏡から離れる向きに x 軸，鏡の高さ方向に y 軸をとる。鏡から x 軸方向に40cmの位置に，10cm間隔で長さ40cmの細い棒を5本，鏡と平行に並べた。中央の棒から x 軸方向へ20cm離れた地点から，y 軸方向へ90cmの高さの点をPとし，この位置から鏡に映った細い棒の像を観察する。あとの問いに答えなさい。

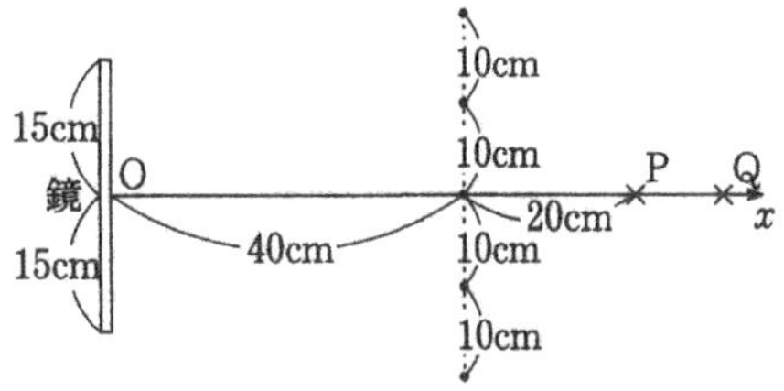

上面図

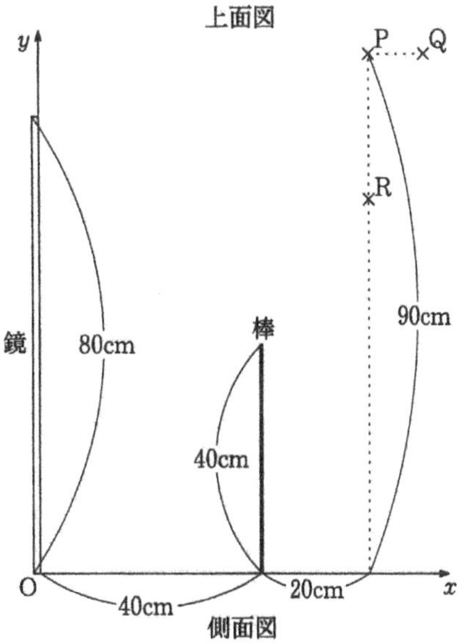

側面図

(1)　鏡に映った細い棒は何本か。

(2)　鏡に映った像を，点Pと高さは同じで，鏡からより離れた位置Q（$x>60$〔cm〕）から観察した場合，Pから観察した場合と比べて，像の間隔はどのように変化するか。観察結果として正しいものを，次の**ア**～**ウ**から一つ選び，記号で答えなさい。

ア．狭くなる。
イ．広くなる。
ウ．変わらない。

次に，点Pから見て，鏡に映った細い棒の上端の位置（鏡上の位置）に，それぞれ，目印（○）を付けた。

(3)　点Pと x 座標が等しく，より低い位置R（$40<y<90$〔cm〕）から観察し，鏡上の細い棒の上端の位置に目印（●）を付けた。○と●の位置を比較した時，y 座標と間隔はどのように変化するか。観察結果として正しいものを，次の**ア**～**カ**から一つ選び，記号で答えなさい。

ア．y 座標は増加し，間隔は狭くなる。
イ．y 座標は増加し，間隔は広くなる。
ウ．y 座標は増加し，間隔は変わらない。
エ．y 座標は減少し，間隔は狭くなる。
オ．y 座標は減少し，間隔は広くなる。
カ．y 座標は減少し，間隔は変わらない。

(4)　Pから観察した場合，○の間隔は何cmか。

(5)　Pから観察した場合，○の y 座標は何cmか。

紙面に○印を描き，直方体ガラスを次のページの状態Aのように紙面に対して垂直に立て，点Pから紙面の○印を観察する。

(6)　このとき，○印の右半分は次のページの図のように直方体ガラスの斜線部の面を通して，左半分は直接観察することができた。この状態から，直方体ガラスを90度回転させ，紙面から少し浮かせた状態（状態B）にした。直方体ガラスを状態Aから状態Bに変化させる間，点Pからの観察を続けたとすると，〇印はどのように見え方が変化するか。観察結果として正しいものを，次の**ア**～**エ**から一つ選び，記号で答えなさい。

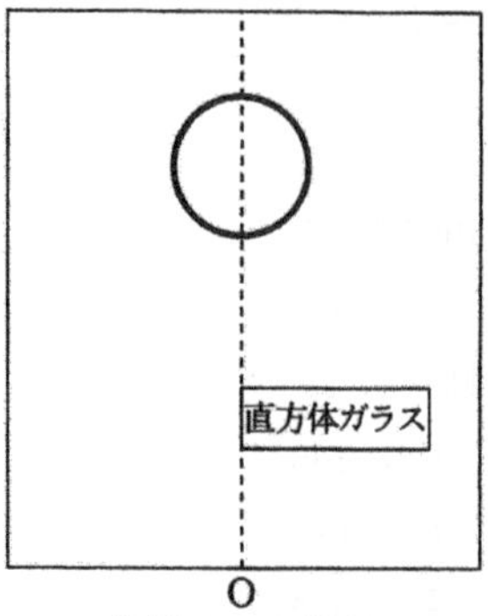

状態Aの上面図

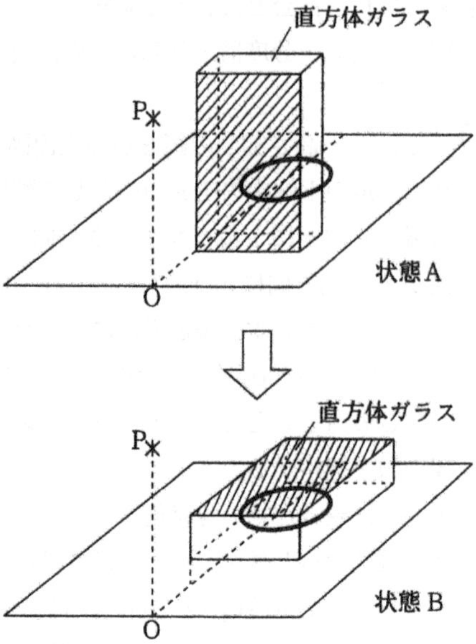

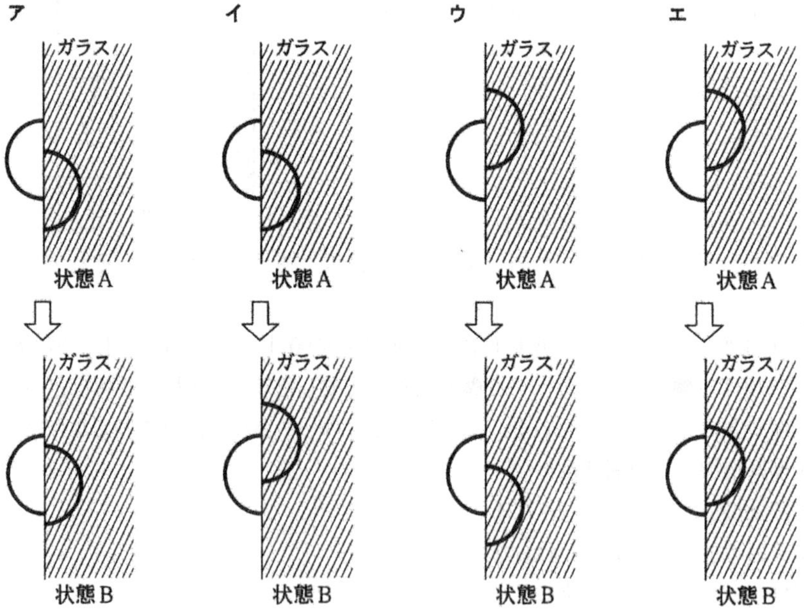

2 化学反応についてあとの問いに答えなさい。

酸性の水溶液とアルカリ性の水溶液を混ぜ合わせると，お互いの性質を打ち消しあう。これを中和という。このとき，酸の（　A　）イオンと，アルカリの（　B　）イオンが結びついて水が生成する。このとき同時に，酸の（　C　）イオンと，アルカリの（　D　）イオンが結びついて（　E　）が生成される。この化学変化は熱を発生させるため，発熱反応という。これらの様子を調べるために次の実験を行った。ただし，この実験で出てくる水溶液の密度はすべて$1\,g/cm^3$とする。

[実験]

濃度1％の塩酸にフェノールフタレイン液を入れ，ある濃度の水酸化ナトリウム水溶液を完全に反応するまで加え続ける。このとき加えた水酸化ナトリウム水溶液の体積と，発生した熱量を表にまとめた。

なお，実験に用いた塩酸と水酸化ナトリウム水溶液の温度はともに室温であった。

塩酸の体積〔cm^3〕	5	10	15	20
加えた水酸化ナトリウム水溶液の体積〔cm^3〕	3	6	9	12
発生した熱量〔J〕	80	160	240	320

(1) 文中の（A）～（D）に当てはまる語句として，正しい組み合わせを次の**ア**～**ク**の中から一つ選び，記号で答えなさい。

	(A)	(B)	(C)	(D)
ア	水素	水酸化物	陽	陰
イ	水素	水酸化物	陰	陽
ウ	陽	陰	水素	水酸化物
エ	陽	陰	水酸化物	水素
オ	水酸化物	水素	陰	陽
カ	水酸化物	水素	陽	陰
キ	陰	陽	水酸化物	水素
ク	陰	陽	水素	水酸化物

(2) 文中の（E）に当てはまる語句を漢字で答えなさい。

(3) この実験の化学反応を化学反応式で書きなさい。

(4) この実験で，ある濃度の水酸化ナトリウム水溶液を加えて完全に中和するとき，その前後で水溶液の色の変化はどのようになるか。最も適当なものを次の**ア**～**カ**の中から一つ選び，記号で答えなさい。

ア．無色の水溶液が薄いピンク色になる。

イ．薄いピンク色の水溶液が無色になる。

ウ．濃い赤色の水溶液が無色になる。

エ．無色の水溶液が濃い赤色になる。

オ．黄色の水溶液が緑色になる。

カ．緑色の水溶液が黄色になる。

(5) 濃度3％の塩酸25cm^3を完全に中和するのに必要な水酸化ナトリウム水溶液の体積を求めなさい。

(6) この実験で中和後の水溶液の温度はそれぞれの体積でどのようになったか，最も適当なものを次の**ア**～**ウ**の中から一つ選び，記号で答えなさい。ただし，発生した熱量はすべて水溶液の温度変化に使われ，熱は外部へ逃げなかったものとし，どの水溶液1gも1Jの熱で約0.24℃上昇させることができるものとする。

ア．塩酸の体積が大きいほど，水溶液の温度は高くなる。

イ．塩酸の体積が大きいほど，水溶液の温度は低くなる。

ウ．塩酸の体積に関わらず水溶液の温度は等しい。

3 生物に関する，あとの問いに答えなさい。

(1) イチョウにはギンナンができ，サクラにはサクランボができる。文中の(ア)～(エ)に当てはまる言葉の組み合わせとして，最も適当なものを下記の表のA～Dから一つ選び，記号で答えなさい。

ギンナンの食べられる部分は（ア）が成長した（イ）の一部であり，サクランボの食べられる部分は（ウ）が成長した（エ）である。

	（ア）	（イ）	（ウ）	（エ）
A	胚珠	果実	子房	種子
B	胚珠	種子	子房	果実
C	子房	果実	胚珠	種子
D	子房	種子	胚珠	果実

(2) サクラ，イネ，アブラナ，トウモロコシについて述べたものとして最も適当なものを次のア～エから一つ選び，記号で答えなさい。

ア．イネの茎の維管束は散らばっており，トウモロコシの茎の維管束は輪状に並んでいる。

イ．アブラナの子葉は1枚であり，トウモロコシの子葉は2枚である。

ウ．アブラナの葉脈は網目状であり，サクラの葉脈は平行である。

エ．イネはひげ根を持ち，サクラは主根と側根を持つ。

(3) ヒトの腕とクジラのヒレのように，見かけの形やはたらきが異なっていても，基本的な作りが同じで，起源が同じと考えられる器官を何と言うか。漢字4文字で答えなさい。

(4) 次のア～エを，地球上に出現したときの順に並べ，記号で答えなさい。

ア．魚類　　イ．両生類　　ウ．は虫類　　エ．ほ乳類・鳥類

(5) 図の矢印は，生物間の炭素の流れを表している。以下の問いに答えなさい。

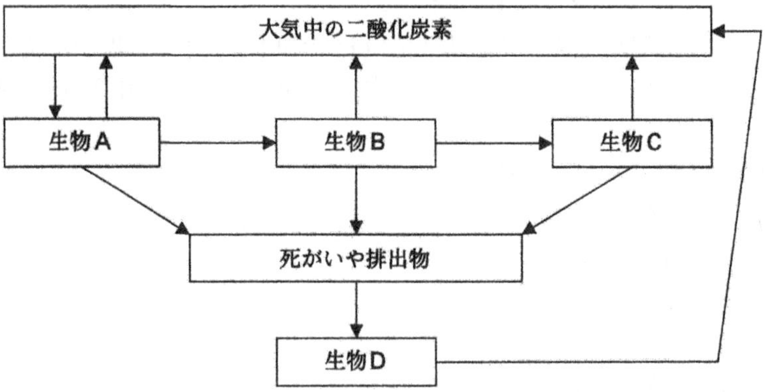

①生物A～Cは，「食べる・食べられる」の関係でつながっている。このつながりを漢字4文字で答えなさい。

②生物Cの数が急激に減少すると，生物A，Bの数は，その後，一時的にどのように変化するか。次のア～エから一つ選び，記号で答えなさい。

ア．生物A，B共に減少する。

イ．生物Aは減少する。生物Bは増加する。

ウ．生物A，B共に増加する。

エ．生物Aは増加する。生物Bは減少する。

③生物A～Dに当てはまる生物の組み合わせとして最も適当なものを次のア～オから一つ選び，記号で答えなさい。

	生物A	生物B	生物C	生物D
ア	アサガオ	バッタ	アゲハチョウ	ミミズ
イ	バッタ	タカ	フクロウ	アサガオ
ウ	オニユリ	ネズミ	ミミズ	アサガオ
エ	コナラ	アオカビ	バッタ	オニユリ
オ	ススキ	バッタ	カエル	シデムシ

4 グラフは，ある地震が発生したときの，3か所での揺れの様子を表したものである。グラフの縦軸は，A地点からの距離を表し，横軸は，A地点にP波が到達してからの時刻を表している。グラフ上に書かれた小さな数値は，A地点に最初にP波が到達した時刻から，各地点にP波やS波が届くまでの時間である。以下の問いに答えなさい。ただし，P波S波ともに，常に一定の速さで地中を移動したものとする。

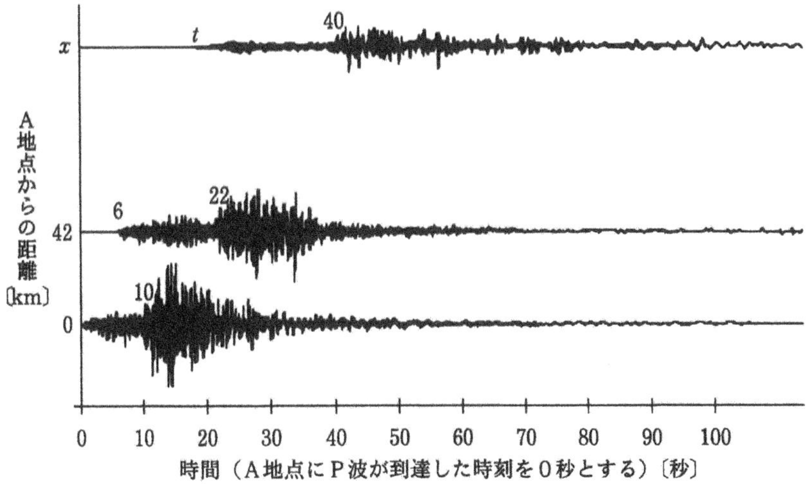

(1) 地震の規模を表すものを何というか答えなさい。

(2) P波，S波の速さを，それぞれ求めなさい。

(3) グラフの x の値を求めなさい。

(4) グラフの t の値を求めなさい。

(5) 地震の震源はA地点から何km離れているか，答えなさい。

【社　会】（理科と合わせて60分）　＜満点：75点＞

1　史料を読んであとの問に答えなさい。

A　一　諸国の守護の仕事は（　i　）の京都を守る義務を指揮・催促すること，謀反や殺人など犯罪人を取り締まることである。
　　一　20年以上継続してその地を支配していれば，その者の所有になる。

B　百姓が刀・わきざし・弓・やり・鉄砲，その他の武具を所持することを固く禁止する。その理由は，不必要な武具を持つと，年貢を納めずに一揆を企てることになるので，大名と家臣は，百姓の所持する武具をすべて取り上げ…。

C　ああ　弟よ　君を泣く　　君死にたまうことなかれ　（　略　）　人を殺して死ねよとて二十四までを育てしや

D　一　中国政府は（　ii　）が山東省に持っているいっさいの権利を日本に譲る。
　　一　日本の旅順・大連の租借の期限，南満州鉄道の期限を99か年延長する。

E　一　に日く，（　iii　）をもって貴しとなし，さからうことなきを宗となせ。
　　二　に日く，あつく三宝を敬え。三宝とは仏法僧なり。
　　三　に日く，詔を承りては，必ず謹め。

F　倭人の国は多くの国に分かれている。そのなかで最も強い邪馬台国は，30ほどの小国を従えて，女王の（　iv　）が治めている。

1　次の①～④の文章のうち史料Aが出された時代の出来事の説明として1つだけ正しければ**ア**，2つ正しければ**イ**，3つ正しければ**ウ**，全て正しければ**エ**，全て誤っていれば**オ**と答えなさい。（この史料が出された時代が**【例】**奈良時代と考えられるのであれば奈良時代の出来事が対象となります。）

①　唐と新羅が連合して百済を滅ぼした。日本は百済を復興させるため朝鮮半島へ大軍を送った。

②　金が産出された東北地方では，中尊寺金色堂が建てられた。

③　加賀の国では一向宗らが守護大名を倒して，以後約100年間自治を続けた。

④　元の襲来に備え博多湾には石築地が築かれた。

2　史料A中の（ｉ）を漢字3文字で答えなさい。

3　次の①～④の文章のうち史料Bを発令した人物の説明として1つだけ正しければ**ア**，2つ正しければ**イ**，3つ正しければ**ウ**，全て正しければ**エ**，全て誤っていれば**オ**と答えなさい。

①　この人物は各地の大名を従えて，全国統一を果たした。

②　この人物は当初キリスト教を保護したが，後に布教を禁止し宣教師を追放した。

③　この人物は琵琶湖のほとりに壮大な安土城を築いた。

④　この人物は関ヶ原の戦いに東軍として参加し，後の政権の重職を担った。

4　史料Bを出した人物の出身地がある都道府県の現在の特徴を述べた次の①～④の文章を読んで1つだけ正しければ**ア**，2つ正しければ**イ**，3つ正しければ**ウ**，全て正しければ**エ**，全て誤っていれば**オ**と答えなさい。

① 冬のはじめに「からっ風」と呼ばれる暖かく乾燥した風が吹き，暖冬の原因となる。

② 夏のはじめに「やませ」と呼ばれる冷たい北東風が吹き，冷害の原因となる。

③ かつお漁の遠洋漁業の基地があり，かつお節の生産がさかんである。

④ この県を中心とした工業地帯は工業生産額が日本一である。

5　史料Cはある戦争に作者の弟が出兵した際に書かれた反戦詩である。この戦争名を答えなさい。

6　次の**ア**～**エ**の文章のうち史料Cの作者の説明として正しいものを一つ選んで記号で答えなさい。

ア　作者の夫が主催する雑誌『明星』の誌上で活躍し情熱的な作品を生み出した。

イ　雑誌『青踏』を主宰し，女性を社会的な差別から解放しその地位を高める運動を展開した。

ウ　労働者や農民の立場で社会問題を描くプロレタリア文学を生み出した。

エ　庶民の生活や伝承を研究し，民俗学を提唱した。

7　史料D中の（ⅱ）にはある国名が入る。この国について述べた次の①～④の文章を読んで1つだけ正しければ**ア**，2つ正しければ**イ**，3つ正しければ**ウ**，全て正しければ**エ**，全て誤っていれば**オ**と答えなさい。

① 黒土地帯での小麦生産が盛んであり，国土の北側ではトナカイの放牧が行われている。

② 世界で最初に産業革命が起こり，「世界の工場」と呼ばれた。

③ フィヨルドと呼ばれる海岸線が広がっており，水産業が盛んである。

④ かつては2つの国に分断されていたが，1990年に統一した。

8　史料Dはある戦争中に日本から中国に出されたものである。この戦争について述べた次の①～④の文章を読んで1つだけ正しければ**ア**，2つ正しければ**イ**，3つ正しければ**ウ**，全て正しければ**エ**，全て誤っていれば**オ**と答えなさい。

① オーストリア皇太子夫妻が暗殺された事件をきっかけにこの戦争が勃発した。

② 日本は日英同盟を理由にこの戦争に参戦した。

③ この戦争の講和会議はパリで開かれ，その会議で結ばれたのはベルサイユ条約である。

④ この戦争の最中に政権についたヒトラーは，反対派を弾圧し一党独裁体制をしいた。

9　次の①～④の文章のうち史料Eが出された時代の出来事の説明として1つだけ正しければ**ア**，2つ正しければ**イ**，3つ正しければ**ウ**，全て正しければ**エ**，全て誤っていれば**オ**と答えなさい。（この史料が出された時代が【例】奈良時代と考えられるのであれば奈良時代の出来事が対象となります。）

① この時代には天皇から庶民までの広い範囲の人々のうたった和歌が『万葉集』にまとめられた。

② この時代には役人の心構えを説いた十七条の憲法が出された。

③ この時代には墾田永年私財法が出され，荘園が広がった。

④ この時代には遣隋使が派遣され，隋と対等の立場で国交を結ぼうとした。

10　史料E中の（ⅲ）を漢字1字で答えなさい。

11　史料Fはどの歴史書を要約したものか。記号で答えなさい。

ア　『漢書』　**イ**　『後漢書』　**ウ**　『三国志』・「魏志」　**エ**　『宋書』

12　史料F中の（ⅳ）を漢字3文字で答えなさい。

2　次の表は古代の四大文明をまとめたものである。表を見てあとの問に答えなさい。【表中に（＊）がありますが，問題の構成上の対応です。】

	A	B	C	D
文明名	エジプト	中国	メソポタミア	インダス
使用された文字	①	（　＊　）	②	インダス文字
文明が発生した場所	（　＊　）流域	③流域	④流域	インダス川流域

1　表の①～④に適する語句の組み合わせとして正しいものを選んで記号で答えなさい。なお正しいものがない場合は**オ**と答えなさい。

ア　①　象形文字　②　甲骨文字　③　長江　④　ナイル川

イ　①　甲骨文字　②　楔形文字　③　長江　④　ナイル川

ウ　①　楔形文字　②　甲骨文字　③　黄河　④　チグリス川・ユーフラテス川

エ　①　象形文字　②　楔形文字　③　黄河　④　チグリス川・ユーフラテス川

2　次の①～④の文章のうちDの文明の説明として1つだけ正しければ**ア**，2つ正しければ**イ**，3つ正しければ**ウ**，全て正しければ**エ**，全て誤っていれば**オ**と答えなさい。

①　上下水道や道路などを持つ都市が計画的に建設された。

②　月の満ち欠けに基づく太陰暦が考え出された。

③　ポリスと呼ばれる都市国家が多く誕生した。幾つかのポリスでは民主政治が行われた。

④　この文明では一神教を信仰し，紀元前6世紀ごろにはユダヤ教として確立した。

3　次の表は世界の4つの都市（首都）の雨温図です。この中でCの文明が発生した地域にある都市（首都）の気候として正しいものを選んで記号で答えなさい。（表中の折れ線グラフは気温，棒グラフは降水量を表しています。）

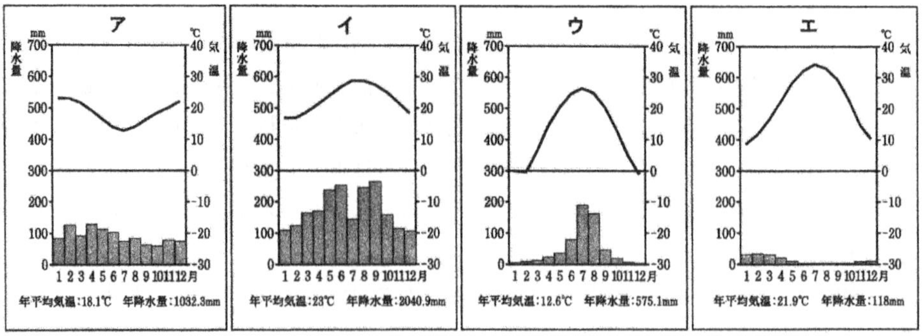

3　次のページの表を見てあとの問に答えなさい。

次のページの表は内閣総理大臣を指名する i 衆議院と参議院の投票結果を示している。この結果を受けて（　①　）を開いたが，意見が一致しなかったため，内閣総理大臣に（　②　）が指名された。

議員	各議員の得票数	
	衆議院	参議院
A	37	50
B	170	140
C	20	20
D	238	35
総得票数	465	245

1　(①) に入る語句を記号で答えなさい。

ア　公聴会　　**イ**　閣議　　**ウ**　両院協議会　　**エ**　常任委員会

2　(②) にあてはまる議員はだれか。表中のA～Dから選び記号で答えなさい。

3　次の①～④の文章のうち下線部 i の説明として1つだけ正しければ**ア**，2つ正しければ**イ**，3つ正しければ**ウ**，全て正しければ**エ**，全て誤っていれば**オ**と答えなさい。

①　内閣総理大臣は衆議院の中から指名することが法律で定められている。

②　憲法改正の発議をする場合には，衆議院は3分の2以上の賛成が必要であるが，参議院は過半数の賛成でよい。

③　参議院は衆議院と比べ任期が長く，解散もない。

④　衆議院議員の被選挙権は25歳以上であるが，参議院議員の被選挙権は30歳以上である。

4　次の画を見てあとの問に答えなさい。

上の画はA中国の首相（左側）と本校初代校長の後藤鉀二先生（右側）が握手をしている場面である。B1971年3月28日から4月7日まで名古屋で行われた世界卓球選手権大会の中で歴史に残る一つの出来事が起こった。この大会の最高責任者であった後藤は，当時から世界でも高いレベルを誇っていた中国チームの招聘を図っていた。第二次世界大戦後から顕在化していた冷戦下において日本の政治的な立場はアメリカを中心とする西側諸国に属しており，アメリカとC中国の対立がある中でその計画は困難をきわめていた。その状況下において後藤は多方面からの反対を押し切って，中国卓球チームを招聘するため北京へ赴いた。後藤の熱意に中国側も理解を示し，チームの派遣を決定した。この動きをきっかけにして日本と中国のみならずDアメリカと中国の関係も対立解消に向けて急速に進んでいった。卓球を介し外交が進んだことから「ピンポン外交」と呼ばれ，中国人民は「飲水不忘掘井人」（水を飲む時，井戸を掘ってくれた人の恩を忘れない）と，「井戸を掘った人」として後藤を讃えている。

1　下線部Aについてこの人物名を次から選んで記号で答えなさい。

ア　習近平　　**イ**　溥儀　　**ウ**　周恩来　　**エ**　蔣介石

2　次の①～③の文章のうち下線部B以降に起こった出来事の説明として1つだけ正しければ**ア**，2つ正しければ**イ**，全て正しければ**ウ**，全て誤っていれば**エ**と答えなさい。

①　東アジアで初めてのオリンピックが東京で開かれた。

②　日韓基本条約が結ばれ，日本は韓国政府を朝鮮半島にある唯一の合法的な政府と認めた。

③　イラクがクウェートに侵攻したことをきっかけに，湾岸戦争が起こった。

3　次の①～③の文章のうち下線部Cの説明として1つだけ正しければ**ア**，2つ正しければ**イ**，全て正しければ**ウ**，全て誤っていれば**エ**と答えなさい。

①　1979年からは人口抑制政策である「一人っ子政策」を実施した。

②　1960年代後半から漢江の奇跡と呼ばれる急成長を見せた。

③　1978年に生産責任制を導入した。この影響で「万元戸」呼ばれる富裕層が出現した。

4　次の①～③の文章のうち下線部Dの説明として1つだけ正しければ**ア**，2つ正しければ**イ**，全て正しければ**ウ**，全て誤っていれば**エ**と答えなさい。

①　白人と先住民の混血であるメスチソが住民の6割をしめている。

②　近隣諸国とNAFTAを締結し，強い貿易関係を持っている。

③　かつてフランスの植民地であったが，1776年の独立戦争に勝利しフランスから独立した。

5　いわゆる「ピンポン外交」がきっかけで日本と中国との間に結ばれたとされる条約を次から選んで記号で答えなさい。

ア　安全保障条約　　**イ**　修好通商条約　　**ウ**　核拡散防止条約　　**エ**　平和友好条約

5　下の地図中の**X**で囲まれている部分は好漁場となっています。それはなぜか次に示す語句を使用して句読点を含み30文字以内で述べて下さい。

【語句】　黒潮

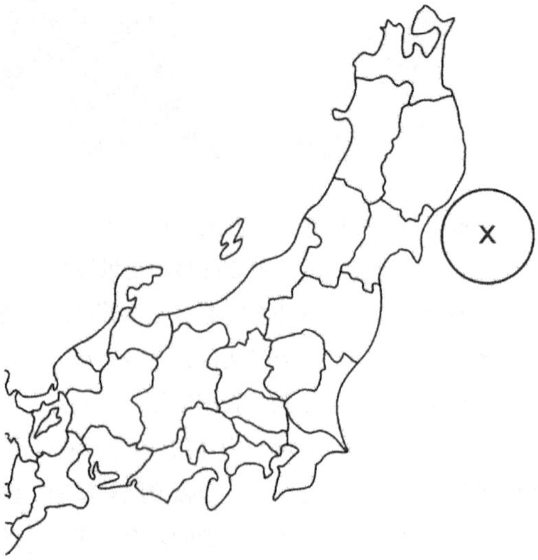

四 次の問いに答えなさい。

【問一】 次の例文の傍線部と文法的に同じものを後の選択肢から一つ選び、その記号を書きなさい。

今年の春は暖かく、色とりどりの花が一斉に咲いた。

ア 五月は風がさわやかに吹く季節だ。

イ 彼の言うようにはならない。

ウ 駅まで父を迎えに行く。

エ それはだめだと言ったのに。

オ ただちに宿題に取りかかりなさい。

【問二】 次の傍線部の語のうち、用法・働きが他の三つと異なるものを一つ選び、その記号を書きなさい。

ア 楽しかった中学校の部活動を懐かしむ。

イ 彼は去年まで学校の先生だった。

ウ 美術館で正面の壁にかかった絵を見る。

エ 昨日の体育祭ではたくさん写真を撮った。

さか違ふ所もあらん人こそ、「我はさやは思ふ。」など争ひ憎み、「さる
食い違う点もあるような人のほうが、「自分はそうは思わない。」などと言い争い憎みなどもして、「それだ
から、さぞ。」ともうち語らはば、③つれづれ慰まめと思へど、げには、
から、そうなのだ。」などと話し合うとしたら、□と思うけれども、本当のことを言
少しかこつかたも、我と等しからざらん人は、大方のよしなしごと言は
えば、少し不満に思うことも、（相手が）自分と同じ考えの人ではない場合は、ただ一般のとりとめもないことを話して
んほどこそあらめ、④まめやかの心の友には、はるかに隔たる所のあり
いる間はそれでもよいだろうが、真実の心の友というのには、非常な距離があるに違いないのは、
ぬべきぞ、わびしきや。
何ともやりきれないことであるなあ。

（『徒然草』）

【問一】 傍線部①「むかひゐたらん」について、現代仮名遣いに改めて書きなさい。

【問二】 傍線部②「ひとりある心地やせん」とあるが、なぜ一人でいるような気持ちがするのか。その説明として最も適当なものを次の中から選び、その記号を書きなさい。

ア 相手の言うことに逆らうまいと対座していると、まるで無視されているような気持ちになり、一人でいるのと変わらないから。
イ 気の合わない相手の話に合わせようと考えているうち相手の話を聞かなくなるのであれば、一人でいるのと変わらないから。
ウ 気の合わない相手との話し合いから早く解放されたいと思いながら対座するのであれば、一人でいるのと変わらないから。
エ 自分の本当に言いたいことも言えず、相手に調子を合わせていることはつまらなくて、一人でいるのと変わらないから。

【問三】 傍線部③「つれづれ慰まめ」とあるが、この現代語訳として最も適当なものを次の中から選び、その記号を書きなさい。

ア 自分と意見の違う人を憎む気持ちが慰められるであろう
イ ののしり合った後の興奮した気持ちが慰められるであろう
ウ 何もすることがない退屈な気持ちが慰められるであろう
エ お互い理解し合えず不満な気持ちが慰められるであろう

【問四】 傍線部④「まめやかの心の友」とはどのような人か。最も適当なものを次の中から選び、その記号を書きなさい。

ア 興味のあることや不満に思うことなど、なにもかも心の隔てなく話し合うことができるような人。
イ 少々意見の食い違うことであっても、真剣に意見を戦わせて話し合うことができるような人。
ウ 少し不満に思うことや考えが違うことも、相手に合わせて、とりとめなく話すことができるような人。
エ 非常に心の距離が感じられると思ったが、実際に深く話し合ってみると、実は気心が合うような人。

【問五】 波線部のように「や」「こそ」などの助詞を用いて、作者や登場人物の感動や疑問の気持ちなどを強調し、文末の語が変化する表現が古文にはある。その表現を何というか書きなさい。

【問六】 (1) この文章『徒然草』の作者名を漢字で書きなさい。
(2) この文章が属する文学的ジャンルを次の中から選び、その記号を書きなさい。

ア 物語　イ 日記　ウ 紀行文　エ 随筆

当なものを次の中から選び、その記号を書きなさい。

ア　A　もはや　B　ひたすら　C　ところが　D　しかも
イ　A　ところが　B　ひたすら　C　しかも　D　もはや
ウ　A　ところが　B　もはや　C　しかも　D　ひたすら
エ　A　もはや　B　しかも　C　ところが　D　ひたすら

【問三】　傍線部②「しかし私に言わせればそれはナンセンスです」について、次の問いに答えなさい。

(1)　「それ」の指し示すものは何か。本文中より抜き出し、その初めと終わりの三字を書きなさい。

(2)　どうして「ナンセンス」なのか。その理由として最も適当なものを次の中から選び、その記号を書きなさい。

ア　ＡＩはすでに人間の手を離れて、自分で学習・成長する独立した存在だから。
イ　いずれ人工知能が人間の脳を超え、世界が大きく変化してしまうから。
ウ　人生を深く豊かにすることこそ重要であり、そのことにＡＩは関係ないから。
エ　ＡＩにできないことを学んでも、それはあまりに簡単なものにすぎないから。

【問四】　傍線部③「本末転倒」とあるが、それを使った例文としてふさわしくないものを次の中から一つ選び、その記号を書きなさい。

ア　学生がろくに勉強せずにアルバイトに精を出すのは本末転倒だ。
イ　部屋の片付けをしないで収納用品だけを買い揃えるのは本末転倒ではないか。
ウ　勉強時間を削って入試合格の願掛けばかりするようでは本末転倒ではないか。
エ　弟のほうが兄の自分より勉強もスポーツもできるのは本末転倒だ。

【問五】　傍線部④「本と向き合うことが重要だと思うのです」とあるが、それはなぜか。最も適当なものを次の中から選び、その記号を書きなさい。

ア　本には人間が人間としてどう生きるかという人生を深めるための様々な知恵が書かれているから。
イ　情報化社会というが多くは調べられず、ネットの情報からは深いところまで知ることは困難だから。
ウ　ＡＩが発達し人間に勝つ時代に、人間だけがやれることは本から思索を深めることしかないから。
エ　ネットやＳＮＳに傾倒し、それればかり使っていると、いずれ本当に本が読めなくなってしまうから。

三　次の文章を読んで、後の問いに答えなさい。

同じ心ならん人としめやかに物語して、をかしき事も、世のはかなき事
（自分と気心が合うような人としんみり話し合って、風情あることでも、世間のほんのちょっとしたこと）
も、うらなく言ひ慰まんこそうれしかるべきに、さる人あるまじければ、
（でも、心の隔てなく語り合って慰められるとしたら。それこそうれしいことだろうに、そんな人はいるはずもないから、）
つゆ違《たが》はざらんと①むかひゐたらんは、②ひとりある心地やせん。
（少しも相手の気持ちに食い違わないようにと心がけて対座しているとすれば、まるで一人でいるような気持ちがするであろう。）
たがひに言はんほどの事をば、「げに」と聞くかひあるものから、いさ
（（次にまた）互いに話し合う程度のことは、「最もだ。」と聞くだけの価値はあるものの、少々は）

ん。

　ＡＩに負けないことを目的に据えて生きるなんて③本末転倒です。それこそＡＩに人生を明け渡してしまったようなものです。

　ＡＩが出てこようが出てこなかろうが、「自分の人生をいかに深く生きるか」が重要なのではないでしょうか。

　人生を深めるために、ＡＩや未来予測についての本を読むのはとても有意義だと思います。たとえば「人間の脳を超えた知性を持つＡＩがいた場合、人間らしいやりとりをすることだって簡単だろう。それでは何が人間を人間たらしめるのだろうか？　自分は人間に何を求めているだろうか？」などと本を片手に思考を深めていくことで、人生を豊かにしていくことはできるはずです。

　私たち人類は「ホモ・サピエンス＝知的な人」です。

　知を多くの人と共有し、後世にも伝えていくことができるのがホモ・サピエンスのすごいところです。書店や図書館に行けば、古今東西の知が所狭しと並んでいます。偉大な人が人生をかけて真理を探究し、あるいは身を削って文学の形に昇華させ、それを本の形にして誰でも読めるようにしている。だから知を進化させていくことができます。

　家族や友達とおしゃべりするだけなら、サルも犬もやっています。アリだってやっているでしょう（声を出してのおしゃべりではないかもしれませんが、さまざまなコミュニケーションはとっています）。でも、動物や虫たちは地域や時代を超えたところにいたものたちが、何を考えていたかを知ることはできません。

本を読まないのは、ホモ・サピエンスとしての誇りを失った状態。

　集中力もさらに低下して、いよいよ「本を読まない」ではなく「読めない」ようになってしまったら、人類の未来は明るくないのではないかとすら思えてきます。

　繰り返しますが、ネット、ＳＮＳが悪いと言っているのではありません。

　この素晴らしいツールも人類の知が生み出したもの。うまく活用しない手はないでしょう。ただ、軸足を完全にそちらに移してしまって、読書の喜びを忘れてしまうのはあまりにももったいない。読書は人間に生まれたからこそ味わえる喜びです。自分で自分の人生を深めていける最高のものです。

　ネット、ＳＮＳ全盛の現代だからこそ、あらためて④本と向き合うことが重要だと思うのです。（齋藤　孝『読書する人だけがたどり着ける場所』）

（注）＊1　グーグル…インターネット関連のサービスと製品に特化したアメリカ合衆国の企業。

【問一】　傍線部①「浅瀬で貝殻をとっている」とあるが、Ⅰ「浅瀬」、Ⅱ「貝殻」はそれぞれどういうことのたとえか。その組み合わせとして最も適当なものを次の中から選び、その記号を書きなさい。

ア　Ⅰ　大量の情報　Ⅱ　ニュース

イ　Ⅰ　まとめサイト　Ⅱ　キーワード

ウ　Ⅰ　スマホ　Ⅱ　詳しい内容

エ　Ⅰ　インターネットの海　Ⅱ　深海魚

【問二】　空欄 A ～ D に入るべき語句の組み合わせとして最も適

二 次の文章を読んで、後の問いに答えなさい。（＊印のことばには文末に注があります。）

現代は情報化社会と言われていて、あたかも私たちは毎日大量の情報に触れているかのように思っています。確かにインターネット上にある情報の量はすごい。その気になれば、何でもいくらでも調べられます。

しかし、意外にみんなそれほど情報を摂取していないというのが私の印象です。

いつもスマホをいじっているのに、あれも知らない、これも知らない。「最近こういうニュースが話題だけど……」と話を振っても、「そのキーワードは聞いたことがあるんですが、どんな内容なんですか？」と聞かれてしまいます。どうやら、表面だけサーッと撫《な》でてキーワードだけ拾っており、詳しいところまでは読んでいないようなのです。

「まとめサイトしか見ていない」という人もいます。知りたいことが簡単にまとめてあって、それでわかった気になる。わかった気になったけれど、聞かれると答えられない。間違って読んでいたり、すぐに忘れてしまったりします。

インターネットの海と言いますが、ほとんどの人は①浅瀬で貝殻をとっているようなもの。深いところへ潜りにいく人はあまりいません。潜れば、まだ見たことのない深海魚に出合えるかもしれないし、知らなかった世界が広がっているのに、です。同じ海を目の前にしても、やることは人によって違うわけです。

・・・(中略)・・・

いま、ＡＩ（人工知能）に関心が集まっています。

２０１７年、ＡＩが囲碁で世界トップ棋士に勝利したというニュースがありました。囲碁は将棋やチェスに比べて盤が広くて手順が長く、場面によって石の価値が変わるという特徴があります。チェスなら可能だった、「すべての手を覚え、計算して最適解を出す」というやり方が通用しづらいのです。だから囲碁では、コンピューターが人間に勝つのはまだ先だと思われていました。

［A］、２０１７年10月に発表されたグーグル＊1傘下のディープマインドによる「アルファゼロ」は、お手本となる先人の棋譜データすら使わず、［B］自己学習により強くなっているとのことです。［C］、囲碁だけでなく他のゲームもできます。［D］人間の手を離れて、コンピューターが自分で学習・成長しているのです。

このようにすさまじいスピードで進化しているＡＩ。この分野の権威であるレイ・カーツワイルは２０４５年にシンギュラリティ（技術的特異点）に到達すると言っています。人工知能が人間の脳を超え、世界が大きく変化するというのです。

ＡＩに仕事を奪われないためには何を身につけておくべきか、ＡＩにできないことをできるようにしておくためにはどうすればいいのかといった議論も盛んです。

②しかし私に言わせればそれはナンセンスです。「ＡＩにできないこと」を予測したって簡単に覆るでしょう。現在の進化のスピードを見ても、普通の人間の想像をはるかに超える変化が起こるはずです。そこで「ＡＩにできることは学ばなくていい、ＡＩにできないことだけ一生懸命学ぶ」という考えはリスクになりこそすれ、人生を豊かにはしてくれませ

イ
・せっかく目ざめた知性をまた眠らせてしまう場合。
・人間世界は不合理なのだとあきらめて、知性を眠らせてしまう場合。
・人間の知性では測り知れない何ものかによりどころを求めて、知性を眠らせてしまう場合。
・一たん目ざめた知性がいつまでも最初の鋭敏さを保つ場合。

ウ
・人間世界は不合理なのだとあきらめて、知性を眠らせてしまう場合。
・人間の知性では測り知れない何ものかによりどころを求めて、知性を眠らせてしまう場合。
・不合理な点をめざとく見つけることだけに知性の力を用いて、それ以上知性を成長させない場合。
・不合理と思われることがこの世で起こる理由を知ろうと努め、知性を成長させていく場合。

エ
・人間世界は不合理なのだとあきらめて、知性を眠らせてしまう場合。
・人間の知性では測り知れない何ものかによりどころを求めて、知性を眠らせてしまう場合。
・知性を尖鋭に働かせるだけで、知性の成長をとめてしまう場合。
・不合理な点をめざとく見つけるが、建設的な意見をつくりあげられない場合。

【問四】 傍線部③「目ざとく」の意味として最も適当なものを次の中から選び、記号を書きなさい。

ア 大局観をもつことができず細かいことが気になるさま。
イ 頭の回転は速いが人間として冷たく他人に無関心なさま。
ウ 欲が深く損得ばかり考えていて自分勝手であるさま。
エ 他の人が気がつかないようなことに素早く気づくさま。

【問五】 傍線部④「共通するものを持っていたことも、理由のないことではないであろう」とあるが、その「理由」とは何か。その答えとなるように、次の文の空欄に当てはまる語句を本文中から五字で抜き出して書きなさい。

『カラマゾフ兄弟』も理論物理学の独創的著作も、ある観点から見て不合理と思われることがらの奥に合理性や必然性を見出だそうとする［　　　　　］によって書かれたものであるという点で共通していること。

【問六】 傍線部⑤「そこ」とは何を指すか。本文中から五字で抜き出して書きなさい。

【問七】 本文の内容と合致するものを次の中から一つ選び、その記号を書きなさい。

ア 物理学のような自然科学は合理性を追究する学問なので、感情とか情緒といった不合理なことに関わらない方がよい。
イ 人間の幸福の問題に対しては知性で把握できないことが多いので、人間の幸福の問題に知性が役立つことはない。
ウ 知性は不合理に対して許せないという思いを起こさせるが、その思いがあるからこそ人間は野蛮人にならずにすむ。
エ 人間世界においても自然科学においても、不合理や矛盾を切り捨てず真理に至る新しい観点を見つけるべきだ。

持っているという b キミョウな事態を、合理的に理解できるようになったのである。理論物理学はそれで一応の解決に到達したのである。ある範囲内の自然現象の合理性が把握されれば、それで一応満足してよかったのである。理論物理学者の創造的活動の中で一番大切なのは、ある観点から見て不合理と思われる事柄の奥底にある合理性を見つけだすことである。そのためには新しい観点へ飛躍的に移ることが必要であった。はじめから合理性のはっきりしているような対象ばかりあつかっている限り、一番大きな創造力の発揮される機会はないのである。

人間世界のできごとに対しても、一見きわめて不合理と思われることがらの奥に、人間の存在の仕方のある必然性を c ドウサツするところに、知性をふくめた人間精神の創造的活動があるであろう。かつて私が『カラマゾフ兄弟』からうけた感銘が、理論物理学の独創的著作からうけた ④ 感銘と共通するものを持っていたことも、理由のないことではないであろう。

しかし人間世界の出来事の場合には、合理性とか必然性とかを見出すところで問題は終わるのではない。そこでの一番大きな問題は常に人間の幸福である。自分の幸福が問題であり、他人の幸福が問題である。何を幸福と感じるかは知性だけの問題でないことはもちろんである。知性が容易に合理的に d ハアクすることのできない人間の感情とか情緒とかいわれるものの方がより直接に幸福につながっているのである。知性がまだ気づかずにいる潜在意識の働きが、⑤ そこではしばしば決定的な意味を持ちうるのである。

しかしこういう事情があるからといって、人間の幸福の問題に対して知性が無力だということにはならない。知性は成長し深化しうるところのものである。知性が自らを深めることによって、逆に人間性のより大きな領域を知性の面まで浮かびあがらせることができるのである。このような努力が人間の幸福の問題と密接につながっている。外なる世界へ向かっての科学の探究の進展が知性の深化によって裏づけられていないなら、新鋭の武器を持った野蛮人ができあがるだけであろう。

（『湯川秀樹　詩と科学』平凡社）

〔注〕＊1　『カラマゾフ兄弟』…ロシアの作家ドストエフスキーの小説『カラマーゾフの兄弟』のこと。

【問一】　二重傍線部a～dを漢字で書きなさい。

【問二】　傍線部①「かえらぬ昔を恋うる愚痴」とあるが、それはどのようなものか。具体的に述べた次の文の空欄に入る語句を本文中から抜き出して書きなさい。

昔は［　　］だったのに。

【問三】　傍線部②「それから先の変化の仕方」について、本文に述べられていることを整理すると、四つの場合に分類される。それを示したものとして最も適当なものを後の中から選び、その記号を書きなさい。

ア
- せっかく目ざめた知性をまた眠らせてしまう場合。
- 人間世界は不合理なのだとあきらめて、知性を眠らせてしまう場合。
- 人間の知性では測り知れない何ものかによりどころを求めて、知性を眠らせてしまう場合。
- 不合理と思われることがこの世で起こる理由を知ろうと努め、知性を成長させていく場合。

【国　語】（四〇分）〈満点：一〇〇点〉

【注意】字数制限がある問題においては、句読点や記号も字数に数えることとします。

一　次の文章を読んで、後の問いに答えなさい。（＊印のことばには文末に注があります。）

知性はしばしば寝た子を起こす働きをする。教育が普及するにつれて、今まで従順であった子供が反抗をはじめて困るという親のなげきが聞こえてくる。それは①かえらぬ昔を恋うる愚痴のひびきをおびている。筋道だってものごとを考える力ができてくると、今まで何とも思わずにしてきたことが急に変だと気がつく。やがて世の中には不合理なことがやたらに多いように思われてくる。不合理なことに敏感になり、強く反発するようになる。相当な教育をうける機会にめぐまれた人なら誰でも、程度の違いはあっても一度はこういう時期を通過する。問題はむしろ②それから先の変化の仕方にある。

せっかく目ざめた知性をまた眠らせてしまう場合もある。人間世界はどうせ理屈どおりいかないのだと簡単にあきらめてしまうこともあろう。人間の知性では測り知れない何ものかがある、それを信じそこによりどころを求めるというようになることもあろう。

一たん目ざめた知性がいつまでも最初の鋭敏性を保つ場合もある。そういう場合には、しばしば知性は尖鋭《せんえい》に働くだけで成長がとまってしまうことがある。③不合理な点を目ざとく見つけるが、建設的な意見をつくりあげる力にかけていることになる。

この世の中に不合理と思われることがたくさんあるのは否定できない事実である。しかしそういうものが存在していることにはそれぞれ理由があるであろう。理由があるということは、それが正当化されるということと同じではない。しかし正当化されると否とにかかわらず、ある事柄がこの世に起こる理由を知ろうとするのが知性の働きである。そういう働きを通じて知性が成長してゆくことも改めていうまでもないであろう。

＊1『カラマゾフ兄弟』の中に出てくる人物の多くはうそばかりついている。うそをつかないアリョーシャやゾシマ長老の方がむしろ例外的存在である。他の多くの人物は困った人たちである。現実に自分たちの周囲にいてほしくない人たちである。しかし『カラマゾフ兄弟』からうける深い感銘はちょっとほかにaヒルイがない。汚れた人たちのひきおこすいとわしい事件の連続を読みながら、自分の心の奥底から洗われたようなすがすがしい気持ちになる。

自然科学の中でも理論物理学の目標とするところは、自然現象の奥にある合理性の発見である。十九世紀の終わりまで物理学者は光が波であることをひたむきに信じていた。二十世紀になって光は粒子の集まりであるという説が出てきた。十九世紀の物理学者たちは、光が粒子だという考えは間違いだとして、とっくの昔に捨ててしまっていたのである。波であることが本当なら、粒子であるというのはうそのはずである。粒子であるという説を復活させるなら波動説はひっこめなければならない。実際はしかし、光は確かに波だと思われるふしもあり、粒子だと思われるふしもあるのである。二十世紀の初めの二十年あまりの間、物理学者たちはこの矛盾になやみぬいたのである。結局量子力学という新しい理論体系ができて、光も物質もどちらも波動・粒子の二重の性質を

2021年度

解　答　と　解　説

《2021年度の配点は解答欄に掲載してあります。》

＜数学解答＞

1　(1)　①　　(2)　0.1414　　(3)　$(x,\ y)=\left(\frac{9}{2},\ 1\right)$　　(4)　$\frac{4}{5}$　　(5)　2
　(6)　$(3\pi-6)\mathrm{cm}^2$

2　(1)　3通り　　(2)　6通り　　(3)　③

3　(1)　$y=2x$　　(2)　12　　(3)　$\frac{3}{2}a^2$

4　(1)　3回転　　(2)　(ⅰ)　②　　(ⅱ)　③　　(ⅲ)　④　　(ⅳ)　$18\sqrt{2}\pi$　　(ⅴ)　18π

○推定配点○
1～3　各6点×12　　4(2)(ⅳ)・(ⅴ)　各6点×2　　他　各4点×4　　計100点

＜数学解説＞

1　(正誤問題，近似値，連立方程式，確率，約束記号，平面図形)

基本　(1)　①　左辺$=(-10+6)(-10-6)\div(-2)^3=\{(-10)^2-6^2\}\div(-8)=\frac{100-36}{-8}=-8$　よって，正しい。

②　左辺$=\left(x+\frac{3}{2}\right)^2-\left(x-\frac{3}{2}\right)\left(x+\frac{3}{2}\right)=x^2+3x+\frac{9}{4}-\left(x^2-\frac{9}{4}\right)=3x+\frac{9}{2}$　よって，誤り。

③　$y=\frac{1500}{x}$より，yはxに反比例する。よって，誤り。

④　たとえば，1，1，4の平均値は$\frac{1+1+4}{3}=2$だが，中央値は1であるので，誤り。

基本　(2)　$\sqrt{0.02}\times\frac{10}{\sqrt{5}}\div\sqrt{20}=\sqrt{\frac{0.02\times100}{5\times20}}=\frac{\sqrt{2}}{10}=\frac{1.414}{10}=0.1414$

基本　(3)　$(2x-3):(y+2)=2:1$より，$2x-3=2(y+2)$　$2x-2y=7$…①　$\frac{x}{3}+\frac{y}{2}=2$より，$2x+3y=12$…②　②－①より，$5y=5$　$y=1$　これを①に代入して，$2x-2=7$　$2x=9$　$x=\frac{9}{2}$

重要　(4)　2人のメニューの選び方の総数は$5\times5=25$(通り)　このうち，2人が同じメニューを選ぶ場合が5通りあるから，求める確率は，$1-\frac{5}{25}=\frac{4}{5}$

(5)　$\|35\|=3+5=8$，$\|5\times9\|=\|45\|=4+5=9$，$\|3^4\|=\|81\|=8+1=9$　よって，$\|35\|-\|5\times9\|+\frac{\|3^4\|}{3}=8-9+\frac{9}{3}=2$

基本　(6)　OとMを結ぶ。求める図形の面積は，(おうぎ形BAC)－台形ABMO－(おうぎ形MOC)$=\pi\times4^2\times\frac{1}{4}-\frac{1}{2}\times(2+4)\times2-\pi\times2^2\times\frac{1}{4}=3\pi-6(\mathrm{cm}^2)$

基本 **2** （場合の数，確率）

(1) 求める組み合わせは，2×2，2×8，4×4の3通り。

(2) 求める組み合わせは，(A，C)＝(2，3)，(2，5)，(2，7)，(3，3)，(3，5)，(3，7)の6通り。

(3) A，B，Cの3つの箱から奇数の数字が書かれた玉を取り出す確率はそれぞれ$\frac{1}{3}$，0，1であり，偶数の数字が書かれた玉を取り出す確率はそれぞれ$\frac{2}{3}$，1，0であるから，偶数である確率の方が高い。よって，③

3 （図形と関数・グラフの融合問題）

基本 (1) 求める直線の傾きは，$\frac{4a-0}{2a-0}=2$より，直線の式は，$y=2x$

重要 (2) A(2，0)，B(0，4)，C(4，8)　$\triangle ABC=\triangle OAC+\triangle OBC-\triangle OAB=\frac{1}{2}\times2\times8+\frac{1}{2}\times4\times4-\frac{1}{2}\times2\times4=12$

(3) 直線ABの傾きは，$\frac{0-2a}{a-0}=-2$より，直線ABの式は，$y=-2x+2a$　$y=-2x+2a$と$y=2x$からyを消去して，$2x=-2x+2a$　$4x=2a$　$x=\frac{1}{2}a$　$\triangle BCD=\triangle OBC-\triangle OBD=\frac{1}{2}\times2a\times2a-\frac{1}{2}\times2a\times\frac{1}{2}a=2a^2-\frac{1}{2}a^2=\frac{3}{2}a^2$

基本 **4** （空間図形の計量）

(1) $\frac{2\pi\times18}{2\pi\times6}=3$（回転）

(2) (i) 円錐を底面に平行な面で切断するときの切断面は円であるから，②

(ii) 母線の通過した部分の面積は，$\pi\times18^2=324\pi$ (cm^2)　立体Aの母線の通過した部分の面積は，$324\pi\times\frac{1}{2}=162\pi$ (cm^2)　よって，③

(iii) 母線の長さを$x$cmとすると，$\pi x^2=162\pi$　$x^2=162$　$x>0$より，$x=\sqrt{162}=9\sqrt{2}$　よって，④

(iv) 平面上の円周の長さは，$2\pi\times9\sqrt{2}=18\sqrt{2}\pi$ (cm)

重要 (v) 切断面の円の半径を$r$cmとすると，$2\pi r\times3=18\sqrt{2}\pi$　$r=3\sqrt{2}$　よって，切断面の面積は，$\pi\times(3\sqrt{2})^2=18\pi$ (cm^2)

★ワンポイントアドバイス★

出題傾向，難易度に大きな変化はない。問題数が少ないので，ミスのないように慎重に解いていこう。

＜英語解答＞

Ⅰ　1. ウ　2. イ　3. ア　4. ウ　5. ウ

Ⅱ　1. He could not find his bike　2. ア　3. thirty minutes　4. mistake
5. イ，オ

Ⅲ　1. イ　2. エ　3. エ　4. エ　5. ア

Ⅳ　1. イ　2. エ　Ⅴ　1. エ　2. イ

Ⅵ　1. オ　2. エ　3. オ　4. エ　5. ア

Ⅶ　Your story surprised me.

○配点○
各4点×25　計100点

＜英語解説＞

Ⅰ　（長文読解問題・説明文：指示語，語句補充，内容吟味）

（全訳）　ある森の中に，非常に小さな家がありました。その家にはある男性がいました。数日前，彼はギャングの一員を殺してたくさんのお金を取ってきました。彼はギャングのほかの一員が彼を探し，お金を取り返すつもりでいると確信していました。そしてもちろん，警察も彼を探していた，だから彼は急いで家に走り，お金を金庫の中へ入れました。

突然，ドアのノックの音がしました。

彼は手に銃を持って大声で「誰だ？」と言いました。

「こんにちは」それは年配の女性の声でした。

「ここで何をしているのだ？」と彼は言い，窓から外を見ました。

[1]「あなたに買ってもらいたいものをもっています。」と女性は言いました。

「あなたは何を売っているんだ？奥様。」

彼女は少し笑って「とてもすてきなものです。人形です。」と言いました。

「人形？」

彼女は「魔法のわらの人形をご存じですか。この人形は本物です。私はそれらの作り方を知っている唯一の人間です。試してみませんか。」

「いいですよ。どのように動くのか見てみよう。」男性は試すことに決めました。

[2]「あなたの髪の毛を少し私にください…」と彼女は言いました。彼は自分の髪の毛を引っ張りました。彼女はその髪の毛を受け取り，わらの間に押し込みました。すぐに雰囲気が変わりました。初めのうちは人形は同じようでしたが，それから人形は生きているように見えました。彼女は彼に針を与えて「これを人形に刺してください。刺しすぎないように注意してください。優しく押すように，足に」と言いました。彼は彼女が言ったとおりにしました。そのあと彼はとび上がり，叫びました。彼は彼自身の足にするどい痛みを感じました。彼は人形を見て，針が同じ場所に刺さっているのを見ました。次に自分の腕を試しました。同じことが起こりました。「すごい！」彼はこの人形を買うことを決めました。

彼女が立ち去る前，彼女は「[3]この人形はあなたがあなた自身になることができます。だから，お守りとしてそれを使うこともできます。[3]人形が無事だったら，何も悪いことは起きるはずがないのです。さあ，あなたの好きなように使っていいですが，それは一回だけしか使うことはできないのです。」と女性は言いました。女性は笑って音も立てずに立ち去りました。

それは夢のようでしたが，わらの人形は机の上に置いてありました。「これは本当に効きそうだ。

どのようにしてこれを使うべきか。」彼は彼自身に何度も何度も問いかけました。ついにある考えが彼に浮かびました。彼は自分の髪の毛を少し人形に入れました。再び，人形が生きているように見え始めました。4彼は金庫を開けて，金庫の中に人形を置きました。彼は金庫のドアを閉めました。金庫は簡単に壊すことができないものでした。彼は守られることと彼の恐怖が消えると感じたのでした。彼はそれに鍵をかけました。彼は誰かが鍵を見つけて金庫を開けるかもしれないから，鍵を壊そうと思ったのでした。彼は外の地面に金庫を埋めることを決心しました。もし人形を誰も見つけることができなければ，彼を誰も捕まえることはできない，と彼は思ったのでした。

彼はドアを引き，しかしなんらかの理由でそれは開きませんでした。それは鍵がかかっているのではなく，そしてちょっと前まで簡単に開いていました…彼は窓を引っ張りましたが，それも開きませんでした。彼はガラスをたたきましたが，壊れませんでした。彼は壁も押し，屋根，床さえもたたきました。しかし何も変わりませんでした。それはまるで5頑丈な金庫のような何かの中にまさにいるようでした。

1. 女性の2つめの発言を参照。
2. 第一段落17行目～25行目を参照。
3. 前後の文より，人形が自分自身となり，人形が無事であれば何も起きらないとあるので，お守りになると想像できる。
4. 第三段落4行目～5行目を参照。
5. 金庫がいかに頑丈で強くて壊れないかを文脈より読み取り，strong を選ぶ。

Ⅱ　（長文読解問題・説明文：指示語，英問英答，語句補充，内容吟味）

（全訳）　ひろしは自分の新しい自転車を誇らしく思っていました。彼はそれを誕生日に買ってもらいました。それは自転車の正面にかっこいいライトがついている黒い自転車でした。彼は3日間毎日，学校へ乗っていきました。3日目，ひろしは自転車で家に帰った後，彼は入り口の前に自転車を置き，そして本を下すため家の中に入りました。彼は彼の母に友人の家に行くことを伝えました。「いいわよ。午後6時前に家にいるように。」と母は言いました。ひろしはわかったと言って自転車に乗るため外へ出ました。しかしながら，問題がありました。「お母さん！」とひろしは叫びました。「新しい自転車が消えた！」彼は自転車を見つけられず，そしてひろしは「僕の自転車を誰かが盗んだのか？」と思いました。「どこに置いておいたの？」と母が尋ねました。「僕は入り口の前に置いた。」とひろしは言いました。ひろしは自転車を探すためにもう一度外を走りました。周りには誰もいませんでした。ディング夫人が庭で花に水をあげているだけでした。ひろしはディング夫人に近づいていき，「この数分で黒い自転車に乗っている誰かを見ましたか？」と尋ねました。「あぁ，私は道をくだっていく少年を見たわ。でもそれはあなたの家からだったので，あなただと思いましたよ。」「彼はどっちへいきましたか？」とひろしは尋ねました。「彼は私の家を通り過ぎて，Connor drive のほうの道へいったわよ。」とディング夫人は言いました。ひろしは家に戻って母に起きたことを伝えました。ひろしの母は警察に電話し，警察はすべての情報を得るためすぐに行きますと言いました。ひろしの父が仕事から戻ったとき，彼はひろしに Connor Drive で誰かがひろしと同じ自転車を持っていたと伝えました。「どうして知っているの？」とひろしは尋ねました。「ある少年がまさに君の自転車のようなのを掃除しているのを見たんだ。」ひろしの母は夫に何が起きていたかを伝えました。

警察が到着したとき，ひろしと母は彼らに自転車についての全ての詳細と Connor Drive の少年について伝えました。「我々はそれについて調べます」とジョンソンという名前の警察官の一人が言いました。彼が自転車を持ってひろしの家に戻ってきたのはおよそ30分後でした。「僕の自転車だ！」とひろしは叫びました。「Fort Street の少年が君の自転車をとりました。彼はある自転車が欲しかったが，彼の両親は買えなかったのです。しかしながら，それは彼は悪いことだとわかっていた，そして僕たちのところに自転車を持ってきたのです。私は彼が間違った選択をして君の自転車を盗むことを決心してしまったと推測します。」と警官のジョンソンさんは言いました。「彼は謝っていますが，罰せられるでしょう。」「だめです！」とひろしは言いました。「彼は自分の過ちを認めています。彼は自分自身ですでに罰せられています。私はこのことについては誰にも言いません。」次の日，少年はひろしの家にきて謝り，そして彼にお礼を言いました。「大きな過ちを犯しました。もう二度としません。」

1. 指示語の前後をよく探す。ここでは自転車が見つからないことなので，次の行の He could not find his bike が正解となる。
2. 適切でないものを答えることに注意する。本文の cool にはたくさんの意味があるので注意。イは短時間自転車を置いておいたので○。ウはディング奥様はひろしの自転車を乗っている少年を見ているので○。エは，少年は Connor Drive で自転車を乗っていたのを父が見ているので○。
3. 第二段落3行目～4行目を参照。
4. 本文最後の文で少年が謝っているセリフがヒントとなる。
5. イは第一段落10行目～11行目を参照。オは第二段落5行目～6行目参照。

Ⅲ （会話文読解問題：内容吟味）

（全訳） Shiori(以下S)：ハリスーカミラ先生？こんにちは。私です。名電高校出身のしおりです。

Camilla(以下C)：しおり！こんなにうれしいことがあるなんて！あなたにまた会えるなんてすごいわ。

S：あなたもよ，カミラ！私もあなたが私に気づいてくれてとてもうれしいです。あなたの髪型大好きだわ，とてもかっこいいですね。

C：ありがとう！あなたが高校を卒業してから会っていませんでしたね。生活はいかがですか。

S：ええ，1私は大学で薬学を勉強しています。私は朝から夜まで教材で忙しいです。あなたはどうですか。まだ名電高校にいますか。

C：3私は2年前にコンピュータの大学で教え始めました。

S：本当ですか。すごいですね！知っていると思いますが，私は授業でよく眠かったのですが，あなたの授業をいつも楽しんでいました。

C：はは！ありがとう。あなたは英語を今とても上手に話しますね。

S：ありがとうございます。そうだ，私は食事をする場所を探していました。一緒にお昼ごはんはいかがですか。

C：ぜひ，そうしたいのですが…

S：でもなに…？もうすでに食べたのですか。

C：いいえ，非常におなかが空いています。知っている通り，私は完全菜食主義者です。

S：完全菜食主義者？私はその言葉を聞いたことはあります。それは菜食主義者と一緒ですか。

C：似ています。4完全菜食主義者と菜食主義者は肉や魚を食べませんが，菜食主義者は乳製品を食べます。乳製品は牛乳や卵で作られた食べ物です。完全菜食主義者は動物からのものを食べません。顔のないものです！

S：わかりました。寿司は食べられますか。私は寿司が大好きです！

C：それは魚で作られていますね。魚は動物です。

S：それでは麺類を食べにいきましょう。私の好きな麺のお店は遠くないです。

C：ごめんなさい，ラーメンはたいてい豚肉のような肉を使って作られています。

S：ピザはどうですか。

C：うーん。チーズや肉なしのピザを作っているレストランを探すのは簡単ではないのです。

S：えっと，何が食べられますか。米は食べられますか。豆は？サラダはどうですか？

C：もちろん，それは地面で育っている多くのおいしい食べ物です。日本の多くのレストランではメニューに完全菜食主義者の選択肢があります。

S：選択肢？どういう意味でしょう？

C：選べるのです。そして大きなスーパーマーケットには非乳製品のいろいろな食べ物が売っています。

S：非乳製品？それは牛乳が入ってないものを意味するのですね。

C：そのとおりです！あなたは大豆やナッツから作ったヨーグルト，バター，チーズを買うことができます。ココナッツアイスはとても美味しいです！あなたは豆腐で作られたまぐろも手に入れることができ，あなたは植物を基本とした肉も見つけることさえできます！

S：植物由来のものですか？

C：それは大豆や，小麦，マッシュルーム，グリーンピースのような植物から作られたものを意味していて，でも動物の肉のような見た目と味がします。

S：それはとても奇妙に聞こえます。なぜ肉を食べることをやめたのですか。

C：えっと，いくつか理由があります。完全菜食主義者になるには優しくて健康的な世界のためのとてもよい選択です。もし人々が肉を食べることを減らしたら，3環境にとって非常によくなるでしょう。

S：cut down? どういう意味ですか。木をもっと切り落とさなければならないということですか？

C：cut down は以前よりたくさん食べないという意味です。また，完全菜食主義者の世界はみんなにとって十分な食べ物を作ってくれます。2世界的な飢えは終わるでしょう。そして動物を食べるために殺すことはとても冷酷なことです。これは最も重要な理由です。数百万の動物が害を被り毎日死んでいます。私はそれを止めてほしいのです。

S：私はあなたの理由を今理解しました。5それがなくて寂しくないですか。

C：問題ないです！私はいまだにハンバーガーを食べています！ねぇ！マックスバーガーに行って新しい完全菜食主義者のナチュラルバーガーを食べてみましょう！おいしいですよ！

1. アはしおりが薬学を学んでいると本文中にあるので誤り。ウはひさしぶりに再会したことがわかるので誤り。エは以前しおりはカミラの授業を楽しんでいたとあるので誤り。

2. カミラの15～16回目の発言で述べているが，自分の健康については述べていないのでエが正解。

3. カミラの3回目の発言から2年以上経っていることを予測する。

4. カミラの7回目の発言がヒントとなる。

基本 5. 文全体から何を寂しく思うのかを想像して答える。

Ⅳ （会話文読解問題：文補充）

（全訳） 1. Staff(以下S)：こちらはABCネット本屋です，どうされましたか。

Tom(以下T)：こんにちは，私の名前はトムサイモンと言います。私は先週インターネットで本を買いましたが，まだ届いていません。

S：それは大変申し訳ありません。ご注文番号をお願いできますか。

T：はい，ZER31Kです。

S：ありがとうございます。えっと本は明日の朝届きます。

T：明日の朝？今日必要なのです！

S：申し訳ありません。ですが，本は明日の朝，到着します。
T：わかりました。とにかくありがとうございます。
2. Keiko(以下K)：今度の日曜日，外にランチしにいきませんか？
James(以下J)：いいですね。どこにいきましょうか。
K：私は美味しいイタリアンのレストランを知っています。サムパークの近くです。
J：聞いたことがあります。有名ですよね？
K：はい，とても有名です。食べ物が本当に美味しいです。
J：でもここからは少し遠いですね。
K：それについては心配いらないです。サムパークまでのバスがあります。
J：それはいいね。では，何時に会いましょうか。
K：バス停に11時はどうですか。
J：完璧です。楽しみにしています。

Ⅴ （語句補充問題）

1. ① have no interest in ～，② be not interested in ～ で，「～に興味がない」の意味。
（ゆきはサッカーにまったく興味がありません。）
2. ① There are ～ で，「～がある」の意味。②「with」は「～と一緒に，～がある」の意味。
（この本にはたくさんの写真があります）

Ⅵ （整序問題：間接疑問文，不定詞，関係代名詞，接続詞，否定文，比較級，名詞）

1. Do you know (what it is like to live alone) in a foreign country?
2. (Who came into my room when) I was out?
重要 3. (The pictures taken by him were beautiful).
4. Nobody (knows who is taking care of the children).
5. In this country, (the number of children studying at school is becoming smaller).

やや難 Ⅶ （英作文問題：他動詞と分詞形容詞）

和文をそのまま英訳すれば，I was surprised と続けたいところであるが，4語という指示があるので分詞形容詞の形ではなく，surprise を他動詞として文を書く必要がある。

★ワンポイントアドバイス★

Ⅶのような英作文問題は，指示にしたがって書かなければならない。知っている言い回しを増やし，うまく書き換えなどができるように練習しておこう。

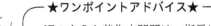

<理科解答>

1 (1) 5本　(2) イ　(3) カ　(4) 6cm　(5) 60cm　(6) イ

2 (1) イ　(2) 塩　(3) $HCl + NaOH \rightarrow NaCl + H_2O$　(4) ア　(5) 45cm^3
(6) ウ

3 (1) B　(2) エ　(3) 相同器官　(4) ア・イ・ウ・エ
(5) ① 食物連鎖　② イ　③ オ

4 (1) マグニチュード　(2) P波 7km/s　S波 3.5km/s　(3) 105km　(4) 15秒
(5) 70km

○推定配点○
1 各3点×6　2 各3点×6((3)完答)　3 各3点×7((4)完答)　4 各3点×6
計75点

<理科解説>

1 (光の性質)

図1

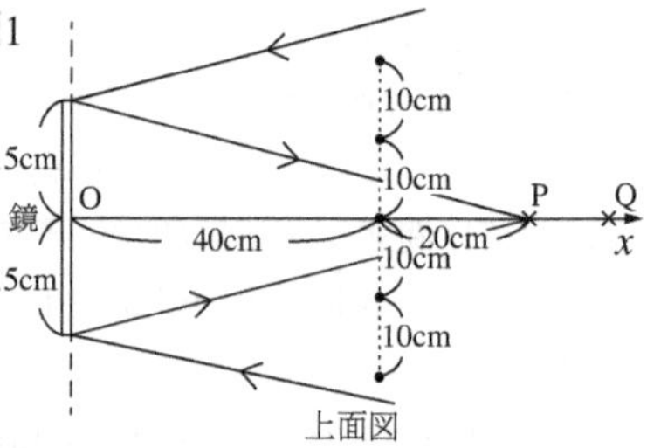

重要　(1) Pの位置に入る光の幅は鏡の大きさから右図1のようになるので，鏡に映る棒の数は5本である。

やや難　(2) 棒と鏡までの距離と鏡とPまでの距離の関係より，棒と鏡までの距離とQまでの距離は距離の差が大きくなるので，棒の像の間隔は広くなる。((4)の解説を参照)

やや難　(3) 視点が下がり，棒の先端の位置にRは近づいたので，y座標は減少するが，像の間隔は変わらない。

やや難　(4) 光の入射角と反射角は等しいので下図2に示した△アイウと△エイオは相似の関係となり，相似比は40cm：60cm＝2：3である。よって，Pから観察した場合の○の間隔は$10(\mathrm{cm}) \times \frac{3}{2+3} = 6$(cm)となる。

やや難　(5) 下図3より，△カキクと△キケコは相似の関係である。よって，Pから観察した場合の○のy座標は，$40(\mathrm{cm}) + (90(\mathrm{cm}) - 40(\mathrm{cm})) \times \frac{2}{2+3} = 60(\mathrm{cm})$である。

やや難　(6) 状態Aの場合の光の通り道は次ページの図4のようになるので，右側の半円は左側の半円より下の位置になる。状態Bの場合の光の通り道は次ページの図5のようになるので，右側の半円は左側の半円より上の位置になる。

図2

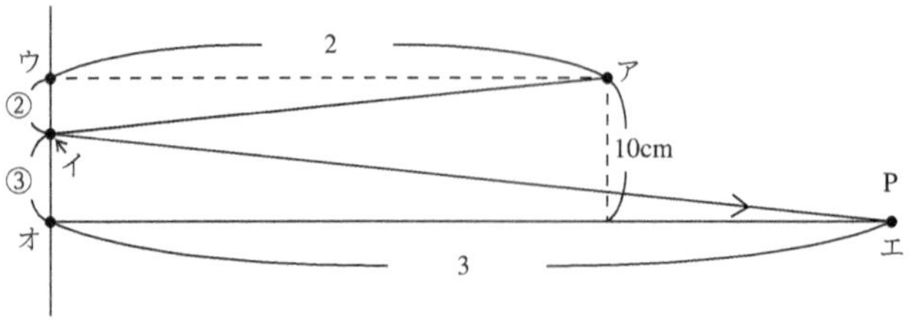

図3

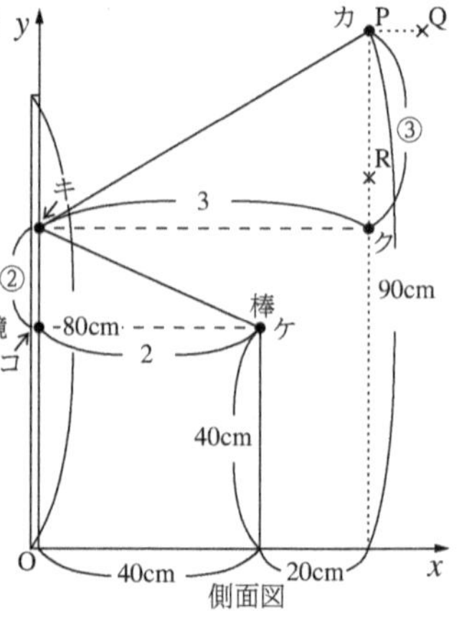

図4

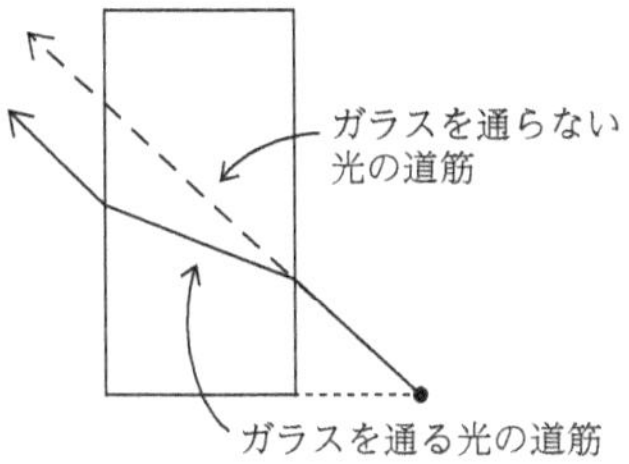

図5

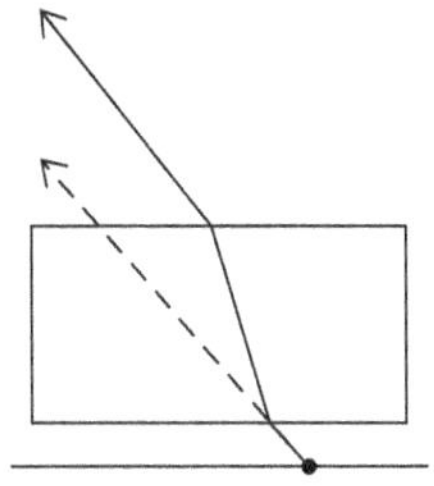

2 (中和)

(1)・(2) 中和の際，酸の水素イオンとアルカリの水酸化物イオンが結びついて水が生成される。また，同時に酸の陰イオンとアルカリの陽イオンが結びついて，塩(Eの解答)が生成される

(3) 塩酸と水酸化ナトリウム水溶液の化学反応式は，$HCl + NaOH \rightarrow NaCl + H_2O$である。

基本 (4) フェノールフタレイン液は無色の液体だが，アルカリ性の水溶液と反応すると赤くなる。この場合は，完全に中和するまで加えるので，無色の水溶液がうすいピンク色となる。

(5) 1%の塩酸5cm^3は水酸化ナトリウム水溶液3cm^3と反応するので，3%の塩酸5cm^3は水酸化ナトリウム水溶液9cm^3と反応する。よって，3%の塩酸25cm^3は水酸化ナトリウム水溶液45cm^3と反応する。

(6) 中和後は水溶液の反応はなくなるので，塩酸の体積に関わらず，水溶液の温度は等しい。

重要 3 (植物・動物の体のしくみ，生物どうしのつながり)

(1) ギンナンの食べられる部分は，胚珠が成長した種子の一部である。サクランボの食べられる部分は，子房が成長した果実である。

(2) サクラ，イネ，アブラナ，トウモロコシのうち，イネとトウモロコシは単子葉類，サクラ，アブラナは双子葉類である。よって，エとなる。

(3) 見かけの形やはたらきが異なっていても，起源が同じと考えられる器官を相同器官という。

(4) 地球上に出現した順に並べると，魚類→両生類→は虫類→ほ乳類・鳥類の順となる。

(5) ① 食べる・食べられる関係を食物連鎖という。 ② 生物Cが減少すると，生物Bは生物Cに食べられる量が少なくなるので増え，生物Aは生物Bに食べられる量が増えるので減少する。 ③ Aは植物，Bは草食動物，Cは肉食動物，Dは分解者があてはまるので，オが正解である。

4 (地震)

(1) 地震の規模はマグニチュードであらわされる。

(2) P波 $42(km) \div 6(s) = 7(km/s)$　S波 $42(km) \div (22(s) - 10(s)) = 3.5(km/s)$

(3) $3.5(km/s) \times (40(s) - 10(s)) = 105(km)$

基本 (4) $105(km) \div 7(km/s) = 15(s)$

やや難 (5) A地点はP波が届いてから10秒後にS波が届いているので，震源とA地点の距離を$x$kmとすると，$x(km) \div 3.5(km/s) - x(km) \div 7(km/s) = 10(s)$より，$x$は70kmとなる。

★ワンポイントアドバイス★

やさしい問題と難しい問題を見分けて，素早く対応しよう。

＜社会解答＞

1　1　ア　2　御家人　3　イ　4　ア　5　日露戦争　6　ア　7　ア　8　ウ
9　イ　10　和　11　ウ　12　卑弥呼

2　1　エ　2　ア　3　エ

3　1　ウ　2　D　3　イ

4　1　ウ　2　ア　3　イ　4　ア　5　エ

5　暖流である黒潮と寒流である親潮がぶつかる場所であるから。

○推定配点○

1　各3点×12　2　各3点×3　3　各3点×3　4　各3点×5　5　6点　計75点

＜社会解説＞

1　（日本の歴史―様々な時代の史料に関する問題）

1　ア　Aは御成敗式目。④が鎌倉時代のもの。①は663年の白村江の戦いの頃，②は平安時代，③は室町時代。

重要　2　Aの御成敗式目は御家人対象の法令。

3　イ　Bは豊臣秀吉の刀狩り令。①，②が豊臣秀吉に関連するもの。③は織田信長，④は関ケ原の戦いに関するものなので秀吉はすでにいない。

4　ア　秀吉の出身地は尾張とされるので現在の愛知県。愛知県に該当するのは④のみ。①はからっ風が吹くのは関東だが，冷涼な乾いた風なので内容も不適切。②は東北地方の太平洋側。③は静岡県。

基本　5　Cは与謝野晶子の『君死にたまふことなかれ』で，日露戦争に出征した弟の身を案じて書いたものとされる。

6　ア　与謝野晶子の夫の与謝野鉄幹が『明星』を主催。イは平塚雷鳥，ウは小林多喜二や徳永直，エは柳田國男。

7　ア　（ⅱ）に入るのはドイツでドイツに該当するのは④。①はロシア，②はイギリス，③はノルウェー。

8　ウ　史料Dは二十一か条要求で1915年の第一次世界大戦中に出されている。第一次世界大戦に該当するのは①，②，③。④のヒトラーが政権を握るのは1932年で第一次世界大戦と第二次世界大戦の間の時期。

9　イ　史料Eは聖徳太子の十七条の憲法。聖徳太子の時代に該当するのは②と④。①と③はこの後の奈良時代のもの。

重要　10　「和を以て貴しとなす」とあり，争いをせず協調を保つことを尊重した。

11　ウ　邪馬台国や卑弥呼に関する事柄は魏志倭人伝の中にある。

12　卑弥呼はそれまでの小さな国々が争う中で，それらの国々をまとめる存在として推されて邪馬台国の指導者となったとされる。

2　（世界の歴史―四大文明に関連する問題）

1　エ　エジプト文明で使われていた文字は象形文字。一般に有名なものがヒエログリフ神聖文字と呼ばれるもの。メソポタミア文明で使われていた文字は楔形文字で，粘土版にへらのようなもので刻まれている。古代中国文明の発祥地は黄河流域。メソポタミア文明の発祥地は現在のイラクに位置するティグリス川，ユーフラテス川の流域。

2　ア　古代インダス文明については，その遺跡としてモヘンジョ・ダロやハラッパーなどの都市の跡が知られているが，その後にこの地に入ってきた人々によってことごとくインダス文明のものが破壊されており，詳しいことはわかっていないのが現状。②はメソポタミア文明，③は古代ギリシアのもの，④は現在のイスラエルの地にかつてあった古代のユダヤ人国家に関するもの。

やや難 3 エ　古代メソポタミア文明があった場所が現在のイラクで，その首都バグダッドは砂漠気候になる。

3 （公民ー国会に関する問題）

1 ウ　衆議院と参議院で異なる議決になった場合に，衆議院，参議院それぞれから10人ずつ選出された議員が集まり協議する。法律案の場合には両院協議会が開かれないこともあるが，予算の審議，首相の指名，条約の承認などの場合には必ず開かれ，法律案以外はここでも意見の一致が見られなければ，衆議院の議決を国会の議決とすることが出来る。法律案の場合には，再度衆議院で審議し，出席議員の3分の2以上の多数で前回と同じ議決になれば，衆議院の議決を国会の議決とすることができる。

2 D　首相の指名の場合，衆議院と参議院で得票数が多かった議員が異なる場合には，両院協議会を開き，それでも一致しなければ衆議院の議決で決まるので，衆議院で獲得票数が最も多いDが指名されることになる。

重要 3 イ　①　参議院出身の首相はだめという規則はない。　②　憲法改正の発議は衆・参両議院ともに総議員の3分の2以上の発議が必要で，なおかつ両議院が対等なのでどちらかの院が条件をクリアしていなければ，その時点で不可。

4 （日本と世界の歴史ー日中関係史に関する問題）

1 ウ　この頃の中国の首相は周恩来で，その頃の最高指導者だったのは毛沢東。アは2021年現在の中国のトップ。イは清朝の最後の皇帝で，その後日本が満州国をつくった際には皇帝に擁立した。エは孫文の第二革命以後中国国民党のトップになり，第二次世界大戦後，中国共産党と国民党との内戦で国民党が敗れ，台湾に逃れた際の国民党のトップ。

基本 2 ア　③が1991年。①は1964年，②は1965年でどちらも1971年よりは前。

やや難 3 イ　②は韓国に関するもの。①と③が中国に関するもの。

4 ア　②がアメリカに関するもの。NAFTA（北米自由貿易協定）は現在ではUSMCA（アメリカ・メキシコ・カナダ協定）となっている。①はメキシコ。③はベトナム。

5 エ　選択肢の中で日本と中国との間で締結されているのは1978年に締結された日中平和友好条約。この前に1972年にまず中華人民共和国との国交正常化にこぎつけた日中共同声明がある。

やや難 5 （日本の地理ー潮目に関する記述問題）

岩手県の三陸沖は暖流の日本海流と寒流の千島海流がぶつかる潮目になるところ。潮目はプランクトンが寒流の方から流されてきて暖流とぶつかる場所にたまり，そこへ暖流と寒流の魚がそれぞれ集まってくるので，漁場としては好適な場所になる。

★ワンポイントアドバイス★

問題数に対して試験時間が短いので結構時間的には忙しいが，落ち着いて一つずつ正確に答えていきたい。正誤問題は正誤の個数で記号が変わるので，注意が必要である。

<国語解答>

一 問一 a 比類 b 奇妙 c 洞察 d 把握 問二 従順 問三 ウ
問四 エ 問五 創造的活動 問六 人間の幸福 問七 エ

二 問一 イ 問二 イ 問三 (1) AIに(～)た議論 (2) ウ 問四 エ
問五 ア

三 問一 むかいいたらん 問二 エ 問三 ウ 問四 ア 問五 係り結び(の法則)
問六 (1) 兼好法師[兼好，吉田兼好，卜部兼好] (2) エ

四 問一 オ 問二 ウ

○推定配点○

一 問一 各2点×4 問三・問七 各6点×2 問四 3点 他 各5点×3
二 問一・問五 各6点×2 問三(1) 5点 他 各4点×3
三 問二～問四 各5点×3 他 各3点×4 四 各3点×2 計100点

<国語解説>

一 **(論説文―漢字の読み書き，脱文・脱語補充，文脈把握，語句の意味，指示語の問題，内容吟味)**

問一 a,「比類がない」とは,「他と比較できないほどである」という意味で，一般には優れているものに対して用いる表現である。 b,「奇妙」は「珍しく，不思議あるいは風変りな事。」「奇」が「珍しい」,「妙」が「不思議」という意味であるが,「妙」には「優れている」という意味もある。 c,「洞察」とは「物事の本質を見抜くこと」。 d,「把握」は「つかむ」という意味から転じて,「しっかり理解すること。」似た言葉に「掌握」があるが，それは「しっかり理解したうえで，意のままに操ること」。

問二 傍線部①直前の「それ」が指す内容は，その前の「今まで…なげき」である。設問で提示されている文の「のに」の後には「反抗をはじめて困る」が省略されており,「昔は」で導かれるものは「従順」が適当。

やや難 問三 「場合」という言葉が使われている「せっかく…眠らせてしまう」場合と,「一たん…保つ」場合についてまずは検討する。「せっかく…眠らせてしまう」場合については,「人間世界は…あきらめてしまう」という諦めのパターンが1つ,「人間の知性では…よりどころを求める」と他力本願になるパターンが1つ。「一たん…保つ」場合については,「そういう場合には」で説明されている「しばしば…とまってしまう」パターンが1つ。「不合理な…かけている」は「しばしば…とまってしまう」の具体的な説明であり，新しいパターンではない。ここまでの3つはネガティブな内容だが，筆者は文章全体を通して「ある事柄…成長してゆく」ことについて述べており，傍線部②の「変化の仕方」のうち重視しているのが「ある事柄…成長してゆく」ことだと考えられる。

問四 「目ざとい」とは漢字では「目敏い」と書き,「素早く見つける」という意味である。

問五 第六段落では理論物理学のうち光の例を挙げており，最終文で「はじめから…ないのである」と不合理を扱うことで創造力が発揮されることが示唆されている。第七段落では,「人間世界のできごとに対しても」と，それまで述べてきた理論物理学と人間世界の共通点について述べており，どちらにも「知性をふくめた人間精神の創造的活動がある」としているため，設問に取り上げられている文の空欄には「創造的活動」があてはまる。

重要 問六 傍線部⑤直前「知性が…の働き」とはその前の「人間の感情とか情緒」を抽象化した表現であり，それに従えば傍線部⑤は「幸福」となるが，字数に合わない。そこで「幸福」とは何かと

いうことを検討すると，第八段落では段落全体を通して「人間の幸福」について述べているため，「幸福」とは「人間の幸福」であることがわかる。

問七　ア，第八段落の内容と矛盾するため不適当。イ，第九段落の内容と矛盾するため不適当。ウ，「不合理に対して許せないという思い」は第一段落「やがて世の中には…反発するようになる」にほぼ同義の記述があるが，同段落最終文で「問題はむしろそれから先の変化の仕方にある」としており，その後第四段落では「ある事柄が…働きである」と不合理に対して理由を求めるのが知性だとしているため，「その思いがあるからこそ」だけでは不十分であるため不適当。

二　**(随筆一文脈把握，脱文・脱語補充，接続語の問題，指示語の問題，語句の意味)**

重要　問一　傍線部①の後にある「潜れば，…広がっているのに」という記述に注目する。ア，「貝殻」を「ニュース」とするとニュースをしっかり読んでいることになるが，筆者は「キーワードだけ拾っており，詳しいところまでは読んでいない」人を批判して傍線部①のようにたとえているので不適当。ウ，傍線部①直前に「インターネットの海と言いますが」とあるため，Ⅰがインターネットのものでないウは不適当。エは「インターネットの海と言いますが，ほとんどの人はインターネットの海で…」とするのは重複表現になり，不自然なので不適当。「海」には浅瀬も深いところもある。

問二　空欄A直前では，「囲碁では…思われていました」と，コンピューターが囲碁で人間に劣っていることを示しているが，空欄Aの後では「自己学習により強くなっている」，「人間の手を…成長している」とコンピューターの能力の発展について述べており，空欄Aの後が空欄Aの前に対する逆説となっているため，まずイ・ウに絞られる。次に空欄B・Dについて検討するが，空欄Dの後の記述はこの段落で述べてきたコンピューターの能力の発展について総括しているため「もはや」が適当。よってイに定まる。

問三　(1)，傍線部②「しかし」に注目する。傍線部②直後では「ナンセンス」の理由として「『AIにできないこと』…覆るでしょう」とあるため，これと逆の内容が「それ」の指すものである。(2)，第十一段落では「そこで…豊かにはしてくれません」と結論づけていることから，筆者は「人生を豊か」にすることを重視していることがわかる。また第十三段落では「『自分の人生をいかに深く生きるか』」と「人生を豊か」にすることと同義の表現が登場しており，その直前に「AIが出てこようが出てこなかろうが」とあるので，この2点をおさえているウが適当。

基本　問四　「本末転倒」とは，「どうでもよいことにこだわって，大事なことを疎かにしてしまうこと」。エは「どうでもよいこと」にも「大事なこと」にもあたるものがない。

問五　イ，「多くは調べられず」は第五段落「潜れば，…広がっているのに」と矛盾するため不適当。ウ，「本」「読書」という語句の登場する第十四段落以降に注目すると，ウのような消極的な理由ではなく，筆者は積極的に本を読むことを推奨していることがわかるため不適当。エ，第十九段落に「いよいよ…なってしまったら」とあるが，あくまで仮定の話であり，「いずれ本当に本が読めなくなってしまう」と断定する根拠はないため不適当。

三　**(古文一仮名遣い，文脈把握，古文の口語訳，表現技法，文学史)**

問一　古典的仮名遣いでは，文中の「はひふへほ」は「わいうえお」，「ゐ」は「い」と読む。また，「ゐ」はワ行の文字である。

重要　問二　傍線部②直前の「つゆ違はざらんとむかひゐたらんは」をもとに解答する。ア，「まるで無視されているような気持ちになり」と読解できる根拠は本文中にないため不適当。イ・ウ，「相手の話を聞かなくなる」「早く解放されたいと思いながら」は訳文の「食い違わないようにと心がけて対座している」という態度にそぐわないため不適当。

問三　「つれづれ」とは漢字で「徒然」と書き，「退屈，しみじみとしたもの寂しさ」という意味があるが，ここでは「退屈」の意味である。『徒然草』の冒頭「つれづれなるままに，日ぐらし硯に向かひて…」は「退屈にまかせて，一日中硯に向かって…」という意味である。

やや難 問四　傍線部④の直前「少し…こそあらめ」と直後「はるかに隔たる所のありぬべき」をもとに解答する。「自分と同じ考えの人でない」人と「ただ一般のとりとめもないことを話している間」は，「真実の心の友というのには，非常な距離がある」ということなので，「真実の心の友」とは，とりとめのないことではなく，「少し不満に思うこと」でも気兼ねなく話せる人と考えられる。

基本 問五　「や」「こそ」は係助詞と呼ばれ，文中に「や」がある場合は文末が連体形，文中に「こそ」がある場合は文末が已然形に変化する係り結びが起きる。

問六　『徒然草』は鎌倉時代に兼好法師によって書かれた随筆(＝エッセイ)である。イの「日記」と随筆の違いとしては，日記は一般的に日付を添え，出来事が起きた日の順に書くのに対し，随筆は何らかのテーマを持って書かれるものである。ウの「紀行文」とは，旅行中の体験，見聞，感想などをつづったもの。

四　(品詞・用法)

問一　「一斉に」は「咲いた」という動詞を修飾している副詞であり，「一斉に」で一語と考える。ア，「さわやかに」は「さわやかだ」と言い切ることができるので，形容動詞である。イ・ウ，「よう／に」「迎え／に」と区切ることができるので，この「に」は助詞である。エ，「のに」は一語の接続助詞である。オ，「ただちに」は一語で「取りかかり」を修飾している副詞である。

問二　ア・イ・エはいずれも過去を表す「た」であるが，ウは「壁にかかっている」と言い換えることが可能であり，存続を表す「た」である。

★ワンポイントアドバイス★

論説文や随筆は，キーワードに注目して筆者の考えや主張をとらえよう。二つ以上のものを挙げて比較が行われている場合，筆者の重視しているものとそうでないものの違いが何なのか把握しておくことが大切だ。古文は，何についてどのようなことが書かれているのか，内容を正しくとらえよう。

2020年度

★★★★★★★★★★★★★★★★★★★★★★★★

入　試　問　題

2020年度

愛知工業大学名電高等学校入試問題

【数　学】（40分）　＜満点：100点＞

【注意】 定規・分度器・計算機等の使用はできません。

1 次の問いに答えなさい。

(1) 次の①～④の等式のうち正しいものはどれか，記号で答えなさい。

① $9-2\times(-3)^2\div 3=-3$

② $\frac{4}{5}x-\left(\frac{2}{3}x+2\right)=\frac{2}{15}x+2$

③ $\left(2x+\frac{3}{4}\right)\left(2x-\frac{1}{4}\right)\div\frac{1}{16}=64x^2+16x-3$

④ $(a-b)^2-c^2=a^2+b^2-c^2$

(2) $x=102$ のとき，$2x^2-8x+8$ の値を求めなさい。

(3) 連続する５つの奇数があります。この５つの奇数の和は125です。５つの奇数のうち最大の数を求めなさい。

(4) 周囲2.4kmの池のまわりを，ある兄弟がまわりました。兄と弟は同じ地点から弟が先に，ある一定の速さでまわりはじめ，その10分後に兄が反対まわりで，弟より分速15m速い速さでまわりはじめました。弟がまわりはじめて20分後に２人が初めて出会ったとき，弟の分速は何mであるかを求めなさい。

(5) １つのさいころを，出た目の和が５の倍数になるまで繰り返し投げます。投げる回数が２回で終了する確率を求めなさい。

(6) 下の図のように，△ABCの辺AB上に点D，辺AC上に点Eがあり，線分CDと線分BEの交点をFとし，∠DBF＝20°，∠ECF＝30°，∠BFC＝110° とします。ここで，辺AD上の点A，Dではないところに点G，辺AE上の点A，Eではないところに点Hをとり，線分GHで折り返したところ，点Aが点A′に移りました。このとき，∠DGA′＋∠EHA′ の大きさを途中の説明を書いて求めなさい。

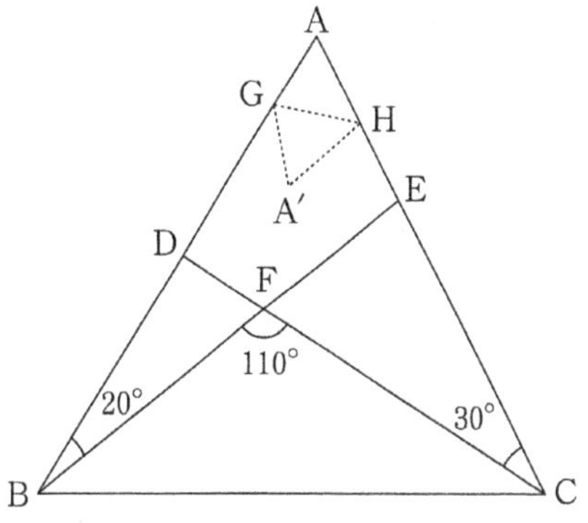

2 右の図のように，放物線 $y = ax^2$ と直線 $y = x - 2$ が x 座標が -2 の点Aと，他の点Bで交わっています。このとき，次の問いに答えなさい。

(1) a の値を求めなさい。

(2) x 軸上に点Cを△ABCの面積が△OABの面積の３倍となるようにとるとき，点Cの座標を求めなさい。ただし，点Cの x 座標は負とします。

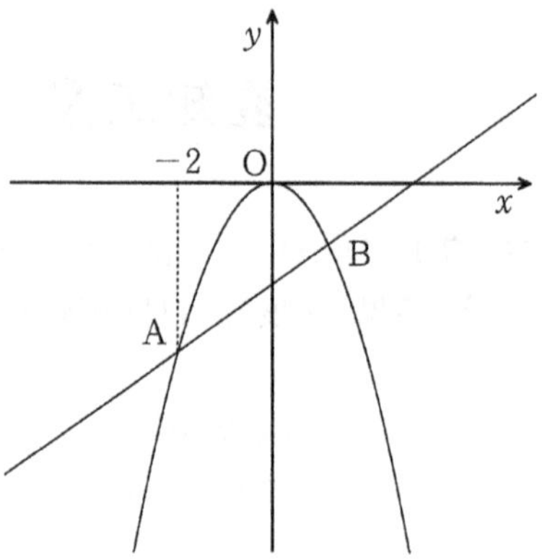

3 右の図のように，１辺の長さが２cmの正六角形ABCDEFがあります。辺CD上に点Gを，対角線BE上に点Hをとります。点Pは頂点Aから毎秒１cmの速さで動きます。次の問いに答えなさい。

(1) 点Pが頂点Aから線分AG上を点Gまで動き，線分GC上を点Cまで動くのに４秒かかったとき，△AGCの面積を求めなさい。

(2) 点Pが頂点Aから線分AH上を点Hまで動き，線分HC上を点Cまで動くのに６秒かかったとき，四角形ABCHの面積を求めなさい。

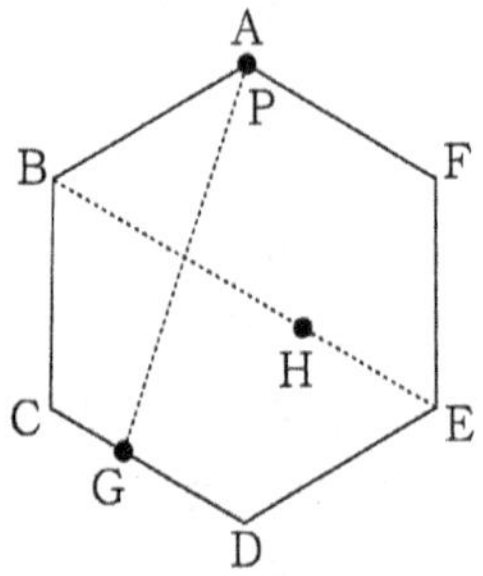

4 １辺が４cmの立方体の形をした容器と１辺が２cmの立方体の形をしたおもりがあります。また，バケツには底面が１辺 $\sqrt{2}$ cmの正方形で，ほかの辺の長さがすべて $\sqrt{17}$ cmである正四角すいの体積と同じ体積の水が入っています。次の問いに答えなさい。ただし，容器の厚みは考えないものとします。

(1) バケツに入っている水の体積を求めなさい。

(2) 立方体の形をした容器にバケツの水をすべて注いだときの水の深さを求めなさい。

(3) (2)と同じようにバケツの水をすべて注いだ立方体の容器に，おもりを入れました。おもりの底面が立方体の容器の底面に接しているとき，水面とおもりの上面との距離を求めなさい。

【英　語】（40分）　＜満点：100点＞

Ⅰ．次の英文を読み，あとの設問に答えなさい。

Lillian Beard smiled while she was working. She had $462 in her pocket. She was thinking about this money.

After work Lillian came home and started to wash some clothes. She looked at the jeans she was wearing. They were dirty, so she put them in the washing machine, too. Ten minutes later, she remembered, "The money! It's still in the pocket of my jeans!" Lillian ran to the washing machine and took out the jeans. The money was still in the pocket, but it was wet. Lillian put the money on the kitchen table to dry.

A few hours later, the money was still wet. "Hmm," Lillian thought. "How can I dry this money?" Then Lillian had an idea. "I can dry the money in the microwave oven!" Lillian put the money in the microwave, set the timer for five minutes, and left the kitchen.

When Lillian came back a few minutes later, she saw a fire in the microwave. She opened the oven door, blew out the fire, and looked at her money. The money was burned.

The next day, Lillian took the burned money to the bank. A worker at the bank said to her, "If I can see the numbers on the burned bills, I can give you new money." Unfortunately, the worker found numbers on only a few bills. The worker took those bills and gave Lillian $17.

A newspaper reporter heard about the burned money. He wrote a story about Lillian for the newspaper. Several people read the story and called the newspaper company. "Tell Ms. Beard to send the burned money to the Treasury Department," the people said. "Maybe she can get her money back." The reporter heard this and did so.

Every year about 30,000 people send damaged money to the Treasury Department. Experts there look carefully at the damaged money. Sometimes they can give people new money for the damaged money.

Lillian sent her money to the Treasury Department. The experts looked at Lillian's burned money and sent her $231.

What did Lillian buy with the money? She didn't buy anything. She gave the $231 to people who needed money.

（注） microwave oven　電子レンジ　　blow out　吹き消す　　bill　紙幣　　unfortunately　不運にも
the Treasury Department　財務省　　damaged　傷ついた

1．第2段落の内容として最も適当なものを，ア～エから1つ選び，記号で答えなさい。

ア．Lillian put the money on the kitchen table and started to wash some clothes.

イ．Lillian took off her jeans and put them in the washing machine.

ウ. Lillian remembered the money in her jeans pocket before she started washing.
エ. Lillian quickly took her jeans out of the washing machine, so the money was safe.

2. 本文の内容に合うように，次の英文に続く最も適当なものを，ア～エから１つ選び，記号で答えなさい。

After Lillian put the wet money on the kitchen table,
ア. she tried a new idea and it worked well.
イ. she used the microwave oven but the money was still wet.
ウ. she tried to burn the money in the microwave oven.
エ. she used the microwave oven but she found it was a bad idea.

3. 本文の内容に合うように，次の英文に続く最も適当なものを，ア～エから１つ選び，記号で答えなさい。

After Lillian got some money back from the bank,
ア. a newspaper reporter sent the burned money to the Treasury Department.
イ. several people called the Treasury Department to help her.
ウ. a newspaper reporter told her how to get more money back.
エ. the Treasury Department told her to send the burned money to the bank.

4. 本文の内容と一致しないものを，ア～エから１つ選び，記号で答えなさい。
ア. The worker in the bank couldn't see all the numbers on the burned bills.
イ. The Treasury Department gives damaged money to about 30,000 people every year.
ウ. The experts in the Treasury Department could see more numbers on the burned bills than the bank worker.
エ. Lillian didn't buy anything for herself with the $231 from the Treasury Department.

5. 本文の内容に合うように，次の英文の（　）内に入る数字を算用数字で答えなさい。

Though Lillian's money was damaged, she got $ (　　) back in total.

Ⅱ. 次のパンフレットを読み，あとの設問の答えとして最も適当なものを，ア～エから１つずつ選び，記号で答えなさい。

Welcome to Akita Green Park Zoo!

You can see about 200 kinds of animals in Akita Green Park Zoo.
There are a lot of special events that you can enjoy.
Please come and have a wonderful time with us!

★Opening Hours★ (※ We are closed on Mondays.)

April － October　9:00 a.m. ～ 5:00 p.m.
November － March　9:00 a.m. ～ 4:00 p.m.

★Entrance Fee★

	Single	Group (20 people or more)
Adult (16 years old and over)	700 yen	650 yen
Child (4 − 15 years old)	500 yen	400 yen
Infant (0 − 3 years old)	free	

Special Events

Take a picture with a baby lion!
・At Lion Park
・15 people max. (every day)
・No charge

Ride on a pony!
・At Pony Land　・No charge
・Children only (5-12 years old)
・11:00 a.m. (Weekends only)

Feed the friendly bears!
・At Bear Mountain
・Every day
・200 yen for three apples

Watch penguins walking!
・At Penguin Street
・11:30 a.m. & 2:00 p.m. (Sundays only)
・No charge

If you have any questions about our zoo, please contact us by calling 01-234-5678. You can talk with an operator during opening hours.
You can also send us an e-mail to Akitagreen@parkzoo.com.

(注) entrance fee 入場料　infant 幼児　max. 上限　charge 料金　feed エサをやる
operator オペレーター

1. If you go to Akita Green Park Zoo on February 14, what time does it close?
ア. 9:00 a.m.　イ. 2:00 p.m.　ウ. 4:00 p.m.　エ. 5:00 p.m.

2. If you are 15 years old, and visit Akita Green Park Zoo with your 17-year-old sister, how much do you have to pay for both of you?
ア. 1,050 yen　イ. 1,100 yen　ウ. 1,150 yen　エ. 1,200 yen

3. If you want to see the penguins walking, when can you see them?
ア. 11:30 a.m. on Saturday　イ. 11:30 a.m. on Sunday
ウ. 2:00 p.m. on Thursday　エ. 2:00 p.m. on Monday

4. Which is true about the special events?
ア. A 13-year-old child can ride on a pony.
イ. If you pay 200 yen, you can get three apples to feed the bears.
ウ. You need money if you want to see penguins walking.
エ. You cannot take a picture with a baby lion on weekends.

5．Which is true about Akita Green Park Zoo?

ア．You can talk with an operator on the phone at 4:30 p.m. in June.

イ．Tickets for a group of seventeen children are cheaper than tickets for a group of twenty children.

ウ．There are no special events on Wednesdays.

エ．The zoo is open from 9:00 a.m. to 5:00 p.m. in December.

Ⅲ．次の文を読んであとの設問に答えなさい。

時計屋のカール（Carl）と友人のスーザン（Susan）がカールの家で話しています。隣の作業場に置いてある珍しい時計について，本で調べているところです。

"Listen," said Susan. "According to the book, there was a famous pirate. His name was Eric el Kraken. He had a very particular type of watch. They say it had strange powers." "Strange powers? What kind of strange powers?" asked Carl.

"People said that el Kraken could travel through time." Susan turned the page and continued. "It says that the watch helped him time-travel!"

Carl laughed and said, "That's just a legend. A pirate who travelled through time? And with a watch? That can't be true!" Carl laughed.

Just then, there was a noise in the workshop. "What was that?" asked Carl.

"I don't know," replied Susan. "Let's go and see!"

The two friends went back into the workshop. They looked around. The watch was gone! "Somebody has stolen the watch!" Carl cried.

"See? That watch is special. It's not a normal watch!" said Susan.

Then Carl noticed something else. The door to the workshop was open. Suddenly, he heard footsteps outside. They were running down the street.

Carl looked at Susan and started to run. "Let's go!" he called back.

Carl and Susan ran out of the workshop. They went towards the beach. When they reached it, Carl looked down. There were footprints in the sand. Very deep and large footprints, like those of a very stout man.

Suddenly, Susan stopped. She pointed to a very large man in black. He was running down the beach. "Look, Carl! There he is!" she shouted.

Carl ran after the man and shouted, "Hey! Stop! Stop right now!" The man ignored him and kept running. Again Carl demanded, "Stop! Stop right now!"

The man continued to ignore Carl. So Carl ran even faster. At last he caught up with the man. Carl pushed him and they both fell over onto the sand. The man shouted loudly, "You shall let me go! I have done nothing to you! This is my watch!"

Carl stood up. <u>He took a moment to look at the man.</u> He was quite a character. His clothes were not modern. They were very old-fashioned. They were a style worn hundreds of years ago. He also had a strange hairstyle. It was one from long ago.

Carl and Susan watched the man. He slowly got up. He cleaned the sand from his clothes. He had the watch in his right hand. He looked at them suspiciously. "What do you want? Why are you looking at me like that?" he demanded. The stout man spoke with a very uncommon accent. His English sounded very strange.

Carl looked at him and said, "You stole my watch. You came into my workshop and took it." "No!" said the stout man. "You stole it from me! I have only taken it back! It is mine!" Carl and Susan looked at each other. Finally, Susan asked the stout man, "Who are you?"

"I'm Eric el Kraken. Now, please excuse me. I must go back to the 17th century."

（注） according to ～によると　pirate 海賊　particular type of 特別なタイプの　legend 伝説
workshop 仕事場　normal 普通の　notice 気づく　footstep 足音
reach ～に到着する　footprint 足跡　sand 砂　stout かっぷくのよい
ignore 無視する　demand 要求する　onto ～の上に　You shall let me go! 離してくれ！
take a moment to 時間をとって～する　quite a character 相当な変わり者　modern 現代の
old-fashioned 古風な　suspiciously うさんくさそうに
uncommon accent 珍しいアクセント　century 世紀

1．カールとスーザンが作業場へ戻った理由として最も適当なものを，ア～エから１つ選び，記号で答えなさい。

ア．作業場で不審な物音がしたから。
イ．作業場の時計が盗まれていないか心配になったから。
ウ．時計が無くなった理由を調べるため。
エ．時計でタイムトラベルができるか実験するため。

2．浜辺に着いたスーザンが見たものとして最も適当なものを，ア～エから１つ選び，記号で答えなさい。

ア．作業場の窓から飛び出す人影　イ．黒い服を着て走っている大柄な男
ウ．時計を握って立っている男　エ．砂の上に落ちている時計

3．本文中の下線部の理由として最も適当なものを，ア～エから１つ選び，記号で答えなさい。

ア．男が左手に時計をはめていたから。　イ．男がなかなか立ち上がらなかったから。
ウ．男が何も話さなかったから。　エ．男が何百年も前の容姿をしていたから。

4．本文の内容として最も適当なものを，ア～エから１つ選び，記号で答えなさい。

ア．Carl lent his watch to Susan, but she didn't want to return it to him.
イ．The thing Carl and Susan were talking about was the pirate's watch.
ウ．Carl said that the watch had strange powers to help time travel.
エ．A man got into Carl's workshop to find the watch, but he couldn't.

5．本文に関する次の質問に，４語の英語で答えなさい。

Who came from the past?

Ⅳ．次の会話の [　　] 内に入る最も適当なものを，ア～エから１つずつ選び，記号で答えなさい。

1．Erina:　Excuse me.　Can you tell me how to get to Sakae?
Naoki:　Sakae?　Is it a store or something?
Erina:　No, it isn't.　It's a town.　It's the central part of Nagoya City.
Naoki:　Is it?　I don't know anything about Nagoya.
Look, there's a police officer over there.
[　　] It may be easier to find the way.
Erina:　I see.　Thank you.
Naoki:　My pleasure.　Have fun in Sakae.
Erina:　Thank you again.　Bye.

ア．Let's think about the problem.
イ．Why don't you ask him?
ウ．I'll take you to the police.
エ．Get on the bus together.

2．Clerk:　Hello.　May I help you?
Himena: Yes, please.　I'd like to buy a sweater.
Clerk:　We have lots of sweaters.　What kind of sweater are you looking for?
Himena: I want something bright.
Clerk:　OK.　How about these ones?
Himena: Oh, they are cool.　But they are too expensive for me.　[　　]
Clerk:　Sure.　Come this way, please.　How about these?
Himena: Oh, this is nice.　Do you have one in my size?
Clerk: What size do you want?

ア．Do you have one in blue?
イ．Will you show me larger ones?
ウ．May I try this on?
エ．Do you have anything a little cheaper?

Ⅴ．次の１～３の各組の英文がほぼ同じ意味になるように，(①)，(②) 内に入る語句の組み合わせとして最も適当なものを，ア～エから１つずつ選び，記号で答えなさい。

1．I'm scared (①) high places.
High places are (②) for me.

ア．① of	② scare	イ．① of	② scary
ウ．① in	② scaring	エ．① in	② scared

2．Please tell me (①) of students in your class.
Please tell me how many students (②) in your class.

ア．① many	② have	イ．① the number	② there are
ウ．① the number	② have	エ．① many	② there are

3．Run fast, （ ① ） you can't catch the bus.
You can't catch the bus （ ② ） you don't run fast.
ア．① or　② which　イ．① and　② which
ウ．① and　② that　エ．① or　② if

Ⅵ．次の１～４の日本語の意味に合うように（ ）内の語句を並べかえたとき，（ ）内で３番目（③）と６番目（⑥）にくる語句の組み合わせとして最も適当なものを，ア～エから１つずつ選び，記号で答えなさい。ただし，文頭に来る語も小文字で示してあります。

1．太陽光発電を使って再生可能エネルギーを得るための方法を探さなければなりません。
We have （ energy / to find / using / to get / by / ways / renewable ） solar power.
ア．③ to find　⑥ using　イ．③ ways　⑥ to find
ウ．③ to get　⑥ by　エ．③ to get　⑥ ways

2．地震のような災害に備えることが必要です。
It （ for / as / to / disasters / necessary / prepare / such / is ） earthquakes.
ア．③ such　⑥ disasters　イ．③ such　⑥ prepare
ウ．③ to　⑥ for　エ．③ to　⑥ disasters

3．何千人もの学生が，修学旅行で京都だけでなく奈良も訪れました。
Thousands （ visited / Nara / Kyoto / on / of / not only / but also / students ） their school trip.
ア．③ not only　⑥ but also　イ．③ visited　⑥ but also
ウ．③ not only　⑥ Nara　エ．③ visited　⑥ on

4．彼は自分の将来の仕事が無くなることを心配しています。
He （ worried / future / his / about / job / is / losing ）.
ア．③ about　⑥ future　イ．③ losing　⑥ job
ウ．③ his　⑥ losing　エ．③ his　⑥ worried

Ⅶ．次の（ ）内の語を使い，日本語の意味を表す９語の英文を書きなさい。ただし，（ ）内の語は語形変化させてもかまわない。

私は毎朝だれかに起こしてほしい。（ want ）

【理　科】（社会と合わせて60分）　＜満点：75点＞

【注意】 定規・分度器・計算機等の使用はできません。

1　右図のように，電源装置，電圧計，電流計，抵抗値が未知の電熱線A，抵抗値が30Ωの電熱線Bを使って回路を組み立てた。電熱線A，Bを，それぞれ同じ質量の水が入った水そうに入れ，電流を流したところ，電圧計は8Vを示した。グラフは水そうの水の温度上昇と，電流を流した時間との関係を表している。ただし，電源装置の電圧の大きさは一定で，電熱線で発生した熱は，すべて水そうの水の温度上昇に使われるものとする。次の問いに答えなさい。

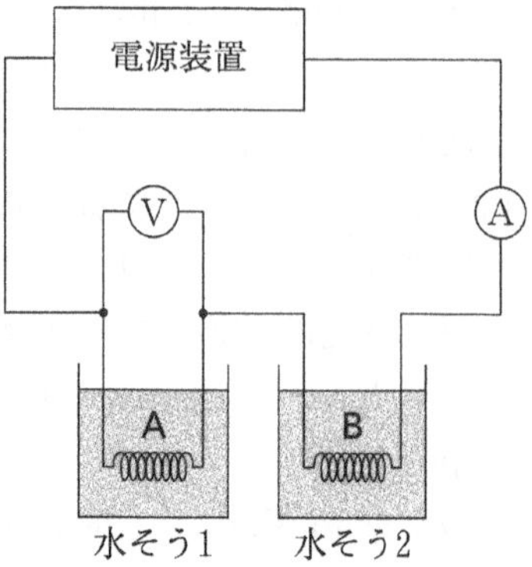

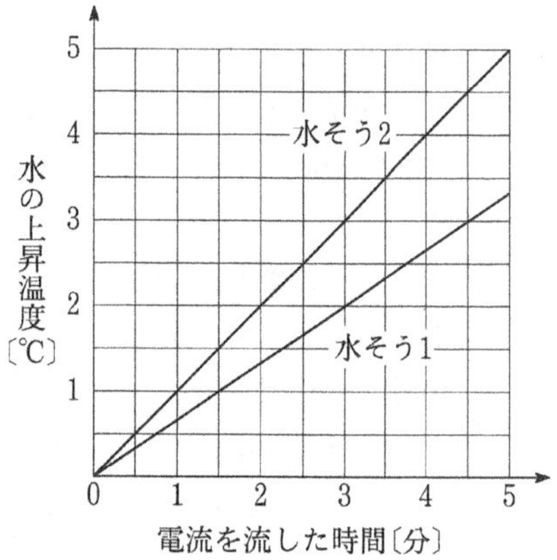

問1　電熱線Aで発生した熱は，電熱線Bで発生した熱の何倍か。最も近いものを次のア～エから選び，記号で答えなさい。

ア．0.67倍　　イ．1.2倍　　ウ．1.5倍　　エ．2.0倍

問2　電熱線Aの抵抗値は何Ωか。

問3　電流計の値は何mAか。

問4　電熱線Aで5分間に発生した熱は何Jか。

次に，電源の電圧の大きさはそのままで，電熱線Bを抵抗値が80Ωの電熱線Cに変えて同じ実験をした。この実験でも，水そうの水は沸とうしなかったものとして，以下の問いに答えなさい。

問5　電流計の値は何mAか。

問6　水そう1の水の温度を1℃上昇させるのに必要な時間は何分になると考えられるか。

2　ある温度T_1〔℃〕のW〔g〕の水にM〔g〕の硝酸カリウムを溶かしたところ，溶け残ることなく飽和水溶液ができた。次の問いに答えなさい。

問1　この飽和水溶液の質量パーセント濃度はいくらか。次のア～カから選び，記号で答えなさい。

ア．$\dfrac{100W}{W+M}$　　イ．$\dfrac{100M}{W+M}$　　ウ．$\dfrac{100(W+M)}{W}$

エ．$\dfrac{100(W+M)}{M}$　　オ．$\dfrac{W+M}{100}$　　カ．$\dfrac{W+M}{100M}$

問2　T_1〔℃〕での硝酸カリウムの溶解度はいくらか。次のア～オから選び，記号で答えなさい。

ア．$\dfrac{100M}{W}$　　イ．$\dfrac{100W}{W+M}$　　ウ．$\dfrac{100(W+M)}{W-M}$　　エ．$\dfrac{W-M}{100(W+M)}$　　オ．$\dfrac{W+M}{100W}$

問３　この飽和水溶液をある温度 T_1〔℃〕からゆっくり冷やし，T_2〔℃〕にした。このとき，m〔g〕の硝酸カリウムが再結晶した。T_2〔℃〕での硝酸カリウムの溶解度はいくらか。次の**ア**～**カ**から選び，記号で答えなさい。

ア．$\dfrac{100(M+m)}{W}$　**イ**．$\dfrac{100(M-m)}{W}$　**ウ**．$\dfrac{MW}{100(M+m)}$

エ．$\dfrac{MW}{100(M-m)}$　**オ**．$\dfrac{M+m}{100W}$　**カ**．$\dfrac{M-m}{100W}$

3　植物の蒸散について調べるために，ホウセンカ（双子葉類）を用いて**実験１～３**を行った。次のページの表は，**実験３**の結果をまとめたものである。後の問いに答えなさい。

【実験１】　**図１**の**X**で茎を切断したつくりを**図２**に模式的に表した。次に，**図１**の**Y**で葉を薄く切り，顕微鏡で観察した。**図３**はそのときのスケッチである。

図１

図２
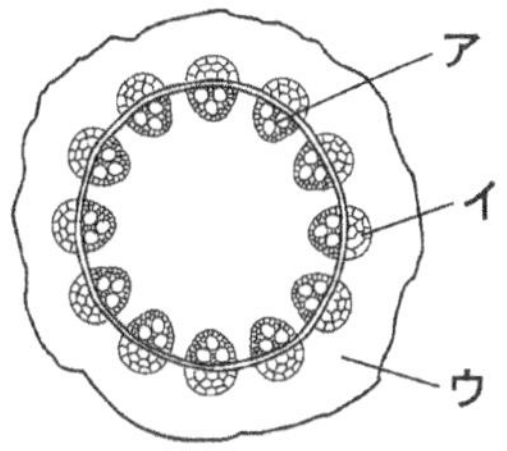

図３
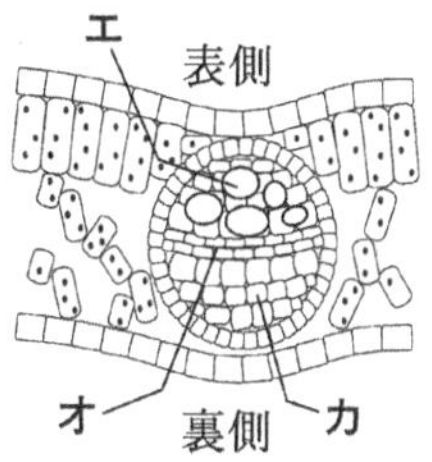

【実験２】　食紅で着色した水の入った三角フラスコにホウセンカをさし，茎から葉へと水が運ばれる様子を観察した。数時間後に**実験１**と同じ手順で顕微鏡観察を行った。

【実験３】　葉の枚数が同じで，葉の大きさや茎の太さがほぼ同じホウセンカを４本用意し，次のページの**図４**のように水の入った４本のメスシリンダーA，B，C，Dにそれぞれさし，少量の油を注いで水面を覆った。４本のホウセンカに次の１～４の操作を行った。

操作１　メスシリンダーAのホウセンカの葉をすべて切り取った。
操作２　メスシリンダーBのホウセンカの葉の表側全体にワセリンを塗った。
操作３　メスシリンダーCのホウセンカの葉の裏側全体にワセリンを塗った。
操作４　メスシリンダーDのホウセンカの葉には何もしない。
操作１～４を行った後，５時間放置し，水位の変化から水の減少量を求めた。

なお，ワセリンは水や水蒸気をまったく通さないものとし，葉の表側，裏側に塗ったワセリンは塗らなかった部分の蒸散に影響を与えないものとする。

図4

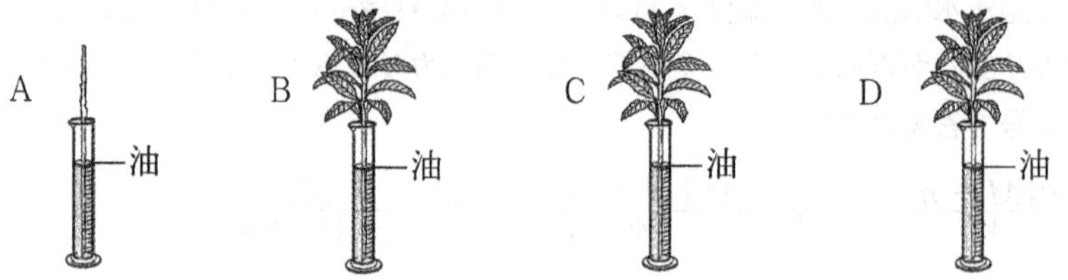

A 葉を切りとり，切り口にワセリンを塗る。　B 葉の表にだけワセリンを塗る。　C 葉の裏にだけワセリンを塗る。　D ワセリンを塗らない。

	枝をさした直後	5時間後
メスシリンダーA	25.0 mL	24.6 mL
メスシリンダーB	25.0 mL	21.2 mL
メスシリンダーC	25.0 mL	23.4 mL
メスシリンダーD	25.0 mL	（**Z**）mL

問1　**【実験1】**の**図2**のように，維管束が並んでいる植物を，次の①～④から1つ選び，記号で答えなさい。

①チューリップ　②イチョウ　③ユリ　④サクラ

問2　**【実験2】**について顕微鏡観察を行ったところ，赤い色水が通りよく染まる部分が見られ，水が通る管は茎を通って葉までつながっていることが分かった。赤い色水でよく染まった部分を**図2**，**図3**の**ア**～**カ**からすべて選び，記号で答えなさい。

問3　**【実験3】**の下線部のようにするのは何のためか。「水面から」に続けて20字以内で書きなさい。

問4　**【実験3】**について，メスシリンダーAとメスシリンダーBを比較することでわかることとして，最も適当なものを，次の①～④から1つ選び，記号で答えなさい。

①葉の表裏両側から放出されたと考えられる水蒸気の量

②葉の表側から放出されたと考えられる水蒸気の量

③葉の裏側から放出されたと考えられる水蒸気の量

④茎から放出されたと考えられる水蒸気の量

問5　次の文章は**【実験3】**の結果をまとめたものである。[**A**]，[**B**]，[**C**]に当てはまる語句の組み合わせを，下の①～⑥から選び，記号で答えなさい。

> 葉の表側からの蒸散で減った水の量と葉の裏側からの蒸散で減った水の量を比較すると，葉の[**A**]より[**B**]の蒸散量が多く，約[**C**]倍になると考えられ，植物が吸収した水分は主に葉の[**B**]から放出されると考えられる。

①**A**…表側，**B**…裏側，**C**…2　②**A**…表側，**B**…裏側，**C**…3

③**A**…表側，**B**…裏側，**C**…4　④**A**…裏側，**B**…表側，**C**…2

⑤**A**…裏側，**B**…表側，**C**…3　⑥**A**…裏側，**B**…表側，**C**…4

問6　**【実験3】**の結果から，メスシリンダーDの（**Z**）の値を小数点第1位まで求め，次の①～④から1つ選び，記号で答えなさい。

①19.2　②19.6　③20.0　④20.4

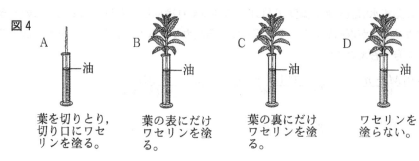

4 右の図のように，ビーカー内のうすい硫酸(H_2SO_4)10mLに，こまごめピペットを使ってうすい水酸化バリウム($Ba(OH)_2$)水溶液を入れる実験をおこなった。グラフは，加えたうすい水酸化バリウム水溶液の体積と，このとき生じた白い物質の質量の変化を表したものである。これについて，次の問いに答えなさい。

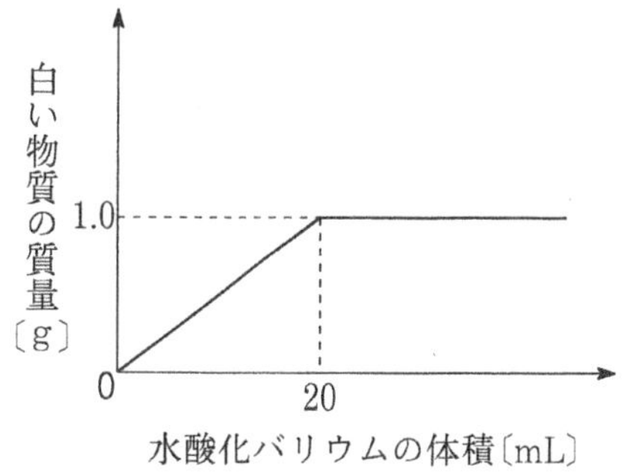

問1　この実験を化学反応式で書きなさい。

問2　次の**ア**～**エ**の中から正しい文を1つ選び，記号で答えなさい。

ア．硫酸と水酸化バリウム水溶液の反応前後では，温度は変化しない。

イ．酸とアルカリが完全に打ち消しあって中性にならないと，塩は生じない。

ウ．この実験で生じた白い物質は，胃のレントゲン撮影の造影剤などに利用されている。

エ．pHの値は，水溶液中にふくまれる水素イオンの割合から求められ，その割合が大きいほど大きい。

問3　この実験で，ビーカーに電極を入れ，電源，豆電球を用いて電流の流れ方を調べた。豆電球がついたとき，電流が流れていると判断する。この結果として考えられることを，次の**ア**～**エ**から1つ選び，記号で答えなさい。

ア．水酸化バリウムを20mL加えるまでは電流が流れたが，それ以降は電流が流れなくなった。

イ．水酸化バリウムを20mL加えるまでは電流が流れなかったが，それ以降は電流が流れた。

ウ．水酸化バリウムを20mL加えたときだけ電流が流れた。

エ．水酸化バリウムを20mL加えたときだけ電流が流れなくなった。

問4　水酸化バリウムを30mL加えたときに生じる白い物質の量を最大にするには，実験で用いたうすい硫酸を，少なくともあと何mL加える必要があるか。

5 次の表は，太陽系の惑星について，太陽までの距離，公転周期，半径，質量をまとめたものである。表の数値は，地球の値を1とした場合の比の値を表している。後の問いに答えなさい。

惑星名	太陽からの距離	公転周期	半径	質量
A	1	1	1	1
B	5.2	12	11	318
C	30	164	3.9	17
D	0.72	0.61	0.95	0.82
E	9.6	30	9.4	95
F	1.52	1.9	0.53	0.11
G	0.39	0.24	0.38	0.055
H	19	84	4	14.5

問1　後の説明文に合う惑星をA～Hからそれぞれ選び記号で答え，その惑星の名称を答えなさい。

①地球にとてもよく似た大きさだが，気圧は90倍で，表面温度は500℃近い惑星

②赤道面に平行な縞模様があり，その中に直径が地球より大きな大赤斑がある惑星

問２　惑星Ｂが太陽を公転する速さは，惑星Ｅが太陽を公転する速さの何倍か，最も近いものを次の**ア**～**エ**から選び，記号で答えなさい。なお，速さは公転軌道の長さを公転周期で割った値とし，公転軌道は円とする。

ア．0.22　　**イ**．0.74　　**ウ**．1.4　　**エ**．4.6

6　右の図は，日本付近を通過した低気圧を模式的に表している。次の問いに答えなさい。

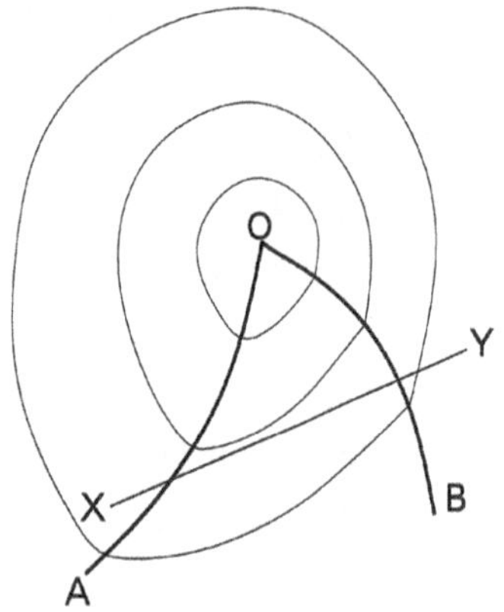

問１　図の**O－A**，**O－B**の前線として正しいものを次の**ア**～**エ**から１つずつ選び，記号で答えなさい。

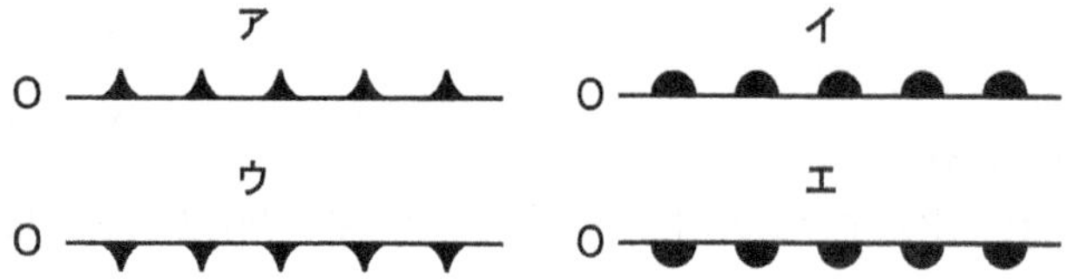

問２　次の文章は，**O－B**前線の通過にともなう天気の移り変わりについて述べた文章である。［**ア**］～［**オ**］の正しい語句の組み合わせを，下の表の①～④から選び，記号で答えなさい。

［**ア**］前線が通過した後に，気温が［**イ**］り，やがて［**ウ**］前線が通過し気温が［**エ**］り，［**オ**］い雨が降る。

	ア	イ	ウ	エ	オ
①	温暖	下が	寒冷	上が	弱
②	温暖	上が	寒冷	下が	強
③	寒冷	下が	温暖	上が	強
④	寒冷	上が	温暖	下が	弱

問３　図の**X－Y**の断面図の立体図を表したものを次の**ア**～**カ**から選び，記号で答えなさい。ただし，⇒は寒気の移動，➡は暖気の移動を表している。

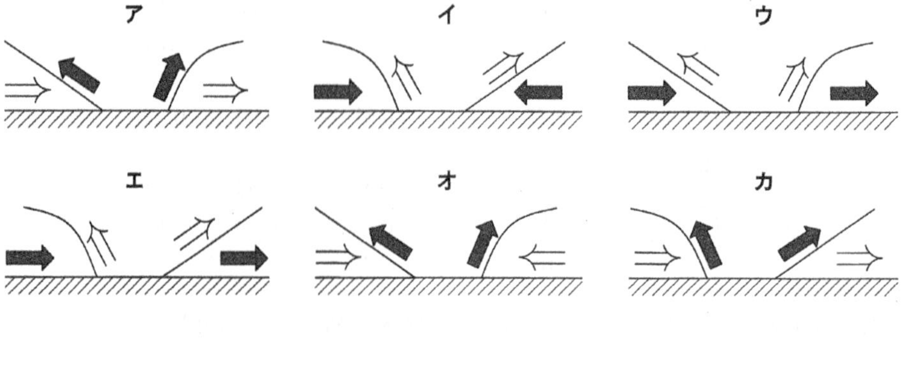

【社　会】（理科と合わせて60分）　　＜満点：75点＞

1　国境には山脈・河川・湖などの自然的国境と経線・緯線などを利用した人為的国境があります。このうちアフリカ大陸にある国境は他の地域と比べ人為的国境が多く見られます。これはなぜか次の語句を使用して30文字以内（句読点を含む）で答えなさい。

【語句】　ヨーロッパ

2　次の図Ⅰ・Ⅱはそれぞれ世界のある地域の伝統的な衣服を示したものです。図Ⅰ・Ⅱの説明として正しい文を次の**ア**～**エ**からそれぞれ一つ選び記号で答えなさい。

図Ⅰ

図Ⅱ

ア　ポンチョと呼ばれる衣服で，昼と夜の寒暖差が激しい高地において用いられている。
イ　チマ＝チョゴリと呼ばれる衣服で，主に朝鮮半島の国の伝統的衣服である。
ウ　アノラックと呼ばれる衣服で，トナカイなどの動物の毛皮で作られている。
エ　チャドルと呼ばれる衣服で，降雨が少なく日差しの強い乾燥した地域で用いられている。

3　ヨーロッパの国々に関する次の文章を読んで以下の問いに答えなさい。

A　この国は，EU最大の工業国である。1940年代半ばから1990年にかけて国が分断されていた。
B　この国の首都であるブリュッセルにはEUの本部がある。
C　この国はライン川の河口にあり，ロッテルダム港と一体化したユーロポートは世界有数の貿易港である。
D　この国は，EU最大の農業国であり，EUの穀倉と呼ばれている。また国内の発電量の約75％を（　①　）発電でまかなっている。
E　この国は世界で最初に産業革命を成功させた国である。1960年代に（　②　）油田が発見されてからは石油輸出国になった。

1　文中の（①）～（②）を答えなさい。
2　次にあげる文章はA～Eのどの国の文章に追加することができるか記号で答えなさい。またA～Eに当てはまらない場合には×と答えなさい。
　i　国土の約４分の１がポルダーと呼ばれる干拓地である。
　ii　世界有数の自動車生産国であり，ルール工業地域は重工業の中心である。
　iii　この国の首都には世界最小の独立国であるバチカン市国がある。

4　次の表は日本の主な元号をまとめたものです。以下の問いに答えなさい。

元号（制定年）	元号（制定年）	元号（制定年）	元号（制定年）
A 大化（645）	保元	H 正長	享保（1716）
B 大宝	平治	嘉吉	寛政
和銅	治承（1177）	応仁（1467）	天保
天平	D 寿永	文明	嘉永
C 延暦（782）	E 承久	天正	J 慶応（1865）
弘仁	文永	G 慶長	K 明治
延喜（901）	弘安	I 元和（1615）	（　i　）
延久	F 建武（1334）	寛永	L 昭和
応徳	応永	元禄	M 平成

1　次の①～④の文章のうち下線部Aよりも前の出来事の説明として1つだけ正しければ**ア**，2つ正しければ**イ**，3つ正しければ**ウ**，全て正しければ**エ**，全て誤っていれば**オ**と答えなさい。

①前方後円墳の築造が始まった。

②隋の皇帝に遣いを送り，対等外交を求めた。

③十七条憲法が制定され，役人の心構えが説かれた。

④百済の王から仏教が伝えられ，法隆寺が建立された。

2　次の①～④の文章のうち下線部B（大宝）～下線部C（延暦）の出来事の説明として1つだけ正しければ**ア**，2つ正しければ**イ**，3つ正しければ**ウ**，全て正しければ**エ**，全て誤っていれば**オ**と答えなさい。

①中大兄皇子が即位をし，天智天皇となった。天智天皇は近江へ遷都した。

②政治の実権を握っていた蘇我入鹿が長屋王により殺害された。

③土地と人民は国が支配をするという天皇の命令が初めて発せられた。

④壬申の乱が起こり，それに勝利した大海人皇子が天武天皇として即位した。

3　次の①～④の文章のうち下線部C（延暦）～下線部D（寿永）の出来事の説明として1つだけ正しければ**ア**，2つ正しければ**イ**，3つ正しければ**ウ**，全て正しければ**エ**，全て誤っていれば**オ**と答えなさい。

①後白河天皇と崇徳上皇の対立から乱がおこり，平清盛などの協力を得た後白河天皇が勝利した。

②関東で平将門，瀬戸内地方で藤原純友が乱を起こした。

③墾田永年私財法が発布され，土地の私有が認められた。この法令により荘園が増加した。

④菅原道真の進言によって，遣唐使が廃止された。この出来事以降，日本では国風文化が花開いた。

4　下線部Eの時期に起こった事件についての説明として正しいものを次の**ア**～**エ**から一つ選び記号で答えなさい。

ア　白河天皇が，息子に位を譲り上皇となり，院政を行った。

イ　戦乱に勝利した奥州藤原氏が東北地方で勢力を伸ばした。

ウ　御家人救済のために幕府は徳政令を発布した。

エ　後鳥羽上皇が政権回復のために挙兵するが，敗れた。

5　次の①～④の文章のうち下線部F（建武）～下線部G（慶長）の出来事の説明として１つだけ正しければ**ア**，２つ正しければ**イ**，３つ正しければ**ウ**，全て正しければ**エ**，全て誤っていれば**オ**と答えなさい。

①コロンブスが大西洋を渡り，インドを目指した。

②ガリレオ＝ガリレイが地動説を証明した。

③チンギス＝ハンがモンゴル民族を統一した。

④新羅が朝鮮半島を統一した。

6　下線部Hの時期に起こった事件（一揆）についての説明として正しいものを次の**ア**～**エ**から一つ選び記号で答えなさい。

ア　近江の馬借の蜂起を契機に農民が酒屋などを襲撃した。

イ　国人と農民らが山城から守護大名を追い出した。

ウ　将軍が暗殺された事件を契機に近畿一帯の農民が徳政を求めた。

エ　一向宗の信仰で結ばれた国人と農民が守護大名を倒した。

7　次の①～④の図のうち下線部Ｉ（元和）～下線部Ｊ（慶応）の建築物・作品・書物として１つだけ正しければ**ア**，２つ正しければ**イ**，３つ正しければ**ウ**，全て正しければ**エ**，全て誤っていれば**オ**と答えなさい。

①

②

③

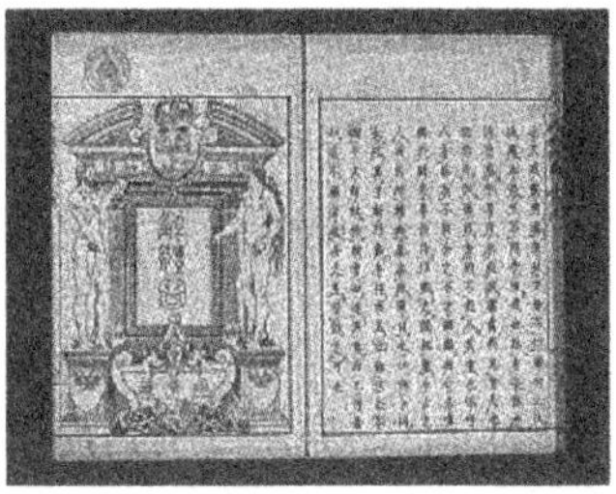

④

8　次の①～④の文章のうち下線部Kの時代の出来事の説明として１つだけ正しければ**ア**，２つ正しければ**イ**，３つ正しければ**ウ**，全て正しければ**エ**，全て誤っていれば**オ**と答えなさい。

①生麦事件を契機として，薩英戦争が勃発した。

②ドイツではワイマール憲法が成立した。

③甲子農民戦争を契機として，日清戦争が勃発した。

④犬養毅首相が海軍将校らに殺害された五・一五事件が起こった。

9　次の①～④の文章のうち下線部Ｌの時代に起こった世界の出来事の説明として１つだけ正しければ**ア**，２つ正しければ**イ**，３つ正しければ**ウ**，全て正しければ**エ**，全て誤っていれば**オ**と答えなさい。

①ニューヨークの株式市場で株価が大暴落し世界恐慌が起こった。

②中東・北アフリカで「アラブの春」と呼ばれる民主化運動が始まった。

③ドイツがポーランドに侵攻し，第二次世界大戦が勃発した。

④朝鮮戦争が勃発し，朝鮮半島が２つの国に分断された。

10　次の①～④の文章のうち下線部Ｌの時代に起こった日本の出来事の説明として１つだけ正しければ**ア**，２つ正しければ**イ**，３つ正しければ**ウ**，全て正しければ**エ**，全て誤っていれば**オ**と答えなさい。

①第一次石油危機が起こり，激しいインフレーションが発生した。

②サンフランシスコ平和条約が結ばれた後，日本は独立国としての主権を回復した。

③日独伊三国同盟が結ばれ，日本はアメリカやイギリスなどを仮想敵国とした。

④韓国併合条約が結ばれ，日本が朝鮮半島を植民地化した。

11　次の①～④の文章のうち下線部Ｍの出来事の説明として１つだけ正しければ**ア**，２つ正しければ**イ**，３つ正しければ**ウ**，全て正しければ**エ**，全て誤っていれば**オ**と答えなさい。

①国連平和維持活動協力法が成立し自衛隊が海外へ派遣された。

②アメリカ同時多発テロ事件をうけて，テロ対策特別措置法が成立した。

③冷戦の象徴的建造物となったベルリンの壁が構築された。

④警察予備隊の名称が自衛隊に変更された。

12　16ページの表中の（ｉ）に入る元号を答えなさい。

5　次の表は2019年の上半期の主な出来事です。表を見て以下の問いに答えなさい。

月	出来事
3	シアトルマリナーズのｉイチロー選手が現役引退を発表する。
4	新ii紙幣・新500円硬貨のデザインが発表される。
5	新iii天皇が即位する。
6	ivサミット・G20が開催される。

1　下線部ｉの出身県の特徴を述べた次の①～④の文章を読んで１つだけ正しければ**ア**，２つ正しければ**イ**，３つ正しければ**ウ**，全て正しければ**エ**，全て誤っていれば**オ**と答えなさい。

①県の面積の約８割は森林であり，その多くを国が保有している。河川付近ではみかん栽培が盛んである。

②県の北部から運ばれる木材を加工してピアノなどの楽器生産が行われている。第二次世界大戦中は軍需工場が多く，戦後はその技術を生かし，オートバイや自動車の生産が始まった。

③掘り込み式の人工港を持つ臨海工業地域があり出版業や電気機械の生産が盛んである。

④工業は，地元の農水産物を加工する食料品工業や製糸業が盛んである。米の生産も盛んで近年の収穫量は新潟県に次ぐ。

2　下線部ⅱを発券する銀行の役割を述べた次の①～④の文章を読んで１つだけ正しければ**ア**，２つ正しければ**イ**，３つ正しければ**ウ**，全て正しければ**エ**，全て誤っていれば**オ**と答えなさい。

①一般の人や企業とは取引を行わないが，銀行と取引を行い景気の調整の役割を果たしている。

②政府の資金を預かったり，政府に資金を貸し付けたりしている。

③不景気のときには有価証券を市中銀行に売ることによって，通貨の量を増加させる。

④不景気のときには政策金利を下げて，通貨の量を減少させる。

3　日本国憲法では下線部ⅲの地位を定めている。次の**ア**～**エ**の文章を読んで日本国憲法第１条に該当するものを選び記号で答えなさい。

ア　天皇は元首にして統治権を総攬する。

イ　天皇は，国会の指名に基づいて，内閣総理大臣を任命する。

ウ　万世一系の天皇は神聖にして侵すべからず。

エ　天皇は，日本国の象徴であり日本国民統合の象徴であって，この地位は，主権の存する日本国民の総意に基づく。

4　下線部ⅳが開催された国名・都市名として該当するものを選び記号で答えなさい。

ア　日本・大阪　　　　　　　　**イ**　ロシア・モスクワ

ウ　アラブ首長国連邦・ドバイ　**エ**　マレーシア・クアラルンプール

て③楽しそうに通っているのを知っていた。理由はそればかりでは④ない。実際に学校見学へ行き、ここが私の通う学校⑤だ、と実感したからだ。

ア　①助動詞　②連体詞　③名詞　④形容詞
　　⑤形容動詞の活用語尾

イ　①助動詞　②形容動詞　③形容詞の語幹　④形容詞
　　⑤助動詞

ウ　①形容詞　②連体詞　③形容詞の語幹　④助動詞
　　⑤形容動詞の活用語尾

エ　①助詞　②形容動詞　③形容動詞の語幹　④動詞
　　⑤助詞

【問二】　次の傍線部の助動詞が表す意味は何か。最も適当なものをそれぞれ後の選択肢から選び、その記号を書きなさい。

（1）　高くそびえた山々。

（2）　昨夜は寒かった。

ア　過去　　イ　完了　　ウ　存続　　エ　想起

また明王（賢明な君王）の人を捨て給《たま》はぬこと（お捨てにならないこと）、車を造る工《たくみ》（職人）の、材を余さざるにたとふ（余らせないことにたとえられる）。曲れるをも、短きをも用ゐるところなり。また人の食物を嫌ふことあれば、その身必ず瘦《や》す（瘦せる）ともいへり。

そうじて、大人《たいじん》（立派な人）は賤《いや》しきを嫌ふまじ（嫌ってはいけない）と見えたり。およそ、いとほしければとて（かわいいからといって）、あやまりて賞をもすごさず（報償を与えず）、［A］とて、みだりがはしく刑をも加へずして、あまねく均《ひと》しき恵を施すべしとなり。また人に一度の①咎《とが》あればとて、重き罪を行ふこと、よく思慮あるべし。麒驥《きき》といふ賢き獣、おのづから一蹪《いつち》（ひとつまづき）のあやまりなきにあらず。人とても、いかでか②その理《ことわり》をはなれむ（人間であっても、どうしてその道理からはなれられようか）。

しかれば（だから）文にいへるがごとく、

少過をゆるして、賢才を見るべし

となり。

（『十訓抄』）

【問一】 波線部「ちひさき壌」「細き流れ」は、人間に置き換えるとどのようなものに該当するか。波線部より前の本文中から抜き出して書きなさい。

【問二】 空欄［A］に入る言葉として最も適当なものを次の中から選び、その記号を書きなさい。

ア　ただしければ　　イ　にくければ　　ウ　わるければ　　エ　いとほしければ

【問三】 傍線部①「咎」とはどのような意味か。次の空欄に入る漢字一字を本文中から抜き出して書きなさい。

（　　）失

【問四】 傍線部②「その理」とはどのようなことか。最も適当なものを次の中から選び、その記号を書きなさい。

ア　どのような優れた者もあやまりを犯すことがある。
イ　失敗から教訓を得る者が成功する。
ウ　罪を犯した者に重い罰を与えてはならない。
エ　重い罪を犯した者に対して配慮するべきだ。

【問五】 優れた主君のあり方として、本文の前半で述べられていることは何か。最も適当なものを次の中から選び、その記号を書きなさい。

ア　どんな小さなこともおろそかにしない。
イ　他人の嫌がることを率先して行う。
ウ　どのような人物も活かして使う。
エ　人のよいところを発見する。

［四］ 次の問いに答えなさい。

【問一】 次の傍線部①～⑤の品詞は何か。その組み合わせとして正しいものを後の選択肢から選び、その記号を書きなさい。

「名電を受験するわけだな。」先生がおっしゃった。

「あそこはいい学校かしら。」母は、私学についてよく知ら①ない。そういう母を説得するために、私は②真剣な言い方で、

「絶対に名電に行きたい！」と言った。先輩が部活と勉強を両立させ

【問三】 傍線部②「非言語的な部分」とあるが、それは何か。本文中から過不足なく探し、始めと終わりの三字をそれぞれ抜き出して書きなさい。

【問四】 傍線部③「絶対的な人間の条件はどこへ行っても似ている」とあるが、そのことの例として当てはまるものをすべて選び、その記号を書きなさい。

ア のどがかわいたら水を飲み、空腹を感じたら、食事を取ろうとすること。

イ 公園の花壇の美しい花を見たら、家に持ち帰って飾ろうとすること。

ウ 自転車で走行中、人が飛び出して来たら、避けようとすること。

エ 見慣れない野生動物を見かけたら、近寄って写真を撮ろうとすること。

【問五】 傍線部④「いまや洋装を当たり前とする日本人男性にとっていまだにタキシードを着るのは不得手」とあるが、それはなぜか。最も適当なものを次の中から選び、その記号を書きなさい。

ア 異なる文化の習慣に無理に合わせる必要がないから。

イ 異なる文化の社会的な習慣や取り決めがわからないから。

ウ 異なる文化の人間として条件反射的に理解できないから。

エ 異なる文化の自然観や宗教観に通じていないから。

【問六】 本文で述べられた筆者の考えに合致するものを次の中から二つ選び、その記号を書きなさい。

ア 異文化間のコミュニケーションでは、非言語的な要素で会話が成り立つことが多く、言語を習得するより習俗や習慣に通じることが必要不可欠である。

イ 異文化間のコミュニケーションでは、言語的なコミュニケーションとともに、文字化すると消えてしまう非言語的なコミュニケーションの重要性を知る必要がある。

ウ 異文化間のコミュニケーションでは、言語的なコミュニケーションの様々な過程を分析し、文学作品等を通してその国の言語についてまず学ぶことが大切である。

エ 文化におけるコミュニケーションにおいては、第一段階として「自然」のレベルがあり、どの社会でも自然環境についての価値観は共通しており、条件反射的なレベルで理解することができる。

オ 文化におけるコミュニケーションにおいては、第二段階として「社会的」レベルがあり、一つの社会で得た常識的な判断力を持っていれば、他の社会のルールは全く学ぶ必要がない。

カ 文化におけるコミュニケーションにおいては、第三段階として「象徴」のレベルがあり、ある事柄と、その背景にあるその文化特有の価値観や理想との結びつきを理解することが大切である。

三

次の文章を読んで、後の問いに答えなさい。

ある人いはく、人の君（人の上に立つ者）となれるものは、つたなきものなりとも嫌ふべからず。文《ふみ》（書物）にいはく、

山はちひさき壌《つちくれ》（土の塊）をゆづらず、この故《ゆゑ》に高きことをなす
海は細き流れをいとはず、この故に深きことをなす

といへり。

て得られる常識のレベルで消化できる理解だと思うのです。どの社会に行っても、一つの社会で培った常識的なことが取得できれば、インドに行こうがアメリカに行こうがある程度は間違いなくやっていける。わからないことでもそこの人に教えてもらってそこの習慣あるいは、社会的な規則を学習すればできるわけです。これをリーチは「記号的なレベル」というわけです。

このように、「自然的な」ことや「社会的な」レベルのことは、普通に育った人間ならだいたい対処できることですが、三つ目のレベル、これは「象徴」というレベルですが、これがまさに文化的な中心部のことで、外部の者にとってはきわめて理解するのが困難な世界なのです。

すなわち、その社会なら社会特有の価値なり、行動様式なり、習慣なり、あるいは信仰があります。信仰となると、たとえばキリスト教を信じている人には十字架は意味を持ちますが、信じていない人間にとっては何の意味も持ちません。社会のレベルまでは交通信号のようなものですから、その社会で生活する誰にとっても意味を持つことが多いわけですが、象徴のレベルになると、その価値とか意味を共有している人間しかわからないということになります。日本の文化でも、外国人にとってわかりにくいのはだいたいこの部分です。

日の丸が日本の象徴といわれても、どうして象徴なのか、あまり、はっきりしません。それを国旗として象徴としたのは日本人の選択だったと思いますが、普通は外から見れば日の丸と日本という国家の間に何の物理的な関係も論理的な結びつきもないから、それだけでは外部の人には理解できないことでしょう。単なる象徴であり、＊2メタファーです。アメリカ合衆国の国旗が星条旗というのはある程度理屈で説明がつきますし、フランスの三色旗にもはっきりとした意味があります。しかし、国旗とそれで＊3表徴する物質的で地理的な土地をもつ国というものとの関係は、その国の歴史や文化と結びついていて、ただ外から見ただけでは何のことかはよく解りません。その国の固有の価値や理想と結びついているからです。

そのようなことがあらゆる社会で特有の現象としてあって、それについてはよほど周到にそこの文化を理解しないと、別の文化から来た人間にとっては理解できないのです。先に触れたイギリスの社会人類学者は、いま述べたような文化とコミュニケーションの仕組みを細かく分析しています。より詳しい分析はリーチの書物を参照していただくことにして、いまこのように両手に触れただけでも異文化を理解していくにはさまざまなレベルがあることがわかると思います。しかも、忘れてはならないことは、「信号」「記号」「象徴」の三レベルは総体として異文化を形づくるということです。この文化の全体性の中にさまざまな要素が組み込まれて、人々の言葉と行動に意味づけをしているわけです。

（青木保『異文化理解』）

（注）＊1　属性…ある事物に属する性質・特徴。
＊2　メタファー…隠喩のこと。言葉の上では、たとえの形をとらない比喩。
＊3　表徴…表面に現れたしるし。

【問一】　傍線部①「そこ」とは何を指すか。本文中から抜き出して書きなさい。

【問二】　空欄 A ・ B に当てはまる語句を本文中からそれぞれ抜き出して書きなさい。（AとBの順は問いません。）

とも含みますが、そこには非言語的な要素が非常に多い。泣くか笑うかといっても、どういうときに泣いたり、どういうときに笑っていいのかも、文化によっては微妙に違うのです。

（中略）

文化におけるコミュニケーションについては、イギリスの社会人類学者エドマンド・リーチにならって私は大体三つのレベルがあると考えています（『文化とコミュニケーション』）。

ひとつは「自然」のレベルです。人間は物が飛んでくれば本能的によけるし、寒くなれば衣服を着る、おなかがすけばご飯を食べる。そういうごく自然とよべる状態は、どんな文化を通しても変わらないだろうということです。私たちが世界のどこへ行ってもなんとなく生活できるのは、③絶対的な人間の条件はどこへ行っても似ているからです。

どんな異なった文化を持った人々の間でも、ある程度共生ができて、ある程度意思が通じるというのは、人間として共通の＊1属性を持っているからだということがいえます。

ごく自然的なこととして互いに人間ならばわかりあえるような、誰でもだいたい理解できる形でのこうしたコミュニケーションの段階を「信号的なレベル」とリーチは言っています。

ただ、そうはいっても私には次のようなことも問題としてあるように思えます。日本には象のような巨大動物はいませんが、スリランカに行くと象がたくさんいて、スリランカの人は象に対しては愛着もあると同時に恐怖も抱いています。みだりに象に近寄ってはいけないし、近くに寄っていってフラッシュをたいて写真を撮ろうものならスリランカ人が血相を変えて飛んできます。巨大動物がいる自然環境に育っている人間と、日本のようにいないところでは、自然観がだいぶ違ってくるし、価値観も違ってくると思うのです。ですから、同じ自然環境といっても、必ずしもそう簡単には同一視できないのですが、それでも一応はわかりあえるのです。相手がカーッと怒ったから逃げるとか、普通人間が「自然」に起こすような条件反射的なレベルで理解できるコミュニケーションがある。それが異文化理解の最初の段階だと思います。

そして異文化理解の二つ目の段階は「社会的」レベルです。社会的な習慣とか取り決めを知らないと文化を異にする相手も異社会も理解できないということです。

交通信号の表示の仕方を知らなかったら事故を起こしてしまうし、車を運転するアメリカ帰りの日本人がよくやってしまうのですが、いつのまにか車道を反対に走ってしまいます。右ハンドル、左ハンドルの違いという訳ですが、アメリカやヨーロッパ大陸は左ハンドル、日本やイギリスなどは右ハンドルです。また服装では、④いまや洋装を当たり前とする日本人男性にとっていまだにタキシードを着るのは不得手で、普通は持っていない人も多いし、日本国内ではめったに着ることもありません。結婚式のときに着るくらいのものです。ところが、アメリカやヨーロッパ社会に行けば、週末にはタキシードが必要なパーティがあります。礼服の着用だけでなく服装については西欧の社会的な習慣や常識を知らないと間違うことがたくさんあります。これはあいさつの仕方や食事のマナーについても言えることでしょう。

けれどもこうしたことは、例外はあるとしても人間が普通に育ってき出されており、それを理解するためには「新しい美意識」を身につけなければならないから。

イ　人間は過酷な生存競争を経験し、自然に囲まれて生活しているが、人工知能はそのような経験も浅いものでしかなく、自然にも囲まれてはいないから。

ウ　人工知能はそもそも「時間」の概念を理解できず、人間が美しいと感じる一貫性や継続性というものを持つことができないから。

エ　人間の個性はその人の生きた歴史の中で生まれるが、人工知能にはまだ「時間」の要素が取り入れられていないから。

二　次の文章を読んで、後の問いに答えなさい。（＊印のことばには文末に注があります。）

異なる文化の間での相互理解の必要性は、それこそ人類史上かつてなく大きな課題となっています。「対話」の必要性と、「文化の多様性」を尊重するために、異文化間のコミュニケーションについて、ここでは考えてみたいと思います。

世界的な文化交流の時代となった現在、異文化理解がますます重要であることを、これまで述べてきました。では、異文化理解とはどういうことなのでしょうか。異文化理解というのはどういう形でできるのでしょうか。たとえば外国語を翻訳するということがあります。とくに近代の日本人は翻訳された文学作品に親しんできたわけですが、アメリカやイギリスやフランスの小説が日本語に翻訳されて、それを読んで、自分たちとは違った文化や社会があり、そこにはさまざまな人間がいて、いろいろな行動をくり広げていることを知り、共感したり違和感をいだいたりしながらも、①そこに描かれた世界を理解することに成功したりしなかったりといった経験をもちます。

異文化を異文化たらしめる要素に、異言語があることは事実ですが、［A］と［B］は必ずしも全部が一致するわけではありません。言語だけで異文化が理解できるとか、言語が理解できれば異文化が理解できるかというと、そういうものでもありません。

大きな意味で「コミュニケーション」として異文化との関係を捉えなければならないと思いますが、私たちは常に言語的なコミュニケーションと同時に、非言語的なコミュニケーションを行っていることをまずよく知る必要があります。日常生活で私たちはゼスチュアとか、顔の表情とか、身体的な動きを必ず伴ってコミュニケーションをしています。通常、友人どうしでも家族の間でも会話を交わしている場合には、その非言語的な部分が非常に大きくて、音声だけを収録してそこでの会話を文字化するとほとんど意味が通じないことが多いのです。けれども、言語は生きた形で人々がそれをとりかわすときには、たとえ文法的におかしく、また論理的にも支離滅裂な形であったとしても、実際上のコミュニケーションが成り立つことが多いのも事実です。その場合には、②非言語的な部分で意味を補っているわけです。つまりあれがそれがといった言い方で話が進んでゆく場合など、その場に居合わせないと何のことかわかりませんし、たとえ居合せても話をとりかわす当事者たちの関係がわからない第三者には何のことかわからないことが多いわけです。

私たちが外国へ行って戸惑うのは、多くの場合、厳密に言葉ができないからというだけではなくて、こうしたコミュニケーションのもつ社会とその文化全体になじみがないからです。習俗や習慣の違いといったこ解決の手続きを一般化するもので、プログラミングを作成する基礎となる。

＊5 **評価値**…コンピュータ将棋における局面の有利不利の形勢を数値化したもの。

＊6 **ビッグデータ**…コンピュータが取り扱うインターネット上などの膨大なデータ。

＊7 **マーケティング**…商品が大量かつ効率的に売れるように、市場調査・製造・輸送・保管・販売・宣伝などの全過程にわたって行う企業活動の総称。

＊8 **レコメンド**…勧めること。推薦すること。

＊9 **アルファ碁**…囲碁のコンピュータソフト。

＊10 **個体学習**…生物個体として工夫することで違う行動を取れるようになるための学習行為。

＊11 **コルトン**…人工知能研究者。

【問一】 二重傍線部a～dのカタカナは漢字に直し、漢字はその読みをひらがなで書きなさい。

【問二】 傍線部①「レンブラントの『新作』」とあるが、なぜ「新作」に「 」がつけられているか。最も適当なものを次の中から選び、その記号を書きなさい。

ア この絵はレンブラント自身の描いた絵ではないから。

イ 大変珍しい作品であり、注目に値するから。

ウ レンブラントの死後発見されたものだから。

エ 本当にレンブラントが描いたものと思わせたいから。

【問三】 傍線部②「いかにもそれらしい作品」とあるが、それはどのような作品か。十五字以上二十字以内で書きなさい。

【問四】 傍線部③「新しい美術」とあるが、それはどのようなものと考えられるか。その答えとなるように、次の空欄（Ⅰ）～（Ⅲ）に入るべき語句を本文中からそれぞれ抜き出して書きなさい。

（ Ⅰ ）が（ Ⅱ ）のできない方法でデータを処理し作り出した作品から（ Ⅲ ）を受けて新たに作り出される作品。

【問五】 傍線部④「そういうもの」とあるが、それはどのようなものか。最も適当なものを次の中から選び、その記号を書きなさい。

ア 人工知能が、ある作家の作品の特徴を模して作った新たな作品。

イ 人工知能がインターネットやマーケット等から収集した膨大なデータ。

ウ 私たちがインターネットなどの間接的な影響から手に入れた商品。

エ 私たちがインターネットなどから日々提供されている情報。

【問六】 傍線部⑤「そこ」は何を指しているか。最も適当な箇所を本文中から七字で抜き出して書きなさい。

【問七】 傍線部⑥「腑《ふ》に落ちる」の意味として最も適当なものを次の中から選び、その記号を書きなさい。

ア それとなくわかる。　**イ** 的を射ている。

ウ よく納得できる。　**エ** 承知できない。

【問八】 傍線部⑦「人間の個性を楽しむ娯楽が、人工知能では面白くならないように私が感じる」とあるが、それはなぜか。その理由として最も適当なものを次の中から選び、その記号を書きなさい。

ア 人工知能が作り出した作品は、人間には理解できない方法で作り真がそもそも静止画像だからなのです。＊9アルファ碁もそうです。一つ一つの局面はあくまでも静止画像であるからこそ、現在の人工知能の手法が使えたのでしょう。

しかし、私は、「美意識」には、「時間」が大きく関わっているように思うのです。

例えば、棋士が将棋ソフトの手に覚える違和感。煎じ詰めると一つ一つの手は素晴らしくても、⑤そこに秩序だった流れが感じられないことに由来してるように思います。それは、その時々の局面を一枚の静止画像とb捉えて手を選び出しており、その後の局面の流れを検討していないように思えるからです。

だからこそ、文法は正しくてもおかしな文章と同じく、人工知能の選ぶ手に、一貫性を欠いた奇妙な違和感を覚えてしまうのでしょう。

こういう将棋における「美意識」については、第二章で「見慣れたものに覚える安定感や落ち着きと関わっている」という趣旨のことを書きました。

そんな「美意識」に、「時間」という概念を考慮すると、人間は、「一貫性や継続性のあるものを美しいと感じる」と言えないでしょうか。実際に、海や山など自然界の悠久の存在は、しばしば美しい情景として描かれる対象です。

そう感じるのは、自然のなかで安定したものを「美しい」と感じることが、人類が過酷な生存競争を勝ち抜いていく上で、有利だったからなのかもしれません。あるいは普段から人間は自然に取り囲まれていますので、あくまで生物学の言葉で言う、「＊10個体学習」から来る「慣れ」として、「美しい」と感じている可能性もあります。おそらく実際には、その両方でしょう。

いずれにせよ、「美意識」は、「時間」の流れのなかでの文脈をつかむ能力と密接に関わっている気がしてなりません。

その意味では、＊11コルトンさんの「詩は人間が作った方が面白い」という言葉は、⑥腑《ふ》に落ちるものがあります。まさに詩は、人間が生きる「時間」、そしてその文脈から生まれる芸術だと思えるからです。また、オーケストラの指揮者がどんな音楽をcカナでるのかという、⑦人間の個性を楽しむ娯楽が、人工知能では面白くならないように私が感じるのも、そういう部分から来ているような気がします。

人間の感情も、実は「時間」が関わっている面があります。何に怒りを覚え、何に悲しみを覚えるかは、その人がそれまで生きてきた「時間」とdチクセキした経験から生まれるからです。「言語」の意味を把握することにも、関係しているかもしれません。

そして、最近では「Recurrent Neural Network（リカーレント・ニューラルネットワーク）」という時系列を取り入れた、人工知能の学習法も盛り上がってきているようです。

いずれにせよ、人工知能が「時間」の概念を獲得できるかという問いは、これから大きなテーマになっていくのではないでしょうか。

（羽生善治『人工知能の核心』）

〔注〕　＊1　**デミス・ハサビス**…人工知能研究者。

＊2　**レンブラント**…十七世紀のオランダの画家。

＊3　**ディープラーニング**…音声の認識、画像の特定、予測など人間のように実行できるようコンピューターに学習させる手法。

＊4　**アルゴリズム**…問題を解決するための方法や手順のこと。問題

【国　語】（四〇分）〈満点：一〇〇点〉

【注意】字数制限がある問題においては、句読点や記号も字数に数えることとします。

一　次の文章を読んで、後の問いに答えなさい。（＊印のことばには文末に注があります。）

もう一つ、人工知能と創造性の関係について、考えておきたいことがあります。

＊1デミス・ハサビスさんに次のように言われました。

「音楽というのは数学的に処理がしやすい分野であり、そこがバッハ風、モーツァルト風などの作曲ソフトを作りやすい理由ではないか」と。逆に言うと、数値化が難しい、「言語」のような分野は、人工知能が発展しづらいのかもしれません。

二〇一六年四月、人工知能が描いた、①＊2レンブラントの「新作」が発表されました。オランダのマウリッツハイス美術館とレンブラントハイス美術館、マイクロソフト社などによるプロジェクトです。

現存するレンブラントの作品全てをスキャンし、題材や筆遣い、色合いといった特徴を＊3ディープラーニングの＊4アルゴリズムで分析し、図案化。そして、３Ｄプリンタによって作成したといいます。結果、②いかにもそれらしい作品になっていました。実は画風というのは、数値化できてしまう分野なのだそうです。

もちろん、こんなふうに簡単にレンブラントの特徴が抽出されたところで、画家本人にのみ作家性や創造性が存在することには変わりないと思うのですが、鑑賞の仕方は変わってくる可能性はあると思いました。

ただ、こうして、ある絵画から膨大な特徴が抽出されることは、とても興味深く感じます。人間にはできない方法で人工知能が絵画作品を見ているということかもしれません。＊5評価値を用いた将棋ソフトから、新しい手が生まれてきたように、抽出された特徴をもとに描かれた人工知能の絵画に影響を受けて、③新しい美術が生まれてくる可能性もあるのではないでしょうか。

人工知能から学んで、人間が将棋で新たな差し手を発想したり、新たな直観を形成したりする可能性があるように、絵画や音楽における「美」もまた人工知能で変化していくことはあり得るはずです。

現代の生活のなかには＊6ビッグデータや＊7マーケティング、行動経済学がaシントウしていて、「これが、お勧めです」と、日々＊8レコメンドされています。そのような時代に、私たちが④そういうものと無縁で生きるのは難しく、間接的な影響は常に受けているのだと思います。

それはそれで今とは別の「美意識」を生み出す、きっかけになる気もしています。

「美意識」については、さらに考えていることがあります。実は人工知能の開発においては、「時間」の要素を取り入れることが課題になっています。

例えば、静止した画像のデータを扱うのには人工知能は長けています。しかし、動画となると、時間の経過に応じて絵が変わっていくために、計算量が爆発的に増えてしまい、なかなかうまくいっていないようです。

逆に言えば、がんの診断で人工知能が成果を出しているのは、X線写

2020年度

解　答　と　解　説

《2020年度の配点は解答欄に掲載してあります。》

＜数学解答＞

1　(1)　③　　(2)　20000　　(3)　29　　(4)　分速75m　　(5)　$\frac{1}{6}$

(6)　(答え)　120度　　(途中の説明)　解説参照

2　(1)　$a=-1$　　(2)　$(-4,\ 0)$

3　(1)　$\frac{\sqrt{3}}{2}\mathrm{cm}^2$　　(2)　$\sqrt{3}+3\sqrt{2}\,\mathrm{cm}^2$

4　(1)　$\frac{8}{3}\mathrm{cm}^3$　　(2)　$\frac{1}{6}\mathrm{cm}$　　(3)　$\frac{16}{9}\mathrm{cm}$

○推定配点○

1　(1)～(5)　各7点×5　　(6)　9点　　**2**・**3**・**4**　各8点×7　　計100点

＜数学解説＞

1　(数・式の計算，式の値，方程式の応用，確率，角度)

基本　(1)　①　左辺$=9-2\times(-3)^2\div3=9-\frac{2\times9}{3}=9-6=3$　　よって，誤り。

②　左辺$=\frac{4}{5}x-\left(\frac{2}{3}x+2\right)=\frac{12}{15}x-\frac{10}{15}x-2=\frac{2}{15}x-2$　　よって，誤り。

③　左辺$=\left(2x+\frac{3}{4}\right)\left(2x-\frac{1}{4}\right)\div\frac{1}{16}=\left(4x^2-\frac{1}{2}x+\frac{3}{2}x-\frac{3}{16}\right)\times16=64x^2+16x-3$　　よって，正しい。

④　左辺$=(a-b)^2-c^2=a^2-2ab+b^2-c^2$　　よって，誤り。

(2)　$2x^2-8x+8=2(x^2-4x+4)=2(x-2)^2=2(102-2)^2=2\times10000=20000$

(3)　連続する5つの奇数を，$x-4$，$x-2$，x，$x+2$，$x+4$とすると，$(x-4)+(x-2)+x+(x+2)+(x+4)=125$　　$5x=125$　　$x=25$　　よって，最大の数は，$25+4=29$

(4)　弟の速さを分速xmとすると，2人が進んだ道のりについて，$x\times20+(x+15)\times(20-10)=2400$　$20x+10x+150=2400$　　$30x=2250$　　$x=75$　　よって，分速75m

(5)　さいころを2回投げるときの目の出方の総数は，$6\times6=36$(通り)　　このうち，題意を満たすのは，(1回目，2回目)＝(1，4)，(2，3)，(3，2)，(4，1)，(4，6)，(6，4)の6通りだから，その確率は$\frac{6}{36}=\frac{1}{6}$

重要　(6)　三角形の内角と外角の性質より，$\angle\mathrm{CEF}=\angle\mathrm{BFC}-\angle\mathrm{ECF}=110°-30°=80°$　　$\angle\mathrm{BAE}=\angle\mathrm{BEC}-\angle\mathrm{ABE}=80°-20°=60°$　　△AGHの内角の和は180°だから，$\angle\mathrm{AGH}+\angle\mathrm{AHG}=180°-60°=120°$　　折り返したので，$\angle\mathrm{AGH}=\angle\mathrm{A'GH}$，$\angle\mathrm{AHG}=\angle\mathrm{A'HG}$　　よって，$\angle\mathrm{DGA'}+\angle\mathrm{EHA'}=(180°-2\angle\mathrm{AGH})+(180°-2\angle\mathrm{AHG})=360°-2\times120°=120°$

2　(図形と関数・グラフの融合問題)

基本　(1)　$y=x-2$に$x=-2$を代入して，$y=-4$　　よって，A$(-2,\ -4)$　　点Aは$y=ax^2$上の点だか

ら，$-4=a\times(-2)^2$　　$a=-1$

重要 (2)　直線ABとy軸との交点をDとすると，D$(0,\ -2)$　　また，y軸上に点E$(0,\ 4)$をとると，OD：ED＝$\{0-(-2)\}$：$\{4-(-2)\}=2:6=1:3$だから，△EAB：△OAB＝ED：OD＝3：1　　点Eを通り直線ABに平行な直線とx軸との交点をCとすれば，△ABC＝△ABEより，題意を満たす。直線CEの式は$y=x+4$だから，$y=0$を代入して，$x=-4$

重要 3 （平面図形の計量）

(1)　正六角形の1つの内角の大きさは，$180^\circ\times(6-2)\div6=120^\circ$　　BA＝BCより，∠BCA＝$(180^\circ-120^\circ)\div2=30^\circ$　　よって，∠ACG＝$120^\circ-30^\circ=90^\circ$　　線分ACとBEとの交点をMとすると，△BAM，△BCMは内角が30°，60°，90°の直角三角形だから，BC：CM＝$2:\sqrt{3}$より，AM＝CM＝$\dfrac{\sqrt{3}}{2}$BC＝$\sqrt{3}$　　AG＋GC＝$1\times4=4$より，CG＝$x$cmとすると，AG＝$4-x$　　△AGCに三平方の定理を用いて，$(\sqrt{3}\times2)^2+x^2=(4-x)^2$　　$12+x^2=16-8x+x^2$　　$8x=4$　　$x=\dfrac{1}{2}$　　したがって，△AGC＝$\dfrac{1}{2}\times\dfrac{1}{2}\times2\sqrt{3}=\dfrac{\sqrt{3}}{2}$(cm²)

(2)　正六角形は対角線BEに関して対称だから，AH＝CH＝$1\times6\div2=3$(cm)　　四角形ABCH＝△ABH＋△CBH＝2△CBH　　ここで，△CHMに三平方の定理を用いて，MH＝$\sqrt{\text{CH}^2-\text{CM}^2}=\sqrt{3^2-(\sqrt{3})^2}=\sqrt{6}$　　また，BM＝$\dfrac{1}{2}$BC＝1より，BH＝$1+\sqrt{6}$　　よって，△CBH＝$\dfrac{1}{2}\times(1+\sqrt{6})\times\sqrt{3}=\dfrac{\sqrt{3}+3\sqrt{2}}{2}$　　したがって，四角形ABCHの面積は，$\sqrt{3}+3\sqrt{2}$(cm²)

4 （空間図形・水量変化）

重要 (1)　底面が1辺$\sqrt{2}$の正方形の対角線の長さは$\sqrt{(\sqrt{2})^2+(\sqrt{2})^2}=2$だから，ほかの辺の長さが$\sqrt{17}$である正四角すいの高さは，$\sqrt{(\sqrt{17})^2-\left(\dfrac{2}{2}\right)^2}=4$　　よって，この正四角すいの体積は，$\dfrac{1}{3}\times(\sqrt{2})^2\times4=\dfrac{8}{3}$　　したがって，バケツに入っている水の体積は$\dfrac{8}{3}$cm³

(2)　$\dfrac{8}{3}\div(4\times4)=\dfrac{1}{6}$(cm)

(3)　おもりを入れた容器の底面積は，$4\times4-2\times2=12$　　よって，このときの水の深さは，$\dfrac{8}{3}\div12=\dfrac{2}{9}$　　したがって，水面とおもりの上面との距離は，$2-\dfrac{2}{9}=\dfrac{16}{9}$(cm)

★ワンポイントアドバイス★

問題数が少なく，ミスは許されない。標準レベルの問題なので，できるところから慎重に解いていこう。

＜英語解答＞

Ⅰ　1　イ　2　エ　3　ウ　4　イ　5　$248
Ⅱ　1　ウ　2　エ　3　イ　4　イ　5　ア
Ⅲ　1　ア　2　イ　3　エ　4　イ　5　Eric el Kraken did.
Ⅳ　1　イ　2　エ　Ⅴ　1　イ　2　イ　3　エ
Ⅵ　1　ウ　2　エ　3　イ　4　ア
Ⅶ　I want someone to wake me up every morning.

○推定配点○
各4点×25　　計100点

＜英語解説＞

Ⅰ　（長文読解問題・物語文：内容吟味，内容一致）

（全訳）　リリアン・ビアードは働いている間，ほほ笑んでいた。ポケットには462ドルあった。彼女はこのお金のことを考えていた。

仕事のあと，リリアンは帰宅して衣服を洗濯し始めた。彼女は自分が着ているジーンズを見た。汚れていたので，彼女はそれも洗濯機に入れた。10分後，彼女は思い出した。「お金！　まだジーンズのポケットに入っているわ！」　リリアンは洗濯機まで走って行って，ジーンズを取り出した。お金はまだポケットに入っていたが，ぬれていた。リリアンはお金を乾かすために，台所のテーブルに置いた。

数時間後，お金はまだぬれていた。「うーん」　リリアンは考えた。「どうしたらこのお金を乾かすことができるのかしら？」　そのときリリアンにあるアイデアが浮かんだ。「電子レンジでお金を乾かせばいいのよ！」　リリアンはお金を電子レンジに入れ，タイマーを5分にセットし，台所を離れた。

リリアンが数分後に戻ってくると，電子レンジの中に火が見えた。彼女はレンジの扉を開け，火を吹き消し，そしてお金を見た。お金は焦げていた。

その次の日，リリアンは焦げたお金を銀行に持って行った。銀行員は彼女に，「焦げた紙幣の数字が見えれば，新しいお金をお渡しできます」と言った。不運にも，銀行員はわずか数枚の紙幣の数字しか見つけることができなかった。銀行員はそれらの紙幣を持っていき，リリアンに17ドルを渡した。

ある新聞記者がその焦げたお金のことを聞いた。彼は新聞にリリアンの話を書いた。何人かの人々がその話を読み，新聞社に電話した。「ビアードさんに，その焦げたお金を財務省に送るよう言ってください」と人々は言った。「もしかすると彼女はお金を取り戻せるかもしれません」　新聞記者はこれを聞き，そのようにした。

毎年，約30,000人が傷ついたお金を財務省に送っている。そこにいる専門家は傷ついたお金を注意深く見る。ときには，彼らは傷ついたお金のかわりに新しいお金を人々に渡すことができる。

リリアンはお金を財務省に送った。専門家がリリアンの焦げたお金を見て，彼女に231ドルを送った。

リリアンはそのお金で何を買ったのだろうか？　彼女は何も買わなかった。彼女はその231ドルを，お金を必要としている人々にあげたのである。

1　選択肢の意味は以下の通りで，誤答については下線部が誤っている部分。　ア「リリアンはお金を台所のテーブルに置き，そして衣服を洗濯し始めた」（×）　リリアンはポケットにお金を入れたまま他の服と一緒にジーンズを洗濯してしまった。　イ「リリアンはジーンズを脱ぎ，それを洗濯機に入れた」(○)　ジーンズを脱いだという記述は本文中にないが，洗濯機に入れたのは事実であり，ジーンズを脱がないと不可能なので正しいと考えられる。take off ～ は「～を脱ぐ」という意味。また jeans「ジーンズ」はつねに複数形で使うため，代名詞は them で受ける点に注意する。　ウ「リリアンは洗濯を始める前に，ジーンズのポケットの中にあるお金のことを思い出した」(×)　洗濯の途中で思い出した。　エ「リリアンはすぐに洗濯機からジーンズを取り出したので，お金は無事だった」(×)　リリアンがジーンズを取り出したのは洗濯を始めてから10分後であり，「すぐに」とは言いがたい。また，お金はぬれていた。

2 「リリアンはぬれたお金を台所のテーブルに置いたあと，」　ア「新しいアイデアを試し，それはうまくいった」(×)「新しいアイデア」とはお金を電子レンジで乾かすことだったが，焦げてしまったためうまくいっていない。work well ＝「うまくいく」　イ「電子レンジを使ったが，お金はまだぬれていた」(×)　本文に直接的な記述はないが，お金は電子レンジの中で発火したので，ぬれていたとは考えにくい。　ウ「電子レンジでお金を燃やそうとした」(×)　お金を乾かすために電子レンジを使った。try to ～ ＝「～しようとする」，burn「燃やす，焦がす」
エ「彼女は電子レンジを使ったが，それは悪いアイデアだったと気づいた」(○)

3 「リリアンは銀行からお金を取り戻したあと，」に続くものを選ぶ。いずれも本文第6～8段落参照。　ア「新聞記者がその焦げたお金を財務省に送った」(×)　お金を送ったのはリリアン自身。イ「何人かの人々が彼女を助けるため，財務省に電話した」(×)　人々が電話した先は新聞社。ウ「新聞記者が彼女に，より多くのお金を取り戻す方法を教えた」(○)　how to ～ は「～する方法」という意味。more はここでは much「多くの」の比較級。　エ「財務省が彼女に，焦げたお金を銀行に送るよう言った」(×)　リリアンにアドバイスしたのは新聞社に電話した人々。また，お金を送る先は銀行ではなく財務省。

やや難　4　選択肢の意味は以下の通りで，下線部が本文の内容と一致しない。　ア「銀行員は焦げた紙幣の，全ての数字を見ることはできなかった」(○)　本文第5段落参照。リリアンが取り戻せたお金はわずか17ドルだったので，数字を確認できた紙幣は少なかったとわかる。　イ「財務省は毎年，約30,000人に傷ついたお金を渡している」(×)　本文第7段落参照。財務省は傷ついたお金を受け取り，新しいお金を人々に送る。　ウ「財務省の専門家は，焦げた紙幣から銀行員よりも多くの数字を見つけることができた」(○)　第5・8段落の内容に合う。銀行員は17ドルしかリリアンに渡さなかった(＝その分の紙幣しか数字が見つからなかった)が，財務省に送ったところ231ドル返金された。　エ「リリアンは財務省からの231ドルで，自分のためには何も買わなかった」(○)　第8～9段落の内容に合う。

重要　5　英文は「リリアンのお金は傷ついていたが，彼女は合計で(　　)ドルを取り戻した」という意味。〈though ＋主語＋動詞～〉は「～だが，～にもかかわらず」，in total は「合計で」という意味。リリアンが取り戻した金額は銀行からが17ドル(第5段落参照)，財務省からが231ドル(第8段落参照)なので，合計すると 17＋231＝248(ドル)となる。

Ⅱ　**(資料読解問題：英問英答・選択)**

(全訳)　秋田グリーンパーク動物園へようこそ！

秋田グリーンパーク動物園では，約200種類の動物を見ることができます。

あなたが楽しめるたくさんの特別イベントがあります。

私たちとすばらしい時間を過ごしに来てください！

★営業時間★(※月曜日は閉まっています。)

4月～10月　午前9:00～午後5:00

11月～3月　午前9:00～午後4:00

★入場料★

	個人	団体(20人かそれ以上)
大人(16歳以上)	700円	650円
子供(4～15歳)	500円	400円
幼児(0～3歳)	無料	

特別イベント

赤ちゃんライオンと写真をとろう！
・ライオンパークにて
・上限15名(毎日)
・料金なし

ポニーに乗ろう！
・ポニーランドにて　・料金なし
・子供のみ(5～12歳)
・午前11:00(週末のみ)

人なつこいクマにえさをやろう！
・ベアーマウンテンにて
・毎日
・リンゴ3つで200円

ペンギンが歩くのを見よう！
・ペンギンストリートにて
・午前11:30と午後2:00(日曜のみ)
・料金なし

私たちの動物園について質問がございましたら，01-234-5678に電話してお問い合わせください。
営業時間の間は，オペレーターと話すことができます。
Akitagreen@parkzoo.com にEメールを送っていただいてもかまいません。

基本 1 「もし2月14日に秋田グリーンパーク動物園に行ったら，何時に閉まりますか」 パンフレットの Opening Hours(営業時間)の項目参照。2月の営業時間は下段になるので，ウ「午後4:00」。

2 「もしあなたが15歳で，17歳のお姉さんと一緒に秋田グリーンパーク動物園を訪れたら，あなたたち2人でいくら払わなければなりませんか」 パンフレットの Entrance Fee の項目参照。2人で行くので Single(個人)の料金になり，あなたは Child(子供)なので500円，お姉さんは Adult(大人)なので700円必要になる。よってエ「1,200円」が正しい。pay ＝「支払う」，both of ～ ＝「～の両方，～の2つ[2人]」

基本 3 「もしあなたがペンギンが歩くのを見たいなら，いつそれらを見ることができますか」 パンフレットの Special Events の項目，右下の枠内参照。3行目に「午前11:30と午後2:00(日曜のみ)」とあるので，イ「日曜日の午前11:30」が正しい。

4 「特別イベントについて正しいのはどれですか」 選択肢の意味は以下の通りで，誤答については下線部が誤っている部分。いずれも Special Events の項目参照。　ア「13歳の子供はポニーに乗ることができる」(×)　右上の枠内参照。ポニーに乗ることができるのは5～12歳の子供。イ「200円払えば，あなたはクマにえさをやるためのリンゴを3つ手に入れることができる」(○)　左下の枠内の内容に合う。　ウ「ペンギンが歩くのを見たいなら，お金が必要になる」(×)　右下の枠内参照。料金はかからない。　エ「週末に赤ちゃんライオンと一緒に写真をとることはできない」(×)　左上の枠内参照。赤ちゃんライオンと一緒に写真をとるイベントは，毎日開催されている。

5 「秋田グリーンパークについて正しいのはどれですか」 選択肢の意味は以下の通りで，誤答については下線部が誤っている部分。　ア「6月の午後4:30に，あなたは電話でオペレーターと話すことができる」(○)　まずはパンフレット最下部に，「営業時間の間は，オペレーターと話すことができます」とある。6月の営業時間は Opening Hours の項目の上段になるので，午前9:00

から午後5:00。午後4:30ならば営業時間内なので，オペレーターと話すことができる。　イ「子供17人の団体のチケット(の合計)は，子供20人の団体のチケット(の合計)よりも安い」(×)　tickets と複数形で書かれているので，Entrance Fee の項目を参考に，チケットの合計金額について考える必要がある。合計子供17人の場合は Single(個人)の料金になるので，500×17＝8500(円)。子供20人の場合は Group(団体)の料金が適用されるため，400×20＝8000(円)。したがって17人の方が高い。　ウ「水曜日に特別イベントはない」(×)　Special Events の項目参照。左側の2つのイベントは毎日開催されている。　エ「動物園は，12月には午前9:00から午後5:00まで開いている」(×)　Opening Hours の項目参照。12月の営業時間は下段なので，動物園は午後4:00に閉まる。

Ⅲ　**(長文読解問題・物語文：内容吟味，語句解釈，内容一致，英問英答)**

(全訳)「聞いてちょうだい」とスーザンは言った。「本によると，有名な海賊がいたそうなの。彼の名はエリック・エル・クラーケン。彼は特別なタイプの時計を持っていたわ。それにはふしぎな力があったそうよ」「ふしぎな力？　どういうふしぎな力があったんだい？」とカールは尋ねた。「人々が言うには，エル・クラーケンは時を旅することができたらしいわ。」スーザンはページをめくって続けた。「その時計が，彼の時間旅行の手助けをしたと書いてあるの！」

カールは笑って言った。「それはただの伝説だろう。時を旅する海賊？　時計で？　そんなことが本当にあるはずがないよ！」カールは笑った。

ちょうどそのとき，仕事場で物音がした。「何だったんだろう？」カールが尋ねた。「わからないわ」とスーザンは答えた。「見に行きましょう！」

2人の友人は仕事場に戻った。彼らはあたりを見回した。時計がなくなっていた！「だれかが時計を盗んだんだ！」とカールは叫んだ。

「ね？　あの時計は特別なのよ。普通の時計ではないわ！」とスーザンは言った。

そのときカールは，別のあることに気づいた。仕事場へのドアが開いていた。突然，外で足音が聞こえた。その足音は通りを走っていた。

カールはスーザンを見て走り始めた。「行こう！」とカールは大声で返事した。

カールとスーザンは走って仕事場から出た。彼らは浜辺へ向かった。そこに到着すると，カールは下を見た。砂には足跡があった。とても深く大きな足跡で，とてもかっぷくのよい男のもののようだった。

突然，スーザンが立ち止まった。彼女は黒い服を着た，とても大きな男を指さした。彼は浜辺を走っていた。「見て，カール！　あそこにいるわ！」と彼女は叫んだ。

カールはその男を走って追いかけて叫んだ。「おい！　止まれ！　今すぐ止まれ！」男は彼を無視して走り続けた。再び彼は要求した。「止まれ！　今すぐ止まれ！」

男はカールを無視し続けた。そこでカールはさらに速く走った。ついに彼は男に追いついた。カールは男を押し倒し，彼らは2人とも砂の上に倒れ込んだ。男は大きな声で叫んだ。「放してくれ！　おれはお前たちに何もしていない！　これはおれの時計だ！」

カールは立ち上がった。彼は時間をとって男を見た。男は相当な変わり者だった。服は現代のものではなかった。とても古風だった。それは数百年前に着られていた様式だった。男はまた，奇妙な髪形をしていた。それはずっと昔のものだった。

カールとスーザンは男を見た。男はゆっくりと起き上がった。彼は服から砂を払った。右手に時計をはめていた。男はうさんくさそうに2人を見た。「何だってんだ？　お前たちはなぜおれをそんな目で見る？」と彼は問い詰めた。そのかっぷくのよい男は珍しいアクセントで話していた。彼の英語はとても奇妙に聞こえた。

カールは彼を見て言った。「お前は私の時計を盗んだ。お前が私の仕事場に入って，取っていったんだ」「違う！」とかっぷくのよい男は言った。「お前たちがおれから盗んだんだろう！　おれはそれを取り返しただけだ！　おれのものだ！」カールとスーザンはお互いを見た。最終的に，スーザンが男に尋ねた。「あなたはだれなの？」

「おれはエリック・エル・クラーケン。さて，失礼するぜ。17世紀に帰らないといけないからな」

基本　1　本文の Just then, で始まる段落以降を参照。there was a noise in the workshop「仕事場で物音がした」とあり，その2つあとの段落の「2人の友人は仕事場に戻った」から，アが適当。noise＝「騒音，(不快な)音」

2　本文の Suddenly, Susan stopped. で始まる段落を参照。「彼女(＝スーザン)は黒い服を着た，とても大きな男を指さした。彼は浜辺を走っていた」とあるので，イが正しい。なお物語文において，suddenly「突然」がある文では，何らかの重要なできごとが発生する場合が多い。ふだんから下線を引くなどして，注目するくせをつけておくとよい。

3　下線部直後の内容から，エが正しい。アは，男が時計をはめていたのは右手なので誤り。

4　選択肢の意味は以下の通りで，誤答については下線部が誤っている部分。　ア「カールはスーザンに時計を貸したが，彼女はそれを彼に返さなかった」(×)　本文にそのような記述はない。lent は lend「貸す」の過去形・過去分詞。　イ「カールとスーザンが話していたものは，海賊の時計だった」(○)　まずは英文の構造を正しく読みとること。thing のあとに関係代名詞 which[that] が省略されており，Carl から about までが thing を修飾している。したがって「カールとスーザンが話していたもの」が主語になる。内容については，まずは本文第1段落参照。スーザンは本で読んだ話として，かつて有名な海賊がおり，時計はその海賊のものだったと言っている。カールは初め，その話を信じなかったが，本文後半でその話が真実だったことがわかる。　ウ「カールは，時計には時を旅するふしぎな力があると言った」(×)　本文第1～2段落参照。この話をしたのは，カールではなくスーザン。　エ「男は時計を見つけるためカールの仕事場に入ったが，見つけることはできなかった」(×)　まずは本文第6段落(The two friends ～)の3文目に，The watch was gone!「時計はなくなっていた」に注目する。また最後から3番目の段落(Carl and Suzan watched ～)の4文目に，「彼(＝男)は右手に時計をはめていた」とある。したがって，男はカールの仕事場で時計を見つけ，持ち去ったと読みとれる。

重要　5　質問は「だれが過去から来ましたか」という意味。本文最終段落の男の発言が手がかり。男は自分が Eric el Kraken という名であり，「17世紀に帰らないといけない」と言っている。また答え方にも注意すること。〈Who ＋一般動詞の過去形～？〉「だれが～しましたか」の疑問文に対しては〈主語(＝答え)＋ did.〉と答える。したがって Eric el Kraken did.「エリック・エル・クラーケンが来ました」が正解。

Ⅳ　(語句補充・選択)

1　(対話文の訳)「エリナ：すみません。栄への行き方を教えてくれませんか。／ナオキ：栄？　店か何かですか？／エリナ：いいえ，違います。それは街です。名古屋市の中心部のことです。／ナオキ：そうなんですか？　ぼくは名古屋について何も知りません。見て，向こうに警察官がいます。［イ　彼に尋ねてはどうですか？］　道を見つけるのはその方が簡単かもしれません。／エリナ：わかりました。ありがとう。／ナオキ：どういたしまして。栄で楽しんできてください。／エリナ：本当にありがとう。それでは」　ナオキは直前で警察官がいると伝えた上で，直後では，その方が道を見つけるのは簡単だと言っている。したがって，自分ではなく警察官に道をきくことを提案したと考えられるので，イが適当。Why don't you ～? は「(あなたが)～してはどうですか」と提案・勧誘する表現。

2 (対話文の訳)「店員：こんにちは。いらっしゃいませ[お手伝いしましょうか]。／ヒメナ：はい，お願いします。私はセーターを買いたいと思っています。／店員：たくさんのセーターがありますよ。どんな種類のものをお探しですか？／ヒメナ：何か明るい色のものが欲しいです。／店員：わかりました。これらはどうですか？／ヒメナ：ああ，すてきですね。でも私には高すぎます。エ もう少し安いものは何かありますか。／店員：もちろんです。どうぞこちらへ。これらはどうですか？／ヒメナ：ああ，これはいいですね。私のサイズのものはありますか？／店員：どのサイズがご希望ですか？」 ヒメナは直前で，店員がすすめたセーターは高すぎると言っているため，より安いものを希望したと考えられる。よってエが正しい。〈a little ＋比較級〉＝「(もう)少し～」，cheap ＝「安い」

Ⅴ (同意文書き換え問題：分詞，間接疑問文，接続詞)

やや難 1 上の文は be scared of ～「～をこわがる」の表現と考え，of を入れると「私は高い所がこわい」という意味になる。動詞 scare「こわがらせる」という意味で，受け身の scared だと「(人が)こわがる，こわい」，scaring や形容詞 scary だと「(ものが)こわがらせるような，こわい」となる。下の文は High places「高い所」という「もの」が主語なので，scary を入れて「高い所は私にとってこわい」とする。

2 上の文は the number of ～「～の数」の表現と考え，the number を入れると「あなたのクラスの生徒の数を，私に教えてください」となり意味が通る。下の文では疑問詞の how many が文中にあることから，間接疑問文と判断する。間接疑問文では肯定文と同じ語順の〈疑問詞＋主語＋動詞～〉となるので，there are が正しい。意味は「あなたのクラスに何人の生徒がいるか，私に教えてください」となる。

重要 3 上の文は「速く走りなさい，(　　)バスに間に合いません」という意味。〈命令文～, or ….〉「～しなさい，さもないと…」の文と判断し，or を入れるのが適当。下の文で同様の意味を表すには，if を入れて「(もし)あなたが速く走らないなら，バスに乗れません」とする。

重要 Ⅵ (語句整序問題：助動詞，不定詞，接続詞，動名詞)

1 (We have) to find ways to get renewable energy by using (solar power.) 文の述語は「探さなければなりません」なので (have) to find とする。目的語は「方法を」で，〈way to ＋動詞の原形～〉「～する方法」の表現を考えて ways to get を続ける。「再生可能エネルギー」は renewable energy。「～を使って」は「～を使うことによって」と考え，by using とする。

2 (It) is necessary to prepare for disasters such as (earthquakes.) まず文頭の It と日本語から，〈It is ～ to ＋動詞の原形….〉「…することは～だ」の文と判断する。なお語群に for があるが，日本語に「(人)にとって」がないので，It is ～ for － to …. の文にはしないよう注意。「～に備える」は prepare for ～ で，あとに disasters「災害」を続ける。「(たとえば)～のような」は such as ～ で表す。

3 (Thousands) of students visited not only Kyoto but also Nara on (their school trip.) 主語「何千人もの学生」＝ Thousands of students のあとに動詞 visited を続ける。「…だけでなく…も」は not only ～ but also … で表す。on は直後の their school trip につけて「修学旅行で」の意味になる。

4 (He) is worried about losing his future job(.) 「～のことを心配する」は worry about ～，be worried about ～ のどちらでも表せるが，ここでは後者を使う。「無くなること」は「失うこと」と考えて losing で表し，あとに「自分の(＝彼の)将来の仕事」＝ his future job を続ける。future はここでは「将来の」の意味を表す形容詞。

やや難 **VII** （和文英訳：不定詞）

want が与えられているので，「(人)に～してほしい」は〈want ＋人＋ to ＋動詞の原形～〉の形を使う。「だれか」は解答例の someone のほか，somebody でも可。「～を起こす」は wake up で表すが，目的語が代名詞の場合，wake と up の間に置く。したがって「私を起こす」は wake me up。続けて「毎朝」＝ every morning を置く。

★ワンポイントアドバイス★

並べかえ問題を考える際，まずは〈主語＋動詞(＋目的語)〉といった，英語の文の重要な要素から先に組み立てよう。また使用した語句には斜線などでチェックを入れておくと，使い漏れなどのミスが防げる。

＜理科解答＞

1 問1 ア 問2 20Ω 問3 400mA 問4 960J 問5 200mA 問6 6分
2 問1 イ 問2 ア 問3 イ
3 問1 ④ 問2 ア・エ 問3 水が蒸発するのを防ぐため。 問4 ③ 問5 ②
問6 ③
4 問1 $H_2SO_4 + Ba(OH)_2 \rightarrow BaSO_4 + 2H_2O$ 問2 ウ 問3 エ 問4 5mL
5 問1 ① （記号） D （名称） 金星 ② （記号） B （名称） 木星 問2 ウ
6 問1 （O－A） ア （O－B） イ 問2 ② 問3 カ

○推定配点○

1 各3点×6 2 各3点×3 3 各3点×6(問2完答) 4 各3点×4
5 各3点×3(問1①・②各完答) 6 各3点×3(問1完答) 計75点

＜理科解説＞

1 （電力と熱）

基本 問1 電流を流した時間が1.5分のときを比べると，水そう1(電熱線A)は1℃水温が上昇し，水そう2(電熱線B)は1.5℃水温が上昇している。よって，電熱線Aで発生した熱は，電熱線Bで発生した熱の1(℃)÷1.5(℃)＝0.66…より，0.67倍である。

基本 問2 電熱線が発生した熱の比が，電熱線A：電熱線B＝1：1.5＝2：3なので，抵抗の比は逆比となる。よって，電熱線Aの抵抗：電熱線Bの抵抗＝2：3＝x(Ω)：30(Ω)より，x＝20Ωとなる。

基本 問3 V＝RI(電圧[V]＝抵抗[Ω]×電流[A])より，8(V)＝20(Ω)×x(A)より，x＝0.4A＝400mAである。

基本 問4 熱量[J]は電力[W]×時間[s]で表せる。また，電力[W]は電圧[V]×電流[A]で表せるので，電熱線Aで5分間(300s間)に発生した熱量は，8(V)×0.4(A)×300(s)＝960(J)である。

やや難 問5 電熱線Bにかかる電圧はx(V)＝30(Ω)×0.4＝12(V)なので，電源装置の電圧の大きさは，8(V)＋12(V)＝20(V)である。電熱線Aと電熱線Cは直列につながっているので回路全体の抵抗の大きさは，20(Ω)＋80(Ω)＝100(Ω)である。よって，20(V)＝100(Ω)×x(A)より，x＝0.2(A)＝200(mA)となる。

やや難 問6 電熱線Aに400mAの電流が流れていたとき，水温を1℃上昇させるのに必要な熱量は，8(V)×

0.4(A)×90(秒)＝288(J)である。電熱線Aに200mAの電流が流れているとき，電熱線Aにかかる電圧は，x(V)＝20(Ω)×0.2(A)より，4(V)である。よって，電熱線Aに200mAの電流が流れているときに水温を1℃上昇させるのに必要な時間は，288(J)＝4(V)×0.2(A)×x(s)より，x＝360s＝6分となる。

2 (溶液とその性質)

基本 問1　飽和水溶液の質量パーセントは，$\frac{\text{溶かしたものの重さ(g)}}{\text{水溶液全体の重さ(g)}}$×100で表すので，イが正解である。

基本 問2　溶解度とは，100gの水に硝酸カリウムがどれだけ溶けるかを表すものなので，アが正解である。

やや難 問3　T_2[℃]で水にとけている硝酸カリウムの結晶はM(g)－m(g)である。溶解度は100gの水に硝酸カリウムがどれだけ溶けるかを表すものなので，イが正解となる。

3 (植物の体のしくみ)

重要 問1　図2は双子葉類の植物の茎である。選択肢の中で，双子葉類なのは④のサクラである。

重要 問2　赤く染まるのは道管部分である。

重要 問3　メスシリンダーに油を浮かべるのは，メスシリンダーの水面から水を蒸発させないためである。

基本 問4　それぞれのメスシリンダーで，水が蒸散する箇所と蒸散量は右表のようにまとめられる。よって，メスシリンダーAとBを比べると，葉の裏からの蒸散量がわかる。

	葉の表	葉のうら	くき	蒸散量
A	×	×	○	0.4mL
B	×	○	○	3.8mL
C	○	×	○	1.6mL
D	○	○	○	□mL

基本 問5　メスシリンダーAとB，Cを比べると，葉の表側より，裏側の方が蒸散量が多いとわかる。
葉の表側は1.6(mL)－0.4(mL)＝1.2(mL)，葉の裏側は3.8(mL)－0.4(mL)＝3.4(mL)なので，葉の裏側は表側より，3.4(mL)÷1.2(mL)＝2.8…より，3倍多く蒸散している。

基本 問6　葉の表側の蒸散量(1.2mL)＋葉の裏側の蒸散量(3.4mL)＋茎の蒸散量(0.4mL)＝植物全体の蒸散量(5.0mL)なので，Zに当てはまる数値は，25.0(mL)－5.0(mL)＝20.0(mL)である。

4 (酸とアルカリ・中和)

重要 問1　硫酸と水酸化バリウム水溶液の化学反応式は，$H_2SO_4 + Ba(OH)_2 \rightarrow BaSO_4 + 2H_2O$である。

重要 問2　ア　硫酸と水酸化バリウム水溶液が反応すると発熱するので，アは間違いである。
イ　一部が中和しても塩ができるので，イは間違いである。
ウ　この実験で生じた白い物質(硫酸バリウム)は，イのレントゲン撮影の造影剤などに利用されているので，ウは正しい。
エ　pHの値が小さいほど，水素イオンの濃度は濃くなるので，エは間違いである。

重要 問3　グラフから，うすい硫酸10mLとうすい水酸化バリウム水溶液20mLを混ぜると完全中和することがわかる。硫酸と水酸化バリウム水溶液は，完全中和すると電気が流れなくなるので，エが正しい。

基本 問4　この実験で使用したうすい硫酸と水酸化バリウム水溶液は，1：2で中和することがグラフからわかる。よって，うすい水酸化バリウム水溶液30mLを完全中和させるうすい硫酸量は，1：2＝x(mL)：30(mL)より，15mLである。よって，うすい硫酸をあと，15(mL)－10(mL)＝5(mL)以上加える必要がある。

5 (地球と太陽系)

重要 問1　①　①は金星の説明である。よって，金星は太陽から2番目に近いので記号はDとなる。

② ②は木星の説明である。木星は太陽系の中で，最も大きい惑星なので記号はBとなる。

やや難 問2 惑星Bの公転周期は12で，太陽からの距離が5.2である。惑星Bが太陽を公転する速さは円周率を3とすると，5.2×2×3÷12＝2.6となる。惑星Eの公転周期は30で，太陽からの距離が9.6である。惑星Eが太陽を公転する速さは円周率を3とすると，9.6×2×3÷30＝1.92となる。よって，惑星Bが太陽を公転する速さは，惑星Eが太陽を公転する速さの，2.6÷1.92＝1.35…となるので，ウが正解である。

重要 6 （天気の変化）

問1 日本を通過する温帯低気圧は，左側が寒冷前線で右向きに進み，右側が温暖前線で右向きに進むので，O－Aはア，O－Bはイとなる。

問2 温帯低気圧は，O－B(温暖前線)が通過すると，気温が上がり，O－A(寒冷前線)が通過すると気温が下がる。また，寒冷前線が通過する際積乱雲が発生するので，強い雨が降る。

問3 寒冷前線は冷たい空気が，あたたかい空気を押し上げて進む。温暖前線はあたたかい空気が冷たい空気を押すので，あたたかい空気が冷たい空気の上をすべるように移動する。よって，正解は，カとなる。

★ワンポイントアドバイス★

問題文の条件情報を丁寧に読み取ろう。

＜社会解答＞

1 ヨーロッパの植民地であった国が多いため，人為的国境が多い。

2 (図Ⅰ) ア (図Ⅱ) イ

3 1 ① 原子力 ② 北海 2 ⅰ C ⅱ A ⅲ ×

4 1 エ 2 オ 3 ウ 4 エ 5 イ 6 ア 7 エ 8 オ 9 ウ 10 ウ 11 イ 12 大正

5 1 オ 2 イ 3 エ 4 ア

○推定配点○

1 6点 2～5 各3点×23 計75点

＜社会解説＞

やや難 1 （地理－アフリカ大陸の国境線に関する問題）

アフリカ大陸にある国々の国境線の中で直線になっているものが他の地域と比べると非常に多く，これはかつてこの地域をヨーロッパの国々が植民地にしていた時期に，人為的に緯線や経線をもとに境界線を設定していたのが，独立後も国境線として使われていることによる。このため同じ部族の居住地域が分断されたり，一つの国の中にいろいろな部族が住み着いているということが発生している。

2 （地理－伝統的な衣装に関連する問題）

図Ⅰ ポンチョは南米大陸のアンデス山脈の地域の人々の伝統的な衣装。

図Ⅱ チマ＝チョゴリは朝鮮半島の女性の伝統的な衣装。

3 (地理ーヨーロッパの国々に関する問題)

重要 1 ① Dはフランス。フランスは火力発電に使う燃料の地下資源が自国内にはないので，エネルギー事情を他国に左右されたくないという発想から，原子力発電に依存している。 ② Eはイギリス。北海油田はイギリスとノルウェーとが共同開発した海底油田。

2 i Cがオランダで，オランダの海沿いの地域は海抜高度が極めて低い場所が多く，また海であったところを干拓したポルダーと呼ばれる土地が広がっている。この干拓地などで水をくみだすのに使われていたのが風車。 ii Aがドイツでその中央部にあるルール工業地帯はもともとは鉄鋼業を中心に発達していたが，Aの地域にその資源があったことと，Aの地域を流れる国際河川であるライン川が大きな貨物船でも航行できるぐらいに大きな川であることのおかげで成り立っていた。 iii iiiの文章はイタリアの説明で，A～Eの中にイタリアはない。Bはベルギー，Dはフランス，Eはイギリス。

4 (歴史ー元号に関連する日本と世界の歴史の問題)

やや難 1 ① 前方後円墳が造営され始めるのは紀元後3世紀ごろなので正しい。 ② 遣隋使が派遣されるのは607年なので正しい。 ③ 十七条の憲法が定められたのは604年なので正しい。 ④ 百済から仏教が伝えられたとされているのは538年なので正しい。

2 ① 大宝は701年から。大宝律令を思い出せばわかる。中大兄皇子が即位するのは668年なので大宝よりも前。 ② 蘇我入鹿が殺害されたのは645年の大化の改新。長屋王は天武天皇の孫で藤原不比等の死後に力を持っていたが，藤原武智麻呂に729年に自殺に追い込まれた。 ③ 公地公民の制が初めて敷かれるのが大化の改新のとき。 ④ 壬申の乱は672年。

3 ③ 743年に墾田永年私財法が出されており782年からの延暦よりも前。 ① 保元の乱は1156年。 ② 承平・天慶の乱は935年から941年にかけて。 ④ 遣唐使廃止は894年。

4 エ 1221年の承久の乱が起こるのがこの時代。アの院政開始は1086年，イは後三年の役が終結した1087年以後，ウの永仁の徳政令が出されるのは1292年。

5 イ ①が1492年，②は16世紀でそれぞれ該当。③は1206年，④は676年で違う。

6 ア 正長の土一揆は1428年に起こる。イは1485年の山城国一揆，ウは1441年の嘉吉の土一揆，エは1488年の加賀の一向一揆。

7 すべて江戸時代の作品。①は葛飾北斎の「富嶽三十六景」の中の「神奈川沖浪裏」，②は菱川師宣の「見返り美人」図，③は杉田玄白・前野良沢の「解体新書」，④は日光の東照宮陽明門。

8 すべて明治時代の出来事としては誤り。①は1863年で江戸時代末期。②は1919年で大正時代。③は日清戦争のきっかけとなったのは甲午農民戦争で，甲子ではない。④は1932年の五・一五事件で昭和時代。

9 昭和時代は1926年から1989年まで。①が1929年，③が1939年，④が1950年。②は2010年から2012年なので平成。

10 ①は1973年，②は1951年，③は1940年でいずれも昭和。④は1910年で明治時代。

重要 11 平成は1989年から2019年。①は1992年，②は2001年で平成の時代。③は1961年，④は1952年でどちらも昭和の時代。

12 大正は1912年から1926年まで。

5 (公民ー2019年に関連する問題)

1 イチロー選手は愛知県春日井市出身。①から④はいずれも愛知県には該当しない。

2 日銀の役割として正しいのは①と②。③は不景気の際には有価証券を市中銀行から買い取ることで，市場の通貨量を増加させる。④は不景気時には政策金利を下げ，市場の通貨量を増やす。

重要 3 日本国憲法第1条は天皇に関するもので，エが正しい。アとウは大日本帝国憲法の条文，イは日本国憲法の条文だが，第6条。

4　ア　2019年6月にG20が開催されたのは大阪。

★ワンポイントアドバイス★

小問数が24題で試験時間が30分ほどなので結構時間的には忙しいが，落ち着いて一つずつ正確に解答欄を埋めていきたい。正誤問題は正誤の個数で記号が変わるので，注意が必要である。

＜国語解答＞

一　問一　a　浸透　b　とら(えて)　c　奏　d　蓄積　問二　ア　問三　まるでレンブラントが描いたような作品(18字)［レンブラント本人が描いたような作品］
問四　Ⅰ　人工知能　Ⅱ　人間　Ⅲ　影響　問五　エ　問六　将棋ソフトの手
問七　ウ　問八　エ

二　問一　翻訳された文学作品　問二　A　言語　B　文化　問三　ゼスチ～な動き
問四　ア・ウ　問五　イ　問六　イ・カ

三　問一　つたなきもの　問二　イ　問三　過　問四　ア　問五　ウ

四　問一　イ　問二　1　ウ　2　ア

○推定配点○

一　問一・問四・問七　各2点×8　他　各4点×5　二　問二　各2点×2　他　各4点×7
三　各4点×5　四　各4点×3　計100点

＜国語解説＞

一　**(論説文一内容吟味，文脈把握，指示語の問題，漢字の読み書き，ことわざ・慣用句)**

問一　a　思想や考えなどが，人々の間に広く行きわたること。「浸」の訓読みは「ひた(す)」。「透」の訓読みは「す(く)」。　b　音読みは「ソク」で，「捕捉」などの熟語がある。　c　音読みは「ソウ」で，「演奏」「奏功」などの熟語がある。　d　多くたくわえること。「蓄」の訓読みは「たくわ(える)」。「積」の訓読みは「つ(む)」。

問二　直前に「二〇一六年四月，人工知能が描いた」とある。レンブラント自身が描いた絵ではないので「　」がつけられている。

やや難　問三　傍線部②の「それ」は，レンブラント自身が描いた作品を指し示している。「いかにも」はまるでという意味を表すので，まるでレンブラントが描いたような作品などの形でまとめる。

問四　同じ段落の「ある絵画から膨大な特徴が抽出される……人間にはできない方法で人工知能が絵画作品を見ている」「抽出された特徴をもとに描かれた人工知能の絵画に影響を受けて」に着目する。ここから，人工知能が，人間のできない方法で描いた作品に影響を受けたものを「新しい美術」としているという文脈が読み取れる。

問五　「私たちが」「無縁で生きるのは難しく，間接的な影響」を「常に受けている」のは何かを考える。直前の文の「『これが，お勧めです』と，日々レコメンドされて」いるインターネット上の情報だとわかる。

問六　前後の文脈から「一つ一つの手は素晴らしくても」「秩序だった流れが感じられない」もの

は何かを考える。直前の文の「棋士が将棋ソフトの手に覚える違和感」を説明している部分なので，ここから適当な七字の箇所を抜き出す。

基本 問七 「腑」には，内臓の他に心という意味がある。直後の「まさに……思えるからです」という表現からも，前の内容に納得していることが読み取れる。

重要 問八 傍線部⑦の「人間の個性を楽しむ娯楽」について，直前の文で詩の例を挙げて「人間が生きる『時間』，そしてその文脈から生まれる芸術」と説明している。一方，「実は人工知能」で始まる段落に「人工知能の開発においては，『時間』の要素を取り入れることが課題」とあるように，「人工知能では面白くならない」のは「『時間』の要素」がないためだと推測できる。この内容を述べているものを選ぶ。

二 （論説文―大意・要旨，内容吟味，文脈把握，指示語の問題，脱文・脱語補充）

問一 同じ文の「そこにはさまざまな人間がいて」の「そこ」も同じものを指している。「さまざまな人間がいて，いろいろな行動をくり広げている」のは，「アメリカやイギリスやフランスの小説」で「日本語に翻訳され」たものだとわかる。「抜き出し」とあるので，同じ文の「翻訳された文学作品」を抜き出す。

やや難 問二 筆者が「必ずしも全部が一致するわけでは」ないとしているのは，何と何かを考える。直後の文「言語だけで異文化が理解できるとか，言語が理解できれば異文化が理解できるかというと，そういうものではありません」というのであるから，「全部が一致するわけでは」ないのは，「言語」と「文化」だと判断できる。

やや難 問三 傍線部②の「非言語的な部分」は，同じ段落の「非言語的なコミュニケーション」を言い換えている。「非言語的なコミュニケーション」について，「日常生活で私たちはゼスチュアとか，顔の表情とか，身体的な動きを必ず伴ってコミュニケーションをしています」と説明している。ここから，「過不足なく」という語に注意して「非言語的な部分」に相当する部分を抜き出す。

問四 「絶対的な人間の条件はどこへ行っても似ている」について，同じ段落で「人間は物が飛んでくれば本能的によけるし，寒くなれば衣服を着る，おなかがすけばご飯を食べる。そういうごく自然とよべる状態は，どんな文化を通しても変わらない」と説明している。このように，生命にかかわる「本能的」な行動を述べている例が当てはまる。

問五 タキシードについて，直後で「普通は持っていない人も多いし，日本国内ではめったに着ることもありません……ところが，アメリカやヨーロッパ社会に行けば，週末にはタキシードが必要なパーティがあります」と述べている。その結果，「西欧の社会的な習慣や常識を知らない」ことになり，それが「日本人男性にとっていまだにタキシードを着るのは不得手」な理由となっている。

重要 問六 「大きな意味で」で始まる段落の内容にイが合致する。「このように」で始まる以降の段落の内容にカが合致する。

三 （古文―主題・表題，文脈把握，指示語の問題，脱文・脱語補充，語句の意味）

〈口語訳〉 ある人が言うには，人の上に立つ者となる者は，未熟なものでも嫌ってはならない。書物には，

山は小さな土の塊を誰にも与えず，このために高くなった

海は小さな流れをいやがらず，このために深くなった

といっている。

また賢明な君主が人をお捨てにならないことは，車を造る職人が，木材を余らせないことにたとえられる。曲がっている(木材)をも，短い(木材)をも用いるものである。また人が食物を嫌うことがあれば，その身は必ず痩せるとも言っている。

だいたい，立派な人は卑しい(人)を嫌ってはいけない。だいたい，かわいいからといって，まちがえて報酬を与えず，憎いからといって，乱暴に刑を加えないようにして，広く公平に恩恵を施すべきでる。また人に一度の過失があるからといって，重い罪を科すことは，よく考えなくてはならない。麒驥という賢い獣(であっても)，たまにひとつまづきの間違いがないわけではない。人間であっても，どうしてその道理からはなれられようか。

だから書物にあるように，

小さな過ちは許して，すぐれた才知をを見るべきだ

となる。

問一　冒頭の「人の君となれるものは，つたなきものなりとも嫌ふべからず」を言うために，「山はちひさき壌をゆづらず」「海は細き流れをいとはず」という書物の言葉を挙げている。「ちひさき壌」と「細き流れ」は，人間に置き換えると，未熟な者つまり「つたなきもの」に該当する。

問二　「 A とて」は，同じ文の「いとほしければとて」と対照的に用いられている。「かわいいから」を意味する「いとほしければ」と対照的な意味を持つ言葉が入る。

問三　「咎」は，人から責められるような「過失(かしつ)」のこと。

問四　直前の文「麒驥といふ賢き獣，おのづから一躓のあやまりなきにあらず」に着目する。麒驥という賢い獣でさえあやまりを犯すものであるから，人間であってもあやまりを犯すものであるという文脈から，「その理」はどのようなことかを考える。

重要　問五　「主君の在り方」について，冒頭の文で「人の君となれるものは，つたなきものなりとも嫌ふべからず」と述べている。未熟な者でも嫌ってはいけないというのであるから，どのような人物でもその才知を見きわめ活かして使うと述べているウを選ぶ。

四　(品詞・用法)

基本　問一　①と⑤は付属語で活用があるので助動詞，②は自立語で活用があり言い切りの形が「だ」で終わるので形容動詞，③は「楽しい」という形容詞の語幹，④は自立語で活用があり，言い切りの形が「い」で終わるので形容詞。

問二　(1)　ずっと「高くそびえ」ている「山々」と考える。　(2)　「昨夜は」にふさわしい意味を選ぶ。

★ワンポイントアドバイス★

現代文も古文も，指示語の指し示す内容をとらえさせる設問が多い。ふだんから，指示語の指し示す内容を意識する読み取りを心がけよう。筆者の主張をとらえることにもつながるはずだ。

MEMO

大切なことはメモしておこうネ！

2019年度

★★★★★★★★★★★★★★★★★★★★★★★★

入　試　問　題

2019年度

愛知工業大学名電高等学校入試問題

【数　学】（40分）　＜満点：100点＞

【注意】 定規・分度器・計算機等の使用はできません。

1 次の問いに答えなさい。

(1) $\{(-3+1)^3-2^2\}\div\left(1-\dfrac{5}{2}\right)$ を計算しなさい。

(2) $a=2\sqrt{3}$，$b=2$ とするとき，$2a^2-2b^2+(a+b)^2$ の値を求めなさい。

(3) 2けたの整数があります。一の位の数は十の位の数より7だけ大きく，それぞれの位の数に2を足した数の積はこの2けたの整数より12だけ大きくなります。このとき，もとの2けたの整数を求めなさい。

(4) 立方体の各面に1から6までの数字が1つずつ書いてあるさいころAと，立方体の各面に「2」か「5」のどちらかの数字が1つずつ書いてある特殊なさいころBがあります。この2つのさいころを同時に投げるとき，出る目の和が7以上となる確率は$\dfrac{1}{2}$でした。このとき，さいころBの6つの面のうち2の数字が書いてある面はいくつあるか求めなさい。

(5) 右の図のように，AB＝AC の二等辺三角形ABCがあります。直線 l を辺AB，ACと交わるようにひき，交点をそれぞれD，Eとします。さらに，直線 l に平行な直線 m を辺BC，ACと交わるようにひき，交点をそれぞれF，Gとします。∠ABC＝50°，∠AED＝60° のとき∠BDE＋∠BFGの大きさを求めなさい。

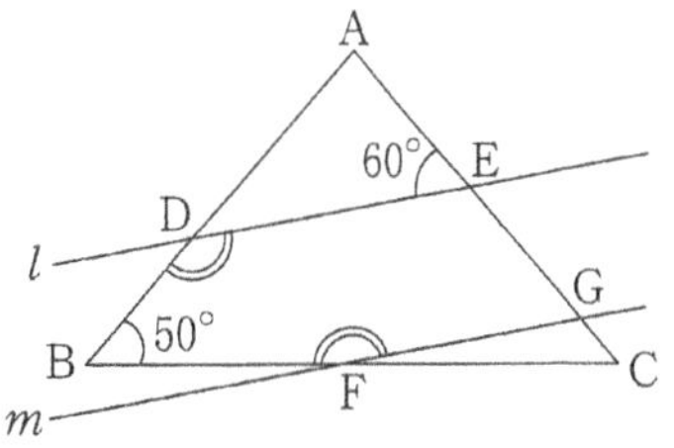

(6) ある部活動の2年生と1年生の部員数の比は 4：3 でした。5人ずつの班に分けて練習をしようとすると，5人の班の他に6人の班が2つできてしまいました。できた班の数の合計が2年生の部員数の$\dfrac{1}{3}$であるとき，2年生と1年生の部員数はそれぞれ何人ずつか，途中の説明を書いて求めなさい。

2 右の図のように，関数 $y=x^2$ のグラフ上に，2点A，Bがあります。2点A，Bを通る直線に平行で，原点を通る直線が関数 $y=x^2$ のグラフと交わる点のうち原点ではない方の点をCとします。A，Bの x 座標が，それぞれ－3，2であるとき，次の問いに答えなさい。

(1) 2点A，Bを通る直線の方程式を求めなさい。

(2) (1)の直線が y 軸と交わる点をDとするとき，△ACDの面積を求めなさい。

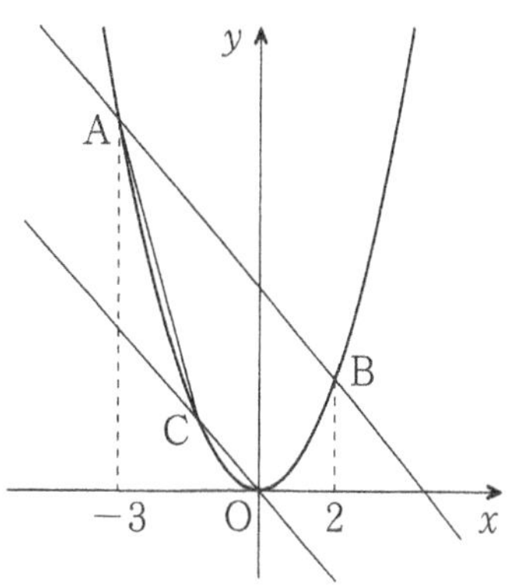

3 右の図のように，底面の半径が２㎝，母線の長さが６㎝の円すいがあります。底面の円周上にある点Ａから，円すいの側面を１周して元の点Ａまで，ひもをゆるまないようにかけます。このとき，次の問いに答えなさい。ただし，円周率をπとします。

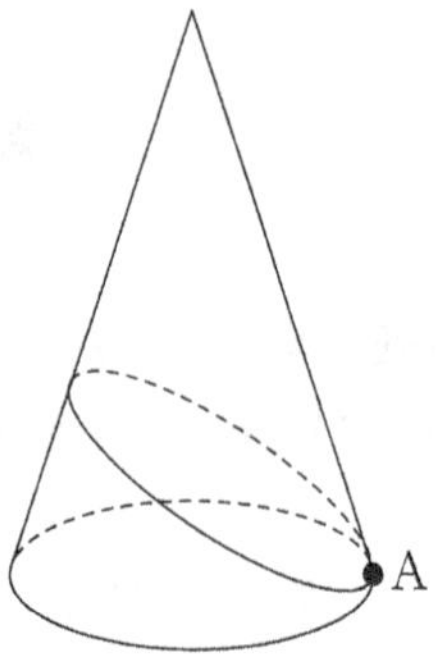

⑴　円すいの体積を求めなさい。

⑵　ひもの長さがもっとも短くなるとき，その長さを求めなさい。

⑶　⑵でかけたひもに沿って円すいを切断したとき，底面を含む方の立体の表面積から，切断面の面積を除いた面積を求めなさい。

4 右の図のように，正三角形ABCを１つの底面とする三角柱ABC－DEFがあります。AB＝12㎝，AD＝16㎝で，側面はすべて長方形です。点Ｐは点Ａを出発し，辺AD上を毎秒２㎝の速さで点Ｄまで進み，その後辺DE上を毎秒４㎝の速さで点Ｅまで動きます。このとき，次の問いに答えなさい。

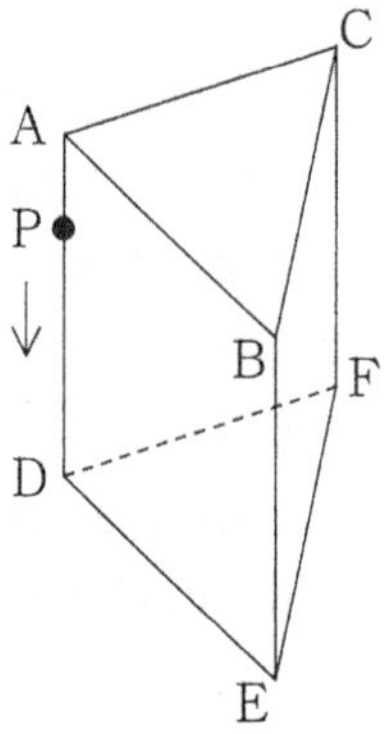

⑴　点Ｐが辺AD上にあり，四角形APEBの面積が156cm^2となるのは，点Ｐが点Ａを出発してから何秒後か求めなさい。

⑵　点Ｐが点Ａを出発してから２秒後の三角すいPDEFの体積は，三角柱ABC－DEFの体積の何倍か求めなさい。

⑶　点Ｐが点Ａを出発してから10秒後の線分CPの長さを求めなさい。

【英　語】（40分）　＜満点：100点＞

Ⅰ．次の英文を読み，あとの設問に答えなさい。

There are many useful things in our lives. People, companies, and even universities have made a lot of things. These things make life easier. Do you know the stories of inventions? Do you know how they were invented? What is the greatest invention in our lives? Here are some examples of great inventions that made our lives easier.

The refrigerator was invented in 1876 by Carl von Linde. He was a German scientist. Before he invented it, many people had icehouses. They were small buildings to keep food in. People bought and kept ice in the icehouse, and put food and drink in it to keep them cold. But the icehouse didn’t keep things cold for long. The refrigerator keeps food and drink fresh much longer and more easily. So the refrigerator became more popular than icehouses.

Before the vacuum cleaner was invented, people used brooms to clean their houses. The first vacuum cleaner was invented before the refrigerator, by Daniel Hess. He called it Carpet Sweeper. It was so large that one person had to move the body of the machine, and another person moved the part that picked up dust. Many people improved Hess’s design, but vacuum cleaners were still large and expensive. Forty eight years later, James Spangler made a more efficient and smaller vacuum cleaner. This was the first vacuum cleaner that worked with electricity. Thanks to him, people started buying vacuum cleaners for their homes.

What do you do if you can’t buy clothes in a store? Before the sewing machine was invented, everyone made their clothes at home by hand. Many people tried to invent a sewing machine in the 1800s, and Elias Howe invented the first useful sewing machine. It was invented earlier than the first vacuum cleaner. Others began making the same kind of machine. Then companies were able to make a lot of clothes, and sell them in stores. Thanks to the sewing machine, we can now buy clothes.

The microwave oven was invented by accident. Percy Spencer was working with radar waves. One day in the last year of World War Ⅱ, the chocolate in his pocket melted because of radar waves. This gave him an idea, and he created the microwave oven. The first microwave oven was called Radarange. It was used in restaurants in those days.

These are examples of great inventions we use even now. Can you think of any other useful inventions that make our lives easier today? And what is the greatest invention? Is it the television, is it the airplane, or is it the smartphone? I think it is the machine which makes electricity. When the refrigerator, the vacuum cleaner, and the sewing machine were invented, they didn’t need electricity, but now, electricity is used for almost every machine we use. This is the greatest change. So I say the greatest invention is the generator — it changed our world forever.

(注) invention 発明　invent 発明する　broom ほうき　dust ほこり　electricity 電気
by accident 偶然に　radar waves レーダー波　World War Ⅱ 第二次世界大戦

1．本文中の下線部の質問に対する筆者自身の答えを漢字３字で書きなさい。

2．次の年表の（A）～（D）に該当する発明品を正しく表しているものを，ア～エから１つ選び，記号で答えなさい。

1846年	1860年	1876年	1908年	1945年
（ A ）	（ B ）	(refrigerator)	（ C ）	（ D ）

ア．A．sewing machine　B．microwave oven
　　C．first vacuum cleaner　D．new vacuum cleaner
イ．A．first vacuum cleaner　B．sewing machine
　　C．new vacuum cleaner　D．microwave oven
ウ．A．sewing machine　B．first vacuum cleaner
　　C．new vacuum cleaner　D．microwave oven
エ．A．microwave oven　B．first vacuum cleaner
　　C．sewing machine　D．new vacuum cleaner

3．本文に書かれていない発明品を，ア～エから１つ選び，記号で答えなさい。
ア．ミキサー　イ．電子レンジ　ウ．掃除機　エ．冷蔵庫

4．本文の内容と一致するものを，ア～オから１つ選び，記号で答えなさい。
ア．Before the refrigerator was invented, people lived in an icehouse in summer.
イ．The first vacuum cleaners were so large that a person could pick up a lot of dust.
ウ．Daniel Hess and James Spangler made a new type of vacuum cleaner together.
エ．People had to make clothes by hand before sewing machines were invented.
オ．The first name of the machine that Percy Spencer invented was Radar Wave.

5．発明に関して大きく変わったと筆者が述べていることを，ア～エから１つ選び，記号で答えなさい。
ア．Inventions are becoming smaller and smaller.
イ．People are making inventions which work with electricity.
ウ．People who are not scientists try to invent something useful.
エ．Companies work together with universities to make inventions.

Ⅱ．次の英文を読み，あとの設問に答えなさい。

Have you ever dreamed of a life in the Land of the Rising Sun? Becoming an exchange student in Japan is a good idea, and going abroad to this popular East

Asian country is now easier than before. Let's look at some interesting things about Japan.

A When you live in Japan, you'll be able to learn Japanese quickly. It is difficult but very interesting to use it if you've learned the basics. Listening and reading a lot in a short time is one of the best ways to learn a foreign language.

B Like your country, students in Japan study hard. Students often ride a bike from far away to get to school, and work hard when they arrive. If you go to a Japanese school, you can have great language learning chances, because all classes are taught in Japanese. The school trip is often the biggest event of the year, and it gives students the chance to visit popular places in Japan.

C Living in Japan is expensive, especially in Tokyo. People say that the cost of living in Japan is higher than in the United States. However, living in an apartment in Japan is cheaper than in the United States.

D The food in Japan is well known, but it isn't all sushi. In fact, after trying some homestyle cooking, ① you'll be very surprised. Curry rice and ramen noodles are just a few things you may find in your school cafeteria. There are many Japanese foods you have never seen before.

E A lot of popular sports are practiced in Japan. However, there are a few sports you may never have tried before. How about checking out a sumo or kendo club at your host school? Many Japanese high school students also play their sports. For example, the high school baseball tournament, Koshien, is so popular that many Japanese people watch it on TV and listen to it on the radio.

F It is easy to travel in Japan. The shinkansen train lines spread all over the country, from Kyushu to Hokkaido. Though it depends on the place which you live in, you will experience different kinds of weather, too. You can enjoy the changing of the four (②) and can try many kinds of special dishes with each season, too.

An exciting life is waiting for you. Why don't you go and live in Japan?

（注） exchange student 交換留学生 basics 基本 homestyle 家庭の

1．次の問いの答えとして最も適当なものを，ア～エから１つ選び，記号で答えなさい。

What is an efficient way to study Japanese?

ア．To live in an apartment in Japan.

イ．To join a club at school.

ウ．To listen to and read the language a lot.

エ．To visit popular places in Japan.

2．下線部①の理由として最も適当なものを，ア～エから１つ選び，記号で答えなさい。

ア．Sushi is often used in home cooking.

イ．Japanese food can be found all over the world.

ウ．People in the United States know a lot about Japanese food.

エ. There are more kinds of Japanese food than you think.

3．本文中の (②) 内に入る語として最も適当なものを，ア～エから１つ選び，記号で答えなさい。

ア. weather　イ. islands　ウ. foods　エ. seasons

4．以下の表は各段落A～Fの表題である。（1）～（4）の（ ）内に入る語の組み合わせとして最も適当なものを，ア～エから１つ選び，記号で答えなさい。

A	（ 1 ）	B	（ 2 ）
C	（ 3 ）	D	Food
E	（ 4 ）	F	Country

ア.（1）Language　（2）School　（3）Prices　（4）Sports

イ.（1）Language　（2）Prices　（3）School　（4）Sports

ウ.（1）School　（2）Language　（3）Prices　（4）Sports

エ.（1）School　（2）Sports　（3）Language　（4）Prices

5．本文の内容に一致するものを，ア～エから１つ選び，記号で答えなさい。

ア. Studying in Japan is more difficult because the cost of living is higher than in the U.S.

イ. It is easy to travel alone in Japan because it is very small.

ウ. Studying in Japanese schools gives you chances to visit popular places in Japan.

エ. People in Japan watch baseball games on TV because many of them have not played that sport.

Ⅲ．次の英文は雅斗の日記である。また，次のページの表は雅斗の予定表の一部である。これらを読み，あとの設問に答えなさい。

April 30th, Mon

I had lunch with Arisa at a restaurant after practice. We talked about our weekend plans. We are going to go to town this Saturday.

May 2nd, Wed

Today was a wonderful day! Our coach told me to play in the first team. I finally became a member of the team. He said to me, "You have practiced baseball the hardest in our team. Now you have become a good player." I was very glad to hear that because I have practiced so hard! I have thought about this day for a long time. My dreams are to hit my first home run and to play at Koshien. I want to be a player who can lead our team to Koshien. At night I called Arisa and we talked for two hours.

May 3rd, Thu

I enjoyed today's practice. It was hard but exciting to play in the first team. Our coach always says, "If you don't think, and just play baseball, you will not become a great baseball player." Now I understand the meaning of these words.

All the players in the first team think about how they should move next. They often talk with each other during practice. After practice they also write down the things which they thought about. I enjoyed playing baseball with the better players.

May 4th, Fri

Today's practice was about batting. Our captain, Yamada, told me how to hit a ball. His advice was so useful that I could quickly improve my batting skills. He is the best captain that I have ever known. It is becoming more and more fun to play baseball. I want to hit a home run as soon as possible and play at Koshien with our great captain.

May 5th, Sat

Arisa and I were going to see a movie at the theater and go shopping in town this afternoon, but we didn't. After practice I wanted to take a rest at home and relax to prepare for tomorrow's game. Arisa understood ①that. I knew that she wanted to see a movie because we have never seen one together, so we decided to go next week. I'm looking forward to it.

May 6th, Sun

It was the most exciting game! It has become the best memory of my high school days so far. Thanks to Yamada's advice, ②one of my dreams came true. Our team won! Arisa looked really glad that we won. I will continue to win games until I play at Koshien.

April	May					
30 Mon	1 Tue	2 Wed	3 Thu	4 Fri	5 Sat	6 Sun
9:00 practice 13:00 lunch	9:00 training	9:00 practice	9:00 practice	9:00 practice	9:00 practice 13:00 movie (③)	9:00 game

1．下線部①の内容として最も適当なものを，ア～エから１つ選び，記号で答えなさい。

ア．愛梨沙が映画を観に行くことを楽しみにしていたこと。

イ．愛梨沙と雅斗がまだいっしょに映画を観たことがないこと。

ウ．雅斗が映画を観るよりも家で次の日の準備をしたいと思っていること。

エ．雅斗が映画を観るよりも家で愛梨沙と食事をしたいと思っていること。

2．下線部②の内容として最も適当なものを，ア～エから１つ選び，記号で答えなさい。

ア．Masato hit the first home run in his life.

イ．Masato played at Koshien.

ウ．Arisa and Masato went to a movie together for the first time.

エ．Arisa came to see Masato's game and his team won the game.

3．予定表の（③）内に入る最も適当なものを，ア～エから１つ選び，記号で答えなさい。

ア．practice　イ．lunch　ウ．rest　エ．shopping

4．本文の内容と一致しないものを，ア～エから１つ選び，記号で答えなさい。

ア．As of April 30th, Masato was looking forward to seeing a movie with Arisa for the first time.

イ．As of May 2nd, Masato knew that Yamada was thinking about his next play while he was playing baseball.

ウ．Masato thought it was necessary to think about what would happen next when he played baseball.

エ．Masato played in the first team with Yamada and won the game.

5．本文の内容と一致するものを，ア～エから１つ選び，記号で答えなさい。

ア．Masato had lunch with Arisa at a restaurant on the fifth of May.

イ．Masato's coach recognized Masato's efforts at baseball.

ウ．Masato's coach told Masato to play at Koshien because he was becoming a good player.

エ．Masato wanted to be a captain like Yamada.

Ⅳ．次の１～２の設問に答えなさい。

1．あとの問いの答えとして最も適当なものを，ア～エから１つ選び，記号で答えなさい。

Man: Excuse me, but can you tell me how to get to Sakae?

Woman: Sure. How would you like to get there?

Man: I have no idea. Can I walk to Sakae?

Woman: Yes, but it takes a lot of time. You should take the bus or the subway.

Man: I see. Well, I would like to see some views of the city on the way, so....

Woman: I understand. Go straight that way and turn right at the first corner, and you'll see....

問. What will the man see when he turns at the first corner?

ア．the bus stop　イ．the taxi stand　ウ．Sakae　エ．the subway station

2．右のメニューを利用して，あとの問いに答えなさい。算用数字のみで書くこと。

Menu	
Hamburger	¥200
Cheeseburger	¥250
Teriyaki burger	¥270
French Fries (small)	¥100
French Fries (large)	¥150
Soft Drinks	¥150
Coffee (hot / ice)	¥100

Clerk: Next, please. Can I help you?

Mami: I'd like a hamburger, a cheeseburger, a cola, and a hot coffee, please.

Clerk: Sure. Would you like anything else?

Mami: Yes, I want French Fries, too.

Clerk: Large or small?

Mami: Large, please.

問. How much will Mami pay?

Ⅴ．次の１～３の各組の英文がほぼ同じ意味になるように，（①），（②）内に入る語句の組み合わせとして最も適当なものを，ア～エから１つずつ選び，記号で答えなさい。

１．Erina came to school later than Masaki, and Saki came later than Erina.
Masaki came to school the （ ① ）（ ② ） the three.
ア．① earliest ② in イ．① earliest ② of
ウ．① fastest ② in エ．① fastest ② of

２．That park is so large that we can play baseball there.
That park is （ ① ）（ ② ） play baseball there.
ア．① too large ② to イ．① large enough ② to
ウ．① too large ② for エ．① large enough ② for

３．The pictures （ ① ） Mr. Yamada took are very beautiful.
The pictures （ ② ） by Mr. Yamada are very beautiful.
ア．① which ② taken イ．① which ② taking
ウ．① that ② taking エ．① who ② taken

Ⅵ．次の１～４の日本語の意味に合うように（ ）内の語句を並べかえたとき，（ ）内で３番目（③）と６番目（⑥）にくる語句の組み合わせとして最も適当なものを，ア～エから１つずつ選び，記号で答えなさい。ただし，文頭にくる語も小文字で示してあります。

１．私は子供の頃から熱帯雨林について興味があります。
I （ the rain forests / I / in / been / was / interested / since / have ） a child.
ア．③ in ⑥ I イ．③ in ⑥ have
ウ．③ interested ⑥ since エ．③ interested ⑥ I

２．名古屋城を訪れることが彼らの旅行の目的の１つです。
（ the purposes / is / one of / of / visiting / their / Nagoya Castle ） trip.
ア．③ of ⑥ is イ．③ is ⑥ one of
ウ．③ one of ⑥ visiting エ．③ is ⑥ of

３．人々と共に生活しているロボットは私たちの生活をよりよいものにします。
（ with people / robots / our / better / living / lives / make ）.
ア．③ with people ⑥ lives イ．③ robots ⑥ lives
ウ．③ with people ⑥ better エ．③ robots ⑥ better

４．この映画が人々の興味を引き続けるといいなと思います。
I （ people's / this movie / attracting / keep / to / want / attention ）.
ア．③ this movie ⑥ people's イ．③ to ⑥ people's
ウ．③ attention ⑥ people's エ．③ keep ⑥ people's

Ⅶ．次の（ ）内の語を使い，日本語の意味になる７語の英文を書きなさい。
音楽は我々をいやすことができるかもしれません。（ music / heal ）

【理　科】（社会と合わせて60分）　＜満点：75点＞

【注意】 定規・分度器・計算機等の使用はできません。

1　右図のように，台車とおもりを，軽くて伸びない糸でつなげました。台車は記録タイマーに接続され，おもりは滑車を介して水そうの水面の位置にあります。台車を止めていたストッパーを外すと，おもりは水中を落下し始めました。おもりの落下中，糸がたるむことはありませんでした。記録タイマーは１秒間に60打点するものを使用し，糸の浮力は無視できるものとして以下の問いに答えなさい。

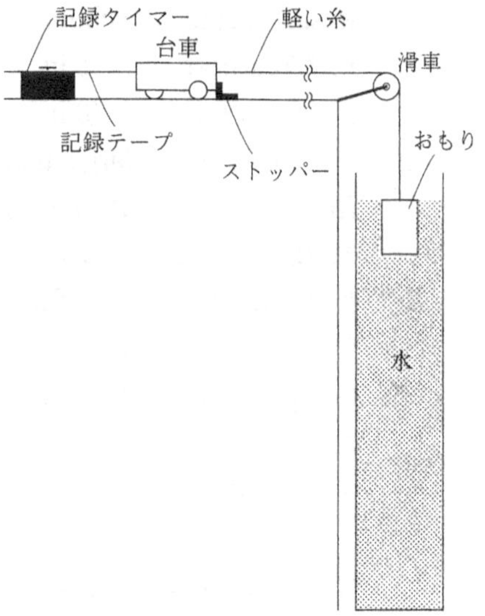

問１　おもりの密度は7.9 g/㎝^{3}，質量は316 g でした。このおもりの体積は何㎝^{3}ですか。整数で答えなさい。

問２　下のグラフは，台車のストッパーを外した時刻（時刻０秒とします）から，記録テープを６打点ごとに切って順番にならべたものです。ストッパーを外した後の台車の運転のしかたを正しく説明している文を以下のア～エから１つ選び，記号で答えなさい。

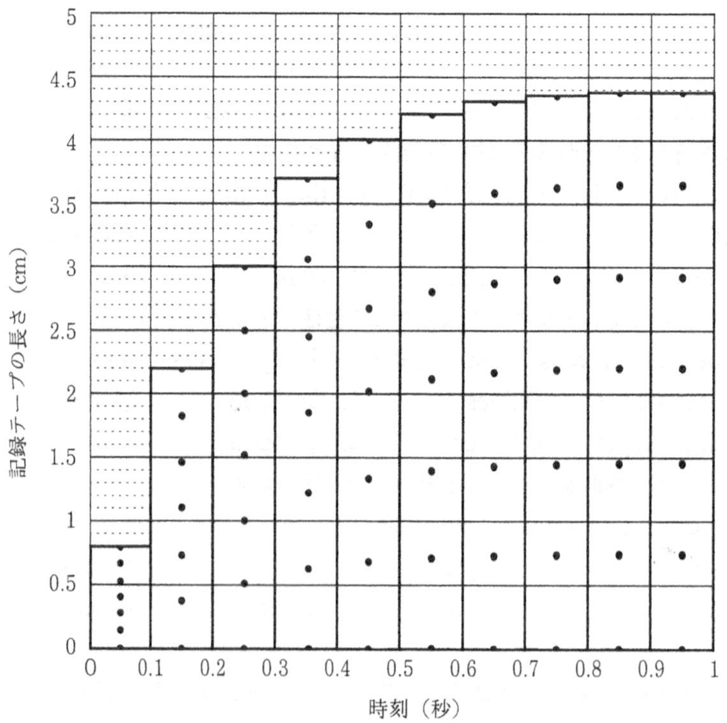

ア．台車の速度はしだいに減少し，やがて静止した。

イ．台車の速度はしだいに減少し，やがて一定の速度になった。

ウ．台車の速度は増加した後，減少し，やがて静止した。

エ．台車の速度はしだいに増加し，やがて一定の速度になった。

問３　時刻０秒から時刻0.5秒までの間の，台車の平均の速さは何cm/秒ですか。

問４　水中のおもりには，重力，浮力，水の抵抗力の３つの力がはたらきます。おもりが水中を落下するにつれて，この３つの力はそれぞれどのように変化しますか。正しく説明されている文を次の**ア～カ**から１つ選び，記号で答えなさい。

ア．重力と浮力の大きさは変化せず，水の抵抗力の大きさは大きくなる。

イ．重力と浮力の大きさは変化せず，水の抵抗力の大きさは小さくなる。

ウ．重力の大きさは変化せず，水の抵抗力と浮力の大きさは大きくなる。

エ．重力の大きさは変化せず，水の抵抗力と浮力の大きさは小さくなる。

オ．浮力と水の抵抗力の大きさは変化せず，重力の大きさは大きくなる。

カ．浮力と水の抵抗力の大きさは変化せず，重力の大きさは小さくなる。

問５　物体にはたらいている力の合力の大きさを縦軸に，時刻を横軸にとると，どのようなグラフになりますか。正しいものを次の**ア～カ**から１つ選び，記号で答えなさい。

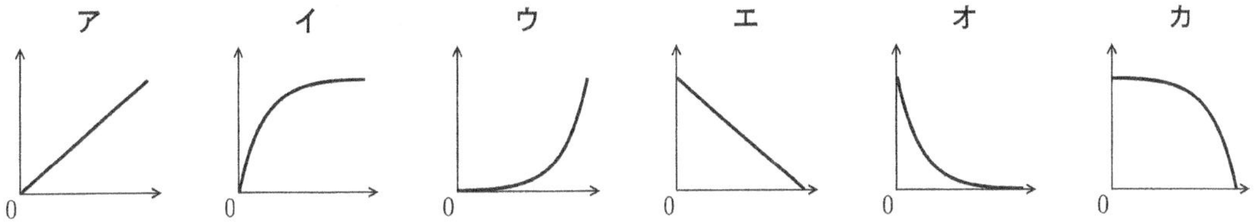

問６　おもりの運動エネルギーと位置エネルギーの合計を縦軸に，時刻を横軸にとると，どのようなグラフになりますか。正しいものを次の**ア～カ**から１つ選び，記号で答えなさい。ただし，位置エネルギーの基準を水そうの底の高さとします。

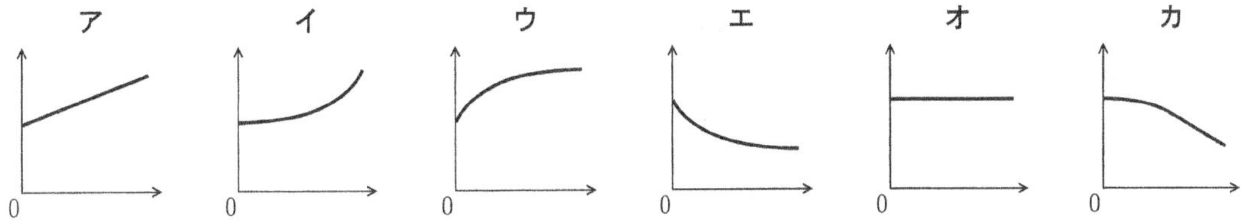

2　H型試験管を用いて水を電気分解したところ，右図のようになりました。以下の問いに答えなさい。

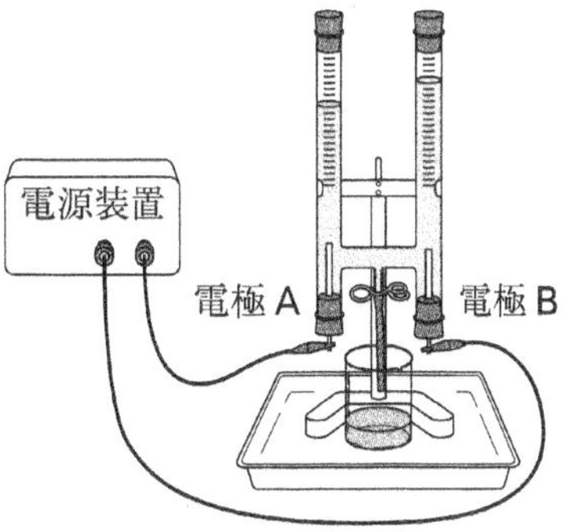

問１　水を電気分解するときの操作として**間違っているもの**を次の**ア～エ**から１つ選び，記号で答えなさい。

ア．電気が流れやすくなるように，水酸化ナトリウムを溶かす

イ．電気分解をするときはピンチコックを開ける

ウ．ゴム栓が液体に触れないように，液面とゴム栓との間にすき間を空ける

エ．電源は直流電源を用いる

問２　実験装置の図の説明文として正しいものを次のページの**ア～エ**から１つ選び，記号で答えな

さい。

「電極Aは電源装置の（　①　）極とつながっており，そこから発生する気体は（　②　）である。」

ア．①＋　②酸素　　イ．①＋　②水素　　ウ．①－　②酸素　　エ．①－　②水素

問３　電極Bから発生した気体を調べる操作とその結果として正しいものを次のア～エから１つ選び，記号で答えなさい。

ア．石灰水に通じると白くにごる。

イ．火のついた線香を近づけると音を立てて燃える。

ウ．火のついた線香を近づけると炎が大きくなる。

エ．赤インクをしみこませたろ紙の色がうすくなる。

問４　この実験装置全体を大きな電子天びんにのせ，実験を行うと，質量の変化はどうなりますか。この結果を示したグラフとして正しいものを次のア～エから１つ選び，記号で答えなさい。

ア　　イ　　ウ　　エ

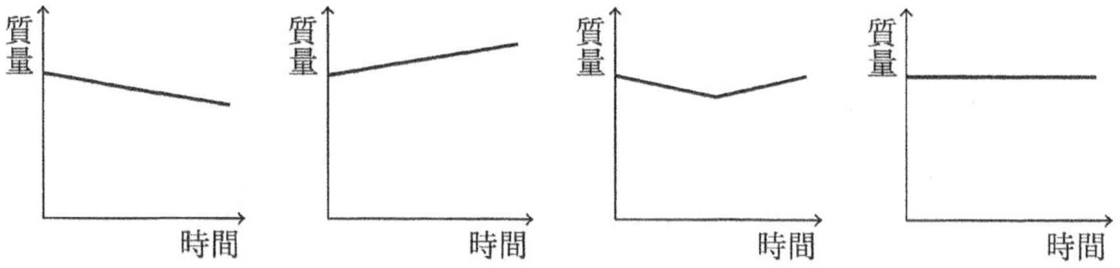

問５　両極の気体を１つの容器に集めました。この集めた気体に点火したときの化学反応式を書きなさい。

問６　H型試験管の中の水溶液を塩化銅水溶液に変えた実験の説明文として正しいものを次のア～エから１つ選び，記号で答えなさい。

「陰極では赤褐色の物質が付着しているため，（　①　）イオンが電子を（　②　）いる」

ア．①塩化物　②受け取って　　イ．①塩化物　②失って

ウ．①銅　　　②受け取って　　エ．①銅　　　②失って

３　ヒトはさまざまな刺激に対して反応をします。以下の問いに答えなさい。

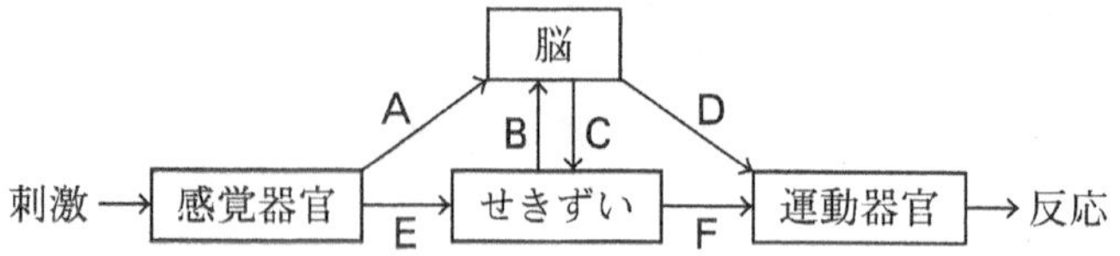

図１

問１　図１は，刺激を受け反応するまでの経路を示した模式図です。AからFの矢印は神経を通って伝わる信号の向きを示しています。次の①～③はヒトの反応の例を示しています。これらの反応が起きたとき，図のどのような経路で信号が伝わりましたか。信号が伝わった向きの組み合わせとして最も適切なものを，それぞれ次のページのア～オから１つずつ選び，記号で答えなさい。

①　うでが寒いので上着を着た。

② 窓が少し汚れていたのでハンカチできれいにした。

③ ひざの下をたたくと足がはねあがった。

ア．A→D　イ．E→F　ウ．A→C→F　エ．E→B→C→F　オ．E→B→D

問2　多くの刺激の情報は大脳に伝えられますが，一部大脳とは無関係に生じる反応もあります。この反応を何といいますか。漢字で答えなさい。

問3　腕立てふせで，自分の体を持ち上げた時に収縮する筋肉は，図2のX，Yのどちらですか。記号で答えなさい。

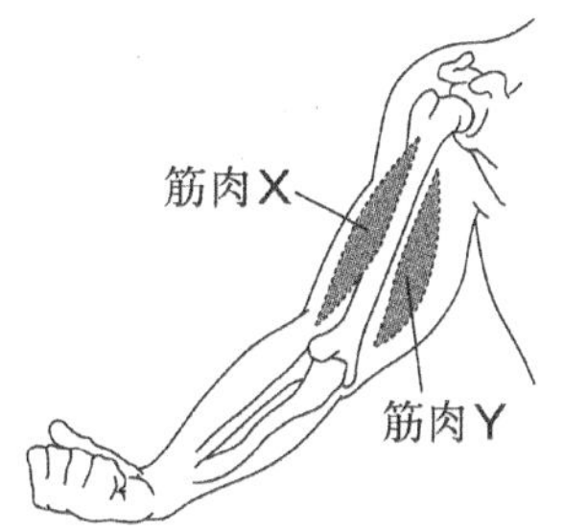

図2

問4　ヒトの目はカメラに似ています。カメラにおいて光の量を調節している「しぼり」は，ヒトの目の何に相当しますか。最も適当なものを次のア～エから選び，記号で答えなさい。

ア．レンズ（水晶体）

イ．虹彩《こうさい》

ウ．レンズのふくらみを変える筋肉

エ．網膜

4　図1は，2つの場所ア，イの地層を観察し，その記録をもとに，柱状図をつくってまとめたものです。次の問いに答えなさい。

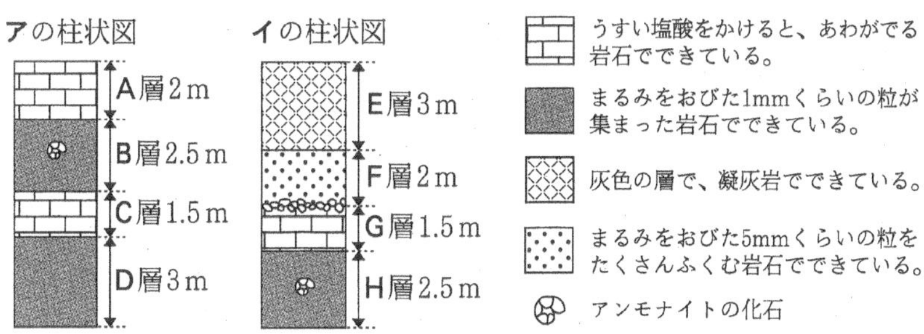

図1　2つの場所での柱状図

問1　A，C，G層とF層は，それぞれ何という岩石でできていますか。次のア～オから1つずつ選び，記号で答えなさい。

ア．泥岩　イ．砂岩

ウ．れき岩　エ．石灰岩

オ．チャート

問2　F層が堆積した場所として，最も適当なものを次のア～ウから選び，記号で答えなさい。

ア．河口付近　イ．河口と沖合の中間付近　ウ．沖合

問3　B層とH層の中から同じ時代のアンモナイトの化石が見つかりました。A層からH層の中で，最も古い地層はどれですか。図1のA～Hから選び，記号で答えなさい。

問4　B層とH層のように，地層のつながりや広がりを知る手がかりとなる層を何といいますか。

問5　B層とH層が堆積した地質時代は次のア～ウのうちどれですか。記号で答えなさい。

ア．古生代　イ．中生代　ウ．新生代

問６　断層によるずれが原因で，同じ地層が現れる深さが場所によって異なることがあります。**図２**のような地層のずれに関する説明として正しいものを次の**ア**～**オ**から１つ選び，記号で答えなさい。

ア．図の断層は正断層であり，東西から押される力がはたらいた。

イ．図の断層は正断層であり，東西に引かれる力がはたらいた。

ウ．図の断層は逆断層であり，東西から押される力がはたらいた。

エ．図の断層は逆断層であり，東西に引かれる力がはたらいた。

オ．図の断層は横ずれ断層であり，南北に引かれる力がはたらいた。

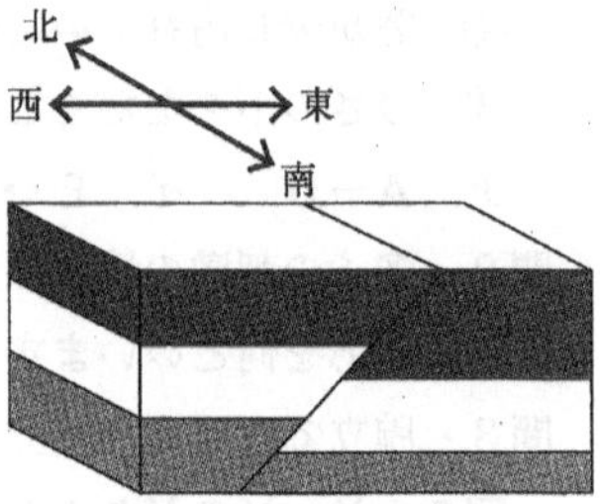

図２　地層のずれ

【社　会】（理科と合わせて60分）　　＜満点：75点＞

1　外交についてまとめた次の年表を見て，あとの問いに答えなさい。

年	できごと
57	日本の王が漢に使いを送り、A金印を授かる。
607	B小野妹子らを中国へ派遣する。
C894	遣唐使を廃止する。
	↑ D ↓
1542	ポルトガル人が鉄砲を伝える。
1641	（　①　）商館を長崎の出島に移す。
1854	日米和親条約を結ぶ。
	↑ E ↓
1911	小村寿太郎が（　②　）権の回復に成功する。

1　表中の（①）に適する語句をカタカナで答えなさい。

2　表中の（②）に適する語句を漢字で答えなさい。

3　下線部Aにほられていた文字を次から選んで記号で答えなさい。

ア．親魏倭王　　**イ**．日本国大君　　**ウ**．臣源道義　　**エ**．漢委奴国王

4　下線部Bを実行した人物が定めた法令を次から選んで記号で答えなさい。

ア．20年以上継続してその地を支配していれば，その者の所有になる。

イ．寄合があるとき，２度連絡しても参加しない者は，50文の罰金とする。

ウ．当家の館以外に国内に城を築いてはいけない。

エ．和を尊び，争いをやめよ。

5　下線部Cの頃から栄えた日本の文化について述べた文として最も適当なものを次から選んで記号で答えなさい。

ア．禅宗の影響が強くなり，水墨画が発達した。

イ．『古事記』や『日本書紀』などが作られた。

ウ．奈良に飛鳥寺や法隆寺，大阪に四天王寺などの大きな寺院が造られた。

エ．田楽や猿楽が，観阿弥や世阿弥によって能楽として大成した。

オ．漢字をもとにしてかな文字が作られた。

6　Dの間（894年から1542年）に起こった出来事として，以下の文章①～④を読んで１つだけ正しければ**ア**，２つ正しければ**イ**，３つ正しければ**ウ**，全て正しければ**エ**，全て誤っていれば**オ**と答えなさい。

①平氏に焼き討ちされた東大寺が重源によって再建された。

②壬申の乱が起きて，それに勝利をした大海人皇子が天武天皇となった。

③朝鮮半島では，高麗が倒され，国号が朝鮮と改まった。

④中国では元が倒され，漢民族の国家が復活した。

7　Eの間（1854年から1911年）に起こった出来事として，以下の文章①～④を読んで1つだけ正しければア，2つ正しければイ，3つ正しければウ，全て正しければエ，全て誤っていればオと答えなさい。

①海軍の将校らが，犬養毅首相を官邸で殺害し，政党内閣の時代が終わりをつげた。

②日本軍（関東軍）が，南満州鉄道を爆破し，これを中国側の行動として出兵し満州全土を占領した。

③アメリカではルーズベルト大統領のもとニューディール政策が実行された。

④セルビア人がオーストリア皇太子を暗殺したことをきっかけに，第一次世界大戦が起こった。

2　次の絵はある戦争前の国際関係を風刺したものです。この戦争名を漢字で答えなさい。

3　次の文章はアジア・太平洋戦争終結後，実施された政策の説明です。この政策によってどのような変化が生じたか句読点を含み20文字以内で述べなさい。ただし次の語句を使用すること。

【自作農】

農地を耕作農民に解放する立場から，一世帯が所有できる農地を家族が自ら耕作できる面積に制限しました。特に所有地に住んでいない不在地主からは国がその所有地全部を，北海道以外の地域に住む在村地主からは1ヘクタール（2.5エーカー），北海道の在村地主からは4ヘクタール（10エーカー）をこえる分を強制的に買収して，小作人に売り渡しました。

4　次の表は国際連合の平和維持活動における地域別派遣回数を3つの期間に分けてまとめたものです。

	アジア州	アフリカ州	北アメリカ州	ヨーロッパ州	合計
1948年～1968年	7	2	1	0	10
1969年～1989年	4	3	1	0	8
1990年～2010年	8	23	7	8	46
合計	19	28	9	8	64

1　前のページの表についての記述として，以下の文章①～④を読んで１つだけ正しければア，２つ正しければイ，３つ正しければウ，全て正しければエ，全て誤っていればオと答えなさい。

①核拡散防止条約が結ばれた翌年からアメリカとソ連がマルタ島で会談した年までの期間は，国際連合が平和維持活動を行った回数の合計がもっとも少ない。

②国際連合の発足後，平和維持活動の半数以上はアフリカ州で行われている。

③東西ドイツが統一された年以降の平和維持活動の派遣回数は，それ以前の期間と比べて減少した。

④自衛隊が平和維持活動に参加したのは，アジア州が他地域と比べ一番多い派遣回数だった期間からである。

2　下線部について述べた文として最も正しいものを次から選んで記号で答えなさい。

ア．国際連合は，第一次世界大戦の戦勝国を中心に1920年に発足した。

イ．安全保障理事会は５カ国の常任理事国と10カ国の非常任理事国から構成されており，日本は加盟当初から常任理事国である。

ウ．国際連合の予算は各国の分担金でまかなっており，これは各国の人口数に応じて金額が決まっている。

エ．国際連合の主要機関である総会は全加盟国で構成され，すべての国が平等に１票の権利を持っている。

5　次の文は地球温暖化に対する国･地域の意見をまとめたものである。Ｂの意見に最もあてはまる国や地域を下から選んで記号で答えなさい。

Ａ　温暖化が進むと海面上昇で国土が浸水したり，生態系が破壊されてしまう。さらなる温暖化対策をすすめてほしい。

Ｂ　現在世界第一位の二酸化炭素排出国となったが，国民一人当たりの排出量はさほど多くない。先進国は再生可能エネルギーの促進などまだまだやるべきことがある。

Ｃ　温暖化対策に伴い，石油輸出量が減ると，経済的な損害を受ける。気候変動への取り組みが化石燃料の輸出に大きく依存する発展途上国に与える影響を考慮してほしい。

ア．中国

イ．日本

ウ．南太平洋の島の国々

エ．アジア，アフリカなどにある石油輸出国

6　次のページの表はある家計の収入と支出を示したものです。以下の問いに答えなさい。

1　Ａ　には会社や工場で働いて得る所得が入ります。漢字４文字で答えなさい。

2　貯蓄にあてはまらない最も適当なものを次から選んで記号で答えなさい。

ア．国民年金保険料　　イ．株式の購入　　ウ．生命保険料　　エ．銀行預金

3　支出のうち，消費支出にあたる支出の合計金額を答えなさい。なお，「その他の支出」は消費支出に含めることとします。

収入　250,000円	A	230,000円
	その他の収入	20,000円
支出　250,000円	食料費	45,000円
	住居費	32,000円
	被服・履物費	12,000円
	交通通信費	32,000円
	医療費	8,000円
	娯楽費	12,000円
	税金	30,000円
	社会保険料	15,000円
	貯蓄	30,000円
	その他の支出	34,000円

7　次の表は衆議院選挙の比例代表の得票数を示したものです。定数７の時にＡ党の当選者数をドント方式を用いて算用数字で答えなさい。

政　党　名	A党	B党	C党
名簿登録者数	7人	6人	4人
得　票　数	5000票	2500票	2000票

8　国又は地方公共団体の直接民主制についての記述として，以下の文章①～④を読んで１つだけ正しければ**ア**，２つ正しければ**イ**，３つ正しければ**ウ**，全て正しければ**エ**，全て誤っていれば**オ**と答えなさい。

①最高裁判所の裁判官に対して行われる国民審査において，投票者は罷免すべきと判断した裁判官について×印を記載し，そうでない裁判官については何も記載しない方法で投票する。

②地方公共団体において住民は，有権者の３分の２以上の署名をもって，条例制定の請求をすることができる。

③憲法改正の手続きでは，国民の過半数の承認後，国会において審議されることが定められている。

④都道府県，市町村を問わず地方公共団体の首長の選挙は，いずれも18歳以上の住民が有権者となる。

9　次のページの表はサッカーワールドカップの開催国と優勝国を表したものです。表を見て以下の問いに答えなさい。

1　この表（開催国）についての記述として，以下の文章①～④を読んで１つだけ正しければ**ア**，２つ正しければ**イ**，３つ正しければ**ウ**，全て正しければ**エ**，全て誤っていれば**オ**と答えなさい。

①開催国の過半数はロシアを含めたヨーロッパ州が占めている。

②2010年より前に，アフリカ州で開催されたことはない。

③2002年より前に，アジア州で開催されたことはない。

④南アメリカ州で開催されたことはない。

2　この表の（A）に当てはまる国についての記述として，以下の文章①～③を読んで1つだけ正しければ**ア**，2つ正しければ**イ**，全て正しければ**ウ**，全て誤っていれば**エ**と答えなさい。

①この国の通貨はユーロである。

②国土の4分の1がポルダーである。

③19世紀の終わりにガウディによって設計されたサグラダ・ファミリアは現在も建設作業が進められ，この国の観光名所となっている。

回数	開催年	開催国	優勝国	回数	開催年	開催国	優勝国
1	1930	ウルグアイ	ウルグアイ	12	1982	スペイン	イタリア
2	1934	イタリア	イタリア	13	1986	メキシコ	アルゼンチン
3	1938	フランス	イタリア	14	1990	イタリア	西ドイツ
4	1950	ブラジル	ウルグアイ	15	1994	アメリカ	ブラジル
5	1954	スイス	西ドイツ	16	1998	フランス	フランス
6	1958	スウェーデン	ブラジル	17	2002	日本・韓国	ブラジル
7	1962	チリ	ブラジル	18	2006	ドイツ	イタリア
8	1966	イングランド	イングランド	19	2010	南アフリカ	スペイン
9	1970	メキシコ	ブラジル	20	2014	ブラジル	ドイツ
10	1974	西ドイツ	西ドイツ	21	2018	ロシア	（ A ）
11	1978	アルゼンチン	アルゼンチン				

10　以下の問いに答えなさい。

1　日本の都道府県についての記述として，以下の文章①～④を読んで1つだけ正しければ**ア**，2つ正しければ**イ**，3つ正しければ**ウ**，全て正しければ**エ**，全て誤っていれば**オ**と答えなさい。

①他の都道府県と陸続きでない都道府県は沖縄県と北海道だけである。

②人口が最も多いのは大阪府で，最も少ないのは香川県である。

③面積が二番目に大きいのは岩手県であり，面積が一番小さいのは東京都である。

④海に面していない都道府県は，埼玉県・栃木県・群馬県・山梨県・長野県・岐阜県・滋賀県・奈良県の8つである。

2　日本の地形についての記述として，以下の文章①～④を読んで1つだけ正しければ**ア**，2つ正しければ**イ**，3つ正しければ**ウ**，全て正しければ**エ**，全て誤っていれば**オ**と答えなさい。

①日本の河川は世界の河川に比べ，短くて流域面積がせまく流れが急なものが多い。

②河川が作った地形として，三角洲がある。これは河口付近に土砂が堆積し平野になったものである。

③十和田湖や洞爺湖などはカルデラ湖と呼ばれる。これらは火山活動によってできたものである。

④三陸海岸・若狭湾などのリアス海岸は岩石海岸である。

3　北海道についての記述として，以下の文章①～④を読んで1つだけ正しければ**ア**，2つ正しければ**イ**，3つ正しければ**ウ**，全て正しければ**エ**，全て誤っていれば**オ**と答えなさい。

①川上盆地や石狩平野は夏の気温が比較的高くなるため，水田が広がっている。

②十勝平野は，火山灰地で水はけがよいため稲作に適さず，日本有数の畑作地帯となっている。
③世界自然遺産となっている白神山地では観光客による自動車の乗り入れを禁止して，環境に配慮している。
④先住民族のアイヌ民族が使用していた言語に由来する地名がある。

4　日本の伝統工芸についての記述として，以下の文章①～③を読んで１つだけ正しければ**ア**，２つ正しければ**イ**，全て正しければ**ウ**，全て誤っていれば**エ**と答えなさい。
①東北地方では豊かな森林資源を生かした木工品があり，秋田県の大館曲げわっぱはその代表的なものである。
②石川県金沢市にある金沢箔は，金をきわめて薄くのばしてつくったものである。
③愛知県には常滑焼・瀬戸焼・信楽焼などがあり，陶器が製作されている。

11　次の表を見て問いに答えなさい。

	人口密度(人/km^2) 2014年	農業生産額(億円) 2012年	漁獲量(千t) 2012年	製造品出荷額(十億円) 2012年
A	1411	3075	96	40033
B	141	2759	198	1492
C	4564	344	22	16023

上の表のA～Cに入る府県名は，青森県・大阪府・長野県・福島県・愛知県のいずれかである。A～Cに入る正しい組み合わせを次の**ア**～**カ**から一つ選んでカタカナ記号で答えなさい。

ア．A→愛知県　B→長野県　C→大阪府　　**イ**．A→大阪府　B→福島県　C→愛知県
ウ．A→愛知県　B→福島県　C→長野県　　**エ**．A→大阪府　B→青森県　C→愛知県
オ．A→愛知県　B→青森県　C→大阪府　　**カ**．A→大阪府　B→長野県　C→愛知県

せた。

エ　江戸の亭主は、たくさんのくだらない物を拾ってくる真面目で正直な男の心がけに驚き、何も拾えない日の不幸を気の毒に思い、小判を拾わせた。

【問六】　本文には作者の感想が述べられている部分がある。古文中からその部分の最初の三字を抜き出して書きなさい。

【問七】　本文から読み取れるものを次の中から二つ選び、その記号を書きなさい。

ア　三度目の正直　　イ　正直は最善の策

ウ　正直に非を認める　　エ　正直の頭に神宿る

オ　正直者が馬鹿を見る　　カ　正直に白状する

四

次の問いに答えなさい。

【問一】　次の1～3の傍線部のカタカナは漢字に直し、漢字はその読みをひらがなで書きなさい。ただし3は送り仮名もつけなさい。

1　プレゼントを贈って好きな人のカンシンを買う。

2　安全祈願の祝詞を神社であげてもらった。

3　私の失敗が友人を窮地にオトシイレルこととなった。

【問二】　助詞を含まない文節を、ア～オの中から一つ選び、その記号を書きなさい。

ア親ゆずりの／イ無鉄砲で／ウ子供の／エときから／オ損ばかり／している。

【問三】　次の文のア～キから助動詞ではないものを二つ選び、その記号を書きなさい。

賢人君は、涼真君のアように勉強はできイないが、もてるウらしい。二人とも同じクラスエで仲もいい。しかし涼真君は、今回の実力テストオで賢人君より成績が悪かっカたので、おもしろくキないということだ。

明けた相談もなさらないで。」と尋ねた。この男は小声になって、「ご主人には隠さずお話しします。私はこの土地へ金を拾いにやって来ました。」と言った。亭主は腹を抱えて笑い、また大坂のあの男が、この男をいじめからかったのだ、と思い、「それでは毎日外出されて、お拾いになりましたか」と言うと、江戸にやって来て、昨日だけがうまくゆかず拾えませんでしたが、そのほかの日は拾いました。あるときは銀五匁、七匁、先の折れた小刀、または秤の重り・目貫の片方など、何やかや取り集めて四百種類ほど拾いました。亭主は肝をつぶして、「珍しいお客だ。」と近所の人々に語ると、人々は、「これは前例のないことだ。はるばる正直に下って来た心がけ、話の種に拾わせよう。」と小判五両を出し合って拾わせた。

それから、次第に富裕になって、表通りに家を買い入れ、幾棟も家を立て、広いお江戸で何度も正月を迎えることができた。

〔注〕
＊1 **霊芝**…きのこの一種。めでたいきのことされた。
＊2 **此処元**…この土地。ここでは大坂の地。
＊3 **出居衆**…その家に寄宿して、自分が資本を出して商売する行商。
＊4 **股引・脚絆**…行商人の服装。
＊5 **匁**…銭を数える単位。
＊6 **目貫**…携帯用のはかりのおもり。

【問一】 波線部a～gのうち、同じ人物を示していないものを一つ選び、その記号を書きなさい。

【問二】 傍線部①「聖人の世にはえる、霊芝といふ物」とあるが、なぜこのように答えたのか。その説明として最も適当なものを次の中から選び、その記号を書きなさい。

ア　ただのキノコと霊芝の区別がよくわからなかったので、男に見栄を張った。
イ　ただのキノコを霊芝というおめでたいキノコと偽り、男に聖人ぶりを示した。
ウ　ただのキノコと霊芝の区別がよくわからなかったので、男が見抜けるか試した。
エ　ただのキノコを霊芝というおめでたいキノコと偽り、男をからかった。

【問三】 本文にはもう一箇所「　」の必要なところがある。古文中からその部分の最初と最後の三字を抜き出して書きなさい。

【問四】 傍線部②「これをかしく」とあるが、この男のどのようなところを「をかしく」感じたのか。古文中の語句を用い、五～十字以内の現代語で書きなさい。

【問五】 傍線部③「小判五両出し合ひ、拾はせける」とあるが、なぜこのようなことをしたのか。その説明として最も適当なものを次の中から選び、その記号を書きなさい。

ア　江戸の亭主は、金を拾って稼ぎを作ろうと本気で思っている男の心がけに返って感心し、これからの話題にしようとわざと小判を拾わせた。
イ　江戸の亭主は、からかわれたことも気づかず江戸へ出てきて馬鹿正直に金を拾う男の心がけにあきれたが、せめて商売の資本になればと小判を拾わせた。
ウ　江戸の亭主は、大坂から紹介状を受け取っているので、男が毎日拾えるか拾えないかを黙ってみているわけにもいかず、小判を拾わ

a難波人ひさしく、江戸に棚出して、一代世をわたる程儲《まう》けて、再び大坂にかへり、楽々と暮らされける。

折ふし、秋の草花などいけて詠《なが》める時、東の山里より、紅茸《べにたけ》のうるはしきを、おくりける折から、bあたりの男きたりて、「何ぞ。」といふ程に、「①聖人の世にはえる、＊1霊芝《れいし》といふ物。」と語れば、ありがたさうに手にも取らず見物する、律儀者なり。「けふ御見舞ひ申すは、私も＊2此処元《ここもと》の、しんだいおもはしからず。一たび江戸への心ざしなり。こなたには、数年にて、勝手も御存じなれば、今時は何商ひがよい。」と申せば、「今は銀《かね》ひろふ事がまだもよい。」と申す。cこの男まことにして、「これは人の気のつかぬ事なり。御陰にて、是非に拾うてまゐらう。」といふ程に、②これをかしく、道中の遣《つか》ひ銭《せん》もとらし、「其処元《そこ》へ、d稼ぎにくだる者なり。万事頼む。」のよし、ねんごろなる方へ、状を添へける。やがてくだりつきて、かの人宿の＊3出居衆《でゐしゅ》になつて、あけの日、＊4股引《ももひき》・脚絆《きゃはん》して出、日暮れてかへる事、十日ばかりなり。

亭主心もとなく「毎日何方《いづかた》へゆかるるぞ。身過ぎの内談もなされず。」といふ。eこの男ささやきて、「主様《あるじ》へは隠すまじ。それがしは此処元へ銀を拾ひにまゐつた。」と申す。亭主腹をかかへ、また大坂から、fこの男をなぶつて、くだしける、とおもひ、「さて、日に日に出られて、拾はるるか。」と申せば、此処元へまゐつて、昨日ばかりが不仕合わせ、その外《ほか》は拾ひました。あるいは、五＊5匁《もんめ》七匁、先をれの小刀、または秤《はかり》のおもり・かたし＊6目貫《めぬき》、何やかや取り集めて、四百色程拾ひける。亭主きもをつぶして、「g珍しきお客。」と、近所の衆に語れば、「これためしもなき事なり。はるばる正直にくだる心ざし、咄《はな》しの種に拾はせよ。」と③小判五両出し合ひ、拾はせける。

それより次第に富貴となつて、通り町に屋敷を求め、棟にむね門松を立て、広き御江戸の正月をかさねける。

（井原西鶴『西鶴諸国ばなし』）

【現代語訳】

何事にも正直な人は、天もその人をお見捨てにはならない。

大坂の人で、長らく江戸に店を出して一生生活してゆけるほど、財産を作って、再び大坂に帰り、楽々と暮らしている者があった。

頃は秋で、草花などを生けて眺めている時に、東の山里から、紅茸の色美しいのを贈ってきたが、その折に近所の男が来合わせて、「これは何ですか。」と聞くので、「聖人のいる世の中に生えるという、霊芝というものだ。」と語ると、ありがたそうに手にも取らないで見ている、この男は真正直な男であった。男は、「今日お伺いしましたのは、私も大坂では生業がうまくゆきません。一度江戸へ下って稼いでみようと思います。あなたは数年間いらっしゃったので、江戸の様子もご存じでしょうが、今日では、どのような商売がよろしいでしょうか。」と言った。主人は、「今日では金を拾うことがまだしもよろしい。」と言うと、この男はこれを本当だと思って、「これは人の気づかぬことです。お陰をもって私も、ぜひ金を拾いにまいりましょう。」と言うので、これをおかしく思い、主人は道中の小遣い銭も与え、「そちらへ稼ぎに下る者です。万事よろしく頼みます。」と、よく知っている人あてに紹介状を書いて、男に与えた。やがて江戸に下り着き、紹介の人置き宿の出居衆になって、翌日には股引・脚絆姿で出て行き、日没後に帰る、ということが十日ほど続いた。

亭主は心配して、「毎日どこへおでかけですか。商売についての打ち

ウ　大人になれば若さは価値ではないということに気づき、若さを軽蔑するようになるから。

エ　現在は、「ちょい不良」オヤジや若作りオヤジなどいくつになっても若さを保つ秘訣があるから。

【問四】　傍線部④「自分がやりたいこと」とあるが、著者の「やりたいこと」について述べている一文を本文中から抜き出し、その最初の三字を書きなさい。

【問五】　空欄 A ・ B に当てはまる語を、本文中からそれぞれ抜き出して書きなさい。

【問六】　傍線部⑤「その教師はただの未熟者であり、教師たる資格はない」とあるが、それはどういうことか。最も適当なものを次の中から選び、その記号を書きなさい。

ア　この教師は大人になってもウソとデマの違いを見抜けず、子供に教えるべき本質もわからないまま、中途半端な真実しか伝えることができないということ。

イ　この教師は大人になっても自分の明確な目的を持っておらず、単に口当たりのいい言葉を子供たちに伝えているに過ぎないということ。

ウ　この教師は大人になっても建前はウソであると信じ込み、常に子供たちには本音で話をするのが正しいことだと思い込ませようとしているということ。

エ　この教師は「若さは価値」という言葉がデマであることが未だに見抜けず、子供たちに物事の本質を伝える能力を持っていないということ。

【問七】　次の中から本文の内容としてふさわしくないものを二つ選び、その記号を書きなさい。

ア　大人は「ウソはいけない」ということがウソであることを当然知っているが、子供にはウソを見抜ける大人になってほしいと願い、あえて「ウソはいけない」ということを教えようとする。

イ　「若さは価値」という言葉は、デマではあるが、言葉の巧みさからなかなかそれがデマということが見破られず、大人になってもそれを信じてしまう人がいる。

ウ　大人も若者も失敗は許されるものではないので、「若いうちの失敗は許される」という言葉はデマではあるが、失敗の経験を重ねることで、若者は大人になっていく。

エ　大人は物事の本質を見極められるようになるため、たとえ子供に非難されようとも自分の欲望に対して純粋に振る舞えるようになる。

オ　本音と建前とでは本音の方がはるかに重要であるが、時として本音を出してしまうと本来の目的を果たせられないので、仕方なく建前を使うこともある。

カ　宮崎駿監督も著者も物事の本質が見えている点では一致しているが、方法論としてお互いに異なる手法をとっているにすぎない。

三

次の文章を読んで、後の問いに答えなさい。（＊のことばには文末に注があります。）

【古文】

物事正直なる人は、天も見捨てたまはず。

自分のことを言えば、僕は物事の本質をあぶり出したいという欲求に対して、忠実に生きている。見栄や外聞に流されたくはないし、責任のとれないことはしたくない。

だが、オヤジは大人なので、本音と建前を使い分けることができるし、建前に準じて生きていこうとする人もいる。それはそれで本人の自由である。問題は、建前に準じた生き方をしていたとしても、自分のやっていることの正体が分かっているか、ということだ。

若者に対して「君たちはかけがえのない青春の中にいる。今この瞬間を大切にして生きろ」と諭す教師もいるだろう。そして、その言葉には何の問題があるわけでもない。その教師は、建前に準じようとしただけなのだ。

あるいは別の教師が、「大人になったら楽しいことが山ほどある。今はつまらないことばかりかもしれないが、将来に夢を持って、この日常を生き抜け」と言ったとすれば、彼は本質に準じようとしたということだ。

どちらの言葉が素直に若者の胸に届くかは、僕は教育者ではないので分からない。ただ、二人に違いがあるとすれば、自分の信念を若者に伝えるための道具として、片方は建前を、片方は本質を使ったという、ただそれだけのことなのだ。

これは映画制作者としての、宮崎駿監督と僕の違いでもある。宮さんは青春を賛歌する作品を作り、僕は青春の苦味を描こうとしている。宮さんの映画に出てくる少年少女はどれも健全で、まっすぐで、若者にはこうあってほしいという彼自身の思想が表れている。僕の映画には、彼の作品に出てくるような若者は登場しない。

宮さんと僕の間に違いがあるとすれば、若者の姿に限って言えば、宮さんは［A］に準じた映画を作り、僕は本質に準じて映画を作ろうとしているという、映画監督としての姿勢の差異だけだ。宮さんだって、事の［B］は見えているはずで、あえて本質を語っていないだけなのだ。オヤジというものはそういう生き方もできるのである。

先ほどの教師の例もまったく同じだが、ただし前者の教師が、心底「若い君たちがうらやましい」などと思っているとしたら、それは問題だろう。⑤その教師はただの未熟者であり、教師たる資格はない。

（押井　守『凡人として生きるということ』）

［注］　＊デマゴギー…根拠・確証のないうわさ話。デマ。

【問一】　傍線部①「やむにやまれぬウソだけでなく、ささいなことや、大きなこと、相手のためを思って、あるいは自分のために、人は平気でウソをつく」とあるが、この意味で使われることわざを五字程度で書きなさい。

【問二】　傍線部②「そういうことだ」とあるが、それはどういうことか。本文中から十五字以内で抜き出して、その最初の五字を書きなさい。

【問三】　傍線部③「若者は、自分が日ごとに年を取っていくことを嘆く必要がなくなる」とあるが、それはなぜか。最も適当なものを次の中から選び、その記号を書きなさい。

ア　ウソは時としてついてもよいウソが存在し、「若さは価値」もついてもよいウソだから。

イ　「若さは価値」のデマに気づくことができれば、自分らしく、自由に生きられるようになるから。

それが先ほど述べた「ちょい不良《ワル》」オヤジや、若作りオヤジや、車が趣味オヤジだ。

しかし、いったんデマを見破ることができれば、少なくともそのイデオロギーから自由になれる。「必要に応じて、ウソはついてもいいのだ」と分かれば、ウソを使わないで生きるよりはずっと上手に、世の中を渡っていける。

「若さに価値がある」という言説がウソだと気づけば、年寄りは若者に嫉妬したり、若ぶったり、年老いた自分を嘆いたりせずに、自分らしく、年相応に生きることができる。③若者は、自分が日ごとに年を取っていくことを嘆く必要がなくなる。今日よりはあす、あすよりはあさってに希望が持てるようになる。

それは、一つのデマから解放されて、自由に生きられるようになる、ということではないだろうか。

若いということは経験が足りないということなので、当然、若者はあらゆることで失敗することになる。そこで生まれるのが「若いうちの失敗は許される」といった新たなデマだ。

だが、これもおかしな話で、失敗などというものは若かろうが、年寄りだろうが許されるものではない。もちろん、未成年の刑事犯罪は罪一等減じられるが、それとて社会的には許されたわけでは、もちろんない。罪は罪である。

いや、おそらく日常の失敗で言えば、若者の失敗より、オヤジの失敗の方がはるかに許されるはずだ。新入社員が仕事で大失敗したら、許されるどころか大目玉である。下手をすればクビになる。だが、幹部社員やベテラン社員だと、頭ごなしに糾弾されることも次第になくなってくる。

若いころは失敗の連続で、失敗してはしかられ、怒られるうちに経験を積み、次第にオトナになっていく。そのことについては後の章でも詳述するが、失敗して手ひどい目に遭わないと、人はオトナに、オヤジになれない。「若いうちの失敗は許される」というデマはむしろ、「失敗を恐れるな」ということを言いたいだけであって、それでもウソであることに変わりはない。

若さに関するデマは本当にさまざまあって、「若さは純粋」などと言われることもある。純粋というなら、実はオヤジの方がはるかに純粋だ。どういう点が純粋かというと、オヤジたちは自分の欲望に対して純粋なのである。オヤジは④自分がやりたいことが、はっきりと見えている。世間のデマに惑わされた価値観ではなく、自分の本質を見極めたうえでの欲望のありかが分かっている。

欲望というのは、何もドロドロした欲のことを言っているのではなく、自分が大事にしているものの姿が見えているということだ。

「家族を守る」という欲望に忠実に生きているオヤジだって、世の中にはたくさんいる。休みの日はジャージーを着て、一日中ゴロゴロしていたとしても、彼の中には明確な目的がある。家族の生活や安寧を守ることだ。彼にとっては、洋服や車に無駄な金を注《つ》ぎ込み、カッコいいオヤジになることの無意味さを、分かっているだけなのだ。

そうやって自分のことには金を使わず、家族の生活を守っていても、自分の娘からは「うちのおとうさんはダサい」などと非難されることになる。この場合は、娘の方に本質がまったく見えていないだけなのだ。

と。

イ　豪華な服を着ているはずなのに、裸同然に見えるということ。

ウ　裸であるからこそ、イマジネーションがふくらむということ。

エ　裸であるはずなのに、確信に満ちた態度がとれるということ。

【問六】　本文の内容に合致するものを次の中から一つ選び、その記号を書きなさい。

ア　応仁の乱以後、足利義政はそれまでの自分の行為を反省して、自身のための晩年の居場所を作った。

イ　応仁の乱以後、足利義政はそれまでの文化と対照的な美意識をもって、東山御殿を作った。

ウ　応仁の乱以後、発展した文化は、それまでの絢爛豪華な文化を吸収し復元することを目的とした。

エ　応仁の乱以後、発展した文化は、それまでの戦乱の世から逃れるための空虚な雰囲気を持つものであった。

二

次の文章を読んで、後の問いに答えなさい。（＊印のことばには文末に注があります。）

＊デマゴギーはこの世界に満ちている。人々がそれに気づいていながら、気づかないふりをしているデマもある。かつては「共産主義が人民を幸せにする」という大デマがあったし、後の章で述べるが「民主主義は平和的なシステムだ」というのもある。さらに身近なところでは、「ウソをついてはいけない」というのもある。

ウソをつかないで生きていくことなどできないことを、世の中の人は誰でも知っている。日常のあらゆる局面にウソは存在する。①やむにやまれぬウソだけでなく、ささいなことや、大きなこと、相手のためを思って、あるいは自分のために、人は平気でウソをつく。

これだけウソがまかり通っているのに、「ウソはいけない」という掛声だけが叫ばれる。特に子供たちは親から「ウソはいけない」と教え込まれる。だが、当の大人は当然のようにウソをつく。

それはそうだ。誰もが正直者になったら、必ず誰かを傷つけることになる。心に思ったことを包み隠さず正直に話したら、家庭は崩壊するし、社会は成り立たなくなる。それほどまでに、ウソは必要なものだ。

当然のように、子供たちは大人たちがウソをついている場面に、幾度となく接することになるだろう。そして「お母さんはいつもウソはだめだと言って、自分はウソをついているじゃないか」と子供に糾弾されることになる。親は返答に困り、「お前もいつかは分かる」と答えるのが関の山だ。

要するに、ついてもいいウソと悪いウソがあって、大人になれば、それは誰もが自然と使い分けるようになる。「ウソをついてはいけない」という教えそのものが、実はウソだったと気づく。

大人になるということは、そのあたりの機微が分かるということだ。つまり、自分の経験を武器に、世間で流布されているさまざまなデマゴギーの正体を見破って、事の本質が見えてくるということでもある。大人になる、つまり僕がオヤジになる、といっていることの意味は②そういうことだ。

「若さは価値」というデマは、「ウソをついてはいけない」というデマよりはずっと巧妙に人々の心理に浸透しているので、成長してもその虚飾性に気がつかず、いつまでもデマに引きずられているオヤジがいる。

ンプティネス」として運用し、茶を楽しむための最小限の＊9しつらいで豊かな想像力を喚起していく。水盤に水を張り、桜の花弁をその上に散らし浮かべたしつらいを通して、亭主と客があたかも満開の桜の木の下に座っているような幻想を共有する、あるいは供される水菓子の風情《ふぜい》に夏の情感を託し、涼を分かち合うイメージの交感などにこそ、茶の湯の醍醐味《だいごみ》がある。そこに起動しているのはイメージの再現ではなく、むしろその抑制や不在性によって受け手に積極的なイメージの補完をうながす「見立て」の創造力である。

エンプティネスの視点に立つなら④「裸の王様」の＊10寓話《ぐうわ》は逆の意味に読みかえられる。子供の目には裸に見える王に着衣を見立てていくイマジネーションこそ、茶の湯にとっての創造だからである。裸の王様は確信に満ちて「エンプティ」をまとっている。何もないからあらゆる見立てを受け入れることができるのだ。

空間にぽつりと余白と緊張を生み出す「生け花」も、自然と人為の境界に人の感情を呼び入れる「庭」も同様である。これらに共通する感覚の緊張は、「空白」がイメージを誘いだし、人の意識をそこに引き入れようとする力学に由来する。

（原研哉『日本のデザイン』）

〔注〕＊1 逼迫…行き詰って余裕がなくなること。

＊2 豪奢…非常にぜいたくで派手なこと。

＊3 絢爛…華やかで美しいさま。

＊4 開眼法会…新たに仏像を作った時、最後に目を入れて仏の魂を迎える儀式。

＊5 ディテイル…全体の中の細かい部分のこと。

＊6 プレーン…簡素なさま。

＊7 拮抗…力に優劣がなく互いに張り合うこと。

＊8 止揚…哲学用語。二つの矛盾対立する概念を、一段階高い段階に統一発展させること。

＊9 しつらい…建具や調度を配置して生活や儀式の場を作ること。

＊10 寓話…人生の真理や教訓を織り込んだ物語のこと。

【問一】傍線部①「まるで数学の定理のように美しい」とあるが、この表現はどのような様子を表しているか。本文中の漢字二字で書きなさい。

【問二】空欄 A ・ B に当てはまる語として最も適当なものをそれぞれ次の中から選び、その記号を書きなさい。

A　ア さて　イ つまり　ウ あるいは　エ ところで　オ しかし

B　ア はたして　イ なまじ　ウ とりあえず　エ むしろ　オ ついに

【問三】傍線部②「全く新しい美意識の高まりがそこに生まれてきた」とあるが、どのような美が生まれたのか。本文中から十字程度で抜き出して書きなさい。

【問四】傍線部③「多様なイマジネーションの交感」とあるが、それを具体的に述べている部分を本文中から抜き出し、その最初の三字を書きなさい。

【問五】傍線部④「『裸の王様』の寓話は逆の意味に読みかえられる」とあるが、それはどういうことか。最も適当なものを次の中から選び、その記号を書きなさい。

ア　豪華な服を着ているからこそ、想像力がかきたてられるというこ

【国　語】（四〇分）〈満点：一〇〇点〉

【注意】　字数制限がある問題においては、句読点や記号も字数に数えることとします。

一　次の文章を読んで、後の問いに答えなさい。（＊印のことばには文末に注があります。）

　足利義政が東山に築いた東山御殿は、いわば、義政が練りに練った美意識の集大成であった。応仁の乱の直後のことであるから、予算的にはさぞや＊1逼迫《ひっぱく》していたであろうと想像されるが、義政とはそういうことを理由に何かを倹約するような人ではない。世や民のことはさておき、あり得るだけの予算を投入して、自分の晩年の居場所を構築したのである。

　しかしながら、そこに現れた表現は決して＊2豪奢《ごうしゃ》なものではなく、簡潔・質素をたたえる美であった。敷き詰められた四畳半の畳。外光をなめらかな間接光へと濾過《ろか》する障子。たおやかな紙の張りをたたえる襖《ふすま》。書き物をする帖台《ちょうだい》と飾り棚が一面にぴしりと端正に収まり、帖台の正面の障子を開けると、庭の光景が掛け軸のようなプロポーションで切り取られて眼前に現れる。①まるで数学の定理のように美しい。義政はつつましく謹慎するためにこのような表現を選んだのではない。おそらくは権力の頂点で美を探求し、さらに応仁の乱の壮絶な喪失を経ることによって、何か新しい感性のよりどころを摑《つか》んだのであろう。

　それまでの日本の美術・調度は決して簡素なものではなかった。ユーラシア大陸の東の端に位置する日本は、世界のあらゆる文化の影響を受けとめてきた。世界の末端で、各地の強大な力が生み出す＊3絢爛《けんらん》たる表象物の伝来をほしいままにし、「唐物」と呼ばれる渡来品に魅了されながら、日本は案外と絢爛豪華な文化の様相を呈してきていたはずである。仏教の伝来やそれに起因する仏教文化の隆盛、大仏の＊4開眼法会《かいげんほうえ》に象徴される壮麗華美な文化イベントなどはその象徴だろう。渡来ものの装飾の精緻《せいち》さや珍しさを尊び、そこから多くを学び吸収して日本文化は織り上げられてきていたはずだ。

　それらの文物を集積してきたメトロポリス京都の焼失を目《ま》の当たりにした人々の胸に、どのようなイメージが渦巻き、どのような達観が生成したかは今日知るよしもない。［A］おそらくは、華美な装飾の＊5ディテイルをなぞり直し復元するのではなく、［B］究極の＊6プレーン、零度の極まりをもって絢爛さに＊7拮抗《きっこう》する②全く新しい美意識の高まりがそこに生まれてきたのではないか。渡来の豪華さの対極に、冷え枯れた素の極点を拮抗させてみることで、これまでにない感覚の高揚を得ることができたのではないか。そんな風に想像することができる。

　なにもないこと、すなわち「エンプティネス」の運用がこうして始まる。そういう美学上の＊8止揚《しよう》あるいは革命が、応仁の乱を経た日本の感覚世界に沸き起こったのである。

　茶を喫する習慣は世界中にある。温かく香りの良い茶を飲むという行為や時間の持ち方は、普遍的な生の喜びに通じているのだろう。この「茶を供し、喫する」という普遍を介して、③多様なイマジネーションの交感をはかるのが室町後期にその源流を持つ「茶の湯」である。誤解を恐れずに言えば、茶を飲むというのはひとつの口実あるいは契機にすぎない。空っぽの茶室を人の感情やイメージを盛り込むことのできる「エ

MEMO

大切なことはメモしておこうネ！

2019年度

解 答 と 解 説

《2019年度の配点は解答欄に掲載してあります。》

＜数学解答＞

1 (1) 8　(2) $32+8\sqrt{3}$　(3) 18　(4) 4面　(5) 310°
(6) 2年生　24人，1年生　18人

2 (1) $y=-x+6$　(2) 9

3 (1) $\dfrac{16\sqrt{2}}{3}\pi\,\text{cm}^3$　(2) $6\sqrt{3}\,\text{cm}$　(3) $16\pi-9\sqrt{3}\,\text{cm}^2$

4 (1) 5秒後　(2) $\dfrac{1}{4}$倍　(3) $4\sqrt{23}\,\text{cm}$

○推定配点○

1 (1)～(5)　各7点×5　(6)　9点　**2**・**3**・**4**　各7点×8　計100点

＜数学解説＞

1 (正負の数，式の値，方程式の応用，確率，角度)

(1) $\{(-3+1)^3-2^2\}\div\left(1-\dfrac{5}{2}\right)=(-8-4)\times\left(-\dfrac{2}{3}\right)=8$

(2) $2a^2-2b^2+(a+b)^2=2\times(2\sqrt{3})^2-2\times2^2+(2\sqrt{3}+2)^2=24-8+12+8\sqrt{3}+4=32+8\sqrt{3}$

(3) もとの2けたの整数を$10x+y$とすると，$y=x+7\cdots$①　$(x+2)(y+2)=10x+y+12$より，$xy-8x+y-8=0\cdots$②　①を②に代入して，$x(x+7)-8x+(x+7)-8=0$　$x^2-1=0$　$x^2=1$　xは自然数だから，$x=1$　これを①に代入して，$y=8$　よって，もとの2けたの整数は18

(4) 出る目の和が7以上となるのは，(A，B)＝$(5,\ \underline{2})$，$(6,\ \underline{2})$，$(2,\ \underline{5})$，$(3,\ \underline{5})$，$(4,\ \underline{5})$，$(5,\ \underline{5})$，$(6,\ \underline{5})$の場合で，その確率が$\dfrac{1}{2}=\dfrac{18}{36}$なので，さいころBの2の面の数を$x$，5の面の数を$y$とすると，$x+y=6\cdots$①　$2x+5y=18\cdots$②　①×5－②より，$3x=12$　$x=4$　よって，2の数字が書いてある面は4つである。

基本 (5) AB＝ACより，∠BAC＝180°－50°×2＝80°だから，三角形の内角と外角の性質より，∠BDE＝80°＋60°＝140°　平行線の同位角は等しいから，∠EGF＝∠AED＝60°　四角形ABFGの内角の和は360°だから，∠BFG＝360°－80°－50°－60°＝170°　よって，∠BDE＋∠BFG＝140°＋170°＝310°

(6) 部員数を2年生$4x$人，1年生$3x$人とすると，5人の班の数は，$\dfrac{4x+3x-6\times2}{5}$(班)だから，班の数の合計について，$\dfrac{7x-12}{5}+2=4x\times\dfrac{1}{3}$　$3(7x-12)+30=20x$　$21x-36+30=20x$　$x=6$　よって，2年生は，4×6＝24(人)，1年生は，3×6＝18(人)

基本 **2** (図形と関数・グラフの融合問題)

(1) $y=x^2$に$x=-3$，2をそれぞれ代入して，$y=9$，4　よって，A$(-3,\ 9)$，B$(2,\ 4)$　直線ABの式を$y=ax+b$とおくと，2点A，Bを通るから，$9=-3a+b$，$4=2a+b$　この連立方程式を解いて，$a=-1$，$b=6$　よって，$y=-x+6$

(2)　(1)より，D(0, 6)　　AB//COより，△ACD＝△AOD＝$\frac{1}{2}\times6\times3=9$

3 （空間図形の計量）

重要 (1)　円すいの高さは，$\sqrt{6^2-2^2}=4\sqrt{2}$　　よって，体積は，$\frac{1}{3}\pi\times2^2\times4\sqrt{2}=\frac{16\sqrt{2}}{3}\pi$ (cm³)

重要 (2)　側面のおうぎ形の中心角の大きさは，$360°\times\frac{2}{6}=120°$　　右の展開図で，OからAA′にひいた垂線をOHとすると，△OAHは内角が30°，60°，90°の直角三角形だから，OA：AH＝2：$\sqrt{3}$

AH＝$\frac{\sqrt{3}}{2}\times6=3\sqrt{3}$　　よって，AA′＝2AH＝$6\sqrt{3}$ (cm)

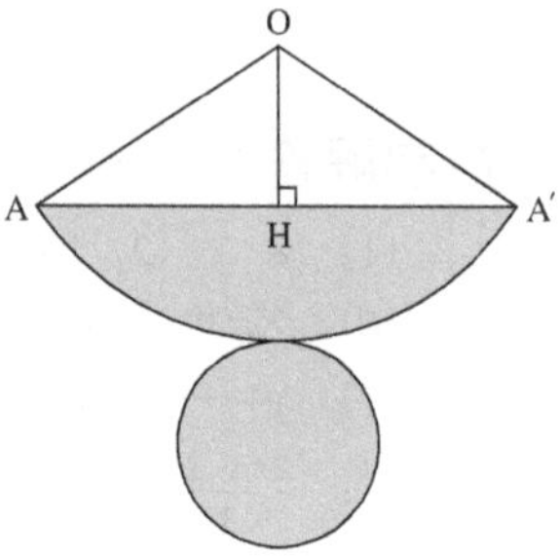

(3)　求める図形の面積は，円すいの表面積から△OAA′の面積をひいたものに等しい。OH＝$\frac{1}{2}$OA＝3　　よって，$\pi\times2^2+\pi\times6\times2-\frac{1}{2}\times6\sqrt{3}\times3=16\pi-9\sqrt{3}$ (cm²)

4 （点の移動）

(1)　x秒後とすると，AP＝$2x$だから，四角形APEBの面積について，$\frac{1}{2}\times(2x+16)\times12=156$

$2x+16=26$　　$2x=10$　　$x=5$(秒後)

基本 (2)　PD＝16－2×2＝12　　△DEFの面積をSとすると，三角すいPDEFの体積は，$\frac{1}{3}\times S\times12=4S$

三角柱ABC－DEFの体積は，S×16＝16S　　よって，$4S\div16S=\frac{1}{4}$(倍)

重要 (3)　16÷2＝8，4×(10－8)＝8　　よって，点Pは辺DE上のDP＝8cmの位置にある。FからDEにひいた垂線をFHとすると，DH＝$\frac{1}{2}$DE＝6，FH＝$\sqrt{3}$DH＝$6\sqrt{3}$　　よって，CP＝$\sqrt{CF^2+FP^2}=\sqrt{CF^2+FH^2+HP^2}=\sqrt{16^2+(6\sqrt{3})^2+(8-6)^2}=\sqrt{368}=4\sqrt{23}$ (cm)

★ワンポイントアドバイス★

出題構成，難易度に変化はない。基礎を固めたら，過去の出題例を研究し，慣れておこう。

＜英語解答＞

Ⅰ　1 発電機　2 ウ　3 ア　4 エ　5 イ

Ⅱ　1 ウ　2 エ　3 エ　4 ア　5 ウ

Ⅲ　1 ウ　2 ア　3 エ　4 イ　5 イ

Ⅳ　1 ア　2 850　　Ⅴ　1 イ　2 イ　3 ア

Ⅵ　1 ウ　2 エ　3 ア　4 イ

Ⅶ　Music may be able to heal us.

○推定配点○

各4点×25　　計100点

＜英語解説＞

Ⅰ　（長文読解問題・説明文：内容吟味）

（全訳）　私たちの生活の中ではたくさんの便利なものがある。人々，企業，そして大学までもがたくさんのものを作ってきた。これらのものは生活をより楽にしてくれる。発明されたものの話をご存知だろうか。それらがどのように発明されたかご存知だろうか。私たちの生活の中で最も偉大な発明は何であろうか。私たちの生活をより楽にしてくれた偉大な発明の例をいくつか挙げよう。

冷蔵庫は，1876年にカール・フォン・リンデによって発明された。彼はドイツの科学者だった。彼がそれを発明する前は，多くの人々が氷室を持っていた。それは食べ物を貯蔵しておくための小さな建物である。人々は氷を買って氷室に保管し，冷たくしておくために食べ物や飲み物をその中に入れた。しかし，氷室は長期間ものを冷たくしておくことはできなかった。冷蔵庫は，食べ物と飲み物をずっと長く，そしてさらに簡単に新鮮に保つ。だから，冷蔵庫は氷室よりも人気が出た。

掃除機が発明されるまで，人々は家をきれいにするためにほうきを使っていた。最初の掃除機は冷蔵庫よりも前に，ダニエル・ヘスによって発明された。彼はそれをカーペット・スイーパーと呼んだ。それはとても大きかったので，1人が機械の本体を動かし，別の人がほこりを吸い上げる部分を動かさなくてはならなかった。多くの人々がヘスの設計を改善したが，それでも掃除機は大型で高価だった。48年後，ジェームズ・スパングラーがより効率的で小さな掃除機を作った。これは電気で動く最初の掃除機だった。彼のおかげで，人々は自分の家庭用に掃除機を買うようになったのだ。

店で服を買えなければどうするだろうか。ミシンが発明される前は，だれもが家で手作りで服を作っていた。1800年代に，多くの人々がミシンを発明しようとして，エリアス・ハウが最初の便利なミシンを発明した。それは最初の掃除機よりも前に発明された。他の人々が同じ種類の機械を作り始めた。それから企業がたくさんの服を作って，店で売ることができるようになった。ミシンのおかげで，私たちは今，服を買うことができるのだ。

電子レンジは偶然に発明された。パーシー・スペンサーはレーダー波に取り組んでいた。第二次世界大戦最後の年のある日，彼のポケットの中にあったチョコレートがレーダー波のために溶けた。このことで彼に考えが浮かび，彼は電子レンジを作り出したのである。最初の電子レンジはレーダーレンジと呼ばれた。それは当時のレストランで使われた。

これらは私たちが今も使っている偉大な発明の例である。今日，私たちの生活をより楽にしてくれる他の便利な発明を思いつくだろうか。そして，最も偉大な発明は何であろうか。テレビだろうか，飛行機だろうか，あるいはスマートフォンだろうか。私は，それは電気を作る機械だと思う。冷蔵庫や掃除機やミシンが発明されたとき，電機は必要なかったが，今では私たちが使う機械のほとんどすべてに電気が使われる。これが最大の変化である。だから私は，最大の発明は発電機であると言うのだ―それは私たちの世界を永遠に変えたのだから。

1　質問は，「私たちの生活の中で最も偉大な発明は何であろうか」という意味で，同じ質問が最終段落第3文にある。その2文後に，筆者の考えとして，「それは電気を作る機械だと思う」とある。この機械が最終文にある generator で，「電気を作る機械」つまり，「発電機」ということになる。

2 「最初の掃除機は冷蔵庫よりも前に，ダニエル・ヘスによって発明された」（第3段落第2文），「それ(＝ミシン)は最初の掃除機よりも前に発明された」（第4段落第4文）から，Aがミシン，Bが掃除機であることがわかる。また，第二次世界大戦が終わったのは1945年なので，「第二次世界大戦最後の年のある日，彼のポケットの中にあったチョコレートがレーダー波のために溶けた。このことで彼に考えが浮かび，彼は電子レンジを作り出した」（第5段落第3，4文）から，Dが電子レンジである。「新しい掃除機」については，第3段落最後から3文目に，「48年後，ジェームズ・スパングラーがより効率的で小さな掃除機を作った」とある。最初の掃除機の発明が冷蔵庫よりも前のことで，冷蔵庫が発明されたのが1876年だから，その48年後としても1924年でDよりも前のこととなる。

3　refrigerator「冷蔵庫」は第2段落最後から2文目「食べ物と飲み物をずっと長く，そしてさらに簡単に新鮮に保つ」という記述，vacuum cleaner「掃除機」は第3段落第3文「それをカーペット・スイーパーと呼んだ」の「カーペット(じゅうたん)」，第4文「それはとても大きかったので，1人が機械の本体を動かし，別の人がほこりを吸い上げる部分を動かさなくてはならなかった」という記述，sewing machine「ミシン」は第4段落最後から2文目「企業がたくさんの服を作って，店で売ることができるようになった」という記述，microwave oven「電子レンジ」は第5段落第3文「彼のポケットの中にあったチョコレートがレーダー波のために溶けた」，最終文「当時のレストランで使われた」という記述を手がかりに，それぞれどの機械を指す語であるかを推測する。本文に出ていないのはア「ミキサー」である。

4　ア「冷蔵庫が発明される前，人々は夏には氷室で暮らしていた」(×)　第2段落第4，5文に氷室の説明がある。氷室は夏の間食べ物や飲み物を貯蔵するための場所で，人が暮らす場所ではない。イ「最初の掃除機はとても大きかったので，人はたくさんのほこりを吸い上げることができた」(×)　第3段落第4文を参照。最初の掃除機がとても大きなものだったことが書かれているが，その分ほこりもたくさん吸い取れたという記述はない。　ウ「ダニエル・ヘスとジェームズ・スパングラーは一緒に新しいタイプの掃除機を作った」(×)　第3段落第2文と第3段落第6文から，ダニエル・ヘスは最初の掃除機を作った人物で，ジェームズ・スパングラーはその48年後にヘスが作った掃除機を小型化した人物であることがわかる。2人が一緒に新しい掃除機を作ったという記述はない。　エ「ミシンが発明される前，人々は手作りで服を作らなくてはならなかった」(○)　第4段落第2文の内容に合う。　オ「パーシー・スペンサーが発明した機械の最初の名前はレーダー・ウエーブであった」(×)　パーシー・スペンサーが発明した機械とは電子レンジ。第5段落最後から2文目に，「最初の電子レンジはレーダーレンジと呼ばれた」とある。

5　最終段落最後の3文を参照。筆者は，「私たちが使う機械のほとんどすべてに電気が使われる。これが最大の変化だ」と述べているので，イ「人々は電気で動く発明品を作っている」が適切。アは「発明品はますます小型化している」，ウは「科学者でない人は何か便利な物を発明しようと努力している」，エは「企業は発明品を作るために大学と協力している」という意味。

Ⅱ　(長文読解問題・エッセイ：英問英答，内容吟味，要旨把握)

(全訳)　日出ずる国での生活を夢見たことはあるだろうか。日本で交換留学生になることはよい考えで，この人気の東アジアの国へ行くことは，今では以前よりも簡単だ。日本についていくつか興味深いことを見てみよう。

Ⓐ　日本で暮らしているとき，すばやく日本語を覚えることができる。それは難しいが，基本を覚えていればそれを使うのはとてもおもしろい。短期間にたくさん聞いたり読んだりすることは外国語を学ぶ最もよい方法の1つだ。

Ⓑ　あなたの国と同じように，日本の学生は熱心に勉強します。学生はしばしば学校へ行くのに遠くから自転車に乗るが，到着すると熱心に勉強する。日本の学校に行けば，すべての授業が日本語で教えられているので，言語を学ぶ大きなチャンスがある。修学旅行はしばしば1年で最大の行事で，それは学生たちに日本の人気の場所を訪れる機会を与えてくれる。

Ⓒ　日本，特に東京で生活することはお金がかかる。日本の生活費は合衆国よりも高いと言われている。しかし，日本のアパートに住むことは合衆国のアパートに住むよりも安い。

[D] 日本の食べ物はよく知られているが，すべてが寿司というわけではない。実際，家庭料理を食べてみた後で，とても驚くだろう。カレーライスとラーメンは学校の食堂でも見つけられるほんのわずかなものだ。見たこともない日本の食べ物がたくさんある。
[E] 日本では，たくさんの人気のスポーツの練習が行われている。しかし，やってみたこともないスポーツが少しある。世話になる学校で相撲部や剣道部を調べてみてはどうだろうか。多くの日本の高校生も自分たちのスポーツをしている。例えば，高校野球のトーナメント，甲子園大会はとても人気があるので，多くの日本人がそれをテレビで見たり，ラジオで聞いたりする。
[F] 日本を旅行するのは簡単だ。新幹線が九州から北海道まで，国中に広がっている。住んでいる場所にもよるが，異なる天候も経験することだろう。四季の移り変わりを楽しみ，たくさんの種類の季節ごとの特別な料理を食べてみることもできる。わくわくするような生活が待っている。日本に行って暮らしてみてはどうだろうか。

1 質問は，「日本語を勉強する効率的な方法は何ですか」という意味。語学の学習法についてはAの段落最終文に「短期間にたくさん聞いたり読んだりすることは外国語を学ぶ最もよい方法の1つだ」とある。これと同内容のウ「その言語をたくさん聞いたり読んだりすること」が正解。ア は「日本のアパートに住むこと」，イは「学校で部活動に参加すること」，エは「日本の人気の場所を訪れること」という意味。

2 下線部を含む文の前半に「実際，家庭料理を食べてみた後で」とあり，「カレーライスとラーメンは学校の食堂でも見つけられるほんのわずかなものだ」と続くことから，家庭料理では，カレーライスやラーメンのようなよく知られた食べ物以外の料理を食べられるということが推測できる。さらに，「見たこともない日本の食べ物がたくさんある」と続くので，エ「思っている以上に多くの種類の日本食がある」が，家庭料理を食べて驚く理由として適切。アは「寿司はしばしば家庭料理に使われる」，イは「日本食は世界中で見られる」，ウは「合衆国の人々は日本食について多くのことを知っている」という意味。

3 空所を含む文の直前に，「(日本国内を旅行すれば)異なる天候も経験することだろう」とあり，空所を含む文の後半では「季節ごとの特別な料理を食べてみることもできる」と述べていることから，日本で楽しむことのできる4つのものとは「季節」であると考えると文脈に合う。ア「天候」，イ「島」，ウ「食べ物」。

基本 4 それぞれの段落の話題をつかむ。[A]では「日本語(を学ぶこと)」，[B]では「日本の学校」，[C]では「日本での生活はお金がかかること」，[D]では「日本の食べ物」，[E]では「日本で行われているスポーツ」，[F]では「日本国内の旅行」が話題となっている。

5 ア「生活費が合衆国よりも高いので，日本で勉強することはより難しい」(×) [C]の段落に日本の生活費が高いことが書かれているが，そのことと日本で勉強することの関連については述べられていない。 イ「日本はとてもせまいので，1人で日本を旅行することは簡単だ」(×) [F]の段落第1文に「日本を旅行するのは簡単だ」とあるが，その理由は直後の「新幹線が九州から北海道まで，国中に広がっている」という利便性のためである。 ウ「日本の学校で勉強することは，日本の人気の場所を訪れる機会を与えてくれる」(○) [B]の段落を参照。第3，4文で，日本の学校に通うことの利点として，「すべての授業が日本語で教えられているので，言語を学ぶ大きなチャンスがある」こと，「修学旅行は学生たちに日本の人気の場所を訪れる機会を与えてくれる」ことが挙げられている。 エ「日本の人々は，その多くが野球をしたことがないので，テレビでその試合を見る」(×) 日本人のスポーツに関する状況については[E]の段落に書かれている。最終文では，高校野球の人気について述べられているが，多くの人が野球をしたことがないためにテレビで野球の試合を見る，ということは述べられていない。

Ⅲ （長文読解問題・日記：指示語，内容吟味）

（全訳）

4月30日，月曜日

ぼくは練習の後で，アリサとレストランで昼食を食べた。ぼくたちは週末の計画について話した。ぼくたちは今週の土曜日に街に出かける予定だ。

5月2日，水曜日

今日はすばらしい日だった！　ぼくたちのコーチがぼくに第1チームでプレイするように言ったのだ。ぼくはついにチームの一員になったのだ。彼はぼくに，「きみは私たちのチームで最も熱心に野球を練習してきた。今では，きみはすぐれた選手になっているよ」と言った。ぼくはとても一生懸命に練習してきたので，それを聞いてとてもうれしかった！　ぼくは長い間，この日のことを考えてきた。ぼくの夢は，初めてのホームランを打つことと，甲子園でプレイすることだ。ぼくはチームを甲子園に導くことのできる選手になりたい。夜，ぼくはアリサに電話をかけて，2時間話をした。

5月3日，木曜日

ぼくは今日の練習を楽しんだ。それはきつかったが，第1チームでプレイするのはわくわくした。ぼくたちのコーチはいつも，「考えず，ただ野球をするだけではすぐれた野球選手にはなれない」と言う。今，ぼくはこの言葉の意味がわかる。第1チームのすべての選手が次にどう動くべきかについて考えている。彼らはよく練習中にお互いに話し合っている。彼らはまた，練習の後で考えたことを書き留めている。ぼくはよりすぐれた選手たちと一緒に野球をして楽しかった。

5月4日，金曜日

今日の練習はバッティングについてのものだった。ぼくたちのキャプテン，山田くんがボールの打ち方を教えてくれた。彼の助言はとても役に立ったので，ぼくはすぐにバッティング技術を改善することができた。彼は今までで最高のキャプテンだ。野球をすることがますます楽しくなってきている。ぼくはできるだけ早くホームランを打って，ぼくたちのすぐれたキャプテンと一緒に甲子園でプレイしたい。

5月5日，土曜日

アリサとぼくは今日の午後，映画館で映画を見て街で買い物をする予定だったが，そうしなかった。練習の後，ぼくは家で休んで明日の試合に備えてくつろぎたかったのだ。アリサはそのことを理解してくれた。一緒に映画を見たことがないから，彼女が映画を見たかったのはわかっていたので，来週行くことにした。ぼくはそれを楽しみにしている。

5月6日，日曜日

それは最もわくわくする試合だった！　今までで，ぼくの高校生活の中で最高の思い出になった。山田くんの助言のおかげで，ぼくの夢の1つが実現したのだ。ぼくたちのチームが勝った！　アリサはぼくたちが勝って本当にうれしそうだった。ぼくは甲子園でプレイするまで試合に勝ち続けるつもりだ。

1　that は前に出た内容を指すときにも用いられる。ここではアリサが理解したことなので，直前の「練習の後，ぼくは家で休んで明日の試合の準備にくつろぎたかった」という文の内容を指すと考えると自然な文意になる。

2　雅斗の夢は，5月2日の日記の最後から3文目と5月4日の日記の最終文にある「初めてのホームランを打つこと」と「甲子園でプレイすること」の2つ。下線部の直前に「山田くんの助言のおかげで」とあり，その助言は5月4日の日記の第2，3文からバッティングに関するものであることがわかる。バッティングについての夢なので，初めてホームランを打ったことになる。したがって，ア「雅斗は人生で初めてのホームランを打った」が正解。イは「雅斗は甲子園でプレイした」，ウは「アリサと雅斗は初めて一緒に映画を見に行った」，エは「アリサが雅斗の試合を見に来て，彼のチームが試合に勝った」という意味。

3　4月30日の日記の最終文に「ぼくたちは今週の土曜日に街に出かける予定だ」とあり，その具体的な内容は5月5日の日記の第1文に，「アリサとぼくは今日の午後，映画館で映画を見て街で買い物をする予定だった」とある。

4　ア「4月30日現在で，雅斗は初めてアリサと映画を見ることを楽しみにしていた」(○)　結局映画には行かなかったが，5月5日の日記の最後の2文から，次の週に映画を見に行くことにしたこと，2人で映画を見るのは初めてであること，雅斗はそれを楽しみにしていることがわかる。イ「5月2日現在で，雅斗は，山田くんは野球をしている間に次のプレイについて考えていることを知っていた」(×)　雅斗がチームメイトたちが次の動きを考えながら練習をしていることを知ったのは5月3日のことである。5月2日の時点では，雅斗が第1チームに上がることが決まっただけで，まだ第1チームの練習には参加していない。　ウ「雅斗は野球をするときは次に何が起こるのかについて考える必要があると思った」(○)　5月3日の日記を参照。第3文に，雅斗がコーチの「考えず，ただ野球をするだけではすぐれた野球選手にはなれない」という言葉の意味がわかっていることが書かれている。また，その理由として，その後に，チームメイトたちが次の動きを考えながら練習している様子を見たことが書かれているので，雅斗は次の動きを考えながら野球をすることが必要だと思ったと考えられる。　エ「雅斗は山田くんと一緒に第1チームでプレイして試合に勝った」(○)　雅斗は第1チームに上がり(5月2日の日記)，山田くんは第1チームのキャプテンである(5月4日の日記)。また，第1チームは日曜日に行われた試合に勝った(5月6日の日記)。

5　ア「雅斗は5月5日にレストランでアリサと一緒に昼食を食べた」(×)　雅斗とアリサがレストランで一緒に昼食を食べたのは4月30日である。　イ「雅斗のコーチは雅斗の野球での努力を認めていた」(○)　5月2日の日記の内容と一致する。　ウ「雅斗のコーチは，雅斗はすぐれた選手になってきているので，彼に甲子園でプレイするように言った」(×)　5月2日の日記を参照。コーチは雅斗に，甲子園でプレイするようにとは言っていない。　エ「雅斗は山田くんのようなキャプテンになりたいと思った」(×)　雅斗は日記の中で，キャプテンになりたいということは書いていない。

や難 **Ⅳ　（英問英答）**

1　（対話文と質問の訳）「男性：すみませんが，栄への行き方を教えていただけますか。／女性：はい。どうやってそこに行きたいですか。／男性：わかりません。栄まで歩いて行けますか。／女性：はい，でもたくさん時間がかかります。バスか地下鉄に乗るのがいいですよ。／男性：わかりました。うーん，途中，街の眺めを見たいから…／女性：わかりました。あちらをまっすぐ行って，最初の角を右へ曲がれば…が見えますよ」　問「男性は最初の角を曲がると何が見えますか」　女性は男性に，栄までバスか地下鉄で行くことを勧め，男性は外の景色が見たいと言っているので，女性が教えたのは，外の様子が見えるバスの乗り場である。

2　（対話文と質問の訳）「店員：お次の方，どうぞ。何になさいますか。／マミ：ハンバーガーとチーズバーガーとコーラ，それとホットコーヒーをお願いします。／店員：かしこまりました。他に何かございますか。／マミ：はい，フライドポテトもお願いします。／店員：ラージですか，スモールですか。／マミ：ラージをお願いします」　問「マミはいくら支払いますか」　ハンバーガー(￥200)，チーズバーガー(￥250)，コーラ(＝ソフト・ドリンク)(￥150)，コーヒー(￥100)，フライドポテトのラージ(￥150)の合計は850円。

V （同意文書き換え問題：比較，不定詞，分詞）

1　上の文は「エリナはマサキよりも後に学校に来て，サキはエリナよりも遅く来た」という意味。下の文は3人の中でいちばん早く学校に来た Masaki が主語なので，最上級を用いて「マサキは3人の中でいちばん早く学校に来た」という文にする。「(時間が)早い」は early，「(複数)の中で」は of で表す。

2　上の文は so ～ that …「とても～なので…」を用いた文で，「あの公園はとても広いので，そこで野球をすることができます」という意味。「…できるほど～」の意味を表す enough to … を用いて，「あの公園は野球ができるほど広い」という文にする。

3　上の文は空所の後に〈主語＋動詞〉があることから，目的格の関係代名詞 which または thatを補って，「ヤマダさんが撮った写真はとてもきれいだ」という文にする。下の文では，(　　) by Mr. Yamada が後ろから The pictures を修飾するように，過去分詞 taken を入れて，「ヤマダさんによって撮られた写真はとてもきれいだ」という文にする。

重要 VI （語句整序問題：現在完了，動名詞，不定詞）

1　(I) have been interested in the rain forests since I was (a child.)　「(子供の頃から今まで)ずっと興味がある」という内容なので，be interested in ～「～に興味がある」を現在完了で用いる。「～のときから[以来]」は since の後に〈主語＋動詞〉を続けて表す。

2　Visiting Nagoya Castle is one of the purposes of their (trip.)　「名古屋城を訪れること」を動名詞を用いて visiting Nagoya Castle として主語にする。「～の1つ」は〈one of ＋名詞の複数形〉で表す。purpose「目的」。

3　Robots living with people make our lives better.　「人々と共に生活しているロボット」は，robots の後に現在分詞を用いた living with people「人々と共に生活している」を続けて表す。この場合の make は「～を…にする」の意味。lives は life「生活」の複数形。

4　(I) want this movie to keep attracting people's attention.　「私はこの映画に人々の興味を引き続けてほしい」と考え，〈want ＋目的語＋ to ＋動詞の原形〉「～に…してほしい[～が…することを望む]」の形にする。「～し続ける」は keep ～ing で表す。attention「関心，注目」。

やや難 VII （和文英訳：助動詞，不定詞）

music「音楽」を主語にする。「～をいやす」は与えられている heal。「～できるかもしれない」は，「～できる」と「～かもしれない」の意味を出す必要がある。「～かもしれない」は助動詞 may で表すが，助動詞の後に助動詞を続けて may can のようにすることはできないので，can と同じ「可能」の意味を表す be able to ～ を続ける。

★ワンポイントアドバイス★

II 4の段落ごとの表題を選ぶ問題では，細かい部分が読み取れなくても，何が話題になっているかがつかめればよい。そのためには，それぞれの段落でどのような単語が多く用いられているかに着目するのも1つの方法である。

＜理科解答＞

1　問1　40(cm³)　問2　エ　問3　27.4〔cm/秒〕　問4　ア　問5　オ　問6　カ

2　問1　ウ　問2　エ　問3　ウ　問4　エ　問5　$2H_2+O_2 \rightarrow 2H_2O$　問6　ウ

3　問1　①　エ　②　ウ　③　イ　問2　反射　問3　Y　問4　イ

4　問1　(A，C，G層)　エ　(F層)　ウ　問2　ア　問3　D　問4　かぎ層
問5　イ　問6　ウ

○推定配点○

1　各3点×6　2　各3点×6　3　各3点×6　4　各3点×7　計75点

＜理科解説＞

1　(運動とエネルギー－台車とおもりの運動)

問1　おもりの体積は，$\frac{316}{7.9}$＝40(cm³)である。

問2　記録テープの長さからわかるように，台車の速さは0.8秒までは少しずつ増加しているが，それ以後は一定になっている。

問3　台車の平均の速さは，$\frac{0.8+2.2+3.0+3.7+4.0}{0.5}$＝27.4(cm/秒)である。

やや難　問4・問5　おもりにはたらく下向きの重力や上向きの浮力の大きさは変わらないが，おもりの水中での速さが大きくなるにつれて，上向きの水の抵抗力が大きくなるので，おもりにはたらく合力は，小さくなり，やがて0になる。

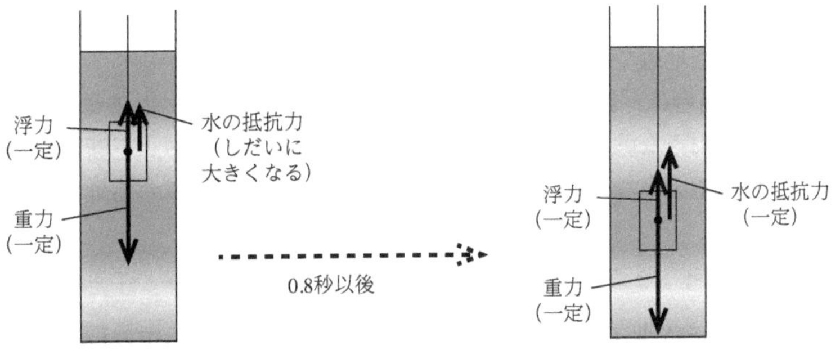

重力＞浮力＋水の抵抗力など
…おもりには下向きの合力がはたらき，速くなる

重力＝浮力＋水の抵抗力…
おもりにはたらく合力は0になり，慣性の法則により，おもりの速さは一定になる

やや難　問6　おもりが水中を落下するにしたがい，おもりの位置エネルギーも減少するが，それにともない，おもりの速さが速くなり，運動エネルギーは増加する。ただし，おもりにはたらく上向きの水の抵抗力が大きくなるので，空気中を落下する場合とは異なり，運動エネルギーが増加する割合が減っていくので，おもりの位置エネルギーと運動エネルギーの合計である力学的エネルギーは減少する。

2　(電気分解とイオン－水と塩化銅の電気分解)

問1　水の電気分解によって発生する水素と酸素を集めるので，ゴム栓と液体の間に空気が入らないようにする必要がある。

重要　問2・問3　発生する気体の体積の比は，水素：酸素＝2：1であり，電極Aの－極側から水素，電極Bの＋極側から酸素が発生する。

問4　質量保存の法則より，化学変化の前後では質量の総和は変わらない。

重要 問5　水素と酸素の混合気体に点火すると，ポンという音を出して燃え，水が生じる。

重要 問6　塩化銅水溶液を電気分解すると，陰極表面で，銅イオンが電子を受け取り銅原子になり陰極に付着する。一方，陽極表面では，塩化物イオンが電子を陽極に渡して塩素原子になった後，塩素原子2個が結びついて塩素分子になる。陽極：$Cu^{2+}+2e^{-}\rightarrow Cu$　　陰極：$2Cl^{-}\rightarrow Cl_2+2e^{-}$

3　**(ヒトの体の反応－刺激と反射)**

重要 問1　①　感覚器官であるうでの皮膚で受けた温度の感覚が信号に変えられて，せきずいを通して中枢の脳に伝えられる。その後，脳からの信号がせきずいを通して運動器官である手の筋肉に伝えられる。　②　感覚器官である目で受けた光の刺激が信号に変えられて，直接中枢の脳に伝えられる。その後，脳からの信号がせきずいを通して運動器官である手の筋肉に伝えられる。

③　感覚器官であるひざの皮膚で受けた感覚が信号に変えられて，中枢のせきずいに伝えられる。その後，せきずいからの信号が運動器官である足の筋肉に伝えられる。

問2　熱いものに手がさわり，思わず手をはなすことも反射の例である。

問3　筋肉Xが収縮することで腕が曲がり，筋肉Yが収縮することで腕がのびる。

問4　虹彩《こうさい》が伸び縮みすることで，瞳の大きさが大きくなったり小さくなったりして，目に入る光の量が変化する。

重要 4　**(地層と岩石－堆積岩と化石)**

問1　(A，C，G層)　うすい塩酸をかけると，石灰岩がとけて二酸化炭素が発生する。

(F層)　2mm以上の丸みを帯びた粒からできているのでれき岩である。

問2　れきは粒が大きくて重いので，河口付近に堆積する。

問3～問5　アンモナイトの化石は，中生代であることを示す示準化石で，広い範囲に見られるので，遠く離れていても，同じ時代に堆積したことがわかる。また，D層はB層よりも下にあり，最も古い時代に堆積した地層であることがわかる。

問6　図の逆断層の場合は，西側の部分が東側の部分よりも上側にあるので，地震などのときに，東西から押されるような強い力がはたらいたことがわかる。なお，正断層の場合は，図とは反対に，東西に引かれるような強い力がはたらき，西側の部分が東側の部分よりも下側になる。

★ワンポイントアドバイス★

生物・化学・地学・物理の4分野において，基本問題に十分に慣れておくこと。その上で，いろいろいな分野においてしっかり取り組んでおく必要がある。

＜社会解答＞

1　1 オランダ　2 関税自主　3 エ　4 エ　5 オ　6 ウ　7 オ

2　日清戦争　3　小作農が減って，自作農が増えた。

4　1 ア　2 エ　5　ア　6　1 給与所得　2 ア　3 175,000円

7　4名　8　イ　9　1 ウ　2 ア

10　1 イ　2 エ　3 イ　4 イ　11　オ

○推定配点○

1　各3点×7　2　3点　3　5点　4　各3点×2　5　3点　6　各3点×3

7　4点　8　3点　9　各3点×2　10　各3点×4　11　3点　計75点

＜社会解説＞

1 （世界と日本の歴史－1世紀から20世紀の外交に関する問題）

重要 1　1639年にポルトガル人の来航を禁じたあと，1641年に長崎の港の中に埋立地の出島をつくり，そこにオランダ商館を移し，これによって名実ともに鎖国体制が完成した。

2　関税自主権は日本が海外から輸入する品に，日本が勝手に関税を設定して課すことができるようにするもの。1858年の日米修好通商条約で日本はこれを失っていたのを1911年にアメリカとの間で回復することができた。この後，他の国との間でも随時改正されていくことになる。

3　エ　「漢委奴国王」と刻まれた金印は博多の志賀島で発見され，さらにそれを日本に与えた記録が「後漢書東夷伝」にも記されている。

4　エ　聖徳太子が定めた十七条の憲法の中の一つ。

5　オ　Cの遣唐使廃止後，それまでに唐から得ていたものを日本の風土に合うように変えてきた国風文化が栄えるようになり，その中で漢字からつくられたかな文字がひろがっていくようになる。

やや難 6　ウ　壬申の乱は672年の出来事で，この期間には当てはまらない。他は正しい。

7　オ　①は1932年，②は1931年，③は1933年，④は1914年なので，いずれも設問の時期には該当しない。

2 （日本と世界の歴史－日清戦争の頃の日本と世界の情勢に関連する問題）

設問の絵はフランスのビゴーという風刺画家の描いた有名なもの。左の日本人と右の中国人が釣り糸を垂れて，朝鮮半島を指す魚を釣り上げようとしているのを，橋の上からロシアが見守っているというもの。

1894年から95年の日清戦争は日本と清との間で，朝鮮をめぐり争われたもの。アジアでは古くから，中国と主従関係を結ぶ国が多く，朝鮮はもちろん，日本もかつてはそうであったが，日本は豊臣秀吉の朝鮮出兵以後，清との関係はややこじれたものになっていた。それが明治になりさらに日本が朝鮮への支配権を確立しようと動き出したことで清と対立するようになる。

また，ロシアも清の東北部の満州への進出を狙っており，その機会をうかがっていたところへ日本が出てきて，ロシアが狙っていたリャオトン半島を日本が下関条約で獲得してしまったため，いわゆる三国干渉を起こし，日本に清へ半島を返すことを強要してきた。

重要 3 （日本の歴史－太平洋戦争後の民主化に関する問題）

資料は太平洋戦争後，日本に進駐してきたGHQが実施した様々な民主化政策の中の一つである農地改革に関連するもの。農地改革は一定面積以上の土地をもつ地主から国が土地を買い上げ，その土地を小作農に安く売り渡すもの。これによって，大多数の小作人が自作農へ変わった。

農地改革は単に小作農を自作農にするだけのものではなく，戦前の日本において地主が小作人を半ば奴隷のように従えていたという関係を解消させることが本来の目的であった。農地改革によって日本の農家のほとんどは自作農へと変わったが，半面，これが農地を細分化することにもつながり，現在の日本の農家の経営を苦しくした原因ともいえる。

4 （日本と世界の歴史－国連に関連する現代史の問題）

やや難 1　②　表中のPKOの活動件数は全64で，そのうちアフリカでのものは28だから半数には達していない。　③　東西ドイツが統一されたのは1990年。それ以降のPKOは46件でむしろ増えている。　④　自衛隊が初めてPKOに参加するのは1992年。その期間での活動が最も多いのはアフリカでアジアではない。

2　ア　1920年に第一次世界大戦後設立されたのは国際連盟。国際連合は1945年の10月に第二次世界大戦後に設立。　イ　日本は非常任理事国になった回数は多いが常任理事国ではない。常任理事国は第二次世界大戦の連合国。　ウ　国連の分担金は人口数によって分配されているのではない。

5 （公民ー温暖化に関連する国際社会の問題）

Bは中国の言い分。二酸化炭素の排出量は国としては世界最大だが，人口も多いので一人当たりにすればさほど大きくはない。ただ，発電や工業の生産が急速に多くなったものの設備などには古いものもあり，それを入れ替えて二酸化炭素の排出を抑えることをやると経済の成長を減速させることになりかねないと，温室効果ガスの削減に対しては二の足を踏んでいるのが現状。

Aは南太平洋の島々，Cはアジアやアフリカの産油国の言い分。

6 （公民ー家計の収支に関する問題）

1　Aは給与所得。一般的なサラリーマンの家庭の収入。自営業であれば事業所得や個人業主所得。

2　貯蓄と保険の線引きは難しいが，年金の払い込みなどは保険。保険の中でも，年金とは別に一定期間払い込み，満期がくると払い戻しがあるようなものは貯蓄と同じようにとらえる。国民年金は，年齢が来ればもらえるものではあるが，払い込んだものが戻ってくるというものではないので貯蓄とは別で，租税と同じように社会のシステムを支えるために負担するものととらえる。

3　支出の中で，食糧費，被服・履物費，交通通信費，医療費，娯楽費，その他の支出が消費支出に分類できる。これらを合計すれば175,000円になる。

重要 7 （公民ー選挙に関する問題）

比例代表選挙での各政党への議席の配分方法としてドント式があり，これは各党の得票数を1から順に整数で割った表を作り，その表の数字の大きなものから順に，全議席数分の数字を拾っていき，その拾われた数がその党の議席数となる。

この場合A党は5000票を獲得しているので，1から順に割って5000，2500，1600，1250，1000となる。Bは同じように2500，1250，833，625，500となる。Cも同様に2000，1000，666，500，400となる。これらの数字を大きい方から順に7つ拾うと，Aが5000，2500，1660，1250の4つ，Bが2500，1250の2つ，Cが2000の1つとなり，A党が4議席，B党が2議席，C党が1議席を獲得することになる。

8 （公民ー直接民主制に関する問題）

重要 ②　条例制定，改廃を求める直接請求は有権者の50分の1以上の署名。

③　憲法改正は，まず国会での発議の後に国民投票で，国民投票で有効票の過半数の支持があれば，直ちに天皇が国民の名で改正憲法を公布する。

9 （地理ーサッカーワールドカップ参加国に関する問題）

1　④　南米の開催地はウルグアイ，ブラジル，チリ，アルゼンチンがあり，北米でもアメリカやメキシコで開催されているので誤り。

2　Aはフランスなので①が正しい。②はオランダ，③はスペイン。

10 （日本の地理ー日本の地理に関する問題）

1　②　人口が最も多い都道府県は東京都で日本の10分の1以上が東京都に住んでいる。また一番少ないのは鳥取県。　③　面積の一番小さい都道府県は香川県で大阪府は二番目に小さい。

2　すべて正しいのでエ。

3　①　北海道で稲作が行われているのは上川盆地や石狩平野。川上盆地はない。　③　白神山地は本州の青森県と秋田県の県境にある。北海道で自然遺産になっていて観光客の自動車乗り入れを規制しているのは知床。

4　③　信楽焼は滋賀県のもの。愛知県ではない。

重要 11 （日本の地理ー日本の都道府県の地誌に関する問題）

設問の府県の中で，人口密度や製造品出荷額などからAの愛知県，Cの大阪府は，すぐ絞り込める。あとは選択肢を見て，Bの県として青森県と長野県のどちらかかを考える。漁獲量が比較的多い県であるので，内陸県の長野は除外できるので青森県と判断できる。

★ワンポイントアドバイス★

小問数が24題で試験時間が30分ほどなので結構時間的には忙しいが，落ち着いて一つずつ正確に解答欄を埋めていきたい。正誤問題は正誤の個数で記号が変わるので，注意が必要である。

＜国語解答＞

一　問一　端正　問二　A　オ　B　エ　問三　簡潔・質素をたたえる美(11字)
問四　水盤に　問五　ウ　問六　イ

二　問一　嘘[うそ・ウソ]も方便　問二　事の本質が　問三　イ　問四　自分の
問五　A　建前　B　本質　問六　エ　問七　ア・オ

三　問一　a　問二　エ　問三　此処元～ける。　問四　(例)　この男の正直なところ(10字)　問五　ア　問六　物事正　問七　イ・エ

四　問一　1　歓心　2　のりと　3　陥れる　問二　イ　問三　オ・キ

○推定配点○

一　問二　各2点×2　他　各4点×5　二　問五・問七　各2点×4　他　各4点×5
三　問七　各2点×2　他　各4点×6　四　問三　各2点×2　他　各4点×4　計100点

＜国語解説＞

一　(論説文―大意・要旨，内容吟味，文脈把握，接続語の問題)

やや難　問一　傍線部①「まるで数学の定理のように美しい」は，冒頭の段落の「東山御殿」について述べている。「東山御殿」について，傍線部①の直前で「そこに現れた表現は決して豪奢なものではなく，簡潔・質素をたたえる美……書き物をする帖台と飾り棚が一面にぴしりと端正に収まり」と述べている。ここから，形などがきちんとしていて美しいという意味を表す「端正」を抜き出す。

問二　A　「今日知るよしもない」という前に対して，直後で「おそらくは……そんな風に想像することができる」と相反する内容を述べているので，逆接の意味を表す語が当てはまる。

B　前の「ディテイルをなぞり直し復元する」というよりも，後の「全く新しい美意識の高まりがそこに　生まれてきたのではないか」と言った方がいいという文脈なので，あれよりもこれを選ぶという意味を表す語が当てはまる。

問三　直後の文で「渡来の豪華さの対極に，『冷え枯れた素の極点』を拮抗させてみることで，これまでにない感覚の高揚を得ることができた」と説明している。この「冷え枯れた素の極点」に通じる「美」について述べている部分を探す。「しかしながら」で始まる段落に「簡潔・質素をたたえる美」とあるのに着目する。

問四　「多様なイマジネーションの交流」がはかられるのが「茶の湯」だと述べている。同じ段落で，「多様なイマジネーション交流」を「豊かな想像力を喚起していく」と言い換え，その後で「水盤に水を張り，桜の花弁をその上に散らし浮かべたしつらい……水菓子の風情に夏の情感を託し，涼を分かち合うイメージの交感」と具体的に述べている。

問五　「逆の意味」について，直後で「子供の目には裸に見える王に着衣を見立てていくイマジネーション……何もないからあらゆる見立てを受け入れることができる」と説明している。

重要 問六　冒頭の段落と「しかしながら」で始まる段落，「それらの文物を」で始まる段落の内容に合致するものはイ。

二　**（論説文一大意・要旨，内容吟味，文脈把握，指示語の問題，脱文・脱語補充，ことわざ・慣用句）**

問一　ある目的を達成するための便宜的な手段という意味の「方便」を用いたことわざを考える。

問二　同じ文の冒頭「大人になる」とは，どういうことかを考える。同じ段落で「大人になるということは，そのあたりの機微が分かるということ」と述べ，その後で「つまり……事の本質が見えてくるということでもある」と言い換えている。十五字以内という指定字数に合う部分を抜き出す。

問三　同じ段落で，若者が「年を取っていくことを嘆」かなくなるためには，「『若さに価値がある』という言説がウソだと気づ」くことが必要だと述べている。「若さに価値がある」という「一つのデマ」から「解放され」ると，「今日よりはあす，あすよりはあさってに希望が持てるようになる」，「自由に生きられるようになる」と続けており，ここから理由を読み取る。

問四　「自分のことをいえば」で始まる段落に，筆者の「やりたいこと」を簡潔に述べている。「見栄や外聞に流されたくはないし，責任のとれないことはしたくない」は，やりたくないことなので，適当ではない。

問五　空欄[A]・[B]を含む段落は，一つ前の段落「自分の信念を若者に伝えるための道具として，片方は建前を，片方は本質を使った」例として挙げている。「宮さん」は何に「準じ」ているのか，また，宮さんは何が「見えている」のかを考える。直前の段落に「宮さんは青春を謳歌」は，「若者に対して」で始まる段落の「『君たちはかけがえのない青春の中にいる。今この瞬間を大切にして生きろ』……建前に準じ」る姿勢に通じるので，空欄[A]に当てはまるのは「建前」。空欄[B]の後に「あえて本質は語っていないだけ」とあるので，宮さんに「見えている」のは「本質」だとわかる。したがって，空欄[B]には，「本質」が当てはまる。

やや難 問六　筆者が「ただの未熟者であり，教師たる資格はない」としているのは，「心底『若い者たちがうらやましい』などと思っている」教師のことである。「だが，オヤジは」で始まる段落で，筆者は，大人は「本音と建前を使い分けることができる……自分のやっていることの正体が分かっている」と述べているのに着目する。ここから，「心底『若い者たちがうらやましい』」と思っている教師は，「若さに価値がある」が建前であることに気がつかず，子供たちに本質を伝えることができないからだとわかる。

重要 問七　アは，「当然のように」で始まる段落の内容としてふさわしくない。本文では「本音」と「建前」のどちらが重要であるかは述べていないので，オもふさわしくない。

三　**（古文一主題・表題，内容吟味，文脈把握，ことわざ・慣用句，文と文節）**

基本 問一　aの「難波人」は大坂の人を示し，他はすべて「あたりの男」を示す。

問二　「難波人」は，東の山里に生えていた紅茸を「聖人の世にはえる，霊芝」と言って，「あたりの男」をからかっている。

問三　「難波人」に言われた通りに江戸へ行き金を拾っていた「あたりの男」が，「人宿」の亭主に金を拾えたかどうか聞かれている場面に注目する。「此処元へまゐつて，昨日ばかりが不仕合わせ，その外は拾ひました……四百色程拾ひける」という「あたりの男」の言葉に「　」が必要となる。

やや難 問四　古文中から，男の様子を述べている部分を探す。「折ふし」で始まる段落の「律儀者なり」

や，「亭主の心」で始まる段落の「はるばる正直にくだる心ざし」などの語句を使ってまとめる。

問五　直前の「これためしもなき事なり。はるばる正直にくだる心ざし，咄しの種に拾はせよ。」という会話に着目する。江戸の亭主は，商売をするために江戸に下ってきた男にあきれながらも，近所の衆と小判五両を出し合って拾わせたのである。

問六　冒頭で「物事正直なる人は，天も見捨てたまはず。」と作者の感想が述べられている。

重要　問七　男はからかわれているとも知らず，言われたとおりに金を拾っているうちに富貴となったという内容から考える。正直でいるのが最もよい手段だという意味のイ，正直な人には神からの加護があるという意味のエの「正直の頭(こうべ)に神宿(かみやど)る」が読み取れる。

四　(漢字の読み書き，品詞・用法))

やや難　問一　1　「カンシンを買う」で，人の機嫌をとる，という意味になる。同音異義語の「感心」「関心」「寒心」などと区別する。　2　神官が神前で唱える言葉。特別な読み方をする熟字訓であることに注意する。　3　苦しい立場に追いやること。他の訓読みに「おちい(る)」がある。音読みは「カン」で，「陥落」「欠陥」などの熟語がある。

問二　イの「無鉄砲で」の「で」は　断定の意味を表す助動詞。

重要　問三　オは，その動作が基づくものを表す助詞。キは，「ない」に置き換えられないので形容詞。

★ワンポイントアドバイス★

古文では，【現代語訳】が大きなヒントになる。限られた時間の中で，設問に関連のある箇所を【現代語訳】からすばやく見つけ出せるよう，ふだんから読み取りのスピードを上げておくことが大切だ。

MEMO

大切なことはメモしておこうネ！

解答用紙集

○月×日 △曜日　天気（合格日和）

◆ご利用のみなさまへ
＊解答用紙の公表を行っていない学校につきましては、弊社の責任において、解答用紙を制作いたしました。
＊編集上の理由により一部縮小掲載した解答用紙がございます。
＊編集上の理由により一部実物と異なる形式の解答用紙がございます。

人間の最も偉大な力とは、その一番の弱点を克服したところから生まれてくるものである。 ――カール・ヒルティ――

東京学参株式会社

愛知工業大学名電高等学校　2024年度

◇数学◇

※この解答用紙は学校からの発表がないため，東京学参が制作いたしました。

1	(1)	ア	① ② ③ ④ ⑤ ⑥ ⑦ ⑧ ⑨ ⓪ ⊖
	(2)	イ	① ② ③ ④ ⑤ ⑥ ⑦ ⑧ ⑨ ⓪ ⊖
		ウ	① ② ③ ④ ⑤ ⑥ ⑦ ⑧ ⑨ ⓪ ⊖
		エ	① ② ③ ④ ⑤ ⑥ ⑦ ⑧ ⑨ ⓪ ⊖
		オ	① ② ③ ④ ⑤ ⑥ ⑦ ⑧ ⑨ ⓪ ⊖
	(3)	カ	① ② ③ ④ ⑤ ⑥ ⑦ ⑧ ⑨ ⓪ ⊖
		キ	① ② ③ ④ ⑤ ⑥ ⑦ ⑧ ⑨ ⓪ ⊖
		ク	① ② ③ ④ ⑤ ⑥ ⑦ ⑧ ⑨ ⓪ ⊖
		ケ	① ② ③ ④ ⑤ ⑥ ⑦ ⑧ ⑨ ⓪ ⊖
		コ	① ② ③ ④ ⑤ ⑥ ⑦ ⑧ ⑨ ⓪ ⊖
		サ	① ② ③ ④ ⑤ ⑥ ⑦ ⑧ ⑨ ⓪ ⊖
	(4)	シ	① ② ③ ④ ⑤ ⑥ ⑦ ⑧ ⑨ ⓪ ⊖
		ス	① ② ③ ④ ⑤ ⑥ ⑦ ⑧ ⑨ ⓪ ⊖
	(5)	セ	① ② ③ ④ ⑤ ⑥ ⑦ ⑧ ⑨ ⓪ ⊖
		ソ	① ② ③ ④ ⑤ ⑥ ⑦ ⑧ ⑨ ⓪ ⊖
	(6)	タ	① ② ③ ④ ⑤ ⑥ ⑦ ⑧ ⑨ ⓪ ⊖
		チ	① ② ③ ④ ⑤ ⑥ ⑦ ⑧ ⑨ ⓪ ⊖
		ツ	① ② ③ ④ ⑤ ⑥ ⑦ ⑧ ⑨ ⓪ ⊖
	(7)	テ	① ② ③ ④ ⑤ ⑥ ⑦ ⑧ ⑨ ⓪ ⊖
		ト	① ② ③ ④ ⑤ ⑥ ⑦ ⑧ ⑨ ⓪ ⊖
		ナ	① ② ③ ④ ⑤ ⑥ ⑦ ⑧ ⑨ ⓪ ⊖
		ニ	① ② ③ ④ ⑤ ⑥ ⑦ ⑧ ⑨ ⓪ ⊖

2	(1)	ア	① ② ③ ④ ⑤ ⑥ ⑦ ⑧ ⑨ ⓪ ⊖
		イ	① ② ③ ④ ⑤ ⑥ ⑦ ⑧ ⑨ ⓪ ⊖
	(2)	ウ	① ② ③ ④ ⑤ ⑥ ⑦ ⑧ ⑨ ⓪ ⊖
		エ	① ② ③ ④ ⑤ ⑥ ⑦ ⑧ ⑨ ⓪ ⊖
		オ	① ② ③ ④ ⑤ ⑥ ⑦ ⑧ ⑨ ⓪ ⊖
	(3)	カ	① ② ③ ④ ⑤ ⑥ ⑦ ⑧ ⑨ ⓪ ⊖
		キ	① ② ③ ④ ⑤ ⑥ ⑦ ⑧ ⑨ ⓪ ⊖

3	(1)	ア	① ② ③ ④ ⑤ ⑥ ⑦ ⑧ ⑨ ⓪ ⊖
		イ	① ② ③ ④ ⑤ ⑥ ⑦ ⑧ ⑨ ⓪ ⊖
		ウ	① ② ③ ④ ⑤ ⑥ ⑦ ⑧ ⑨ ⓪ ⊖
	(2)	エ	① ② ③ ④ ⑤ ⑥ ⑦ ⑧ ⑨ ⓪ ⊖
		オ	① ② ③ ④ ⑤ ⑥ ⑦ ⑧ ⑨ ⓪ ⊖
		カ	① ② ③ ④ ⑤ ⑥ ⑦ ⑧ ⑨ ⓪ ⊖

4	(1)	ア	① ② ③ ④ ⑤ ⑥ ⑦ ⑧ ⑨ ⓪ ⊖
	(2)	イ	① ② ③ ④ ⑤ ⑥ ⑦ ⑧ ⑨ ⓪ ⊖
		ウ	① ② ③ ④ ⑤ ⑥ ⑦ ⑧ ⑨ ⓪ ⊖
		エ	① ② ③ ④ ⑤ ⑥ ⑦ ⑧ ⑨ ⓪ ⊖
	(3)	オ	① ② ③ ④ ⑤ ⑥ ⑦ ⑧ ⑨ ⓪ ⊖
		カ	① ② ③ ④ ⑤ ⑥ ⑦ ⑧ ⑨ ⓪ ⊖
	(4)	キ	① ② ③ ④ ⑤ ⑥ ⑦ ⑧ ⑨ ⓪ ⊖
		ク	① ② ③ ④ ⑤ ⑥ ⑦ ⑧ ⑨ ⓪ ⊖
		ケ	① ② ③ ④ ⑤ ⑥ ⑦ ⑧ ⑨ ⓪ ⊖

愛知工業大学名電高等学校　2024年度

◇英語◇

※この解答用紙は学校からの発表がないため，東京学参が制作いたしました。

I	1	㋐ ㋑ ㋒ ㋓
	2	㋐ ㋑ ㋒ ㋓
	3	㋐ ㋑ ㋒ ㋓
	4	㋐ ㋑ ㋒ ㋓
	5	㋐ ㋑ ㋒ ㋓

II	1	㋐ ㋑ ㋒ ㋓
	2	㋐ ㋑ ㋒ ㋓
	3	㋐ ㋑ ㋒ ㋓
	4	㋐ ㋑ ㋒ ㋓
	5	㋐ ㋑ ㋒ ㋓

III	1	㋐ ㋑ ㋒ ㋓
	2	㋐ ㋑ ㋒ ㋓
	3	㋐ ㋑ ㋒ ㋓
	4	㋐ ㋑ ㋒ ㋓
	5	㋐ ㋑ ㋒ ㋓

IV	1	㋐ ㋑ ㋒ ㋓
	2	㋐ ㋑ ㋒ ㋓
	3	㋐ ㋑ ㋒ ㋓
	4	㋐ ㋑ ㋒ ㋓
	5	㋐ ㋑ ㋒ ㋓

V	1	㋐ ㋑ ㋒ ㋓
	2	㋐ ㋑ ㋒ ㋓
	3	㋐ ㋑ ㋒ ㋓
	4	㋐ ㋑ ㋒ ㋓
	5	㋐ ㋑ ㋒ ㋓

VI	1	㋐ ㋑ ㋒ ㋓
	2	㋐ ㋑ ㋒ ㋓
	3	㋐ ㋑ ㋒ ㋓
	4	㋐ ㋑ ㋒ ㋓
	5	㋐ ㋑ ㋒ ㋓
	6	㋐ ㋑ ㋒ ㋓
	7	㋐ ㋑ ㋒ ㋓
	8	㋐ ㋑ ㋒ ㋓
	9	㋐ ㋑ ㋒ ㋓
	10	㋐ ㋑ ㋒ ㋓

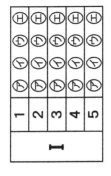

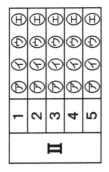

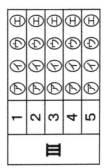

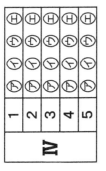

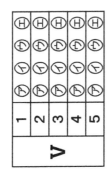

愛知工業大学名電高等学校　2024年度

◇理科◇

※この解答用紙は学校からの発表がないため，東京学参が制作いたしました。

1	(1)	ア	① ② ③ ④ ⑤ ⑥ ⑦ ⑧ ⑨
	(2)	イ	① ② ③ ④ ⑤ ⑥ ⑦ ⑧ ⑨ ⓪
		ウ	① ② ③ ④ ⑤ ⑥ ⑦ ⑧ ⑨ ⓪
	(3)	エ	① ② ③ ④ ⑤ ⑥ ⑦ ⑧
	(4)	オ	① ② ③ ④ ⑤ ⑥ ⑦ ⑧ ⑨
	(5)	カ	① ② ③ ④ ⑤ ⑥ ⑦ ⑧ ⑨ ⓪
		キ	① ② ③ ④ ⑤ ⑥ ⑦ ⑧ ⑨ ⓪
		ク	① ② ③ ④ ⑤ ⑥ ⑦ ⑧ ⑨ ⓪
	(6)	ケ	① ② ③ ④ ⑤ ⑥ ⑦ ⑧

2	(1)	ア	① ② ③ ④ ⑤
	(2)	イ	① ② ③ ④ ⑤ ⑥ ⑦ ⑧ ⑨
	(3)	ウ	① ② ③ ④
	(4)	エ	① ② ③ ④
	(5)	オ	① ② ③ ④ ⑤
		カ	① ② ③ ④ ⑤
		キ	① ② ③ ④ ⑤
		ク	① ② ③ ④ ⑤
	(6)	ケ	① ② ③ ④
	(7)	コ	① ② ③ ④ ⑤ ⑥ ⑦ ⑧

3	(1)	ア	① ② ③ ④ ⑤ ⑥ ⑦ ⑧
	(2)	イ	① ② ③ ④
	(3)	ウ	① ② ③ ④
	(4)	エ	① ② ③ ④ ⑤ ⑥ ⑦ ⑧
	(5)	オ	① ② ③ ④
	(6)	カ	① ② ③ ④ ⑤ ⑥

4	(1)	ア	① ② ③ ④
	(2)	イ	① ② ③ ④
	(3)	ウ	① ② ③ ④ ⑤ ⑥
	(4)	エ	① ② ③ ④
	(5)	オ	① ② ③ ④
	(6)	カ	① ② ③ ④ ⑤ ⑥
		キ	① ② ③ ④ ⑤ ⑥

愛知工業大学名電高等学校　　2024年度

◇社会◇

※この解答用紙は学校からの発表がないため，東京学参が制作いたしました。

(1)	① ② ③ ④
(2)	① ② ③ ④
(3)	① ② ③ ④
(4)	① ② ③ ④
(5)	① ② ③ ④
(6)	① ② ③ ④
(7)	① ② ③ ④
(8)	① ② ③ ④
(9)	① ② ③ ④ ⑤ ⑥
(10)	① ② ③ ④
(11)	① ② ③ ④
(12)	① ② ③ ④
(13)	① ② ③ ④
(14)	① ② ③ ④
(15)	① ② ③ ④ ⑤ ⑥
(16)	① ② ③ ④
(17)	① ② ③ ④
(18)	① ② ③ ④

愛知工業大学名電高等学校　2024年度

◇国語◇

※この解答用紙は学校からの発表がないため，東京学参が制作いたしました。

一	問一	a	㋐ ㋑ ㋒ ㋓
		b	㋐ ㋑ ㋒ ㋓
		c	㋐ ㋑ ㋒ ㋓
		d	㋐ ㋑ ㋒ ㋓
		e	㋐ ㋑ ㋒ ㋓
		f	㋐ ㋑ ㋒ ㋓
	問二	g	㋐ ㋑ ㋒ ㋓
		h	㋐ ㋑ ㋒ ㋓
	問三	i	㋐ ㋑ ㋒ ㋓
		j	㋐ ㋑ ㋒ ㋓
	問四		㋐ ㋑ ㋒ ㋓
	問五		㋐ ㋑ ㋒ ㋓
	問六		㋐ ㋑ ㋒ ㋓
	問七		㋐ ㋑ ㋒ ㋓
	問八		㋐ ㋑ ㋒ ㋓
	問九		㋐ ㋑ ㋒ ㋓
	問十		㋐ ㋑ ㋒ ㋓
	問十一		㋐ ㋑ ㋒ ㋓

二	問一	㋐ ㋑ ㋒ ㋓
	問二	㋐ ㋑ ㋒ ㋓ ㋔
	問三	㋐ ㋑ ㋒ ㋓
	問四	㋐ ㋑ ㋒ ㋓ ㋔
	問五	㋐ ㋑ ㋒ ㋓
	問六	㋐ ㋑ ㋒ ㋓

三	問一	㋐ ㋑ ㋒ ㋓
	問二	㋐ ㋑ ㋒ ㋓

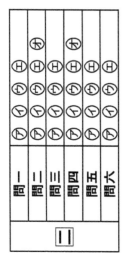

愛知工業大学名電高等学校　2023年度

◇数学◇

※この解答用紙は学校からの発表がないため，東京学参が制作いたしました。

1	(1)	ア	① ②
		イ	① ②
		ウ	① ②
		エ	① ②
	(2)	オ	① ② ③ ④ ⑤ ⑥ ⑦ ⑧ ⑨ ⓪ ㊀
		カ	① ② ③ ④ ⑤ ⑥ ⑦ ⑧ ⑨ ⓪ ㊀
		キ	① ② ③ ④ ⑤ ⑥ ⑦ ⑧ ⑨ ⓪ ㊀
	(3)	ク	① ② ③ ④ ⑤ ⑥ ⑦ ⑧ ⑨ ⓪ ㊀
	(4)	ケ	① ② ③ ④ ⑤ ⑥ ⑦ ⑧ ⑨ ⓪ ㊀
	(5)	コ	① ② ③ ④ ⑤ ⑥ ⑦ ⑧ ⑨ ⓪ ㊀
		サ	① ② ③ ④ ⑤ ⑥ ⑦ ⑧ ⑨ ⓪ ㊀
	(6)	シ	① ② ③ ④ ⑤ ⑥ ⑦ ⑧ ⑨ ⓪ ㊀
		ス	① ② ③ ④ ⑤ ⑥ ⑦ ⑧ ⑨ ⓪ ㊀
	(7)	セ	① ② ③ ④ ⑤ ⑥ ⑦ ⑧ ⑨ ⓪ ㊀
		ソ	① ② ③ ④ ⑤ ⑥ ⑦ ⑧ ⑨ ⓪ ㊀
		タ	① ② ③ ④ ⑤ ⑥ ⑦ ⑧ ⑨ ⓪ ㊀
	(8)	チ	① ② ③ ④ ⑤ ⑥ ⑦ ⑧ ⑨ ⓪ ㊀
		ツ	① ② ③ ④ ⑤ ⑥ ⑦ ⑧ ⑨ ⓪ ㊀
	(9)	テ	① ②
		ト	① ②
		ナ	① ②
		ニ	① ②
		ヌ	① ②
	(10)	ネ	① ② ③ ④ ⑤ ⑥ ⑦ ⑧ ⑨ ⓪ ㊀
		ノ	① ② ③ ④ ⑤ ⑥ ⑦ ⑧ ⑨ ⓪ ㊀

2	ア	① ② ③ ④ ⑤ ⑥ ⑦ ⑧ ⑨ ⓪ ㊀
	イ	① ② ③ ④ ⑤ ⑥ ⑦ ⑧ ⑨ ⓪ ㊀
	ウ	① ② ③ ④ ⑤ ⑥ ⑦ ⑧ ⑨ ⓪ ㊀
	エ	① ② ③ ④ ⑤ ⑥ ⑦ ⑧ ⑨ ⓪ ㊀
	オ	① ② ③ ④ ⑤ ⑥ ⑦ ⑧ ⑨ ⓪ ㊀
	カ	① ② ③ ④ ⑤ ⑥ ⑦ ⑧ ⑨ ⓪ ㊀
	キ	① ② ③ ④ ⑤
	ク	① ② ③ ④ ⑤ ⑥ ⑦ ⑧ ⑨ ⓪ ㊀
	ケ	① ② ③ ④ ⑤ ⑥ ⑦ ⑧ ⑨ ⓪ ㊀

3	(1)	ア	① ② ③ ④ ⑤ ⑥ ⑦ ⑧ ⑨ ⓪ ㊀
	(2)	イ	① ② ③ ④ ⑤ ⑥ ⑦ ⑧ ⑨ ⓪ ㊀
		ウ	① ② ③ ④ ⑤ ⑥ ⑦ ⑧ ⑨ ⓪ ㊀

4	(1)	ア	① ② ③ ④ ⑤ ⑥ ⑦ ⑧ ⑨ ⓪ ㊀
		イ	① ② ③ ④ ⑤ ⑥ ⑦ ⑧ ⑨ ⓪ ㊀
		ウ	① ② ③ ④ ⑤ ⑥ ⑦ ⑧ ⑨ ⓪ ㊀
	(2)	エ	① ② ③ ④ ⑤ ⑥ ⑦ ⑧ ⑨ ⓪ ㊀
		オ	① ② ③ ④ ⑤ ⑥ ⑦ ⑧ ⑨ ⓪ ㊀
		カ	① ② ③ ④ ⑤ ⑥ ⑦ ⑧ ⑨ ⓪ ㊀
		キ	① ② ③ ④ ⑤ ⑥ ⑦ ⑧ ⑨ ⓪ ㊀
		ク	① ② ③ ④ ⑤ ⑥ ⑦ ⑧ ⑨ ⓪ ㊀
		ケ	① ② ③ ④ ⑤ ⑥ ⑦ ⑧ ⑨ ⓪ ㊀

愛知工業大学名電高等学校　2023年度

◇英語◇

※この解答用紙は学校からの発表がないため，東京学参が制作いたしました。

I	1	㋐ ㋑ ㋒ ㋓
	2	㋐ ㋑ ㋒ ㋓
	3	㋐ ㋑ ㋒ ㋓
	4	㋐ ㋑ ㋒ ㋓
	5	㋐ ㋑ ㋒ ㋓

II	1	㋐ ㋑ ㋒ ㋓ ㋔
	2	㋐ ㋑ ㋒ ㋓ ㋔ ㋕
	3	㋐ ㋑ ㋒ ㋓ ㋔
	4	㋐ ㋑ ㋒ ㋓ ㋔
	5	㋐ ㋑ ㋒ ㋓ ㋔

III	1	㋐ ㋑ ㋒ ㋓
	2	㋐ ㋑ ㋒ ㋓
	3	㋐ ㋑ ㋒ ㋓
	4	㋐ ㋑ ㋒ ㋓
	5	㋐ ㋑ ㋒ ㋓

IV	1	㋐ ㋑ ㋒ ㋓
	2	㋐ ㋑ ㋒ ㋓
	3	㋐ ㋑ ㋒ ㋓
	4	㋐ ㋑ ㋒ ㋓
	5	㋐ ㋑ ㋒ ㋓

V	1	㋐ ㋑ ㋒ ㋓
	2	㋐ ㋑ ㋒ ㋓
	3	㋐ ㋑ ㋒ ㋓
	4	㋐ ㋑ ㋒ ㋓
	5	㋐ ㋑ ㋒ ㋓
	6	㋐ ㋑ ㋒ ㋓
	7	㋐ ㋑ ㋒ ㋓

VI	1	㋐ ㋑ ㋒ ㋓
	2	㋐ ㋑ ㋒ ㋓
	3	㋐ ㋑ ㋒ ㋓

愛知工業大学名電高等学校　2023年度

◇理科◇

※この解答用紙は学校からの発表がないため，東京学参が制作いたしました。

1	(1)	ア	① ② ③ ④ ⑤ ⑥ ⑦ ⑧
	(2)	イ	① ② ③ ④ ⑤ ⑥ ⑦ ⑧ ⑨ ⓪
		ウ	① ② ③ ④ ⑤ ⑥ ⑦ ⑧ ⑨ ⓪
	(3)	エ	① ② ③ ④ ⑤ ⑥ ⑦ ⑧ ⑨ ⓪
		オ	① ② ③ ④ ⑤ ⑥ ⑦ ⑧ ⑨ ⓪
	(4)	カ	① ② ③ ④ ⑤ ⑥
	(5)	キ	① ② ③ ④ ⑤ ⑥ ⑦ ⑧ ⑨ ⓪
		ク	① ② ③ ④ ⑤ ⑥ ⑦ ⑧ ⑨ ⓪
	(6)	ケ	① ② ③ ④ ⑤ ⑥ ⑦ ⑧ ⑨ ⓪
		コ	① ② ③ ④ ⑤ ⑥ ⑦ ⑧ ⑨ ⓪

2	(1)	ア	① ② ③ ④
	(2)	イ	① ② ③ ④
	(3)	ウ	① ② ③ ④ ⑤ ⑥ ⑦
	(4)	エ	① ② ③ ④ ⑤ ⑥
	(5)	オ	① ② ③ ④ ⑤ ⑥
	(6)	カ	① ② ③ ④

3	(1)	ア	① ② ③ ④ ⑤
	(2)	イ	① ② ③ ④
		ウ	① ② ③ ④
		エ	① ② ③ ④
		オ	① ② ③ ④
	(3)	カ	① ② ③ ④ ⑤
		キ	① ② ③ ④ ⑤
	(4)	ク	① ② ③ ④

4	(1)	ア	① ② ③ ④
	(2)	イ	① ② ③ ④
	(3)	ウ	① ② ③ ④ ⑤ ⑥
	(4)	エ	① ② ③ ④ ⑤ ⑥ ⑦ ⑧ ⑨ ⓪
		オ	① ② ③ ④ ⑤ ⑥ ⑦ ⑧ ⑨ ⓪
		カ	① ② ③ ④ ⑤ ⑥ ⑦ ⑧ ⑨ ⓪
	(5)	キ	① ② ③ ④ ⑤ ⑥ ⑦ ⑧ ⑨ ⓪
		ク	① ② ③ ④ ⑤ ⑥ ⑦ ⑧ ⑨ ⓪
		ケ	① ② ③ ④ ⑤ ⑥ ⑦ ⑧ ⑨ ⓪
	(6)	コ	① ② ③ ④ ⑤ ⑥ ⑦ ⑧ ⑨ ⓪
		サ	① ② ③ ④ ⑤ ⑥ ⑦ ⑧ ⑨ ⓪
		シ	① ② ③ ④ ⑤ ⑥ ⑦ ⑧ ⑨ ⓪
		ス	① ②

愛知工業大学名電高等学校　2023年度

◇社会◇

※この解答用紙は学校からの発表がないため，東京学参が制作いたしました。

1	(1)	① ② ③ ④
	(2)	① ② ③ ④ ⑤ ⑥
	(3)	① ② ③ ④
	(4)	① ② ③ ④ ⑤ ⑥
	(5)	① ② ③ ④ ⑤ ⑥ ⑦ ⑧ ⑨ ⑩ ⑪ ⑫ ⑬ ⑭
	(6)	① ② ③ ④ ⑤ ⑥ ⑦ ⑧
	(7)	① ② ③ ④
	(8)	① ② ③ ④ ⑤
	(9)	① ② ③ ④ ⑤
	(10)	① ② ③ ④

2	(11)	① ② ③ ④
	(12)	① ② ③ ④
	(13)	① ② ③ ④
	(14)	① ② ③ ④
	(15)	① ② ③ ④ ⑤
	(16)	① ② ③ ④
	(17)	① ② ③ ④ ⑤ ⑥
	(18)	① ② ③ ④ ⑤ ⑥
	(19)	① ② ③ ④
	(20)	① ② ③ ④
	(21)	① ② ③ ④
	(22)	① ② ③ ④
	(23)	① ② ③ ④
	(24)	① ② ③ ④
	(25)	① ② ③ ④ ⑤ ⑥

愛知工業大学名電高等学校　2023年度

◇国語◇

※この解答用紙は学校からの発表がないため，東京学参が制作いたしました。

一	問一	a	㋐ ㋑ ㋒ ㋓
		b	㋐ ㋑ ㋒ ㋓
		c	㋐ ㋑ ㋒ ㋓
		d	㋐ ㋑ ㋒ ㋓
		e	㋐ ㋑ ㋒ ㋓
		f	㋐ ㋑ ㋒ ㋓
	問二	g	㋐ ㋑ ㋒ ㋓
		h	㋐ ㋑ ㋒ ㋓
	問三	i	㋐ ㋑ ㋒ ㋓
		j	㋐ ㋑ ㋒ ㋓
	問四		㋐ ㋑ ㋒ ㋓
	問五		㋐ ㋑ ㋒ ㋓
	問六		㋐ ㋑ ㋒ ㋓
	問七		㋐ ㋑ ㋒ ㋓ ㋔ ㋕
	問八		㋐ ㋑ ㋒ ㋓
	問九		㋐ ㋑ ㋒ ㋓
	問十		㋐ ㋑ ㋒ ㋓
	問十一		㋐ ㋑ ㋒ ㋓
	問十二		㋐ ㋑ ㋒ ㋓
	問十三		㋐ ㋑ ㋒ ㋓

二	問一	㋐ ㋑ ㋒ ㋓
	問二	㋐ ㋑ ㋒ ㋓
	問三	㋐ ㋑ ㋒ ㋓
	問四	㋐ ㋑ ㋒ ㋓
	問五	㋐ ㋑ ㋒ ㋓
	問六	㋐ ㋑ ㋒ ㋓

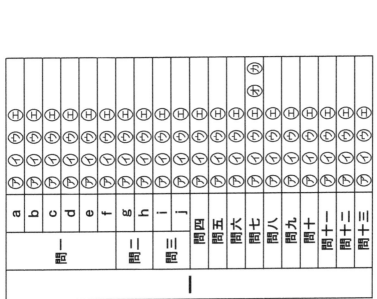

愛知工業大学名電高等学校　2022年度　◇数学◇

※解答欄は実物大になります。

<table>
<tr><td rowspan="6">1</td><td colspan="3">(1)</td><td colspan="3">(2)</td></tr>
<tr><td colspan="3"></td><td colspan="3">$c=$</td></tr>
<tr><td colspan="3">(3)</td><td colspan="3">(4)</td></tr>
<tr><td colspan="3">個</td><td colspan="3">$n=$</td></tr>
<tr><td colspan="3">(5)</td><td colspan="3">(6)</td></tr>
<tr><td colspan="3">円</td><td colspan="3"></td></tr>
<tr><td rowspan="2">2</td><td colspan="3">(1)</td><td colspan="3">(2)</td></tr>
<tr><td colspan="3">通り</td><td colspan="3"></td></tr>
<tr><td rowspan="2">3</td><td colspan="2">(1)</td><td colspan="2">(2)</td><td colspan="2">(3)</td></tr>
<tr><td colspan="2">$k=$</td><td colspan="2"></td><td colspan="2">$p=$</td></tr>
<tr><td rowspan="6">4</td><td colspan="3">(i)</td><td colspan="3">(ii)</td></tr>
<tr><td colspan="3"></td><td colspan="3"></td></tr>
<tr><td colspan="6">(iii)</td></tr>
<tr><td colspan="6"></td></tr>
<tr><td colspan="6">(iv)</td></tr>
<tr><td>エ</td><td colspan="2">：　：</td><td>オ</td><td colspan="2">：　：</td></tr>
</table>

愛知工業大学名電高等学校　2022年度

◇英語◇

※解答欄は実物大になります。

Ⅰ	1	2	3	4	5

Ⅱ	1	2	3 (　　　)	4	5

Ⅲ	1	2 (a)	(b) (　　　　　　　　　　)	
	3	4	5① (　　　　　)	② (　　　　　)

Ⅳ	1	2	3	4
	5 (　　　)(　　　)(　　　)(　　　)(　　　)			

Ⅴ	1	2	3	4

Ⅵ	

愛知工業大学名電高等学校　2022年度　◇理科◇

※解答欄は実物大になります。

1	(1) 極	(2)	(3)
	(4)	(5)	(6)

2	(1)①	②	(2)	(3)	
	(4)	(5) →			(6)

3	(1)	(2)	(3)	
	(4)	(5)	(6)	(7)

4	(1)			(2) m	(3)
	(4)①	②	③	(5)①	②

愛知工業大学名電高等学校　2022年度　　◇社会◇

※解答欄は実物大になります。

Ⅰ	1	2	3	4
	5	6	7	8
	9	10	11	
Ⅱ	1	2	3	4
Ⅲ	1	2	3	4
	5①	5②	5③	
Ⅳ	1			
	2			

◇国語◇

※解答欄は実物大になります。

一

問一
a
b
c
d

問二

問三

問四

問五

問六

問七

問八

問九
D
E
F

問十
とするため

問十一

問十二

問十三

問十四

二

問一

問二
〜

問三
1
2

問四

問五

問六

問七

問八

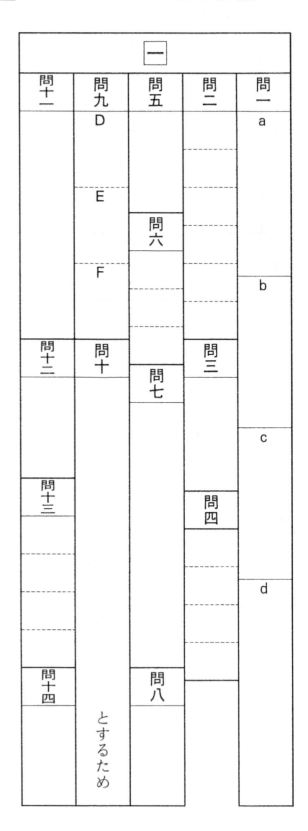

愛知工業大学名電高等学校　　2021年度

◇数学◇

※解答欄は実物大になります。

1	(1)	(2)
	(3)	(4)
	$(x,\ y)=(\qquad ,\qquad)$	
	(5)	(6)
		cm^2

2	(1)	(2)	(3)
	通り	通り	

3	(1)	(2)	(3)

4	(1)	(2)	
		(i)	(ii)
	回転		
	(2)		
	(iii)	(iv)	(v)

愛知工業大学名電高等学校　2021年度

◇英語◇

※解答欄は実物大になります。

I	1	2	3	4	5

II	1 (　)(　)(　)(　)(　)(　).		
	2	3 (　)(　)	4 (　)
	5 (　)(　)		

III	1	2	3	4	5

IV	1	2

V	1	2

VI	1	2	3	4	5

VII	

愛知工業大学名電高等学校　　2021年度

◇理科◇

※解答欄は実物大になります。

1	(1)　本	(2)	(3)
	(4)　cm	(5)　cm	(6)

2	(1)	(2)	
	(3)		
	(4)	(5)　cm^3	(6)

3	(1)	(2)	(3)				
	(4)		(5)①				
	(5)②	③					

4	(1)	(2)P波　km/s	S波　km/s
	(3)　km	(4)　秒	(5)　km

愛知工業大学名電高等学校　2021年度

◇社会◇

※解答欄は実物大になります。

1	1	2	3	4
	5	6	7	8
	9	10	11	12

2	1	2	3

3	1	2	3

4	1	2	3	4	5

5										

愛知工業大学名電高等学校　2021年度

◇国語◇

※解答欄は実物大になります。

一

問一

a

b

c

d

問二

問三

問四

問五

問六

問七

二

問一

問二

問三

(1)

〜

(2)

問四

問五

三

問一

問二

問三

問四

問五

問六

(1)

(2)

四

問一

問二

愛知工業大学名電高等学校　2020年度　　◇数学◇

※この解答用紙は実物大になります。

1

(1)	(2)

(3)	(4)
	分速　　　　m

(5)

(6)
途中の説明 （答え）　　　　度

2

(1)	(2)
$a=$	(　　　,　　　)

3

(1)	(2)
cm^2	cm^2

4

(1)	(2)	(3)
cm^3	cm	cm

愛知工業大学名電高等学校　2020年度

◇英語◇

※この解答用紙は実物大になります。

Ⅰ	1	2	3	4	5 $（　　　　）

Ⅱ	1	2	3	4	5

Ⅲ	1	2	3	4
	5 .			

Ⅳ	1	2

Ⅴ	1	2	3

Ⅵ	1	2	3	4

Ⅶ	.

愛知工業大学名電高等学校　2020年度

◇理科◇

※この解答用紙は実物大になります。

1	問1	問2 〔Ω〕	問3 〔mA〕
	問4 〔J〕	問5 〔mA〕	問6 〔分〕

2	問1	問2	問3

3	問1	問2	
	問3 水面から　10　20		
	問4	問5	問6

4	問1		
	問2	問3	問4 〔mL〕

5	問1 記号 ①	名称	記号 ②	名称	問2

6	問1 O−A　, O−B	問2	問3

愛知工業大学名電高等学校　2020年度

◇社会◇

※この解答用紙は実物大になります。

1										

2	図Ⅰ	図Ⅱ

3	1①	1②	
	2 i	2 ii	2 iii

4	1	2	3	4	5
	6	7	8	9	10
	11	12			

5	1	2	3	4

※107%に拡大していただくと，解答欄は実物大になります。

一

問一 a

b えて

c

d

問二

問三

問四 Ⅰ

Ⅱ

Ⅲ

問五

問六

問七

問八

二

問一

問二 A

B

問三 ～

問四

問五

問六

三

問一

問二

問三

問四

問五

四

問一

問二 1

2

愛知工業大学名電高等学校　2019年度

◇数学◇

※この解答用紙は実物大になります。

1

(1)	(2)

(3)	(4)
	面

(5)

(6)
途中の説明 （答え）２年生　　　　人，１年生　　　　人

2

(1)	(2)

3

(1)	(2)	(3)
cm^3	cm	cm^2

4

(1)	(2)	(3)
秒後	倍	cm

愛知工業大学名電高等学校　2019年度　◇英語◇

※この解答用紙は実物大になります。

Ⅰ	1			
	2	3	4	5

Ⅱ	1	2	3	4	5

Ⅲ	1	2	3	4	5

Ⅳ	1	2 ¥（　　　　　　　　）

Ⅴ	1	2	3

Ⅵ	1	2	3	4

Ⅶ	.

愛知工業大学名電高等学校　2019年度

◇理科◇

※この解答用紙は実物大になります。

1	問1 〔cm^3〕	問2	問3 〔cm/秒〕
	問4	問5	問6

2	問1	問2	問3	問4
	問5			問6

3	問1①	②	③
	問2	問3	問4

4	問1 A,C,G層	F層	問2	問3
	問4		問5	問6

愛知工業大学名電高等学校　2019年度

◇社会◇

※この解答用紙は実物大になります。

1	1	2	3	4
	5	6	7	
2				
3				
4	1	2	5	
6	1	2	3 円	
7	名		8	
9	1	2		
10	1	2	3	4
11				

愛知工業大学名電高等学校　2019年度

◇国語◇

※この解答用紙は101％に拡大していただくと，実物大になります。

一

問一

問二　A　B

問三

問四

問五

問六

二

問一

問二

問三

問四

問五　A　B

問六

問七

三

問一

問二

問三　〜

問四

問五

問六

問七

四

問一　1　2　3

問二

問三

~公立高校志望の皆様に愛されるロングセラーシリーズ~

公立高校入試シリーズ

・全国の都道府県公立高校入試問題から良問を厳選
※実力錬成編には独自問題も!
・見やすい紙面、わかりやすい解説

数学

合格のために必要な点数をゲット

目標得点別・公立入試の数学 基礎編

- 効率的に対策できる! 30・50・70点の目標得点別の章立て
- web解説には豊富な例題167問!
- 実力確認用の総まとめテストつき

定価:1,210円(本体1,100円+税10%)/ISBN:978-4-8141-2558-6

応用問題の頻出パターンをつかんで80点の壁を破る!

実戦問題演習・公立入試の数学 実力錬成編

- 応用問題の頻出パターンを網羅
- 難問にはweb解説で追加解説を掲載
- 実力確認用の総まとめテストつき

定価:1,540円(本体1,400円+税10%)/ISBN:978-4-8141-2560-9

英語

「なんとなく」ではなく確実に長文読解・英作文が解ける

実戦問題演習・公立入試の英語 基礎編

- 解き方がわかる! 問題内にヒント入り
- ステップアップ式で確かな実力がつく

定価:1,100円(本体1,000円+税10%)/ISBN:978-4-8141-2123-6

公立難関・上位校合格のためのゆるがぬ実戦力を身につける

実戦問題演習・公立入試の英語 実力錬成編

- 総合読解・英作文問題へのアプローチ手法がつかめる
- 文法、構文、表現を一つひとつ詳しく解説

定価:1,320円(本体1,200円+税10%)/ISBN:978-4-8141-2169-4

理科

短期間で弱点補強・総仕上げ

実戦問題演習・公立入試の理科

- 解き方のコツがつかめる! 豊富なヒント入り
- 基礎~思考・表現を問う問題まで重要項目を網羅

定価:1,045円(本体950円+税10%)
ISBN:978-4-8141-0454-3

社会

弱点補強・総合力で社会が武器になる

実戦問題演習・公立入試の社会

- 基礎から学び弱点を克服! 豊富なヒント入り
- 分野別総合・分野複合の融合などあらゆる問題形式を網羅
※時事用語集を弊社HPで無料配信

定価:1,045円(本体950円+税10%)
ISBN:978-4-8141-0455-0

国語

最後まで解ききれる力をつける

形式別演習・公立入試の国語

- 解き方がわかる! 問題内にヒント入り
- 基礎~標準レベルの問題で確かな基礎力を築く
- 実力確認用の総合テストつき

定価:1,045円(本体950円+税10%)
ISBN:978-4-8141-0453-6

〈ダウンロードコンテンツについて〉

本問題集のダウンロードコンテンツ、弊社ホームページで配信しております。現在ご利用いただけるのは「2025年度受験用」に対応したもので、**2025年3月末日**までダウンロード可能です。弊社ホームページにアクセスの上、ご利用ください。

※配信期間が終了いたしますと、ご利用いただけませんのでご了承ください。

高校別入試過去問題シリーズ

愛知工業大学名電高等学校　2025年度

ISBN978-4-8141-3040-5

[発行所] 東京学参株式会社

〒153-0043　東京都目黒区東山2-6-4

書籍の内容についてのお問い合わせは右のQRコードから　⇒

※書籍の内容についてのお電話でのお問い合わせ、本書の内容を超えたご質問には対応できませんのでご了承ください。

2024年7月4日　初版